THE LONG TWENTIETH CENTURY

Money, Power and the Origins of Our Times

漫长的 20世纪

金钱、权力与我们时代的起源

[意] 乔万尼·阿里吉 著
Giovanni Arrighi

姚乃强 I 严维明 I 吴承义 I 译 I 魏南枝 I 审校

社会科学文献出版社
SOCIAL SCIENCES ACADEMIC PRESS (CHINA)

中文版序

本书的主要论点可以概括为四点。第一，金融扩张是 20 世纪 70 年代初以来世界经济的特征，然而其并不构成世界资本主义的新阶段，虽然这是"全球化"（globalization）诸理论的明确主张或者不言而喻的见解。相反，自从世界资本主义在中世纪晚期的欧洲萌芽以后，金融扩张是屡见不鲜的现象。

第二，在世界资本主义的演变过程中，金融扩张既是连续性的象征，也是突变的象征。它是连续性的象征，因为贸易和生产大规模地发展以后，经常爆发过度积累的普遍危机，所以世界资本主义做出的典型反应就是金融扩张。然而，它也是突变的象征，因为一切金融扩张最终都会导致当时世界资本主义的崩溃，使它在新的领导下重组，恢复生机。没有几次这样的彻底重组，资本主义绝对不会成为今天千真万确的全球性现实。

第三，每次普遍危机以后，使世界资本主义恢复生机的重组的基础是一个起主导作用的政府和企业的综合体，它的军事力量和财政力量都比以往的综合体强大。与过去的金融扩张相比，目前的金融扩张的独特之处是：出现越来越强大的政府和企业综合体的长期趋势走进了死胡同。苏联解体后，世界性军事力量更集中在美国和它最亲密的盟国手里，资本积累的世界性过程的中心却从美国逐渐转移到东亚地区。政治、军事力量和经济、金融力量的分家是史无前例的。

第四，这一史无前例的现象使以一个国家为基地的新世界霸权不大可能出现。很可能出现的局面有三个：全球性的帝国主义秩序，它的基础是以美国为首的国家联盟，这个联盟以政治力量、军事力量称霸；以东亚地区的日益增长的经济力量为主要基础的全球性秩序，这个秩序比第一个平等；没完没了的全球性混乱。哪种局面将成为事实，现在难以预料。我已经在本书的结束语里强调，本书的研究范围有限，因此，我不能很明确地指出什么条件有利于某一局面。

本书完成后五年的今天，我依然坚信上述四个论点。有的读者可能认为第三点经不起时间的考验，因为日本的经济危机持续不断，还演变为整个（东亚）地区的危机。我并不这么认为，原因至少有三个。

首先，我的论点是有历史先例可援证的。我和一本新书（Giovanni Arrighi, Beverly Silver et al., *Chaos and Governance in the Modern World System*, 1999）的合著者在该书中试图证明，新兴的世界性资本积累中心在能领导世界、开创新秩序以前，必然成为动荡的中心，而不是扩张的中心。这一观点被 18 世纪末的伦敦和英格兰证明是正确的，20 世纪 30 年代的纽约和美国尤其验证了这个观点。东亚在 20 世纪 90 年代陷入了经济危机，但因此认为资本积累的世界性过程的中心不是从美国转移到东亚，犹如认为 1929～1931 年的华尔街股票市场崩溃证明了这一中心不是从英国转移到美国一样不合情理。

此外，以上的第三点和第四点结合起来，不是要证明日本或者其他东亚国家已经准备好代替美国成为世界资本主义的霸主，而是要证明政治、军事力量和经济、金融力量的分离。这种分离可能导致两种截然不同的世界秩序，或者导致天下大乱。在这种情况下，衰落中的霸权和它的盟友使用政治、军事力量干扰资本积累的世界性过程的中心从美国到东亚的转移，就不足为奇了。

最后，截至1999年反对东亚经济复兴说的人忘记了日本和东亚的危机与新加坡及中国的大陆、香港、台湾地区持续的经济发展的关系。中国人口庞大，历史上在东亚地区举足轻重，这种持续的发展对东亚经济复兴的重要性，比该地区内其他国家经济发展的减速和经济衰退要大得多。

中国的历史、地理位置特殊，其有利的形势使它比别的国家更能争取到平等的世界秩序的力量。因此，我对本书的中译本比其他的译本更寄予厚望。即使这个中译本仅仅能对中文读者了解世界经济有些微的帮助，我亦已喜出望外。

乔万尼·阿里吉

1999年5月

目　录

图目录

前言与致谢

本书的写作始于 15 年前针对 20 世纪 70 年代世界经济危机的一项研究。这次危机被界定为一个历史进程的第三阶段或终结阶段。该历史进程是指由崛起、全面扩张和消亡三个阶段所组成的世界规模的美国资本积累体系。前两个阶段分别是 1873~1896 年的大萧条与 1914~1945 年的三十年危机。这三个阶段共同将漫长的 20 世纪界定义为资本主义世界经济的一个特殊发展纪元或发展阶段。

在我最初构思本书时，书的内容仅限于漫长的 20 世纪。当然，我从一开始就明白，美国体系的崛起只有跟英国体系的消亡联系在一起才能理解。但是，我感到没有必要，也无意退回到 19 世纪下半叶之前进行分析。

几年以后，我改变了主意，本书变成了所谓的"（现代）两个互相依存的主要进程：民族国家体系的创立和世界范围的资本主义体系的形成"的专题研究（Tilly 1984∶147）。20 世纪 80 年代世界经济危机的突出变化使我改变了本书的研究内容。随着里根时代的到来，资本的"金融化"，原先是 70 年代世界经济危机的几个特点之一，变成了 80 年代危机的最为突出的特点。正如 80 年前英国体系消亡过程中发生的那样，观察家和研究者再次大声疾呼，称"金融资本"为世界资本主义的最新和最高阶段。

正是在这种思想氛围中，我在费尔南·布罗代尔（Fernand Braudel）的三部曲《十五至十八世纪的物质文明、经济和资本主义》的第二、第三卷里发现了成为本书基础的解释框架。依照这个框架，金融资本不是世界资本主义的一个特殊阶段，更不用说是它的最新和最高阶段。确切地说，自中世纪末、近代早期欧洲出现xi 资本主义以来，金融资本主义就是同期性出现的现象。在整个资本主义时代，金融扩张表明了世界规模的积累已经从一种体制转换成另一种体制。它们是摧毁"旧"体制和创建"新"体制的一体两面的周期性现象。

根据这个发现，我认为，漫长的 20 世纪由三个阶段组成：（1）19 世纪末 20 世纪初的金融扩张阶段。在这个过程中，英国的"旧"体制的结构被摧毁了，美国的"新"体制的结构被创建了；（2）20 世纪五六十年代的物质扩张阶段。在这期间，美国的"新"体制在贸易和生产的世界范围的扩张中占据了优势；（3）目前的金融扩张阶段。在这个过程中，此时成了"旧"的美国体制的结构开始被摧毁，"新"体制的结构很可能正在创建中。更重要的是，在我从布罗代尔那里引申得来的解释方案中，漫长的 20 世纪现在看来是四个类似结构的漫长世纪中最晚出现的一个，每一个漫长的世纪都代表现代资本主义世界体系发展中的一个特定阶段。我开始明白，在揭示有关当前危机的动因和未来可能产生的结果方面，对这一系列漫长世纪所做的比较分析，其收获可能甚于单独对漫长的 20 世纪所做的深入分析。

将本书的研究置于一个更长的时间框架内进行，其结果是对漫长的 20 世纪的集中讨论篇幅被压缩到约只占本书的 1/3。不过，我还是决定保留本书原来的题目，以强调我涉足过去完全是一种策略。那就是说，重新论述以前几个世纪的金融扩张，唯一的目的是加深我们对当前这次金融扩张的理解，我们认为它是资本主义世界体系发展中的一个特殊阶段，即漫长的 20 世纪所涉及的那个体制的终结阶段。

这样涉足过去，我来到了世界历史分析的危险地带。查尔斯·蒂利（Charles Tilly）在评论我的灵感来源布罗代尔的巨著时，明智地告诫我们要警惕在这个地带进行探索的危险：

> 如果坚持是困扰思想狭隘者的魔鬼的话，布罗代尔毫不费力地避开了这个魔鬼。当布罗代尔不用我们要求的一贯性来折磨我们时，他炫耀……迟疑不决。在三部曲的第二卷里，他反反复复地论及资本家和政治家之间的关系，但刚开始便转向，改变话题……正因为话题涉及的面非常广泛，回顾一下第三卷的内容就让你大吃一惊：第一卷里的重大题材——人口、食品、服装、技术——几乎全部销声匿迹……我们还该期望从像布罗代尔那样脾气的人那里得到别的什么东西呢？他处理问题的一个方法是：列出问题的各个元素，揣摩问题的微妙、矛盾和复杂之处，对照学者提出的种种理论，并给每一种理论公正的历史评价。把所有的理论放在一起就不称其为理论了……如果布罗代尔办不到这事，谁还有此能力？也许有人会写出一本"通史"，说明资本主义发展的全过程，以及欧洲国家体系演变的整个过程。至少目前，把布罗代尔的巨著当作灵感的源泉，而不当作分析的典范，获益更大。要不是布罗代尔提供了额外的动力，如此复杂的巨轮在到达遥远的彼岸之前注定要沉没。（Tilly 1984:70-71，73-74）

蒂利建议我们在分析时应该先处理能操作的部分，而不是整个世界体系。他喜欢的便于操作的部分是个别的世界体系的组成部分，如国家所集聚的强制性网络，以及地区性生产方式所集聚的交

xii

换网络。通过系统地比较这些组成部分，我们也许能够"把对在具体的世界体系里的特殊结构和进程的说明，安放到有关那些世界体系的有历史根据的概括上"（Tilly 1984:63，74）。

在本书中，我寻求采用另一种框架，以突破对世界资本主义和现代国际体系得以充分发展的解释困境。我没有跳下布罗代尔的世界历史分析的那艘巨轮，而是留在船上做这样那样的事情，虽然这些事跟船长的思想气质不一致，但在我微弱的视力和哆嗦的双腿可及的范围之内，我让布罗代尔在世界史实的汹涌的大海上迎风破浪，而给自己挑选了一个很轻松的任务，把他提供的十分丰富的设想和阐释整理加工成对资本主义世界体系的崛起和全面扩张的一个简洁、前后一致和言之有理的解释。

恰好，布罗代尔把金融扩张看作资本主义重大发展的结束阶段的观念，使我能把资本主义世界体系的整个生命期（布罗代尔称作漫长时期）分成更易操作的分析单位，我把它们叫作体系积累周期（systemic cycles of accumulation）。虽然我把这些周期按照体系的具体组成部分命名（如热那亚体系积累周期、荷兰体系积累周期、英国体系积累周期和美国体系积累周期），但是周期是相对于作为一个整体的资本主义世界体系而言的，而不是指周期自身的组成部分。本书所比较的是，作为一个整体的资本主义世界体系在其发展的不同阶段所具有的不同结构和发展进程。我把焦点放在热那亚、荷兰、英国和美国的政府和商业机构的策略和结构上，完全是由于它们在这些阶段形成过程中相继处于中心位置。

　　不可否认，这是一个非常狭小的焦点。正如我在绪论中解释的那样，体系积累周期是资本主义世界经济"制高点"——布罗代尔称之为"资本主义的老家"——的形成过程。多亏这个狭小的焦点，我能够在布罗代尔的世界资本主义概况里，添加一点逻辑一致性和几句话，就像让汽车多跑一些额外的里程，即布罗代尔结束其旅程的 1800 年之前的两个世纪。但是缩小焦点，我要付出代价。本书几乎不涉及阶级斗争和世界经济在核心地区和边缘地区的两极分化，而这两者在我原先关于漫长的 20 世纪的论述中扮演着举足轻重的角色。

也许读者会对这些和其他部分的省略迷惑不解，甚至惊愕。我想对读者说的是，本书内容只是对漫长的 20 世纪的诸多论述中的一种，虽然它们不一定都密切相关，但是都有很强的说服力。我在别的文章中曾集中论述漫长的 20 世纪的阶级斗争和核心地区与边缘地区的关系（Arrighi 1990b）。在我写完本书之后，出现了许多新的见解，我很想把它们添补到我以前的解释中去。然而，我想改动之处却寥寥无几。就我能说的而言，那个论述仍然偏离它本身的视角。但是，正如本书书名所显示的那样，本书论述的内容跟理解在我们时代形成过程中金钱与权力之间的关系更密切相关。

为了把我按布罗代尔巨轮模型建造的小船送到 20 世纪后期的彼岸，我不得不立誓避开我游历和"袭击"过的专业知识岛屿上所掀起的辩论和论战。像阿尔诺·迈耶（Arno Mayer）一样，"我坦然承认自己是一个热心的'堆合者'和建筑师，而不是一个狂热的'分裂者'和破坏者"。也像他一样，我需要的是"'耐心聆听'，把本书当作一个整体来'阅读和理解'，而不是断章取义"（Mayer 1981：X）。

写一本有关漫长的 20 世纪的书的主意不是我的，而是佩里·安德森（Perry Anderson）的。我写过几篇篇幅略长的关于 70 年代世界经济危机的论文。在对其中一篇进行激烈的讨论之后，早在 1981 年他就说服我，只有写一部洋洋洒洒的专著才是充分表达我思考的那些内容的合适途径。他时刻关注我，经常告诫我该做什么，不该做什么。

如果安德森促使我制订这个过于雄心勃勃的写作计划的话，那么伊曼纽尔·沃勒斯坦（Immanuel Wallerstein）是使这个计划比原计划更为雄心勃勃的主要推动者。把写作的时间跨度扩展到涵盖布罗代尔所称的"漫长时期"时，我实际上是在步他的后尘。我们每天在布罗代尔中心一起工作时，他总认为，我的《漫长的 20 世纪》中所表达的倾向和推测也许反映了自 16 世纪以来一直在合适位置上的结构与进程。他的观点让人坐立不安，迫使我检查自己论述的可靠性。在检查时，我看到了跟他所见不同的事物，即使在我看到同样的事物时，我对它们的处理与应用跟他在《现代世界体系》（*The Modern World-System*）中做的也迥然不同。但是，当他坚持认为历史资本主义的"漫长时期"是我思考的那种内容的合适的时间框架时，他是完全正确的。没有他在思想上对我的激励和挑战，我甚至不会想到要用这种方式来写这本书。

在构思这样一本书和实际撰写之间存在着一条鸿沟。要不是我有幸在纽约州立大学宾汉姆顿分校的 15 年里跟一批杰出的研究生一起工作，我是不可能弥合这条鸿沟的。这批研究生中的一些人有意无意给我提供了组成本书内容的绝大多数问题和许多答案。他们集合在一起，成为一个巨人，我就是踩在这个巨人的肩膀上向上攀登的。故而，我要把本书献给他们。

作为纽约州立大学宾汉姆顿分校社会学研究生教学计划的总策划人，特伦斯·霍普金斯（Terence Hopkins）为把宾汉姆顿分校变成我写作此书的最佳地点付出了极大的努力。他对我使用的方法也给予了十分宝贵的帮助。作为我的最严厉的批评者，也是最有力的支持者，贝弗里·西尔弗（Beverly Silver）对完成本书起到了重要作用。没有她思想上的指导，我可能会走上歧途；没有她道义上的支持，我可能会凑合了事。

1989 年 9 月在坎布里奇的伊曼纽尔学院举行的第二届经济与社会研究中心关于西方结构变化的学术研讨会上，我宣读了本书第一章的初稿，接着将它发表在《评论》（*Review*）季刊上（1990 年夏），并在吉尔出版社重印（Gill 1993）。第二、三章里的有些部分宣读于 1990 年 9 月在伊曼纽尔学院举行的同一主题的第三届学术会议上。参加这两次会议的代表，以及在 1988 年 9 月举行的前一届会议的代表，都逐一给我的船添薪加油，要不然我的船也许已经沉入海底。我非常感激弗雷德·哈利迪（Fred Halliday）和迈克尔·曼（Michael Mann）邀请我参加经济与社会研究中心举办的一系列会议，感激约翰·霍布森（John Hobson）成功地组织了会议，感激所有与会者，使我们的讨论富有启迪性。

佩里·安德森、戈帕尔·巴拉克里斯南（Gopal Balakrishnan）、罗宾·布莱克本（Robin Blackburn）、特伦斯·霍普金斯、雷萨特·卡萨巴（Reşat Kasaba）、拉威·帕拉特（Ravi Palat）、托马斯·雷弗（Thomas Reifer）、贝弗莉·西尔弗、伊曼纽尔·沃勒斯坦在最后的校样出来前，阅读和评论了原稿。他们以不同的专业知识和思想观点极大地帮助我修改了这个富有冒险性的书稿中需要修改的地方。雷弗也帮助我对本书中的参考资料和引文做了最后的校对。绝非客套，而是实事求是，我对于一切没有来得及修订或校对出来的谬误负全部的责任。

xv

最后，我特别感谢我的儿子安德烈（Andrea）。在我开始写这本书时，他正准备读高中。在写完最后一稿时，他已经在米兰的斯塔特尔大学获得哲学考试优秀奖。确实，他总是令我自豪。不过，当这部著作将要完成时，他已经变成一位难能可贵的编辑顾问。如果本书在历史和社会科学的专业人士之外还有读者的话，不能不归功于他。

乔万尼·阿里吉

1994 年 3 月

xvi

绪　论

在过去的 25 年中，资本主义的运行方式似乎发生了根本性的变化。20 世纪 70 年代，许多人谈论危机。80 年代，大多数人谈论重建和改组。90 年代，我们不再相信 70 年代的危机已经真正解决；流行的观点是，资本主义或许正处于一个决定性的转折关头。

我们的论点是：资本主义确实处于一个决定性的转折关头，但是情况不像乍一看那么史无前例。长期的危机、重建与改组，简而言之，这些间断性的变化，与 20 世纪五六十年代沿着一条明确的发展路径进行普遍性扩张的短暂时光相比，更代表资本主义世界经济史的常态。过去，这些长时间的断续变化总是以资本主义世界经济在新的和扩大的基础上的重建而告终。我们调查的主要目的是：确认发生新的此类重建的体系性条件，并探讨如果新的重建果真发生，它会是什么样子。

自 1970 年以来，资本主义的地区性和全球性的运行方式所发生的变化已经引起了人们的广泛关注和研究，尽管对这些变化的本质的认识还存在争议，但是这些变化极其重要，成为越来越多文献的共同主题。

资本积累过程的空间架构已经发生了不少变化。20 世纪 70 年代，主要的趋势似乎是，资本积累过程从高收入国家和地区向低收入国家和地区重新分布（Fröbel, Heinrichs and Kreye 1980;

Bluestone and Harrison 1982；Massey 1984；Walton 1985）。而在 80 年代，主要的趋势似乎是资本向高收入国家和地区集中（Gordon 1988）。但是，不论朝什么方向运动，1970 年以来的趋势一直是资本的地理流动性愈来愈大（Sassen 1988；Scott 1988；Storper and Walker 1989）。

这种趋势与组织生产和交换过程方面的变化密切相关。一些研究者宣称，"福特式"大规模生产的危机为恢复"灵活的专业化"制度创造了千载难逢的机会。"福特式"大规模生产是建立在专门化机器体系的基础之上，在大公司里以垂直统一的官僚管理进行组织运营；而"灵活的专业化"则是建立在小批量手工生产的基础之上，在中小企业内以类市场的交换方式进行协调（Piore and Sable 1984；Sable and Zeitlin 1985；Hirst and Zeitlin 1991）。另一些研究者关注投入 - 产出活动的法律调节，注意经济生活的日趋"规范化"（即对组织生产和交换过程增加法律限制）如何引发"逆规范化"的反向趋势（即增加通过这种或那种"个人"或"家庭"的企业形式来避开法律调节的投入 - 产出活动）（Lomnitz 1988；Portes, Castells and Benton 1989；Feige 1990；Portes 1994）。

许多研究报告的内容与本书有些部分重叠，它们都追随法国的"调节学派"（regulation school），把当前资本主义运行模式中的变化解释成福特主义 - 凯恩斯主义"积累体制"的结构性危机（要了解详情，参阅 Boyer 1990；Jessop 1990；Tickell and Peck 1992）。这一体制被定义为资本主义发展的一个特定阶段，其特征是对固定资本的投资创造了生产力和大众消费定期增长的潜力。为了实现这种潜力，适当的政策和政府行为、社会机构、社会规范和行为习惯等（"调节的方式"）是必不可少的。"凯恩斯主义"被描述为使新兴的福特主义体制充分实现其潜力的一种调控模式。反过来，它又被认为是 20 世纪 70 年代危机的根本原因（Aglietta 1979b；De Vroey 1984；Lipietz 1987，1988）。

总的说来，"调节学派"并不知道福特－凯恩斯主义的后续形态，也不知道是否会有另一种具有适当调节方式的积累体制。有的学者持相似观点，但使用一种不同的概念，克劳斯·奥夫（Claus Offe 1985）以及说得更加明确的斯科特·拉希和约翰·厄里（Scott Lash and John Urry 1987）谈到了"有组织的资本主义"（organized capitalism）的结束，以及"无组织的资本主义"的出现。他们认为，由于公司权力在空间和职能方面日趋分散，"有组织的资本主义"的主要特点——由管理阶层和政府官员对国民经济实施管理和有意识的调节——正受到影响。这就使资本积累过程处于一种看来无法补救的"无组织"状态。

大卫·哈维（David Harvey 1989）对这种强调当代资本主义的分散性而不是一致性的看法持有异议。他认为，资本主义实际上可能处于一个从福特主义－凯恩斯主义到一种新的积累体制的"历史性过渡"时期。他把这种新的体制暂且称为弹性积累（flexible accumulation）。他坚持认为，在 1965~1973 年，福特主义和凯恩斯主义在遏制资本主义内在矛盾方面遇到的困难已经越来越明显："表面上，这些困难可以最确切地用一个词来表达：僵化。"这里的"僵化"既包括对大规模生产的长期大规模投资的僵化，也包括规制劳动力市场和劳动合同的僵化，还包括国家补贴项目和国际项目的僵化。

在这些特定的僵化状态背后隐藏着一种相当笨拙和似乎固定不变的政治权力和互惠关系的结构，这种结构把大工会、大资本和大政府束缚在一个日益看起来功能失调的既得利益之

中，结果是破坏而不是保护资本积累。(Harvey 1989:142)

美英政府试图通过异常宽松的货币政策来保持战后经济繁荣的
势头，在 20 世纪 60 年代末取得了一些成功，但是在 70 年代初就
出现了适得其反的后果。僵化日甚，经济停止增长，通货膨胀势不
可挡，曾经维持和调节战后扩张的固定汇率制度崩溃。从那时起，
所有国家都受制于金融规则，要么深受资本外逃的影响，要么受到
直接的金融机构压力。"当然，在资本主义制度下，金融资本权力
和国家权力之间始终保持着某种微妙的平衡，但福特主义－凯恩斯
主义的失效显然意味着民族国家向金融资本的权力转移。"(Harvey
1989:145，168)

这种权力转移反过来又引起"新金融工具和金融市场的爆炸
式增长，伴随着高度复杂的全球金融协调系统的崛起"。正是"金
融市场这种非同一般的发展和变化"被哈维毫不犹豫地看作 20 世
纪七八十年代资本主义的真正新奇之处，以及正在兴起的弹性积累
体制的主要特点。在哈维看来，生产和积累过程的空间重组、手工
生产和个人/家庭商业网络的复兴，以及以牺牲企业和政府计划为
代价的市场协调的扩张，所有这些都是向弹性积累新体制过渡中的
不同方面。然而，他倾向于把它们看作寻找金融手段来解决资本主
义危机倾向的表现形式 (Harvey 1989:191－194)。

哈维充分意识到从理论上阐明弹性积累过渡问题——假设目前
资本主义确实在经历这个过程的话——所包含的种种困难，指出了
若干"理论难题"。

如果不能把握其必然性，我们能否把握这种转变的逻辑？
根据生产力和社会关系等发生的根本改组和重组，对资本主义

动力学的理论阐释，无论是过去的还是现在的，在多大程度上必须加以修正？我们能否很好地描述目前的体制，以抓住一点似乎正在进行的革命的可能进程和含义？从福特主义到弹性积累的转变，……已经给不同形式的理论造成了严重影响……唯一普遍认同的观点是自 1970 年以来，资本主义的运行方式发生了重大变化。（Harvey 1989：173）

这项研究涉及的问题与哈维的问题相似。但是，要想找到答案，必须根据历史重演与历史演变的方式来研究当前的趋势，这种方式贯穿了作为一个世界体系的资本主义的整个发展史。一旦我们以这种方式扩展观察和理论猜想的时空视界，那些看似新奇又不可预料的趋势就开始变得熟悉起来。

具体来说，我们调查的出发点是布罗代尔的论点：资本主义历史的基本特点在一个很长时间里——也就是在它的整个生命期里——一直是资本的"灵活性"和"兼容性"，而不是后者在不同地点和不同时间呈现的具体形式。布罗代尔说："允许我强调一下我所认为的资本主义发展通史上的一个基本特点：它的无限灵活性、它的变化和**应变**能力。从 13 世纪的意大利到今天的西方，如果像我认为的那样，资本主义有着某种一成不变的东西的话，那么，这样的一致性尤其应当在这里寻找和观察。"（Braudel 1982：433）

4

在某些时期，甚至很长的时期里，资本主义似乎确实"专业化"了，比如在 19 世纪，当时它"如此令人注目地进入了工业新世界"。这种专业化使"历史学家们普遍认为……工业给予资本主义'真正'身份的最后繁荣"。但是这是一种短视的看法：

　　机械化最初迅速发展"之后",最先进类型的资本主义恢复了兼容性,可谓恢复了一种利益的不可分割性,仿佛像雅克·科尔 (Jacques Coeur,14 世纪的大富翁) 所在时代一样,占据经济制高点的独特优势恰恰**不在于**把自身局限于某一种选择,而在于卓越的适应性,亦即非专业化。(Braudel 1982:第381页;英文译文经过修改,这在 Wallerstein 1991:第213页中已经做了说明。)

　　在我看来,这段话重申了马克思关于资本的一般公式:MCM′。货币资本(M)代表流动性、灵活性和选择自由。商品资本(C)指为了获取利润投资于某个特定的投入-产出组合的资本。因此,它代表具体化、僵硬化以及选择的缩小和丧失。M′代表扩大了的流动性、灵活性和选择自由。

　　据此,马克思的公式告诉我们,资本主义机构不把钱投资于某种将使其丧失灵活性和选择自由的产出组合,投资行为不是其目的。它们这样做,只是一种手段,为了达到在未来某个时候获得更大的灵活性和选择自由的目的。马克思的公式还告诉我们,假如资本主义机构看不到它们的选择自由有增大的可能性,或者这种可能性难以彻底实现的话,资本往往转向更加灵活的投资形式,尤其是转向它的货币形式。换句话说,资本主义机构"偏好"流动性,往往让现金周转中的非同寻常的一大部分保持流动状态。

　　布罗代尔把"金融扩张"描述为某种资本主义发展的成熟标志,其中包含这第二种理解。在讨论 18 世纪荷兰人撤离商业而成为"欧洲的银行家"时,布罗代尔认为这种撤离是一种反复出现的世界体系倾向。同样的倾向早在 15 世纪的意大利就已经很明显,

当时热那亚的资本主义寡头统治势力从商品转向银行；还有在 16
世纪下半叶，热那亚的"老贵族"，即那些借钱给西班牙国王的
官僚高利贷者，也逐渐从商业撤出来。继荷兰之后，英国在 19 世
纪末 20 世纪初也重复了这种倾向，当时"工业革命这一宏伟事
业"的结束造成了货币资本供应的过剩（Braudel 1984:242 - 243,
246）。

在同样称得上是宏伟事业的所谓福特主义 - 凯恩斯主义结束之
后，美国资本在 20 世纪七八十年代走上了一条相似的道路。布罗
代尔没有讨论我们当前的金融扩张问题；在他完成了三部曲《十
五至十八世纪的物质文明、经济和资本主义》一书后，那种扩张
的势头越来越猛。然而，在最近这次金融资本的"再生"中，我
们很容易看到向"兼容性"逆转的又一个例子；在过去，"兼容
性"一直与一次资本主义大发展的成熟期连在一起。布罗代尔说：
"（每次）资本主义的这类发展，通过达到金融扩张阶段，在某种
意义上好像宣告了它已经进入成熟期：这是**秋天到来的一个迹
象**。"（Braudel 1984:246）

因此，马克思关于资本的一般公式（MCM′）可以被解释为不
仅描述了单个资本主义投资的逻辑，而且描述了作为世界制度的历
史资本主义反复出现的格局。这种格局的核心方面是物质扩张阶段
（资本积累的 MC 阶段）与金融再生和扩张阶段（CM′阶段）的交
替更迭。在物质扩张阶段，货币资本使越来越多的商品（包括商
品化的劳动力和大自然的恩赐）"开始运转"；在金融扩张阶段，
越来越多的货币资本从商品形式中"自我解放"出来；积累通过
金融交易（即马克思的简略公式 MM′）不断进行。这两个时期或
阶段一起组成了一个完整的体系积累周期（MCM′）。

本书主要是对一系列体系积累周期进行比较分析，以期确定

（1）重现和演变的模式：这些模式在当前的金融扩张和体系重建阶段中再度重现；（2）当前这个金融扩张阶段的反常现象：这些现象可能会导致与过去的重现和演变模式的决裂。我们将确定四个体系积累周期，每个周期都以在世界规模的资本积累过程中的主要机构和主要结构具有基本统一性为特征：一个是热那亚周期，从15世纪到17世纪初；一个是荷兰周期，从16世纪末开始，贯穿18世纪的大部分时间；一个是英国周期，从18世纪下半叶开始，贯穿20世纪初期；以及一个美国周期，从19世纪末开始，一直延续到现在的金融扩张阶段。这种大体的、初步的阶段划分表明，这一系列体系积累周期是互相重叠的；虽然它们持续的时间越来越短，但都超过了一个世纪：于是就产生了"漫长的世纪"这一概念。它被当作分析世界规模的资本积累过程的基本时间单位。

这种周期与"百年周期"（或者价格逻辑）和布罗代尔十分重视的、较短的康德拉季耶夫周期完全不同。百年周期和康德拉季耶夫周期都是以经验为依据的不确定的理论性概念，出自对商品价格长期波动的观察（相关文献的概述，参见 Barr 1979；Goldstein 1988）。百年周期与我们的体系积累周期有一些明显的相似之处。它们都有四个周期；它们都持续一个世纪以上；它们都变得愈来愈短（Braudel 1984:78）。然而，百年周期和体系积累周期彼此是完全不同步的。而且，金融扩张可能出现在百年周期（价格逻辑）开始时，也可能出现在它的中期或结束的时候（见本书第277页的图9）。

布罗代尔并不试图使金融扩张的年代——我们的体系积累周期是依此划分的——和百年周期（价格逻辑）的年代协调一致。我们也没有这个打算。面对要在这两种周期之间做一个抉择的局面，我们选择了体系积累周期，因为它能比百年周期或康德拉季耶夫周期更加令人信服地、更加可靠地说明现代世界体系中最具资本主义特色的东西。

事实上，对于长期价格波动表明了什么——无论是价格逻辑还是康德拉季耶夫周期——文献没有达成一致意见。它们当然不是判定现代世界体系中某种特定资本主义处于收缩还是扩张的可靠指标。赢利能力和资本对人力资源和自然资源的支配能力，在经济下行和经济上行时的减少或增加的程度是几乎一致的。它完全取决于谁的竞争在把价格向上推或往下压。如果是"资本家"本人（不管如何界定"资本家"）比他们的"非资本家"供应者和消费者竞争得更加（更不）激烈的话，赢利就会下降（上升），资本对资源的控制力度就会减小（增大），不管价格的总体趋势是升还是降。

价格逻辑和康德拉季耶夫周期似乎也不是最具资本主义特色的东西。有趣的是，我们发现，约书亚·戈尔茨坦（Joshua Goldstein）在综合关于长期波动的研究的实际发现和理论根据时，"资本主义"的概念根本不起作用。他根据统计材料发现，价格和生产的长期波动主要可以通过他所谓的"大国战争"的严酷程度来"解释"。至于资本主义，他把它的出现和扩张问题完全置于他的调查范围之外（Goldstein 1988:258 – 274，286）。

资本主义兴起和长期价格波动之间关系的问题，从一开始就干扰了关于世界体系的研究。尼科尔·布斯凯（Nicole Bousquet 1979:503）认为，把价格逻辑的年代过早定在 1500 年之前是"令人难堪的"。基于同一原因，阿尔伯特·伯格森（Albert Bergesen 1983:78）想知道价格逻辑是代表封建主义的还是资本主义的动力，抑或两者都代表。"连中国也似乎已经经历过与欧洲同样的波动现象"（Hartwell 1982；Skinner 1985）。最令人不安的是，巴里·吉尔斯和安德烈·冈德·弗兰克两人（Barry Gills and André Gunder Frank 1992：621－622）坚持认为，"世界体系的基本的周期节拍和百年周期趋势应被认为已经存在了大约 5000 年，而不是关于世界体系与长期波动的研究通常所说的 500 年"。

简而言之，布罗代尔的百年周期和资本主义的资本积累之间的联系根本没有明确的逻辑或历史依据。相反，体系积累周期的概念直接来自布罗代尔的概念，即资本主义是世界贸易等级体系中"非专业化"的最高层面。这个层面就是赚取"规模生产利润"的地方。这里的利润非常丰厚，不只是因为资本家阶层"垄断"着最有利可图的行业；更为重要的是，资本家阶层具有那种转移投资所需的灵活性，能够不断把投资从面临赢利日渐减少的行业转向赢利不是日渐减少的行业。（Braudel 1982：22，231，428－430）

在布罗代尔对资本主义的定义里，如同在马克思关于资本的一般公式（MCM′）里一样，决定一个机构或一个社会阶层是不是资本主义的，不是它倾向于投资某个特定的商品（如劳动力），或活动领域（如工业）。如果一个机构的钱被有计划地和持续地赋予"生殖力"（马克思语），不管在任何特定时间里恰好作为手段的那些特定商品和活动属于什么性质，这个机构就是资本主义的。我们从布罗代尔对反复出现的金融扩张所做的历史观察中引出的有关体系积累周期的理念，在逻辑上源自资本主义对于贸易和生产领域这种严格的工具关系，并使这种关系更加明确。那就是说，金融扩张被看作某种态势的征兆，在那种态势下，把钱投向贸易和生产的扩张，不再像纯粹的金融交易那样，能够有效地服务于增加朝着资本家阶层的现金流的目的。在这种情况下，投资于贸易和生产的资本倾向于回归货币形式，并直接积累起更多的资本，就如马克思的简略公式 MM′所表示的那样。

因此，体系积累周期与价格逻辑和康德拉季耶夫周期不同，是资本主义内在的现象。它们指出了现代世界范围内资本积累过程的基本连续性。但它们也对几个世纪以来塑造这些进程的策略和结构构成了根本性的突破。与格哈德·门什（Gerhard Mensch 1979）、大卫·戈登（David Gordon 1980）和卡洛塔·佩雷斯（Carlota Perez 1983）等康德拉季耶夫派学者所提出的一些概念类似，体系积累周期强调持续变化阶段与间断变化阶段的更迭。

一系列部分重叠的体系积累周期跟门什提出的社会经济发展的"变形模式"在形式上十分相似。门什（Mensch 1979：73）摒弃了"经济是波浪式发展的这一概念，该概念所支持的理论是，经济的演变源自一系列断断续续的创新冲击力，而这些冲击力以连续的 S 形周期形式呈现"（见图1）。他提出的模式描述了沿着一条明确的路线稳步发展的阶段如何与危机、重建和混乱的阶段更迭的过程。后者最终为重视稳定增长创造了条件。

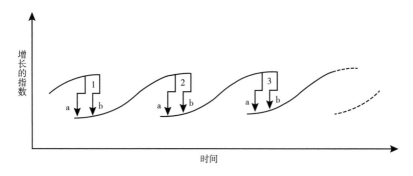

图1　门什的变形模式

资料来源：Mensch（1979：73）。

门什提出的模式主要针对特定行业或者特定国家经济的增长与创新，因而跟本书没有直接的关联。然而，关于周期存在于沿着单一路径持续变化的阶段，与从一条路径转到另一条路径的间断变化的阶段的更迭的看法，却为我们的一系列体系积累周期奠定了基础。不同之处在于，按照我们的模式"发展"的，不是某个特定行业或特定国家经济，而是整个资本主义世界经济的生命周期。因而，物质扩张（MC）阶段将被表明由持续变化的阶段组成；在这些阶段中，资本主义世界经济沿着单一发展路径增长。金融扩张（CM′）阶段将被表明由断续变化的阶段组成；在这些阶段中，资本主义世界经济沿着既定路径的增长已达到或即将达到它的极限，它通过重大的重建和改组"转"向另一条路径。

从历史上看，沿着一条发展路径的增长和从一条路径转向另一条路径的增长都并不完全是意外结果，而这种意外结果被视为个人和世界经济分成的多个社区在某个特定时间内、自己实施的无数行动的产物。相反，资本主义世界经济的不断扩张和重建是在特定政府、社区和商业机构的领导下进行的。这些机构处于特殊的有利地位，可以把其他机构的活动所产生的意外结果变成自己的优势。这些领导机构用以促进、组织和调节资本主义世界经济扩张或重建的战略和结构，就是我们要用世界范围的积累体制来理解的东西。提出体系积累周期概念的主要目的是描述和阐明一个接一个体制的形成、巩固和瓦解的全过程；通过这一过程，资本主义世界经济从中世纪后期的次体系萌芽扩张到今天的全球规模。

整个结构是建立在布罗代尔的一种非传统的观点之上的；他认为，作为世界制度的历史资本主义的形成和扩大再生产不仅与国家的形成过程关系密切，而且与市场的形成过程关系密切。在社会科学、政治用语以及大众传媒等领域里，传统的观点是资本主义和市场经济或多或少是同一事物；国家权力是同两者对立的。布罗代尔则认为，资本主义从其出现到扩张完全依赖于国家权力，并构成了市场经济的对立面（参见 Wallerstein 1991：第十四~十五章）。

　　具体说来，布罗代尔把资本主义设想为一个三层结构中的最高层面。在这个结构里，就如"在所有的等级制度中那样，上'层'倘若没有它们依赖的底下两层就不可能存在"。最低一层直到最近、最宽的层面，是一种极其基本的、很大程度上是自给自足的经济。由于找不到更好的表达方式，他将此称为"物质生活"层、"非经济"层，是资本主义扎根而实际上又根本渗透不进去的土壤（Braudel 1982:21 - 22，229）：

　　　　在（这个最低层面）之上，是市场经济的有利地带，密布着不同市场之间的横向联络路线。这里，一定程度的自动协调通常把供应、需求和价格连接起来。接下来，在这个层面旁边，或者更确切地说，在这个层面之上，是**反市场**地区，那里猛兽出没，实行弱肉强食的丛林法则。这里——今天跟过去，跟工业革命之前和之后一样——是**资本主义**的老家。（Braudel 1982:229 - 230）

　　就不同市场之间的众多横向交流而言，早在资本主义作为世界体系凌驾于市场经济之上前，世界性市场经济就已在物质生活的深层出现。珍妮特·阿布-卢格霍德（Janet Abu-Lubhod 1989）指出，欧亚和非洲主要市场之间一个松散而清晰可辨的横向联络系统在 13 世纪就已存在。据我们所知，吉尔斯和弗兰克很可能说得对；他们说，这个横向联络系统实际上在几千年前就已经出现了。

　　尽管如此，与我们的研究有直接关系的问题，不是世界市场经济是何时和如何超越日常生活的原始结构，而是资本主义是何时和如何超越已经存在的世界市场经济结构，并随着时间的推移获得重塑整个世界市场和生活的力量。布罗代尔（Braudel 1984：92）指出，欧洲在 1500 年以后成为"世界历史的可怕塑造者"。这不是一个简单的转变，相反，它是"一系列的阶段和转变，最早的阶段和转变可追溯到通常称为文艺复兴的 15 世纪晚期"。

　　这一系列转变中最具决定性的时刻不是资本主义企业要素在欧洲大地上的扩散。此类情况在整个欧亚贸易体系中早就有过，绝不是西方独有的：

11
　　　　从埃及到日本，无论去哪里，我们都能找到真正的资本家、批发商、食利者，以及成千上万附属人员——中介人、经纪人、货币兑换商和银行家。至于交换的方法、可能或保证，这几种商人中的任何一种都可以跟西方的同行媲美。在印度境内和境外，泰米尔、孟加拉和古吉拉特的商人结成了密切的伙伴关系，做买卖，签合同，从这伙人到那伙人，就像在欧洲一样，从佛罗伦萨人到卢卡人、热那亚人、南日耳曼人或英国人。中世纪，在开罗、亚丁和波斯湾的港口甚至有商人国王。（Braudel 1984：486）

　　只有在欧洲，这些资本主义要素联合成了强大的混合体，推动欧洲国家在世界各地征服领土，形成了威力巨大的、名副其实的全球资本主义世界经济。从这个视角来看，真正重要的、需要阐述的转变不是从封建主义到资本主义的转变，而是资本主义权力从分散到集中的转变。在这个被大大忽视的转变中，最重要的方面是国家和资本的独特融合。这种融合在欧洲实现得比其他地方都更有利于资本主义：

> 资本主义只有与国家——**真正意义上的国家**——认同的时候，它才节节胜利。在资本主义的第一个辉煌阶段，即威尼斯、热那亚和佛罗伦萨等意大利城邦国家的阶段，权力掌握在有钱的精英们手中。在 17 世纪的荷兰，摄政的贵族为商人、实业家和放债人的利益管理国家，甚至按照他们的指示办事。同样，英国 1688 年的光荣革命标志着类似于荷兰的商界地位的上升。（Braudel 1977:64－65）

与这一进程相对应的是国与国之间为流动资本而展开的竞争。正如马克斯·韦伯（Max Weber）在他的《经济通史》（*General Economic History*）中指出的那样：在古代，如在中世纪后期一样，欧洲城市已经成为"政治的资本主义"的温床。在这两个时期，这些城市的自治日渐受到更大的政治结构的侵蚀。然而，在古代，丧失这种自治意味着政治的资本主义的结束，而在近代早期，它意味着资本主义向一种新的世界体系的扩张：

> 在古代，城市的自由被官僚组织的世界帝国荡涤干净；在那种帝国里已不再有政治的资本主义的一席之地……与古代相反，"现代的城市"则在具有竞争力的民族国家的权力下出现，无论在和平时期还是在战争时期始终处于争夺权力的争斗之中。这种竞争性的争斗为现代西方资本主义创造了巨大的机会。**各国不得不为流动资本展开竞争，而流动资本则向这些国家强行规定了帮助其获取权力的条件**……这样，封闭的民族国家给资

12

本主义提供了发展的机会——只要民族国家不让位给一个世界帝国，那么资本主义也会持续不衰。（Weber 1961:247 – 249）

韦伯（Weber 1978:353 – 354）在《经济与社会》（*Economy and Society*）一书中重申了这个论点，并且进一步指出，在"巨大的、势均力敌和纯粹的政治结构"之间这种为流动资本而展开的竞争导致"新兴国家和受人敬慕、享有特权的资本主义大国之间形成那种令人难忘的联盟；它是创造现代资本主义的一个主要因素……在过去的 500 年中，假若欧洲国家之间没有这种特殊的政治竞争和'平衡'，那么就无法理解现代国家的贸易政策或货币政策"。我们的分析将要说明这种国与国之间的竞争一直是金融扩张各个阶段的一个极其重要的成分，也是形成那些政府和企业组织集团的一个主要因素，从而证实上述论述。那些集团已经领导资本主义世界经济走过物质扩张的各个阶段。但是，在对韦伯的论说做部分保留的同时，我们的分析还表明，权力集中在政府和企业的特定集团手中，对于资本主义世界经济反复出现的物质扩张的重要性，不亚于"势均力敌"的政治结构之间的竞争。一般来说，大规模的物质扩张只有在这时候才会发生，即一个新的占有主导地位的集团积累起足够的世界权力，不仅能避开或超越国与国之间的竞争，而且能控制这种竞争，确保起码的国与国之间的合作。换言之，在过去的 500 年里，推动资本主义世界经济大规模扩张的，并不仅是通常意义上的国与国之间的竞争，而且是国与国之间的竞争加上整个世界体系中资本主义权力的日益集中。

关于现代世界体系中资本主义权力日益集中的思想，已经蕴含在马克思在《资本论》里所论及的一个模式里。像韦伯一样，马克思十分重视热那亚和威尼斯在中世纪后期开创的国债制度在推动现代资本主义的最初扩张中所起的作用：

> 国债，即国家的让渡，不论是在专制国家、立宪制国家，
> 还是在共和制国家，总是给资本主义时代打下自己的烙印……
> "公债"像挥动魔杖一样，使不生产的货币具有了生殖力，这
> 样就把它转化为资本，而又用不着承担投资工业，甚至投资高
> 利贷时所不可避免的劳苦和风险。国家债权人实际上并没有付
> 出什么，因为他们贷出的金额变成了容易转让的公债券，这些
> 公债券在他们手里所起的作用和同量现金完全一样。（Marx
> 1959:754－755）

13

马克思注重资本积累在国内的表现，因而不能了解国债在一个
不停相互竞争的国家体系中的持久意义。这些国家都在为追逐权力
而想从资本家那里获得帮助。对于马克思来说，这种资产和国家未
来收入的让渡不过是"原始积累"——亚当·斯密（Adam Smith）
所谓的"前期积累"，"一种不是资本主义生产模式的结果，而是
它的出发点的积累"——的一个方面（Marx 1959:713）。马克思确
实承认国债的持久意义，不过没有把它看作国家之间竞争的表现形
式，而是看作一种"看不见的"资本家之间的合作手段。从开始
直至他所处的时代，国债在整个资本主义世界经济的时空一再地
"启动"资本积累：

> 与国债同时产生的，有国际信用制度。国际信用制度常常
> 隐藏着这个或那个国家原始积累的源泉之一。例如，由于没落
> 的威尼斯把巨额货币贷给荷兰，威尼斯的劫掠制度的卑鄙行径
> 就成为荷兰资本财富的这种隐蔽的基础。荷兰和英国的关系也

是这样。在 18 世纪初……荷兰已不再是一个占统治地位的工商业国家。因此，它的主要业务之一"就是"贷出巨额资本，特别是贷给它的强大的竞争者英国。现在英国和美国之间也发生了类似的情形。（Marx 1959：755－756）

然而，马克思没有注意到，在这段文字中所概述的几个主要资本主义国家的次序，包含着不断扩大的范围、资源和世界权力三个方面。四个国家——威尼斯、尼德兰联邦（荷兰共和国）、联合王国和美国——都曾是过去几个时代的大国，它们的统治集团都同时在国家形成和资本积累过程中发挥过领导作用。然而，按顺序来看，这四个国家似乎先后成为一个变化巨大且不断增长的世界秩序内的强国。正如本书将要详细论述的，这四个国家管控的地域和拥有的资源依次一个比一个多。更重要的是，使上述国家能够重新组织和控制它们在其中活动的世界体系的权力和积累网络的规模、范围也是一个胜过一个。

这样，我们就能看到，在过去 500 年中，资本主义权力的扩张不仅跟韦伯所强调的为流动资本而展开的竞争相关联，而且跟政治结构的形成有关。这些政治结构被赋予越来越广泛和复杂的组织能力，以控制世界范围的资本积累的社会和政治环境。在过去的 500 年中，这两个资本主义扩张的基本条件一直在不断地被重新创造，并行不悖。每当世界规模的资本积累过程在任何特定的时间内达到极限时，国与国之间的长期争斗便会发生。在此期间，那个控制着或开始控制着最丰富的剩余资本来源的国家，往往也发展出更强的组织能力，以促进、组织和调节一个规模和范围比前一次更大的新的资本主义扩张。

通常，这些组织能力更多源于国家在这一变化着的资本主义世界经济结构中所处的位置优势，而不是某种创新带来的结果。布罗代尔甚至说，创新在体系积累过程的中心的历次空间转移中根本不起任何作用："阿姆斯特丹仿效威尼斯，如同伦敦后来会仿效阿姆斯特丹，纽约有朝一日会仿效伦敦。"（Braudel 1977：66－67）我们将会看到，这种模仿过程远比这里概述的简单顺序要复杂得多。我们将会看到，每次转移都与资本主义扩张的主要机构在战略和结构上的真正的"组织革命"密切相关。不过，布罗代尔认为，这种转移反映了"一个新的地区战胜一个老的地区"，加上"规模上的大变化"。这种看法是言之成理的。

马克思指出的资本由衰落的中心向新兴的中心流动，是衰落的中心想要获得新兴的中心积累起来的大规模剩余资本的一种手段。这种流动是过去一切金融扩张的特点。然而，当前的金融扩张据说已经与这种模式分道扬镳。

我们将在本书的结束语中论证，当前的金融扩张已经见证了日本和一些东亚小国的爆炸性发展，日本和东亚小国形成世界规模的资本积累过程的一个新的中心。然而，在 20 世纪 80 年代还没有多少证据证明资本从衰落的中心向这个新兴的中心流动。恰恰相反，乔尔·科金（Joel Kotkin）和岸本顺子（Yoriko Kishimoto）引用了 15 马克思的描述——逐渐衰落的资本积累过程中，领导者对其继任者提供了"秘密"支持——然后指出，"美国与马克思的格言令人惊讶地背道而驰，没有遵循其他资本输出帝国（威尼斯、荷兰和大不列颠）的模式，现在却引来一大批海外投资"（Joel Kotkin and Yoriko Kishimoto 1988：123）。在他们看来，这种颠倒现象主要由于美国对外国企业活动的控制相对较为宽松，对外国资本有吸引力，人口不断增长，幅员辽阔，资源丰富，享有"世界上最富有、最发达的大陆国家的地位"。为了在一定程度上支持这种论点，他们转述一家日本银行的首席经济师、"著名的经济民族主义者"竹内弘熙（Hiroshi Takeuchi）的观点。竹内认为，美国拥有日本永远不会拥有的领土规模和资源。因此，日本的剩余资本就像 19 世纪末英国的剩余资本那样流向美国。"日本的作用将是输出钱，帮助美国重建经济。这证明我们的经济基础是薄弱的。钱流向美国，因为美国的经济基础是强大的。"（引自 Kotkin and Kishimoto 1988：第 122～123 页）

竹内弘熙关于日美力量对比的观点，与塞缪尔·亨廷顿（Samuel Huntington）1979 年在哈佛举行的日本问题研讨会上表述的观点基本相同。据布鲁斯·卡明斯（Bruce Cumings 1987:64）记述，傅高义（Ezra Vogel）在研讨会的开幕式上说，"我仔细考虑了日本力量增长的后果，我感到十分担忧"。亨廷顿的回答是：事实上，日本是"一个极度虚弱的国家"。它的最根本的薄弱点是"能源、食物和军事安全"。

这种评估是建立在国力比较的传统观点上的，认为一个国家的国力主要包括相对的国土面积大小、自给自足程度和军事力量。这种观点完全忽略了这样一个事实："资本主义的权力技术"——借用曼的说法（Mann 1986）——已经与主张领土扩张的领土主义统治迥然不同。正如韦伯在我们前面的引文中所强调的和将被我们的调查所证实的那样，巨大且势均力敌的政治体之间为流动资本而展开的竞争，一直是现代资本主义力量崛起和扩张的最重要和最持久的因素。这种竞争对参加竞争的国家的力量，以及对在这场斗争中在经济上帮助过它们的国家或非国家组织的力量，都产生了巨大的影响。如果不考虑这种影响，我们对世界体系中各种力量的关系的估计势必要出根本性的差错。我们就无法理解为什么在几个世纪里，一些意大利城邦国家竟然能在军事上遏制、在政治上影响中世纪晚期和近代早期欧洲的那些疆域辽阔的大国，也无法理解为什么我们时代幅员最广、自给自足能力最强、军事力量位居世界第二的大国苏联，在20世纪80年代末90年代初突然崩溃和解体。

科金和岸本顺子察觉到的、与马克思的格言表面上相悖的情况发生在美苏两国军备竞赛和意识形态斗争骤然升级之时——即弗雷德·哈利迪所谓的"第二次冷战"（Halliday 1986）——这绝非偶然。同样，20世纪七八十年代的金融扩张恰好在这个骤然升级的时候达到它最辉煌的顶点，这也绝非巧合。用马克思的话来阐述，在这个时候，让渡美国国家权力的过程进行得比以往任何时候都快；用韦伯的话来阐述，在这一时期，世界上两个最大的政治体为流动资本所展开的竞争，给资本主义的自我扩张创造了一个非同一般的新契机。

20世纪80年代初资本从日本向美国的流动，必须放在这样的背景下来思考。由日本对美国的世界权力的依赖和服从所产生的政治考虑，正如竹内弘熙暗示的那样，在促使日本资本帮助美国加剧权力斗争方面起到举足轻重的作用。然而，如同后来事态发展所表明的那样，政治考虑和利润考虑是不可分割的。

在这方面，资本从日本流向美国，并非像科金和岸本顺子所认为的那样是反常的。它倒是跟新兴的资本主义大国（美国）在两次世界大战中向衰退中的资本主义大国（联合王国）提供财政援助颇为相似。当然，与20世纪80年代的美苏对峙不一样，英德对峙是"热战"，而不是"冷战"。但是，两次对峙的财政需求和从"支持"胜者那里可望得到的利益还是可以比较的。

美国在两次世界大战期间给予英国的财政援助和日本在"第二次冷战"期间给予美国的财政援助的主要不同之处在于结果不同。美国获得了巨大的实惠，日本却没有。我们将在第四章中知道，两次世界大战及战后是资产从英国向美国再分配的决定性时刻，在加速了资本积累体系的领导权更迭。相反，在"第二次冷战"期间和之后，没有可以与之相比的重新分配过程。事实上，日本很可能永远也收不回它的钱了。

由于美元在 1985 年以后贬值，日本遭受的损失极为惨重。这意味着，借来的是价值过高的美元，而付息与偿还的是价值过低的美元。这种贬值使日本资本蒙受如此巨大的损失，日本企业和日本政府撤回了以前给美国政府的无条件的财政支持。1987 年中期，日本的私人投资者自 20 世纪 80 年代初以来第一次逆转了对美国的资本输出。1987 年 10 月股票市场暴跌之后，日本大藏相并没有鼓励金融中介支持 1987 年 11 月举行的美国政府债券的重要拍卖活动（Helleiner 1992：434）。

日本加紧控制剩余资本，以便从美国向日本重新分配资产，但是遇到重重困难。这不仅是因为行动一致的美国公私机构拥有史无前例的权力，操纵了世界金融市场上的供需、利率和汇率。在美国获取物质资产本身也困难不少。就日本资本而言，这个世界上最富裕、最发达的大陆国家证明并不像科金和岸本顺子认为的那样丧失了对外国企业的控制能力。

这种"控制"从来不是正式的，而是非正式的，而且是实实在在的。这里一直存在着一种文化障碍。当日本买下在纽约市的洛克菲勒中心时，美国媒体所引发的歇斯底里反应，是这种文化障碍的最佳体现。由于日本购买美国不动产的数量与欧洲、加拿大和澳大利亚购买美国不动产的数量无法相比，它所引起的反应给买卖双方传达了这样一个信息：在获得美国的资产方面，日本的钱并不享有与欧洲血统的外国人的钱同样的"权利"。

如果说媒体作为主要的鼓动者一直在设置文化障碍，在阻止美国资产向日本资本转移方面是重要角色的话，那么美国政府一直在设置政治障碍方面扮演重要角色。美国欢迎日本人出钱来资助其财政和购买公债，建立生产设备以在美国创造就业机会，减少美国国际收支的赤字。但是，它坚决反对日本用那种钱来收购那些有利可图但战略上又十分敏感的企业。因此，1987年3月美国国防部长温伯格和商业部长德里奇都发出抗议，劝说富士通要谨慎行事，取消接管费尔柴尔德半导体公司的计划。然而，如史蒂芬·克拉斯纳（Stephen Krasner 1988:29）所说的那样："费尔柴尔德公司原先归一家名叫舍伦姆伯格的法国公司所有，因此问题不完全是外国人掌握所有权的问题。"

文化障碍和政治障碍无法阻止的外国资本就由美国的企业资本主义结构的固有壁垒来阻止。事实证明，美国企业生态的复杂性与文化上的敌视和政治上的不信任相比，更是日本资本进入美国难以逾越的障碍。日本公司在美国两起最大的接收——1989年索尼公司接收哥伦比亚电影制片公司和次年的松下公司接收MCA电影公司——均完全失败，没有达到目的。在索尼的那笔交易成交的时候，媒体的反应十分强烈，美国《新闻周刊》的封面显示日本"入侵"好莱坞。然而，正如比尔·埃蒙特（Bill Emmott）在《纽约时报》专栏（1993年11月26日：A19）所写：

> 不到两年时间，事情就清楚了，恐惧和夸张都是错误的……根本就没有日本"入侵"美国企业这回事。连日本最棒的公司都犯了严重的错误，付出了沉重的代价，它们连收购下来的公司都无法控制，更不要说控制文化和技术了。（参见Emmott 1993）

简言之，在金融扩张时期，美日关系中真正的异常之处不是

20 世纪 80 年代初日本资本流向美国，在美国与苏联冷战的最后升级阶段，日本资本对美国帮助甚多，却获益太少。这种反常现象是不是一种征兆，表明国与国之间为流动资本而展开的竞争的机制已发生了根本性的变化？而这种机制在过去 600 多年里一直推动和维持着资本主义权力的扩张。

这种机制有着一个明确的内在界限。世界体系中的资本主义力量不可能无限扩张，否则就会破坏对流动资本的国家间竞争，而流动资本是资本扩张的基础。为了应对这种竞争而形成的国家力量和资本力量之间的联盟迟早会达到一个临界点，这种联盟变得如此强大，以至于它们消灭了竞争本身，因此，新的更高秩序的资本主义力量就有可能出现。那么，日本资本主义新兴的结构在为流动资金而展开的国与国之间竞争中捞取好处的过程中所遭到的困难，是不是表明这种情况已经出现，或者快要出现呢？或者换一种说法，美国资本主义的结构是否构成了长达六个世纪的资本主义发展历程的最后极限？资本主义力量通过这一历程达到了它目前的几乎涵盖一切的规模和范围。

为了寻找这些问题的合理答案，不仅要看到韦伯和马克思关于大金融资本在现代社会作用的看法互为补充，而且应当进一步了解亚当·斯密对世界市场形成过程的看法。和后来的马克思一样，亚当·斯密认为欧洲对美洲的"发现"以及通过好望角到达东印度群岛是世界历史具有决定性意义的转折点。但是，对于这些事件对人类的最终益处，他的乐观程度远不如马克思：

> 其影响已经很大了；但自有这两个发现以来，只不过经历了两三百年，在这样短的时期内，其影响还不可能全部呈现出来。人类还无法预见这两件大事以后将给人类带来利益还是不

幸。它们在一定程度上联合世界上最遥远的地区，使它们能互相救济，增加彼此的享受，促进彼此产业的发展，其总体趋势似乎是有益的。不过，对于西印度及东印度两处的世居民族，这两个事件本来能够产生的一切商业上的利益，却被它们所带来的不幸完全抵消了。这种不幸，与其说出自它们的本性，毋宁说出自偶然。美洲及东印度通路被发现时，欧洲人的**武力优势**使欧洲人能为所欲为。欧洲人在此等遥远的地方，做出各种不正义的事。今后，此等地方的世居民族也许会日渐强盛，欧洲人也许会日趋衰弱。世界各地的居民将有同等的勇气和实力，通过引发彼此的恐惧，威压一切专横的独立国，使它们能尊重彼此的权利。但最能建立起此种同等实力的似乎是相互传授知识及改良技术，但这种结果，自然会，或不如说必然会，伴随着世界各国广泛的商业交往。（Smith 1961：第二卷，第141 页）

这段话勾勒的过程与布罗代尔关于资本主义世界经济形成的观点有着某些明显相似之处：作为征服者的西方的幸运和作为被征服者的非西方的不幸是同一历史过程相互关联的产物；我们需要用一种长远的眼光来描述和评估这个单一历史过程的后果；本书最为重要的观点是"力量"在决定市场经济参与者之间成本和收益分配方面处于中心地位。

当然，斯密没有用"资本主义"这个词——这个词到 20 世纪才被引入社会科学的词汇库。但是，他认为，武力优势（军事霸权）是最重要的因素，它使作为征服者的西方能够把因这些所谓的"发现"而建立的更加广阔的市场经济所带来的效益中的最大部分据为己有，同时把成本中的最大部分强加给作为被征服者的非

20

西方。这种分析跟布罗代尔的观点并行不悖，异曲同工。布罗代尔认为，国家和资本的融合是推动一个鲜明的资本主义层面出现的关键因素，这一资本主义层面居于市场经济层面之上，却与之相悖。我们将在第三章中了解，在斯密的格局中，大规模的利润只有通过限制性手段，加上国家权力的支持，才能长久维持下去，因为国家权力制约和破坏了市场经济的"自然"运作。和布罗代尔的分析框架一样，斯密试图论证商人和制造商的上层阶级都是真正"反市场"（anti-market）的，或者用布罗代尔的话来说是"反对市场的"（contre-marché）。"那些人通常使用最大的资本，并且通过他们的财富把最大一部分公众的注意力吸引到自己身上。"（Smith 1961：第一卷，第 278 页）

然而，布罗代尔和斯密关于市场经济和与它相对立的资本主义二者关系的判断，在一个重要方面是不同的。对于布罗代尔来说，这种关系基本上是静态的。他既没有看到也没有预见到"正面"和"反面"的斗争会出现二者的结合。相比之下，斯密看到了这样一种结合，因为在世界市场形成进程的影响之下，西方与非西方力量的不平等会逐渐消失。正如上文的最后一句话所指出的，斯密认为，世界市场经济中交流的扩大和深化将在西方和非西方力量关系中发挥一种不可阻挡的均衡器作用。

对于历史进程，一个比较辩证的概念不一定比一个比较不辩证的概念更准确。事实证明，在斯密提出关于世界市场形成过程对西方的武力优势产生侵蚀作用的论点之后的 150 多年里，西方和非西方之间的力量不平等不是减少了，而是增加了。世界市场的形成和对非西方的军事征服两者同步进行。到 20 世纪 30 年代，只有日本完全逃脱了西方征服的种种不幸，但也只是在通过使自己成为征服者西方的一名名誉成员之后才幸免的。

接着，在第二次世界大战期间和之后，车轮转动起来了。在整个亚洲和非洲，旧的主权国家重新建立，几十个新的主权国家得以创建。当然，与大规模的去殖民化运动相伴而生的是西方力量建立起前所未有的最广泛和最具潜在破坏性的统治架构。在第二次世界大战期间和之后美国建立的分布广泛、半永久性的海外军事基地网，正如克拉斯纳（Krasner 1988:21）所说的那样，"是史无前例的；以前从来没有哪个国家把自己如此众多的军队，在和平时期如此之久地驻扎在其他国家的主权领土上"。然而，在中南半岛的战场上，这种覆盖全世界的军事部署被证明完全不足以迫使世界上最贫困的国家之一服从美国的意志。

21

越南人民的成功抵抗标志着一个从 1917 年俄国革命开始的进程达到了极点，于是，西方和非西方重新组合，形成第一、第二、第三世界鼎立的格局。原先的非西方几乎全部纳入了第三世界，而原先的西方则分成三个明显不同的部分。那个比较繁荣的部分（北美、西欧和澳大利亚）加上日本，构成第一世界。在不甚繁荣的两个部分当中，一部分（苏联及东欧）组成第二世界，另一部分（拉丁美洲）与非西方联合组成第三世界。自第二次世界大战结束到越南战争，非西方世界似乎时来运转，日益兴旺。在某种程度上，这是原先的西方一分为三的原因；在某种程度上，这也是原先的西方一分为三的结果。

在美国决定撤出越南之后不久，保罗·赛洛斯 - 拉比尼（Paolo Sylos-Labini 1976:230 - 232）在为纪念《国富论》出版 200 周年而撰写的文章中，曾对斯密的理想是否快要实现，也就是说，这样的时刻是否已经终于来到做了推测：那时，"世界上所有不同地区的居民……在勇气和力量方面达到了平等；通过引起互相畏惧，这种平等就能镇住那些独断专行的国家，使它们不敢行不义，从而表现出对相互权利的某种尊重"。经济上的连接也似乎表明，实现整个世界体系中力量关系的某种平等已经近在眼前。第三世界国家的自然资源极受欢迎，它们丰富而廉价的劳动力也备受青睐。来自第一世界国家的银行家代理人在第三世界（和第二世界）国家的政府接待室里排队，这些政府以低廉的价格提供这些过剩资本在其本国找不到的有利可图的投资项目。贸易的条件遽然变得不利于资本主义西方国家；第一世界与第三世界国家之间的收入鸿沟似乎正在缩小。

不过，在六年之中，情况已经变得十分清楚，任何希望（或担心）世界各国人民不久就可获得均等的机会，从形成世界市场的连续过程中分享利益的想法，至少可以说，是为时过早。美国在世界金融市场上争夺流动资本以便为"第二次冷战"提供资金，在国内通过削减税收以便"收买"选票。结果，对第三世界和第二世界的资金供应突然枯竭，引发了全球购买力的大幅收缩。贸易条件又变得对资本主义西方国家有利，这次转变之迅速和剧烈程度就如 20 世纪 70 年代的那次对其不利的转变，而且资本主义西方国家和世界其他地方之间的收入差距变得比以往更大（Arrighi 1991）。

然而，反弹并没有恢复原来的状态。一方面，西方资本主义势力的优越性似乎比以往任何时候都大。由于世界经济日益动荡，苏联迷失了方向，陷入一片混乱，再加上第二次冷战的沉重压力，苏联被挤出了"超级大国的行列"。不再有两个超级大国互相竞争。第三世界国家必须与苏联解体后出现的多个国家展开竞争，以获得西方资本主义国家的市场和资源。西方资本主义国家迅速采取行动，利用这种情况，加强了其事实上在全球合法使用暴力的"垄断"权。

另一方面，武力优势和资本主义的资本积累在地缘政治上似乎比以往任何时候更加分散。苏联势力的衰落与布鲁斯·卡明斯（Bruce Cumings 1993:25 – 26）恰当地称为东亚和东南亚"资本主义岛屿"的出现具有同等意义。这组群岛由几个资本主义"岛屿"组成，它们集中了大规模赢利和高附加值产业，在地方和世界市场的横向交换的"海洋"上崛起。在这个海洋下面，是整个东亚和东南亚地区巨大且廉价的、极其勤劳的劳动大军。这些资本主义"岛屿"把它们的根扎进了这些地区，却不给它们提供升到或高出"海平面"所需的手段。

日本是这些资本主义"岛屿"中最大的一个。这组资本主义"岛屿"中较小的"岛屿"有城邦之"国"新加坡、大都市中国香港地区、要塞之地中国台湾地区和半民族国家韩国。按照传统标准，这些国家和地区中没有一个是强大的。日本、韩国完全依赖美国，不仅寻求美国的军事保护，大量能源和食品供应依赖美国，而且在美国销售自己的产品。不过，总的说来，作为新的"世界工厂"的东亚和东南亚群岛所具有的竞争力是迫使资本主义权力的传统中心——西欧和北美——重建和改组它们自己的工业、经济和生活方式的唯一最重要的因素。

这是何种力量，乃至专家都无法判断呢？这是一种新的"武力优势"呢，还是旧的武力优势的终结呢？在过去的 500 年里，西方资本主义的对外扩张和迅速发展一直是建立在后者之上的。另外，资本主义历史是像马克斯·韦伯所构想的那样，通过建立一个以西方持续不衰的军事霸权为基础的全球性的世界帝国走向结束呢，还是像亚当·斯密所构想的那样，通过建立一个西方武力优势逐渐趋于消亡的世界市场经济走向结束呢？

我们将大体按照下述顺序进行讨论，以探求上述问题的合理答案。第一章集中讨论作为世界权力基点的现代国际体系的形成和发展过程。这个过程的最早起点可追溯到中世纪末的欧洲，当时在意大利形成了一个资本主义城邦国家亚体系。这个亚体系是而且仍然是中世纪欧洲日趋瓦解的统治模式的一个例外——它是军阀主义的一种表现形式，受制于教皇和皇帝的双重体系权力，并由那种权力凝聚在一起。然而，它预示了两个世纪后更大的威斯特伐利亚民族国家体系的出现，并无意中为它的出现创造了条件。

接着，这个体系的全球扩张将被描述成包括一系列的演变过程；在此过程中，原先建立的体系瓦解了，继而在更广泛的社会基础上重建起来。这种初步分析以 20 世纪末那个扩大了的、经过彻底改变的威斯特伐利亚体系的危机告一段落。在诊断眼下这次危机的症状时，我们将制定一个新的研究议程。它将更直接地关注商业组织的"流动空间"（space-of-flows），而不是政府的"疆域空间"（space-of-places）。我们关于体系积累周期及其比较的论述就从这里开始。

我们论述体系积累周期时将要使用的比较分析法，仿效菲利普·麦克迈尔（Philip McMichael 1990）称之为"合并比较"的程式。无论是在事实上还是在理论上，这些周期不是假设的，而是构建的，其明确的目的是了解当前金融扩张的逻辑与可能的结果。比较被纳入对研究问题的定义之中：它构成了研究的实质，而不是研究的框架。从探究中得出的周期既不是一个预先设想的整体的从属部分，也不是说明某个条件的孤例；它们是资本主义扩张的单一历史进程中相互关联的实例。它们自己构成和修改了这个历史进程。

在第二章里，我们论述这个资本主义扩张的唯一历史进程中的前两个周期：热那亚体系积累周期和荷兰体系积累周期。第三章给这个进程增加了一个新的阶段，对第三（英国）体系积累周期做了界定，并与前两个周期进行比较。这一章的结束部分立意简明，试图对由前三个周期的比较与分析所揭示的重复和演变的模式做出某种言之有理的解释。这样就为第四章里构建第四（美国）体系积累周期创造了条件；这个周期被描绘成前面三个周期的衍生物，是我们时代的母体。结束语将论及在绪论里提出的问题。 24

以这种范式来重新论述资本主义历史有它自身的局限性。我们已经提到，关于体系积累周期的观点，直接源自布罗代尔的概念，即资本主义是世界贸易体系的顶层。因此，我们的分析架构集中于顶层，对作为中层的市场经济和作为底层的物质生活的情况只是略加阐述。这既是这一分析架构的主要优点，也是它的主要缺点。说它是个强项，因为这个顶层是"资本主义的老家"；同时，与作为中层的市场经济相比，它不大透明，也很少被人探索。由于作为这一层面的市场经济的各种活动和由这些活动产生的丰富资料（特别是数据）的透明度很大，这个中层成了历史社会科学和经济学的"得天独厚的领域"。而市场经济之下和之上的层面都是"阴影地带"。作为底层的物质生活是"很难被我们看清楚的，因为我们缺乏足够的历史文件"。而它的上面一层也难以看得清楚，因为构成这一层面的各种活动错综复杂，或者说实际的能见度极差（Braudel 1981:23－24；Wallerstein 1991:208－209）：

在这个上层，18世纪阿姆斯特丹或16世纪热那亚的一些富商从远处便能把欧洲的，甚至世界的所有经济部门搞得混乱不堪。某些特权人物集团从事普通老百姓一无所知的运筹和算计。譬如，外汇是一门极其复杂的艺术，跟远程的贸易活动和复杂的信用协议相联结，因而最多只向少数内行敞开。在我看来，这个第二阴影地带代表着资本主义的得天独厚的领域，它徜徉在市场经济这个阳光普照的地带之上，并成了所谓的上

限……没有这个地带，资本主义是不可想象的：它就在这里安营扎寨，飞黄腾达。（Braudel 1981:24）

体系积累周期就是要对这个没有它"资本主义是不可想象的"阴影地带投上一束光。它们不是要告诉我们在下面两层发生的事情，除非跟体系积累周期本身的动力直接有关。当然，这样必然遗漏或者没有说清楚不少东西，包括世界体系研究中那个得天独厚的领域——核心－边缘关系与劳动－资本关系。但是，我们不可能一25　次把事情通通做完。

马克思（Marx 1959:176）邀请我们"离开那个喧闹的'活动'领域一会儿，那里发生的一切都在表面上，谁都看得到；跟着那个货币占有者和劳动力占有者进入生产的隐蔽住所，在其门槛上对着我们写着'非商莫入'几个大字"。在这里，他许诺，"我们将最终揭开获取利润的秘密"。布罗代尔也恳请我们离开喧闹、透明的市场经济领域一会儿，跟着货币占有者进入另一个隐蔽住所，那里只有商人才能进入，但那个隐蔽住所位于市场的上一层，而不是它的下一层。在这里，货币占有者不是与劳动者相会，而是与政治权力掌控者相会。还是在这里，布罗代尔许诺，我们将揭开获取巨额、定期利润的秘密；在过去的五六百年里，这个秘密使资本主义在冒险进入隐蔽的生产场所前后获得繁荣和"无限"扩张。

这些都是相互补充的课题，而不是相互替代的课题。然而，我们不可能同时去顶层和底层。几代历史学家和社会科学家接受了马克思的邀请，对底层做了广泛的探索。因此，他们也许还没有发现在资本主义工业阶段获取利润的"那个"秘密，但是他们肯定已经发现了资本主义的其他许多秘密。然后，研究依附理论和世界体系的理论家们、实践家们已经邀请我们再来瞧一眼作为中层的市场经济，看看它的"法则"如何倾向于把生产的隐蔽场所区隔为核心地区与边缘地区。这样，更多的获取利润的秘密已被暴露出来。但是，很少有人敢去研究"反市场"的顶层。在那里，用布罗代尔夸张的话来说，"猛兽出没，实行弱肉强食的丛林法则"；在那里，据说还隐匿着历史资本主义的长期秘密。

今天——世界资本主义似乎更加繁荣昌盛了，但这种繁荣昌盛不是因为资本主义更深地扎根到下面两层，即物质生活和市场经济，而是因为把自己的根从它们里面拔出来了——我们应该接受布罗代尔的邀请，对位于贸易大厦顶层的资本主义老家做一番探索。我们将要做的正是这件事，而且只做这件事。

因此，我们的解释是不完整的，在某种程度上也是有限的。不完整的原因在于它只是寻求对当前金融扩张的逻辑的某种理解。这种逻辑是从各种金融活动中抽象出来的。这些活动既源自其内在动力，也遵循世界市场经济和物质文明两个层面的规则。基于同样的理由，它在某种程度上是有限的。顶层的逻辑只是相对独立于下面两层的逻辑，只有跟其他两种逻辑联系起来才可能被充分理解。　26

当然，在本书的解释过程中，起初看起来只是历史上偶发的事件，骤然看起来像是反映出一种结构逻辑。然而，这两种表象之间的紧张关系在我们研究议题里是不可能完全解决的。要完全解决这种紧张关系——如果可能的话——我们必须运用从本书进行的对顶层的探索中带回的知识和问题，再去探索分别位于下面两层的市场经济和物质生活。　27

第一章　历史资本主义的三大霸权

霸权、资本主义和领土主义统治制度

约 1970 年以来，随着美国世界强国地位的衰落，兴起了一股研究"霸权国家"之兴衰的浪潮（Hopkins and Wallerstein 1979；Bousquet 1979，1980；Wallerstein 1984）。"核心霸权国家"（Chase-Dunn 1989）、"世界或全球强国"（Modelski 1978，1981 and 1987；Modelski and Thompson 1988；Thompson 1988，1992）、"核心国"（Gilpin 1975），以及"大国"（Kennedy 1987）等研究在其目的、方法以及结论上，都存在着显著的差别，但是它们有两个共同的特点。其一，这些研究中出现的"霸权"（hegemony）一词意为"统治"（dominance，参见 Rapkin 1990）；其二，学者们的研究焦点和重点是一个所谓的基本不变的体系，而在此体系内部，一个国家的权力经历着兴衰的过程。

这些研究的绝大部分依赖"创新"（innovation）和"领导权"（leadership）的概念来界定国家的相对能力。在乔治·莫德尔斯基（George Modelski）看来，体系的创新以及使创新得以实施的领导权被认为是产生"世界强国"的主要因素。但是在所有这些研究中，包括莫德尔斯基的研究，体系的创新并未改变国际体系中权力借以沉浮兴衰的基本机制。事实上，这些机制的恒定性被公认为国际体系的主要特征之一。

这里所采用的"世界霸权"（world hegemony）概念，具体是指某个国家对一个主权国家体系行使领导和治理职能的权力。原则上，这种权力可能只涉及在某一特定时间内建立的这种体系的一般性管理。但从历史上来看，对主权国家体系的治理总是涉及某种变革行为，它从根本上改变了该体系的运行方式。

这种权力与单纯的"统治权"不同，且有更丰富的内涵。这种权力与因行使"知识和道德领导权"而扩展的统治权关系密切。例如安东尼奥·葛兰西（Antonio Gramsci）在谈论国家层面的霸权时所强调的： 28

> 社会集团的霸权地位通过两种方式表现出来："统治权"以及"知识和道德领导权"。社会集团统治其敌对集团，它甚至也许会以武装力量清洗或制伏这些集团；它领导兄弟或盟友集团。社会集团在赢得统治权力之前能够而且事实上一定已经行使了"领导权"（这事实上正是赢得这种权力的主要条件之一）；此后每当它行使权力时它便处于统治地位，但是即使它牢牢地掌握着权力，它也一定要继续"领导"才行。（Gramsci 1971：57－58）

这是对马基雅维利（Machiavelli）权力观念的再阐述。马基雅维利认为权力是同意和强制的结合体。强制意味着使用武力，或者构成有效的武力威胁；同意暗指道德领导权。在此二分法中没有留下位置给资本主义权力的最特别的工具：对支付手段的控制权。在葛兰西的权力概念里，"腐败"和"欺诈"占据了位于强制和同意之间的那块灰色区域：

> 在同意和强制之间是腐败/欺诈（腐败/欺诈是在行使霸权职能受挫，以及使用武力过于冒险的情况下所特有的现象）。这导致敌手（或敌手们）士气低落和陷于瘫痪，途径是通过收买敌手的领袖——要么隐蔽地，要么，如果濒临危险的话，干脆公开地收买——以便动摇敌手的军心。（Gramsci 1971：80n）

在我们的分析框架中，位于强制和同意之间灰色区域的远不止是腐败和欺诈。但是我们在通过构筑体系积累周期着手探索这块区域之前，认为强制和同意之间不存在产生世界强权的独立来源。统治将被认为主要是建立在强制之上，而霸权将被理解为一种额外的力量，由于它有能力将所有引发冲突的问题放在一个"普遍"的层面上，从而形成一个统治集团。

> 确实，国家作为某一特殊集团的机构，注定要为后者最大限度的扩张创造有利的条件。但是这个特殊集团的发展和扩张被看作而且的确也表现为，"国家"全部能量的共同扩张和发展的原动力。（Gramsci 1971：181－182）

29

统治集团声称代表了大众的利益，这或多或少具有一定欺骗性。然而，在葛兰西看来，只有当这种断言至少部分属实，并且为该统治集团增添了某些权力的时候，我们才会提及霸权。在统治集团代表公众利益的断言纯属无中生有时，这不是霸权而是霸权的失败。

由于霸权这个词，从其词源学意义"领导权"和派生意义"统治权"来看，通常指国际关系，因此葛兰西完全有可能是在使用这个术语的比喻意义，通过与国际关系的类比来阐明社会集团之间的关系。在把葛兰西的社会霸权概念从国家内部关系转换成国际关系时——正如阿里吉（Arrighi 1982）、考克斯（Cox 1983，1987）、基奥恩（Keohane 1984a）、吉尔（Gill 1986，1993）以及吉尔和劳（Gill and Law 1988）等人明确或含蓄地分析的——我们可以简明地逆向追溯葛兰西的思考历程。在此过程中我们面临两个问题。

第一个问题涉及"领导"的双重含义，特别是适用于国家间关系时。如果一个占据统治地位的国家领导着主权国家体系朝一个既定的方向前进，并在这样做时被视为追求各国共同利益，它就被视为行使霸权功能。正是这种领导方式使占统治地位的国家也可能在某种意义上引领其他国家走上自己的发展道路。借用约瑟夫·熊彼特（Joseph Schumpeter 1963：89）的表述，这第二种领导力可以被称为"违反自身意愿的领导力"，因为随着时间的推移，它会增强权力的竞争性，而不是提升其霸权。这两种领导权可以共存——至少可以共存一段时间。但是只有第一种意义上的领导权方可界定何种情况为霸权。

第二个问题关乎这样一个事实：在国际体系层面上界定共同利益比在单个国家层面上要更加困难。在单个国家层面上，该国相对于其他国家权力的增加非常重要，这是它是否成功追求共同（即国家）利益的一个衡量标准。可是，对于整个主权国家体系而言，这种意义上的权力增加是不可能实现的。当然，这种权力的增加可以发生在某个特定的国家集团身上，而且以牺牲其他国家的利益为代价，但是该国家集团的领导者的霸权至多是"地区性的"或是"联盟性的"，而非真正的世界霸权。

只有在处理与各国关系的过程中，国家行为不再以追求本国相对于其他国家的更高权力为唯一目标，才是本书所指的世界霸权。

30　事实上，在国际体系中对权力的追求仅仅是硬币的一面，它参与界定国家作为组织的战略和结构。硬币的另一面是国家相对于臣民的权力最大化。因此，一个国家可能拥有世界霸权，因为它能令人信服地宣称，自己作为掌控者推动着权力的全面扩张，而这种权力是统治者统治臣民的集体性权力。或者反过来说，一个国家可能成为世界霸权，因为它能令人信服地宣称它对于一些国家或者甚至所有国家而言的权力扩张是符合所有国家臣民的普遍利益的。

这类宣称在"体系混乱"的情况下是非常可信的。"混乱"与"无政府状态"并非一码事。虽然这两个术语常可换用，但要理解世界霸权的体系根源，我们还需区分两者。

"无政府状态"指的是"缺乏中央统治"。从这个意义上说，现代主权国家体系和中世纪欧洲统治体系可算是无政府体系，前者由后者演变而来。然而，这两种体系的每一种都有过或仍有其含糊的和明确的原则、规范、规则，以及程序，因此我们有理由称其为"有序的无政府状态"或"无政府状态的有序"。

"有序的无政府状态"的概念是由人类学家最先提出来的，他们试图以此解释他们所观察到的有关"部落"体系可以从冲突中产生秩序的趋向（Evans-Pritchard 1940；Gluckman 1963：第一章）。这一趋向一直在中世纪以及现代统治体系中起作用，因为在这些体系中"缺乏中央统治"也并非指缺乏组织机构，而且在一定的限度内，冲突已经可以产生秩序。

相比之下，"混乱"和"体系混乱"指的是一种完全的、明显无可补救的缺乏组织的情况。这种情况的出现是因为冲突逐步升级并超出了临界点。在临界点以内冲突往往可引起强大的抵消性趋向；或者是因为一套新的行为规范被强加于或产生于一套较旧的规则和规范而没有取代它；抑或是这两种情况兼而有之。当体系的混乱加剧时，对"秩序"——旧的秩序，新的秩序，任何秩序都行——的需求在统治者、臣民或两者当中越来越普遍。无论哪个国家或国家集团，只要能满足这种全体系范围内的对秩序的需求，便会因此面临获得世界霸权的机遇。

从历史上来看，那些成功地抓住机遇的国家，是靠在新的和扩大的基础上重建世界体系做到的，从而在一定程度上恢复了国际合作。换句话说，世界霸权的"崛起"和"衰落"从未在一个这样的世界体系中实现——这个世界体系在一个不变结构的基础上独立扩展，无论这个结构被如何定义。相反，现代世界体系本身就是由周而复始的重大调整所形成，并以此为基础进行扩张，这些重大调整则是由相继出现的霸权国家领导和治理的。

这些调整是现代统治体系的一大特征，现代统治体系出现于中世纪欧洲统治体系的衰败和最终的解体。正如约翰·鲁杰（John Ruggie）所主张的，现代的和中世纪的欧洲统治体系之间存在着根本性的差异。两者都可以被描述为"无政府的"，但是从"缺乏中央统治"这个意义来说，无政府状态依据的原则——在这些原则的基础上体系的组成单元彼此分离——则意味着不同的内容："如果无政府状态告诉我们，**政治体系是一个分隔成片的领域**，那么那种差异则告诉我们，这些分隔是由什么来确定的。"（Ruggie 1983：274）

中世纪的统治体系由君臣关系链构成，建立在有条件的财产权和个人权威的混合体基础之上。因此，"从地理角度上说，不同的司法实例相互交织在一起，而且被阶层化了。多元化的臣服义务、不对称的宗主权以及异常的飞地比比皆是"（Anderson

1974：37－38）。此外，统治精英在跨越这些相互交错的政治辖区方面的机动性极高，他们能够"毫不犹豫或轻而易举地行遍整个大陆，并行使统治权。最终，这种统治体系被普通法典、宗教以及习俗合法化，这些法典、宗教及习俗体现的自然权利包罗万象，而这些自然权利关系到由众多组成单位构成的整个社会"（Ruggie 1983：275）：

> 简言之，这种统治体系从本质上来说是一个分而治之的体系；它处于无政府状态。但它是一种分割的领土统治形式，绝无现代主权概念所传达的占有性和排他性的内涵。它代表了一种领土权利和领土要求，即政治空间的组织，这种组织受制于人，不能自主。（Ruggie 1983：275）

与中世纪的统治体系相比，"现代统治体系是公众权威在相互排斥的管辖领域内制度化的结果"（Ruggie 1983：275）。私有财产权和公众政府权变得绝对而且水火不容；政治辖区变得具有排他性，由边界明确划分；统治精英们跨越政治辖区的流动性减少并最终消失；法律、宗教以及习俗获得了"国家的"（national）性质，也就是说，除了服从君主的权威外，不服从任何政治权威。正如艾蒂安·巴利伯（Etienne Balibar）所说的那样：

> 国家形式与其所趋向的所有别的现象之间的一致性有个先
> 决条件，即在各个政治实体之间对世界领土和人口（以及由此
> 而来的资源）进行全面的（没有"遗漏"的）、没有重叠的划
> 分……给每个人一个国家，给每个国家它的"国民"。（Balibar
> 1990：337）

32

现代统治体系的"形成过程"，一直与作为一个世界规模的积累体系的资本主义的发展紧密相关，正如伊曼纽尔·沃勒斯坦将现代世界体系概括为资本主义世界经济时所强调的那样。在他的分析中，现代国际体系的兴起与扩张既是资本无穷积累的主要原因，也是必然结果。他认为："资本主义兴旺繁荣的确切原因是世界经济在其范围内不止有一种而是有多种政治体系。"（Wallerstein 1974a：348）与此同时，资本家集团动员各自的国家以便提高其在世界经济中的竞争地位，这种趋向不断将政治领域再次分割成彼此分离的政治辖区。（Wallerstein 1974b：402）

在这里所提出的格局中，资本主义和现代国际体系之间的密切历史联系既对立又统一。我们必须考虑这样一个事实："资本主义和民族国家是一起成长起来的，而且在某种意义上大概也互相依赖。然而，资本家和资本积累中心常常会齐心协力地共同抵制国家权力的延伸。"（Tilly 1984：140）在我们看来，将世界经济分割成相互竞争的政治辖区并不一定有益于资本家的资本积累，是否有益在很大程度上取决于竞争的形式和激烈程度。

因此，如果国际竞争采取激烈而又旷日持久的武装斗争形式，那么就没有理由认为，资本主义企业在国际竞争中所承担的费用，不超过它们在一个世界帝国中必须承受的中央集权的统治成本。相反，在此情况下，资本主义企业的赢利性可能大打折扣，并最终消失。因为越来越多的资源被转用于军事企业，并且/或者因为有越来越多的生产和交换网络陷于混乱，而资本主义企业正是通过这些网络获取盈余并将其转化成利润的。

与此同时，资本主义企业之间的竞争未必会促使政治领域不断地分割成彼此分离的政治辖区。同样，这在很大程度上取决于竞争——这里指资本主义企业之间的竞争——的形式和激烈程度。如

33 果这些企业深陷于密集的跨国生产和交换网络，那么将这些网络分割成互不关联的政治辖区的做法，可能会对每一个资本主义企业相对于非资本主义机构的竞争地位产生不利影响。在这种情况下，资本主义企业可能会积极动员政府减少，而不是增加或复制世界经济的政治分割。

换句话说，国家之间以及企业之间的竞争可以呈现不同的形式，而它们所呈现的形式对现代世界体系能运行良好——作为统治方式和作为积累方式——有着重要的影响。仅强调国际竞争和企业之间竞争的历史联系是不够的。我们还必须明确它们所呈现的形式，以及它们随着时间的流逝是如何变化的。只有这样，我们才能充分认识现代世界体系逐步演化的特征，以及相继出现的世界霸权在建立和重建世界体系的过程中所发挥的作用，而这种建立和重建都是为了解决资本的"无穷"积累和相对稳定的政治空间组织之间的周期性矛盾。

为了理解这一点，界定"资本主义"（capitalism）和"领土主义统治制度"（territorialism）这两个对立的统治方式和权力逻辑显得非常重要。领土主义统治者将权力等同于他们领土的范围，以及人口稠密程度，而把财富/资本看作追求领土扩张的一种手段或者副产品。比较而言，资本主义统治者则将权力等同于他们在多大程度上控制了稀缺资源，而视领土的获得为资本积累的副产品。

在解释马克思关于资本主义生产的一般公式（MCM′）时，我们可以分别通过 TMT′以及 MTM′这两个公式，来展示这两种权力逻辑之间的差异。根据第一个公式，抽象的经济控制或者货币（M）是指在获得额外领土过程中的一种手段或中介（$T' - T = +\Delta T$）。根据第二个公式，领土（T）是旨在获得额外支付手段过程中的一种手段或中介（$M' - M = +\Delta M$）。

这两种逻辑之间的差异，也可通过将国家比喻为"权力容器"得以体现（Giddens 1987）。领土主义统治者倾向于通过扩大容器尺寸来增加他们的权力。相比之下，资本主义统治者则倾向于在小容器内堆积财富来达到增加其权力的目的，只是在有资本积累的需要时才会扩大容器的尺寸。

资本主义和领土主义统治的权力逻辑之间的对立，不应与查尔斯·蒂利对立国和战争方式的区分相混淆。蒂利将立国和战争方式区分为强制密集型、资本密集型以及适度的资本化强制型。这些模式（Tilly 1990：30）并不代表可供权力进行选择的不同"战略"。相反，它们是建立国家和发动战争过程中强制和资本的不同组合方式，这些组合方式有同一目标，即获得对领土/人口的控制或更多支付手段。这些"模式"对于立国过程中的目的而言是中性的，虽然它们促进了这一过程。

相比之下，这里所界定的资本主义和领土主义统治制度的确代表了可供选择的国家形成战略。在领土主义统治制度的战略中，控制领土和人口是立国和战争的目标，而控制流动资本则是手段。在资本主义的战略中，目标和手段的关系颠倒了过来：控制流动资本是目标，而控制领土和人口则是手段。这种对立并不意味着通过其中任何一种战略来追求权力的过程中使用强制手段。我们将会知道，在权力臻于巅峰状态时，威尼斯共和国既是资本主义权力逻辑的最清晰体现，也是强制密集型国家形成的最鲜明例证。这种对立暗示威尼斯国家以及包括威尼斯在内的城邦国家体系的形成过程的真正革新。真正的革新不在于该过程对强制性的依赖程度，而在于它面向资本积累而不是吞并领土和人口的程度。

在领土获得和资本积累方面，国家行为的逻辑结构不应与实际结果相混淆。从历史角度来看，资本主义和领土主义统治的权力逻辑并非孤立地而是彼此联系地运作于特定的时空背景下。因此，实际结果与每种抽象逻辑中隐含的内容有很大的差异，甚至截然相反。

因此，从历史上看，最强烈的领土扩张趋势是孕育自资本主义政治的温床（欧洲），而非出自领土主义统治制度最发达、最稳固的帝国所在地（中国）。这种不一致并非由于最初能力的不同。"从历史学家和考古学家所能告诉我们的有关郑和海军舰队的规模、实力以及适航性的情况来看"，保罗·肯尼迪（Paul Kennedy）指出，"在航海家亨利的探险队开始一本正经地向休达（摩洛哥北部港市）南部推进之前数十年，（中国人）可能已经有足够的能力驾船绕过非洲并'发现'葡萄牙了"（Kennedy 1987:7）。然而，宦官郑和成功地完成在印度洋的探险活动之后，明朝中国撤回了舰队，限制了海上贸易，并且中止了与境外强国的联系。在阿布-卢格霍德看来，明朝中国决定这么做，而没有采取最后步骤在欧亚世界体系中成为真正的霸主的原因"在过去至少 100 年内令许多严肃的学者困惑不已——实际上已在他们中间引发了绝望情绪"。更具体地说，在已经"接近可以主宰世界的一个重要区域，不仅在和平生产而且在海军和陆军力量的技术方面都享有领先优势的情况下……（中国）为什么转身撤走舰队，并留下一片巨大的权力真空地带？对于这片权力真空地带，当时没有国家海军力量作为后盾的穆斯林商人完全没有做好准备去填补，而他们的欧洲对手——在间隔大约 70 年后——则将心甘情愿，也将有足够的能力去填补它"（Abu-Lughod 1989:321-322）。

明朝中国之所以故意放弃"发现"和征服这个世界——其后不久，欧洲国家相继开始把它们的精力和资源倾注于此——答案其实相当简单。埃里克·沃尔夫（Eric Wolf）指出，自罗马时代以来，亚洲一直是欧洲受贡阶级的珍贵物品的供应者，从而从欧洲取走了大量的贵重金属。欧洲与东方贸易的这种结构失衡强烈地刺激了欧洲政府和企业通过贸易或征服的途径，来寻求一些方法和手段，以恢复正不断由西方向东方流动的购买力。正如查尔斯·达韦南特（Charles Davenant）在17世纪所说的那样，谁控制了亚洲贸易，谁就可以向"整个商业世界发号施令"（Wolf 1982：125）。

因此，葡萄牙和其他欧洲国家发现并控制一条直接通往东方的路线的预期利益非常大，它与中国发现和控制一条直接通往西方的路线的预期利益不具有可比性。哥伦布碰巧发现美洲大陆，是因为他和他的卡斯蒂利亚的资助者在东方有可找回的财富。郑和则没有那么幸运，因为他在西方没有可找回的财富。

换言之，根据领土主义统治的权力逻辑，我们可以很容易理解中国为何决定不像欧洲人后来那样去做，因为这种权力逻辑，中国认真权衡了额外地将资源投入帝国的领土和商业扩张所牵涉的立国和战争活动的预期收益、代价以及风险。在这方面，我们应该注意到熊彼特的论点（Schumpeter 1955：64-65）对中华帝国来说是说不通的。他认为，前资本主义国家的形成特点是：具有强烈的"无目标"的"暴力扩张"趋向，这种扩张没有确定的功利主义的限度——也就是说，这种扩张是非理智的和不理智的，纯粹是基于本能的战争和征服倾向。请熊彼特先生原谅，一种严格意义的领土主义统治的权力逻辑——正如在本书中所概括的，并且也正如在前现代和现代时期由中华帝国所完美体现的那样——比起一种严格的资本主义权力逻辑来，其"理智"成分既不多一些，也不少一些。它是一种非常不同的逻辑。在此逻辑中，控制领土和人口本身就是立国和战争活动的目标，而非仅仅是追求利润过程中的手段。这种控制本身被当作目标来追求这一事实，并不意味着其扩张免受

"确定的功利主义的限度"的制约，也不意味着盲目扩张以至于超越了临界点。临界点是指这样一种状态，即权力方面的预期收益要么是负值，要么是正值，但不足以为这种或那种所谓的"帝国战线过长"所带来的风险提供担保。

事实上，中华帝国是从未掉进过战线过长这一陷阱的领土主义统治组织的最确切的历史例证，而肯尼迪（Kennedy 1987）认为战线过长正是西方大国相继最终垮台的原因所在。就严格意义的领土主义统治的权力逻辑而言，最令人困惑的不是明朝中国缺乏扩张动机，而是欧洲国家自 15 世纪下半叶以来似乎无节制的扩张主义。欧洲政府和企业通过控制亚洲内部贸易以及与亚洲进行的贸易而能够获得超常的收益，这部分地解释了这一困惑。可是，这不能解释三个紧密相连的问题：（1）为什么这种空前的扩张主义恰恰在那个时候开始出现；（2）为什么尽管西方强国一个接一个地衰落，而扩张主义却仍然畅通无阻，直至地球上几乎所有的陆地都被欧裔民族所征服；（3）这种现象是否以及如何与同时出现的作为世界积累和统治体系的资本主义的形成和同样具有爆炸性的扩张相关。

现代国际体系的根源

这些问题的初步答案可以在对现代国际体系的根源、结构以及演变的研究中寻找并获得。这种体系的重要特征一直表现为资本主义和领土主义统治的权力逻辑之间恒定不变的对立，以及由当时最重要的资本主义国家周期性地通过重组世界政治－经济空间来解决它们的矛盾。资本主义和领土主义统治制度的这种对立是先于 17 世纪的泛欧国际体系的建立而存在的。它源于中世纪意大利北部的资本主义城邦国家的地区性亚体系的形成过程。

37

起先，这个在意大利北部出现的资本主义城邦国家的地区性亚体系仅仅是一个地区性的"异常飞地"亚体系而已。正如安德森在早先被引用的段落中所提醒我们的那样，这些"异常飞地"在中世纪统治体系的政治空间中是大量存在的。但是，随着中世纪统治体系衰落步伐的加速，意大利北部的资本主义飞地组织成了一个亚体系；这个亚体系由相互分离且独立的多个政治辖区聚集而成，这种聚集建立在权力平衡原则和密集广泛的外交网络基础上。正如马丁利（Mattingly 1988）、考克斯（Cox 1959）、莱恩（Lane 1966，1979）、布罗代尔（Braudel 1984：第二章）以及麦克尼尔（McNeill 1984：第三章）用不同却互补的方式所强调的，这个以威尼斯、佛罗伦萨、热那亚以及米兰为中心的城邦国家——罗伯特·洛佩斯（Robert Lopez 1976：99）称它们为"四大巨头"——亚体系提前两个世纪甚至更长时间具备了现代国际体系的众多主要特征。正如鲁杰（Ruggie 1993：166）所言，欧洲人曾经两度而不是一度建立了现代国家，"一次是意大利文艺复兴时期的主要城市，再一次是此后某个时期在阿尔卑斯山脉以北出现的若干王国"。

这一体系的四个主要特征在意大利北部的城邦国家亚体系中得到了预示。第一，这种亚体系从本质上说是一种资本主义的战争和立国体系。这种亚体系中最强大的国家威尼斯是这类城邦国家的"完美榜样"和"未来样本"，从此双重意义上说，它是资本主义国家的真正原型。商业资本主义寡头统治集团牢牢地把握着国家大权。获取领土首先要仔细分析成本－效益，而且通常只作为一种手段，以服务于提高行使国家权力的资本主义寡头统治集团的贸易赢利性的目的（Cox 1959：第二至第五章；Lane 1966：第 57 页；Braudel 1984：第 120～121 页；Modelski and Modelski 1988：第 19～32 页）。

　　请松巴特（Sombart）原谅，我有不同看法，如果说曾经有过这样的国家，其行政部门符合《共产党宣言》有关资本主义国家的标准的话（"只是一个管理整个资产阶级的共同事务的委员会"，Marx and Engles 1967：82），那便是 15 世纪的威尼斯。从这点出发，未来的最主要的资本主义国家（尼德兰联邦、联合王国、美利坚合众国）似乎都是几个世纪前的威尼斯所体现出来的典型标准的逐渐淡化的版本。

　　第二，"权力平衡"（balance of power）的运用在三个不同的层面上对促进这种资本主义统治的飞地在中世纪体系中的发展起到了关键性作用。中世纪体系的中央权威（教皇和皇帝）之间的权力平衡，推动了有组织的资本主义飞地在意大利北部的出现。这里是权力平衡的地缘政治中心。意大利北部城邦国家自身之间的权力平衡有助于维持它们相互间的分离和自治状态。而正在西欧出现的王朝国家间的权力平衡，对于防止领土主义统治逻辑在欧洲统治体系范围内将资本主义逻辑消灭于萌芽状态起到了积极作用（参见 Mattingly 1988；McNeill 1984：第三章）。

　　因此，权力平衡对于作为统治方式的资本主义的发展一直至关重要。事实上，权力平衡可以被视为一种机制。通过这种机制，资本主义国家能够独自或联合起来降低其保护成本，而这种保护成本的降低是绝对的或者相对它们的竞争对手而言的。然而，要使权力平衡成为一种机制，资本主义国家（们）必须能操纵这种权力平衡，使之对自己有利，而不是被一个没有人或其他人控制的机制所束缚。如果只有通过不断的、代价高昂的战争才能维持权力平衡，那么使权力平衡运转的努力违背资本主义国家（们）的目的，因为这类战争的金钱成本将不可避免地超过金钱收益。资本主义成功的秘诀在于让别人替自己打仗，如果可行，一分钱不花；如果不行，则尽可能地少花钱。

第三，通过在发动战争和建立国家进程中发展工资－劳动关系，该进程被弗雷德里克·莱恩（Frederic Lane 1979）恰如其分地称之为"保护生产产业"，意大利各城邦设法将至少一部分保护成本转化为收入，从而使战争为自己买单：

> 在较富裕的意大利城镇流通着"充足的"货币，这使公民有可能缴纳税收，并以此收入来购买素不相识的武装人员的服务。接着，这些雇佣兵仅仅通过消费就又将这些货币送归流通领域。由此他们加剧了市场交换，使这类城镇首先得以将武装暴力商业化。这种新兴的体系因此变得可以自我维持。（McNeill 1984:74）

事实上，这种新兴的体系只能在一定程度上自我维持。根据这种特征，意大利城邦国家正在实行一种小规模的"军事凯恩斯主义"。通过这种做法，军事支出刺激了做此支出的国家公民的收入增长，从而增加了税收以及为新的军事支出提供资金的能力。然而，如同随后的所有种类的军事凯恩斯主义那样，军事支出的"自我扩张"受到以下因素的严格制约：实际需求长期向其他管辖领域的渗漏、成本膨胀以及不断增加的军事支出其他方面的再分配效应，降低了资本主义阶层为此目的而自我课税或接受征税的意愿。

第四也即最后一个特征是，意大利北部城邦国家（首先又是威尼斯）的资本主义统治者一马当先，在发展密集而广泛的驻外外交网络方面起了领头羊的作用。通过这些网络，他们获得了关于其他统治者（包括他们处于其中的、更加广泛的中世纪统治体系

39

中的领土主义统治者）的野心和能力方面的信息，这些对于巧妙地处理权力平衡以便将保护成本降至最低限度非常必要。正如远程贸易赢利性的关键在于对尽可能大的经济空间实施信息的准垄断性控制（Braudel 1982），资本主义统治者处理权力平衡以使形势对己有利的能力的关键也在于对其他统治者的决策过程具备准垄断性的认知和监督能力。

这就是驻外外交的职能。与领土主义统治者相比较，资本主义统治者不仅有更强的动机，而且有更大的机遇来促进它的发展：他们有更强的动机，是因为关于统治者的野心和能力方面的认知优势对于处理权力平衡至关重要，而权力平衡对于将立国和战争活动商业化具有核心作用；他们有更大的机遇，则是因为受资本主义寡头统治集团控制的远程贸易网为建立外交网络提供了一个现成的、资金可自我提供的基础（Mattingly 1988：58 – 60）。尽管如此，外交在巩固意大利北部城邦国家体系方面的成就——最引人注目的是《洛迪和约》（the Peace of Lodi 1454）——为两个世纪后欧洲民族国家体系的形成提供了范例（Mattingly 1988：178）。

因此，源于远程贸易和大金融资本的资本积累、权力平衡的处理、战争的商业化，以及驻外外交的发展四个特征互为补充，而且在一个世纪甚至更长的时期内促使财富和权力超常地集中在统治意大利北部城邦国家的寡头统治集团的手中。到了大约 1420 年，主要的意大利城邦国家不仅在欧洲政治中以大国的身份发挥作用（McNeill 1984：78），而且所得的岁入与西欧及西北欧最成功的王朝国家相比也是十分丰厚的（Braudel 1984：120）。这表明，即使是很小的领土也有可能成为巨大的权力容器，这个权力容器只为追求财富的积累，而不为获取更多的领土和臣民。此后，"财富考虑"在整个欧洲将成为"权力考虑"的中心问题。

然而，意大利城邦国家从未单个地或集体地尝试过有目的地改变中世纪统治体系。出于一些后来将变得明晰的原因，它们既缺乏采取这类转变性行动的欲望，又缺乏这样做的能力。一直到两个世纪——从约 1450 至约 1650 年（布罗代尔所谓的"漫长的"16 世纪）——之后，一种新的资本主义国家，尼德兰联邦，才面临并抓住改变欧洲统治体系的机遇，以适应世界范围的资本积累的要求。

这种新形势的出现是因为欧洲的权力斗争明显升级，这是由领土主义统治者促成的，他们试图将意大利城邦国家的财富和权力并入他们的统辖范围，或者试图阻止他人这样做。结果显示，彻底的征服被证明是不可能的，主要原因在于领土主义统治者内部存在竞争。然而，在这场追求不可能实现的目标的斗争中，一些出类拔萃的领土主义统治国家——特别是西班牙和法国——发展了新的战争力量和装备（西班牙步兵团、职业正规军、移动攻城炮、新式防御工事系统等）。它们给了领土主义统治者相对于其他统治者决定性的权力优势，包括中世纪统治体系的超国家和亚国家权力（参见 McNeill 1984：79-95）。

欧洲权力斗争加剧之后，不久紧接着便是欧洲的地理扩张，因为一些领土主义统治者寻求更加间接的方式，来将意大利城邦国家的财富和权力并入其统治。这些统治者不寻求兼并这些城邦国家，或者视兼并城邦国家为补充性目的，他们试图控制其财富和权力的真正源头——远程贸易的路线。

具体说来，意大利城邦国家的财富，尤其是威尼斯的财富，首先取决于对商业交往链中一个关键环节的垄断性控制。这个环节将西欧与印度、中国通过伊斯兰世界连接在一起。没有哪个领土主义统治国家可以强大到获取那样的垄断权，但是一些出类拔萃的领土

40

主义统治者，能够而且也确实尝试过在西欧与印度、中国之间建立一种更为直接的联系，以便将资金和物资从威尼斯人那里，转移到他们自己的贸易路线中去。葡萄牙和西班牙在热那亚资本主义机构的领导和协助下，取得了领先地位，而这些机构曾经被威尼斯从地中海地区最有利可图的贸易活动中排挤出去。葡萄牙大功告成，而西班牙失败了，但是西班牙意外地发现了一处全新的财富和权力的源头——美洲。

欧洲权力斗争的加剧和向全球的蔓延两者相互促进，从而导致一种恶性/良性循环——对其受害者而言是恶性的，对其受益者来说则是良性的。权力斗争中投入资源的规模越来越大，立国和战争的技术日益先进和昂贵。原来在欧洲内部斗争中所开发的技术被用来征服欧洲以外的领土和社会；而源于征服欧洲以外领土和社会的财富和权力，则被用于欧洲内部的斗争（McNeill 1984：94 - 95，100ff）。

起先从这种恶性/良性循环中受益最多的国家是西班牙，它是唯一一个同时在欧洲前线和欧洲以外前线的权力斗争中充当主角的国家。在整个 16 世纪，西班牙的权力大大超越了欧洲其他国家。然而，这种权力远没有被用于监督向现代统治体系的平稳过渡，而成为哈布斯堡王室和教皇的工具。教皇用它来挽救正日益解体的中世纪统治体系中可挽救的部分。

事实上，可挽救的部分很少，或者说根本没有，因为自 15 世纪中期以来，欧洲权力斗争的明显升级，已经将中世纪体系的解体带至无可挽回的境地。由于那场斗争，一些新的权力实体已经在西北欧出现，它们在不同程度上将资本主义权力逻辑纳入了领土主义统治逻辑中，结果形成了坚实的微型帝国，最典型的范例是法国、英国和瑞典等王朝国家，这些国家单个都无法与西班牙抗衡，但若是联合在一起，任何旧的或新的中央政治权威都不能令它们俯首称臣。西班牙、教皇和哈布斯堡王朝企图消灭或征服这些新兴权力实体，但是不仅失败，而且消灭或征服新兴权力实体的努力最终导致一种体系混乱的局面，而体系混乱为荷兰霸权的兴起以及中世纪统治体系的最终毁灭铺平了道路。

这是因为冲突迅速升级，超出了中世纪统治体系的调节能力，并将其制度转变为如此多新冲突的根源。结果，欧洲权力斗争变成了一场永远的负和游戏，所有或大多数欧洲统治者开始意识到，倘若继续这场游戏，他们可能一无所获，并且会失去一切。这里最重要的因素是，全系统的社会冲突骤然升级，成为对欧洲统治者集体权力的严重威胁。

马克·布洛赫（Marc Bloch）曾经写道："农民起义在现代欧洲的早期非常普遍，如同罢工在今天的工业社会一样。"（引自Parker and Smith 1985）但是在16世纪后期，尤其是17世纪上半叶，这种乡村骚乱史无前例地和都市起义混杂在一起。这些起义的矛头不是指向"雇主"，而是指向国家本身。在英格兰发生的清教徒革命是这种爆炸性的乡村和都市起义结合的最具戏剧性的片断，但是几乎所有的欧洲统治者都直接受到了这种社会动荡的冲击，或者感受到它的严重威胁（Parker and Smith 1985：12ff）。

剧烈的社会冲突波及整个体系范围，这是统治者之间先前以及正在发生的武装冲突升级的一个直接结果。1550～1640年，欧洲大国所动员的士兵数量翻了一番多。而在1530～1630年，将每个士兵投入战场的平均费用增加了4倍（Parker and Smith 1985：14）。这种保护成本的上升导致了国民财政压力的上升和臣民税员的增加，反过来这又引发了许多17世纪的起义（Steensgaard 1985：42－44）。

伴随这种保护成本的上升，意识形态的斗争也开始升级。中世纪统治体系的逐步崩溃，已经导致上层根据"君权等于神权"之原则进行宗教改革，以及宗教复辟。这引起了广大民众对这两者的怨恨和反抗（Parker and Smith 1985:15 - 18）。在统治者将宗教变为他们彼此之间权力斗争的工具时，国民也效仿这一做法，将宗教变成反对统治者的起义工具。

最后，但并非最不重要的是，统治者之间武装冲突的升级瓦解了跨越欧洲的贸易网络，而正是依靠这一贸易网络，统治者获取战争所需的财力等手段，而臣民们维持生计。跨越政治辖区运送货物的成本和风险急剧增加，物资从用于生计转移到用于战争。这样的认识看来是有道理的：对突然恶化的游民问题以及"生存危机"来说，与人口和气候因素相比，贸易流的中断和转移起到了更为决定性的作用，而游民问题和"生存危机"构成了 17 世纪普遍的合法性危机的社会和经济背景（参见 Braudel and Spooner 1967；Romano 1985；Goldstone 1991）。

无论是什么趋势引起了民众的叛乱，结果是欧洲统治者们提升了这种意识，即在维持他们对其臣民的统治方面，他们具有共同的权力利益。正如詹姆斯一世在大危机早期所言，"在国王们中间"存在"一种模糊的联系，它使他们在臣民叛乱时有义务相互忠诚、相互扶持，虽然可能没有其他的利益或者特别的约言"（引自 Hill 1958:126）。在正常情况下，这种"模糊的联系"对统治者的行为影响甚微，或者没有影响。但是在所有或大多数统治者的权威受到其臣民的严重挑战时——如在 17 世纪中期那样——统治者力图保持他们对于其臣民的统治权，这种共同利益使他们之间的争执和对抗显得无足轻重。

正是在这种情况下，尼德兰联邦领导一个庞大而又强大的王朝国家的联盟，该联盟的目标在于摧毁中世纪统治体系并建立现代国际体系，最后成为一个霸权国家。在荷兰人早期争取从西班牙获取民族独立的斗争过程中，他们已经在知识上和道德上确立了对欧洲西北部各王朝国家强有力的领导地位，他们是中世纪统治体系瓦解的主要受益者。当体系混乱在三十年战争期间加剧时，"外交网络'开始'在海牙编织和拆解"（Braudel 1984：203），荷兰人对泛欧统治体系进行重大重组的提议在欧洲统治者中间获得了越来越多的支持，直至西班牙受到彻底的孤立。

随着 1648 年签订《威斯特伐利亚和约》（The Peace of Westphalia），一种新的世界统治体系因此出现：

> 凌驾于主权国家之上的权威或组织的想法已经不再时兴，取而代之的是这样的观念，即所有的国家组成一个世界范围的政治体系，或者至少西欧国家组成一个单一的政治体系。这种新体系依赖的是国际法和权力平衡，指运作于国家之间而非凌驾于国家之上的法律和权力。（Gross 1968：54 - 55）

在威斯特伐利亚（Westphalia）创建的世界统治体系也有社会目的。在统治者宣布他们各自对互为排斥的领土享有合法的绝对治理权时，他们确立了这样的原则：平民百姓不参与君主之间的争执。这条原则最重要的应用发生在商业领域。在《威斯特伐利亚和约》之后签订的许多条约中，插入了一条旨在通过废除三十年战争期间形成的贸易壁垒，从而恢复商业自由的条款。随后的协定提出了保护非战斗人员的财产和商业活动的规则。这样，意大利北部城邦国家体系中，非常典型的出于贸易利益考虑而对报复行动实施限制的做法（Sereni 1943：43 - 49），被纳入欧洲民族国家体系的规范和规则之中。

由此，一种国家制度得以建立。在这种制度下，君王之间的战争，给臣民日常生活带来的影响被降到了最低限度。

44 　　18 世纪战争频繁。但是，在欧洲的主要国家，法语是公认的通用语言；从这些国家受过良好教育的阶层之间的自由、友好交流来看，这是现代历史上最"国际"的时期了。在他们各自的君主处于交战状态时，平民们可以相互来往，自由地做生意。（Carr 1945：4）

这样，17 世纪早期的系统性混乱就被转化成一种新的无政府状态的秩序。这个秩序授予私人企业充分的自由，这些企业即使在战时也可以跨越政治辖区、和平地开展商业活动，这不仅反映了统治者与臣民在战争手段和生活手段的可靠供应方面具有共同利益，而且反映了荷兰资本主义寡头政治在无节制的资本积累方面拥有特殊利益。这种出于资本积累的考虑而重组政治空间的做法，不仅标志现代国际关系的诞生，也标志作为世界体系的资本主义的开始。它之所以发生在荷兰人领导下的 17 世纪而不是威尼斯人领导下的 15 世纪，探究其原因，这是不难理解的。

最重要的原因是——它涵盖了所有的原因——15 世纪国际体系的混乱从规模到程度都远不如两个世纪之后，后者严重到促使欧洲的统治者们认为其共同利益就是要结束中世纪的统治体系。威尼斯的资本主义寡头政治本身在那种体系内部境况一直良好，因此威尼斯资本主义寡头没有任何兴趣去毁灭它。无论如何，意大利的城邦国家体系是一个不断被它所属的更加广泛的世界体系中或大或小的国家弄得四分五裂的地区性亚体系。政治对抗和外交联盟不可能局限于这个亚体系之内。领土主义统治者经常卷入其中，使意大利北部的资本主义寡头统治集团永远处于守势。

相比之下，到了17世纪，体系混乱的复起不仅使欧洲统治者萌发了对权力斗争进行合理化的共同兴趣，而且还产生了这样一个资本主义寡头统治，它具备引领这种共同兴趣服务所必需的动机和能力。从主要方面来说，荷兰的资本主义寡头政治是威尼斯资本主义寡头政治的复制品。与后者一样，它是资本主义权力逻辑的载体，并且在处理权力平衡、外交倡议和外交革新方面，充当了领导的角色。然而，与后者不同的是，它是欧洲权力斗争——该斗争由资本主义国家在意大利北部的出现所引起——明显升级的一种产物而非诱因。这种差异具有几个重要的含义。

第一，荷兰资本主义寡头统治集团在欧洲政治和世界政治中的活动规模比威尼斯的大得多，因此权力也较之大得多。威尼斯的财富和权力建立在一个贸易圈上，而这个贸易圈本身是一个更长的贸易圈中的一个环节，威尼斯本身不能控制这个贸易圈。我们已经知道，这个地方性的环节确实被更为迂回的贸易路线所取代。比较而言，荷兰的财富和权力是建立在荷兰资本主义寡头统治集团从海上殖民地帝国那里切割过来的商业和金融网络之上的。通过这些帝国，葡萄牙和西班牙的领土主义统治者曾经联合热那亚的资本主义寡头统治集团，压倒过威尼斯的财富和权力。

这些网络遍及世界各地，不可能轻易绕过或取代。事实上，荷兰资本主义寡头统治集团的财富和权力，更多地依赖于它对世界金融网络，而不是商业网络的控制。这意味着它不像威尼斯的资本主义寡头那样脆弱，后者很大程度上受制于建立贸易竞争路线或在特定路线上增加竞争。在远程贸易的竞争加剧之际，荷兰的寡头政治家可以补偿荷兰资本主义寡头统治集团的损失，并且发现金融投机是一块新的有利可图的投资领域。因此，荷兰的资本主义寡头有能力超越竞争，并将其转化为自己的优势。

第二，荷兰资本主义寡头统治集团与中世纪统治体系的中央权威之间的利益冲突，远比后者与威尼斯资本主义寡头集团之间的利益冲突更为根本。正如"漫长的"16 世纪的历史所证明的，在中世纪统治体系的解体过程中所出现的南欧以及西北欧的王朝国家的不断上升的权力，比教皇和哈布斯堡王朝的不断削弱的权力，对威尼斯财富和权力构成更大的威胁。

比较而言，在打消教皇和皇帝要求拥有超国家的道德和政治权威——如在西班牙的帝国抱负中所体现的那样——的念头方面，荷兰的资本主义寡头统治集团与正在出现的王朝国家有着强烈的共同利益。由于荷兰和西班牙帝国进行了长达 80 年的独立战争，荷兰人成为王朝统治者原始国家主义抱负的先锋者和组织者。与此同时，他们不断地寻求一些方式和手段，防止冲突升级到严重破坏其财富和权力的商业和金融基础。因此，在追求自身利益的过程中，荷兰资本主义寡头统治集团开始不仅被看作从中世纪统治体系的中央权威那里赢得独立的先锋者，而且是和平这一共同利益的捍卫者，而对于和平，中世纪统治体系的中央权威已经无力为其做贡献了。

第三，荷兰资本主义寡头统治集团的战争能力远远超过了威尼斯的寡头统治集团。后者的能力与威尼斯的地理位置紧密相关，在此位置之外用处甚微，尤其是在"漫长的"16 世纪的战争技术取得了重大进展之后。比较起来，荷兰寡头统治集团的能力是以成功地在前线参与战争技术进步为基础的。事实上，荷兰人不仅是资本积累的领导者，而且是军事技术合理化的领头人。

通过重新发现并完善已被遗忘很久的罗马军事技术，拿骚的莫里斯（即奥兰治王子）在 17 世纪早期为荷兰军队带来的成就堪比两个世纪以后科学管理将为美国工业所带来的成就（参见 McNeill 1984：第 127~139 页；van Doorn 1975：9ff）。攻城技术经过改进，用以（1）提高军事劳动力的效率，（2）减少伤亡，（3）加强军队的纪律。行军以及枪支的装弹和发射实现了标准化，军事训练成为一种常规活动。军队被划分为更小的战术部队，现役和非现役军官的数量得到了增加，指挥方式实现了合理化：

> 从这种意义上说，一支军队成了一个独特的机体，其中央神经系统可以对意外情况做出敏锐的、多少带些智能性质的反应。每个动作的精确性和速度都达到了一个新的水准。士兵在发射子弹和行军时的单个动作，以及部队在战场上的移动，都可以得到前所未有的控制和预测。一支训练有素的部队通过保证其每个动作的有效性，能够增加每分钟射向敌人的弹药数量。单个步兵的灵巧和决心几乎不再重要了。在整齐划一的程序下，大无畏精神和个人勇气几乎荡然无存……然而以莫里斯的方式训练出来的部队在疆场上自动地表现出了卓越的战斗力。（McNeill 1984：130）

这种革新的意义在于它抵消了西班牙所享有的规模优势，因此有助于欧洲内部军事力量的相对均衡。通过积极鼓动其盟友采纳新技术，尼德兰联邦为在欧洲国家之间实现实质性的平等创造了条件，这成了未来威斯特伐利亚体系建立的前提。当然，通过这种做法，尼德兰联邦加强了其对王朝统治者在知识和道德上的领导力，而那些统治者正在努力使其绝对治理权合法化。

第四即最后一点是，荷兰资本主义寡头统治集团的立国能力要

远远大于威尼斯寡头统治集团的立国能力。组建和管理威尼斯国是
资本家的利益所在，这种利益的排他性是威尼斯权力的主要来源，
但同时也是该权力的主要局限之处。这是因为这种排他性使威尼斯
寡头统治集团的政治眼界局限在由成本－效益分析法和复式记账法
所设定的范围之内。也就是说，它使威尼斯的统治者对一些政治和
社会问题漠不关心，而这些问题正在把他们所处的世界弄得四分
五裂。

相比之下，荷兰的资本主义寡头统治集团的立国能力是在从西
班牙帝国统治下争取解放的漫长斗争中锤炼而成的。为了赢得这场
斗争，荷兰资本主义寡头统治集团必须与王朝利益集团（奥兰治
王朝）缔结联盟，分享权力，而且必须要驾驭民众叛乱（加尔文
主义）这只老虎。因此，资本主义寡头统治集团的权力在荷兰国
内远不及它在威尼斯国内那样绝对。但正是由于这个原因，荷兰统
治集团发展出了比威尼斯统治者更大的能力来提出和解决欧洲权力
斗争所围绕的问题。这样，尼德兰联邦就凭借其资本主义程度不及
而不是超过威尼斯而登上了霸主宝座。

英国霸权和自由贸易帝国主义

荷兰人从未治理过他们所创建的体系。当威斯特伐利亚体系确
立之后，尼德兰联邦立即开始丧失它刚获得的世界大国地位。在半
个多世纪里，荷兰人继续朝着一个特定的方向——最为引人注目的
是朝着受海军力量支持的海外商业扩张，以及建立特许股份公司的
方向——领导新生的威斯特伐利亚体系的国家。但是，这种领导是
我们所谓的违背领导者意愿的领导的典型例子，因为它逐渐削弱而
不是增强荷兰的实力。因此，荷兰的世界霸权是一种昙花一现的现

象，它一经出现就开始消失。

就世界权力而言，新的统治体系的主要受益者是尼德兰联邦的前盟友法国和英格兰。在接下来的一个半世纪里——从1652年英荷战争爆发（与《威斯特伐利亚和约》仅事隔四年）到1815年拿破仑战争结束——国际体系中的头等大事是这两个大国为世界霸权而展开的斗争。

这场旷日持久的冲突分为三个局部重叠的发展阶段；就某些方面而言，它们是"漫长的"16世纪冲突的各个阶段的再现。第一阶段的特点同样也是领土主义统治者企图将主要的资本主义国家并入他们的统辖范围。正如法国和西班牙在15世纪后期试图征服意大利北部的城邦国家一样，17世纪后期的英国和法国，尤其是法国，也试图把尼德兰联邦的贸易和权力网并入它们自己的统辖范围。

科尔贝尔（Colbert）在向路易十四建议时强调，"如果国王能够使尼德兰联邦全部臣服于您，其商业将成为陛下臣民之商业，我们将别无所求"（引自Anderson 1974：第36～37页）。该建议的问题在于这个"如果"从句。尽管17世纪法国（或英国）的战略能力大大超出了法国或英国15世纪对手的能力，但是尼德兰联邦的战略能力超出15世纪主要资本主义国家的能力的幅度甚至更大。尽管有过短暂的联合，但是法国和英国还是没能征服荷兰人。结果，这两个未来征服者之间的竞争再次成了征服之路上不可逾越的障碍。

随着这些尝试的失败，斗争进入了第二阶段，这两个竞争对手的努力，开始越来越集中在吞并那个资本主义国家的财富和权力的来源，而不是那个资本主义国家本身。正如葡萄牙和西班牙曾经争夺对东方的贸易控制权一样，法国和英国也为大西洋的控制权展开了斗争。然而，这两种斗争之间的差异，同它们的类似之处同样重要。

英国和法国都是全球权力斗争中的新手。这反而给了它们一些优势。最重要的是，到英国和法国开始在欧洲以外的地区进行领土扩张的时候，莫里斯的"科学管理法"在欧洲军队的传播，已开始将其对于欧洲以外地区统治者的军队的相对优势，转变为不可逾越的鸿沟。奥斯曼帝国的权力已经开始无可挽回地衰落了：

> 再往东一些，当欧洲的军事教官开始通过征募当地的人力组建小规模军队，以保护法国、荷兰，以及英国在印度洋沿岸的贸易站时，训练士兵的新方法变得重要。18 世纪，无论规模怎么微不足道，这些军队与当地统治者习惯投放于疆场的那种臃肿的军队相比，表现出了明显的优势。（McNeill 1984：135）

49　　　毫无疑问，直到 19 世纪，这种优势才达到足够的压倒程度，以实现在印度次大陆的重要的领土征服，以及使中华帝国屈从于西方的控制。但是，在 18 世纪，这种优势已经足以让那两个新手，特别是英国，去征服处于崩溃中的莫卧儿帝国的一些最富饶的贡品来源地，最引人注目的是孟加拉地区。因此，英国人和法国人已经超越了葡萄牙人和荷兰人，他们仅仅建立一个亚洲海上帝国。然而，西方和非西方的军事实力之间正在出现的鸿沟，对这些新手将葡萄牙人、西班牙人、尤其是荷兰人，从建于世界商业十字路口处的阵地上赶走帮助甚微。为了赶上并超过老手，新手必须大幅度地调整世界商业的政治地理分布。这正是资本主义和领土主义统治制度所组成的新的综合体所取得的成就；这一新的综合体是 18 世纪法国和英国重商主义的产物。

这一综合体具有三个主要且又相互关联的因素：移民殖民主义、资本主义奴隶制、经济民族主义。这三个因素对重组世界政治－经济空间必不可少，但是，移民殖民主义可能是这个综合体中的主要因素。特别是英国统治者在抵消对手在海外扩张方面的优势过程中，非常依赖其臣民的私人进取心：

> 虽然英国人不能在金融敏锐性，以及商人船队的规模和效率方面与荷兰人相匹敌，但是他们相信应建立定居殖民地，而不仅仅是在通往西印度群岛途中建立停靠港口。除了特许股份公司外，英国人还提出了用以殖民的权宜之计，例如建立类似葡萄牙人在巴西的船长领地的业主殖民地，以及名义上直属国王控制的皇家殖民地。美洲的英国殖民地在自然资源和一致性上有所欠缺，但这种欠缺在殖民者自身的数量和勤劳方面得到了弥补。（Nadel and Curtis 1964:9－10）

资本主义奴隶制既是移民殖民主义成功的条件，也是移民殖民主义成功的结果。因为殖民者在数量和勤劳程度的扩展不断受制于并重现劳动力短缺问题，而劳动力短缺问题单靠或甚至主要依靠自然产生于移民人口群体内部的，或强行取自世界民族人口的供应，是不能解决的。这种长期的劳动力短缺提高了从事奴隶劳工的捕获（主要在非洲）、运输，以及生产性使用（主要在美洲）的资本主义企业的赢利性。正如罗宾·布莱克本（Robin Blackburn 1983:13）所指出的，"在人们看不到其他任何解决方案的时候，新世界的奴隶制解决了殖民地的劳动力短缺问题"。殖民地劳动力短缺问题的解决反过来成了扩大基础设施规模和市场的主要因素，这对维持移民的生产积极性非常必要。 50

　　法国和英国的重商主义（mercantilism）大刀阔斧地调整全球政治经济，这种调整若要取得成功，移民殖民主义和资本主义奴隶制是两个必要但不充分的条件。第三个关键因素是经济民族主义，它有两个主要方面。第一是殖民地内部，以及国际商业中货币盈余的无穷积累——重商主义常常等同于这种积累。第二是国民经济，或者更恰当地说是国内经济的开发。正如古斯塔夫·冯·施穆勒（Gustav von Schmoller）所强调的，"从最核心的方面来说，'重商主义'只是一种立国活动而已——不是狭义上的立国，而是立国和国民经济开发同时并进"（引自 Wilson 1958：6）。

　　通过将保护成本转为税收，国民经济开发使以战养战的做法在更加广阔的范围内得以完善。早在三个世纪之前，这种做法已被意大利城邦国家率先用过。部分通过对国家官僚机构的指令，部分通过对私人企业的激励，法国和英国的统治者在可行的情况下，将越来越多的直接或间接参与战争和国家建设的活动内在化。这样一来，他们设法将保护成本的一大份额转变成了税收，其份额之大远远超出了意大利城邦国家，而且也超出了尼德兰联邦实际或可能之所为。通过将这些增加的税收用于国内经济，他们创造了新的激励机制和机会，在各种活动之间建立新的联系，从而使以战养战的做法越来越可行。

　　实际上，正在发生的事情不是战争在"支付自身的费用"，而是越来越多的平民被动员起来间接地，而且常常是无意识地支持统治者的战争和立国努力。战争和国家的建立变成了一种越来越迂回的交易，涉及越来越多、范围越来越广、种类越来越多的看似无关的活动。在进行和执行这些活动时，重商主义统治者调动平民百姓力量的能力并非没有限制。相反，它受到了严格的限制，这种能力是指利用世界贸易、移民殖民主义以及资本主义奴隶制带来的收益，并将这些收益转化为对其宗主国臣民的企业家精神和生产积极性的充分回报（参见 Tilly 1990：第 82～83 页）。

在摆脱这些限制的过程中，英国统治者对于其所有竞争对手，包括法国在内，具有一种决定性的相对优势。这是一种地缘政治学上的优势，类似于威尼斯在其权力鼎盛时期所享有的相对优势：

51

> 无论在海外贸易还是在海军实力方面，不列颠都获得了霸权地位。同威尼斯一样，它受益于两个相互作用的因素：它的岛国位置以及新的角色（即两个世界之间调停者的角色）。与大陆强国不同，不列颠能够将它的实力专心用于海上；与其荷兰竞争对手不同，它用不着为一条陆地疆界配备兵力。（Dehio 1962：71）

我们将在第三章中得知，英格兰/不列颠经过长达两个世纪漫长而痛苦的过程"变成"了一座强大的岛屿，在此过程中，英国"学会"了如何在大陆权力斗争中，把和法国、西班牙相比的根本性地缘政治缺陷，转变为争夺世界商业霸权斗争中的决定性竞争优势。然而，到了 17 世纪中期，这个过程实际上已经完成。从那时起，在其欧洲竞争对手将力量和资源锁在国内用于窝里斗的时候，英国却在为海外扩张输送力量和资源，这就形成了一个循环的和累积的因果关系过程。英国在海外扩张方面的成功，使欧洲大陆国家感到压力越来越大，要追赶英国不断增长的世界权力。但是，这些成功也为英国提供了处理欧洲大陆权力平衡的必要手段，以便使其对手们忙于内患。随着时间的推移，这种良性/恶性循环将英国置于这样的地位：它可以淘汰海外扩张中的所有竞争对手，同时成为无可争议的欧洲权力平衡的主宰者。

当英国赢得七年战争（1756～1763 年，the Seven Years War）的时候，它和法国争夺世界霸权地位的斗争告一段落。但它并未因此而成为世界霸主。相反，随着争夺世界霸权斗争的结束，冲突立即进入了第三阶段，其特点是体系混乱日益加剧。同 17 世纪初尼德兰联邦一样，英国通过在体系混乱中创建一种新的世界秩序而获得了霸主地位。

同 17 世纪初一样，体系混乱是社会冲突卷入统治者权力斗争的结果。然而，这两种情况之间存在着显著差异。其中，最重要的差异是，18 世纪末以及 19 世纪初跟 17 世纪初相比，叛民所显示的自治程度和有效程度要大得多。

毫无疑问，这一轮新的波及全体系的反叛浪潮，正如我们将要看到的那样，其更深层次的根源在于争夺大西洋的斗争。然而叛乱一旦爆发，它便为在全新的基础上恢复英法对峙创造了条件，而且在这新一轮的对峙结束之后叛乱还继续肆虐了 30 年左右。以 1776～1848 年为一个完整的时期，这第二轮的反叛浪潮导致了统治者－臣民关系在整个美洲以及大部分欧洲地区的彻底变化，还导致了一种全新的世界霸权（英国自由贸易帝国主义）的建立。这种新的霸权彻底地重组了国际体系以适应那种变化。

这一轮反叛浪潮的更深层次的根源之所以可以追溯到先前争夺大西洋的斗争，是因为叛乱代理人正是那场斗争所带来并形成新的社会力量：殖民地移民、种植园奴隶以及宗主国的中产阶级。随着 1776 年美国通过《独立宣言》（Declaration of Independence），叛乱开始在殖民地出现，并最先打击联合王国。法国统治者旋即抓住机会发起了一场复仇运动。然而，这很快导致了 1789 年大革命这一事与愿违的结果。这场大革命所释放出来的能量在拿破仑统治下转化为法国加倍的复仇努力。这又反而导致移民、奴隶以及中产阶级的普遍的叛乱（Hobsbawm 1962；Wallerstein 1988；Blackburn 1988；Schama 1989）。

在这些国际和国内的斗争过程中，违反威斯特伐利亚体系之原则、规范及规则的情况非常普遍。尤其是拿破仑时期的法国，通过煽动自下而上的反抗和发布自下而上的命令，侵犯了欧洲统治者的绝对治理权。与此同时，它还通过没收、封锁以及涉及大部分欧洲大陆的指令性经济等手段，侵犯了非战斗人员的财产权和商业自由。

联合王国首先获得霸主地位，靠的是在反对侵犯其绝对治理权和争取恢复威斯特伐利亚体系的斗争中领导了一个主要由王朝力量组成的广泛联盟。随着 1815 年《维也纳协定》的签署以及随后1818 年"亚琛会议"的召开，威斯特伐利亚体系得以成功地恢复。至此，英国霸权成了荷兰霸权的翻版。正如荷兰人在反对哈布斯堡西班牙的帝国抱负的斗争中成功地领导了行将诞生的国际体系一样，英国人也在反对拿破仑统治的帝国抱负的斗争中成功地领导了行将灭亡的国际体系（参见 Dehio 1962）。

然而，与尼德兰联邦不同的是，联合王国继续统管着这一国际体系，而且在此过程中，它对该体系进行了重大重组，以便适应源于持续的革命动荡的新的权力实体。新出现的体系就是约翰·加拉格尔和罗纳德·罗宾逊（John Gallagher and Ronald Robinson 1953）所称的自由贸易帝国主义，这种世界统治体系既扩大又取代了威斯特伐利亚体系。这在三个不同而又相关的分析层面上引人注目。

第一，一群新的国家加入由王朝国家和寡头政治国家组成的集团，该集团曾构成威斯特伐利亚体系的原始核心。这个新集团主要由成功地从旧帝国和新帝国赢得独立的一些国家所组成，这些国家由它们国内的财产所有者掌控。因此，国际关系开始不受君主的个

53

人利益、野心以及情感控制，而受到这些国内团体的集体利益、野心以及情感的制约（Carr 1945:8）。

伴随国家主义的这种"民主化"而来的是世界权力空前地集中于一个国家即联合王国的手中。在那个源于 1776~1848 年的革命巨变并已经扩大的国际体系中，只有联合王国同时卷入世界所有地区的政治生活，而且更为重要的是在大部分地区占据了控制地位。所有以前的资本主义国家都有这样一个目标——成为全球力量的主人而不是仆人，这一目标第一次，可能是短暂地被这一时代的头号资本主义国家完全实现了。

为了更有效地平衡全球力量，英国率先收紧了自《威斯特伐利亚和约》以来实施的松散的欧洲大国磋商制度。结果出现了欧洲协调（又叫欧洲协同，Concert of Europe），从一开始它就主要是英国支配大陆均势的工具。在《维也纳和约》签订之后大约 30 年间，对于组成神圣同盟的"血统与情面统治集团"而言，欧洲协调在欧洲大陆政治中扮演了次要的角色。但是，随着神圣同盟在不断增加的民主国家主义的压力下的解体，欧洲协调迅速成为调节欧洲国际关系的主要工具（参见 Polanyi 1957：第 7~9 页）。

第二，伴随殖民帝国在西方世界的解体而来的，是它们在非西方世界的扩张。19 世纪开始的时候，西方国家声称拥有地球表面 55% 的陆地，但是实际上只拥有大约 35% 的陆地。到 1878 年，后者的比例已经升至 67%，到 1914 年达到 85%（Magdoff 1978:29，35）。"历史上没有任何别的一组殖民地有如此之大，"爱德华·赛义德（Edward Said）指出，"并且在如此之大的程度上受到控制，与西方宗主国相比权力如此之不平等。"（Said 1993:8）

英国取得了这次领土征服的最大一份。在此过程中，它在世人前所未见的范围内恢复了帝国统治。事实上，帝国统治的东山再起，是我们用自由贸易帝国主义这个表达方式来指称英国19世纪世界霸权的主要原因。我们使用这个表达方式不仅强调英国通过自由贸易的实践和意识形态来支配世界体系，正如加拉格尔和罗宾逊所做的那样；而且强调，同时特别强调，英国自由贸易的统治和积累体系在世界范围内的帝国基础。以前从未有过任何领土主义统治者像联合王国在19世纪那样，将数目如此之大、人口如此之多、面积如此之广的领地纳入自己的统辖范围。以前也从未有过任何地主阶级统治者像19世纪的英国及其委托人在印度次大陆那样，在如此短暂的时间里——以劳动力、自然资源以及支付手段等形式——强行榨取了如此之多的殖民利益。这些殖民利益的一部分被用来支持并扩大强制机器；通过这部强制机器，越来越多的非西方国家国民被纳入大英帝国管辖之下。但是，同样醒目的另一部分被以这种或那种形式抽到伦敦，让其在财富流通路线中再循环。通过这种流通路线，英国在西方世界的权力得以不断地再生和扩展。这样，领土主义统治和资本主义的权力逻辑（TMT′和MTM′）相得益彰。

从殖民地榨取的帝国殖民利益，经过再循环变成了投资到世界各地的资本，从而提升了伦敦作为一个世界金融中心相对于诸如阿姆斯特丹和巴黎等竞争中心的比较优势地位（引自Jenks 1938）。这种比较优势使伦敦成为"大金融资本集团"的天然乐园。"大金融资本集团"指的是由来自世界各地的金融家组成的组织紧密的机构，他们的全球网络被转变为英国支配国际体系的另一个工具：

> 金融……在许多小一些的主权国家的会议和政策中扮演了一个有影响力的仲裁者角色。贷款以及贷款的续借依照信用而定，而信用则依照良好的行为来定。既然在立宪政体（非立宪

政体非常不受欢迎）下，行为反映在预算中，而且货币的对外价值与对预算的评判密不可分，因此强烈建议债务国政府应密切关注货币的汇兑，避免可能给预算的健康状况带来影响的政策。一旦一个国家采用了能将可允许的波动减至最低限度的金本位制，这条有用的基本原理便成了有说服力的行为准则。金本位制和立宪主义是使伦敦城的声音在许多小一些的国家得以被听见的工具，因为这些国家已经采纳了这些象征着遵守国际新秩序的标志。英国治下的和平取得主导地位，有时靠的是重型舰队大炮的威胁性姿态，但更为频繁的是通过及时地扯动国际货币网络的织线来获得支配地位。（Polanyi 1957：14）

最后，一个全新的世界政府机制不仅扩大了而且取代了威斯特伐利亚体系。威斯特伐利亚体系的建立原则是，国际体系之上不存在任何权威。恰恰相反，自由贸易帝国主义建立了这样的原则：运行于国家内部或之间的法律要受制于更高的权威，一种新的形而上学实体，即受自身"法则"支配的世界市场。这种形而上学的实体被赋予了超自然的权力，比中世纪统治体系中教皇和皇帝所掌握的任何权力都大。通过把它所拥有的世界霸权作为这个形而上学实体的具体体现，英国成功地在国际体系中扩展了它的权力，远远超出了它的强制机器的范围和有效性所及的范围。

这种权力是英国单方面采取自由贸易实践和思想的结果。多边自由贸易体系只是在 1860 年随着《英法商业条约》的签署才开始，而且实际上于 1879 年随着"新的"德国保护主义的抬头就终止了。但是，从 19 世纪 40 年代中期至 1913 年，英国单方面向全世界的产品敞开了它的国内市场大门（Bairoch 1976a）。在海外领土扩张和国内资本商品工业发展的共同作用下，这项政策成为支配整个世界经济的一个强有力的工具：

> 在英国的领导下，无人定居的空间的殖民化（原文如
> 此）、依赖于煤的机器驱动工业的发展，以及在世界范围内通
> 过铁路和船只服务对交通的开发进展都十分迅速，并刺激了各
> 地国家及国家意识的出现和发展；与这种"英国的扩展"相
> 对应的是19世纪40年代以后英国为世界其他地区的天然产
> 品、食品以及原材料提供的自由市场。（Carr 1945: 13 – 14）

通过开发国内市场，英国统治者在全世界范围内建立了依附并
效忠于英国财富和权力扩张的网络。对世界市场的这种控制，连同
对全球力量平衡的掌握以及与"大金融资本集团"之间相互利用
的密切关系，使联合王国可以像世界帝国一样有效地管理这个国际
体系。结果，出现了"一种在西方文明史上从未有过的现象，那
就是1815～1914年100年的'欧洲'和平"（Polanyi 1957: 5）。

这反映了联合王国空前的霸权能力。对于其在欧洲和全球权力
斗争中所有的对手而言，它的强制机器——主要是海军和殖民地陆
军——以及它的岛国位置，无疑赋予了它决定性的比较优势。但
是，这种优势无论有多大，也不可能解释英国在19世纪中叶显示
出来的那种重建世界——不仅仅是欧洲国际体系——以符合其国家
利益的非凡能力。

这种非凡的能力是霸权的体现，也就是说，英国令人信服地宣
传其霸权主张，认为其权力的扩张不仅服务于英国自身的国家利
益，而且服务于"普世"利益。这一霸权主张的中心思想是，统
治者的权力和"国家的财富"二者是不同的，而这是英国知识界
所宣扬的自由主义意识形态所巧妙勾勒出来的。在此思想体系中，

英国统治者的权力扩张相对于其他统治者的权力扩张被描述为各国财富共同扩张的原动力。自由贸易可能会削弱统治者的君权，但它同时增加了其国民或者至少是有产国民的财富。

这种主张的吸引力和可信度是以 1776～1848 年的革命巨变创造的体系环境为基础的。因为在美洲以及在欧洲的许多地区，在这些巨变过程中上台掌权的国内群体主要是财产持有者，他们主要关注其财产的货币价值而非其统治者的自治权力。正是这些群体构成了英国自由贸易霸权的"天然"拥护者。

与此同时，1776～1848 年的革命巨变促进了联合王国自身内部的变化；这些变化增强了统治者满足整个系统"民主"财富的需求的能力。其中最重要的变化是工业革命，它是在法国大革命战争和拿破仑战争的冲击下发生的。就本书而言，这场革命的主要意义在于，它极大地增进了英国的私人企业和其他国家私人企业之间的互补关系，特别是那些因反抗英国统治叛乱而获得独立的北美洲国家。因此，英国统治者开始意识到，他们在国内经济制造方面的领先地位，使他们在利用跨政治辖区的国民间关系方面具有相当大的优势，成为英国对其他主权国家进行统治的无形工具。正是由于这种认识，英国支持和保护民主民族主义的势力，首先在美洲，后在欧洲，反对英国前王朝盟友的反动倾向（Aguilar 1968：23）。因此，随着这些势力的国力的增强，英国统治集团领导和管制这个国际体系的能力也增强了，可以进一步扩大国内外的财富、权力以及威望。

19 世纪英国在世界权力方面所取得的成就是史无前例的。然而，通向这些成就的发展道路的新颖性不容夸大，因为英国自由贸易帝国主义只是将两条看似岔开的发展道路和谐地融为一体而已，而这两条发展道路早在许多年前就已经由其他国家的统治集团开辟出来了。新颖之处在于这两条道路的结合而非其本身。

其中一条道路为几个世纪以前的威尼斯所开辟。事实上，成为 19 世纪的威尼斯，仍然是拿破仑战争结束时英国商界名流为英国所倡导的目标。在 19 世纪英国的财富和权力扩张开始到达极限时，人们又再一次想起了那个类比，尽管带有消极的含义（Ingham 1984:9）。

如果我们关注一下宗主国的领土以及欧洲国家关系，那么这无疑是一个适宜的类比。英国相对狭小的领土、处于世界贸易主要枢纽的岛国位置、海军的霸权地位，以及其国内经济的类似转口贸易中心的结构，所有这些特征都使英国看上去像一个放大了的威尼斯共和国或尼德兰联邦在其各自权力顶峰时的复制品。不可否认，与威尼斯和荷兰前辈的宗主国领土相比，英国的宗主国领土更为广阔，而且包括了多得多的人口和自然资源。但是，可以认为，这一差异大致相当于 19 世纪资本主义世界经济所增加的规模和资源；因为与早先威尼斯和荷兰的权力兴起和衰落时期比较，19 世纪的资本主义世界经济的规模和资源相对增加了。

第二条发展道路全然不同，而且只有将我们的视角拓宽，将海外领地以及世界的政治结构之间的关系包括在视野之内，我们才能辨认清楚这条发展道路。从这个更广的视角来看，19 世纪的英国看来步的不是威尼斯也不是尼德兰联邦的后尘，而是西班牙帝国的后尘。保罗·肯尼迪认为，同三个世纪以前的哈布斯堡集团一样，19 世纪的大英帝国"是一个由广泛分布的领地组成的混合体，一件需要大量源源不断的物质和智慧资源才能保持运转的政治－王朝的精心杰作"（Kennedy 1987:48）。

我们将在第三章详细论述 19 世纪的大英帝国和 16 世纪的西班牙帝国在空间布局上的相似之处，可与这两个帝国在遍布世界的远

58　程贸易和大金融资本网络的战略和结构方面存在的惊人的相似之处相提并论。这些网络有助于这两个帝国的统治集团的权力追求。这还不是全部的相似之处。甚至连包含多个主权国家的自由贸易体系的概念，看起来似乎也是源于西班牙帝国的。（Nussbaum 1950:59 – 62）

简言之，威斯特伐利亚体系的扩张和被取代是通过英国自由贸易帝国主义实现的，其中不仅涉及沿着前期主要资本主义国家所开辟并遵循的发展道路向更庞杂的政治结构的"前进"，同时也涉及向世界范围统治和积累的战略与结构的"倒退"。这些战略与结构看来已被以前沿着那条道路的发展所淘汰。19 世纪创建的帝国结构同时兼备资本主义和领土主义统治的特性，其全球权力远远超出了世人曾经见过的任何权力。特别是这种帝国结构的创建表明，资本主义世界经济的形成与扩张所涉及的，与其说是别的、更加有效的手段取代了前现代时期帝国追求的手段，还不如说是对它的继续。

这是因为在 19 世纪英国霸权下重建的资本主义世界经济既是一种"世界经济"，又是一种"世界帝国"。毫无疑问，它是一种全新的世界帝国，但仍然是一个世界帝国。这种独特的世界帝国的最重要、最新颖的特征，是它的统治集团对普遍接受的支付手段（"世界货币"）实施广泛的准垄断性控制，以确保它们的指令不仅在其广泛分布的领地内部得到执行，而且在其他政治管辖范围内的君主及臣民当中也得到执行。这种对世界货币的准垄断性控制的复制存在很大问题，而且持续的时间也不长——至少按照前现代世界帝国中最成功的帝国所建立的标准来看是这样的。但是，只要它持续一天，它就能够使英国政府以极大的效率治理广大的政治 – 经济空间，而这一空间比先前任何世界帝国所实际或可能治理的空间都要大得多。

美国霸权和自由企业制度的兴起

直到 19 世纪末，联合王国一直行使着世界政府的职能。然而，19 世纪 70 年代以后，它开始失去对欧洲权力平衡的控制，此后不久也很快失去了对全球权力平衡的控制。在这两种情况下，德国崛起并成为世界强国都是决定性发展态势。（Kennedy 1987：209－213）。 59

与此同时，联合王国占据资本主义世界经济中心的能力正在受到一个新的国家经济的崛起的削弱，这个国家经济的财富、规模以及资源都大于英国自身。它就是美国，它发展成为一种具有强大吸引力的"黑洞"，吸引来自欧洲的劳动力、资本以及企业家。联合王国几乎没有什么机会与之竞争，更不用说那些不如英国富有和强大的国家了。在挑战英国的世界权力的过程中，德国和美国相互增强了自身国力，削弱了英国支配国际体系的能力，并最终导致了一场新的为争夺世界霸权而展开的空前剧烈和残忍的斗争。

以前的世界霸权斗争的特征使它可分为数个阶段。在这场斗争过程中，冲突经历了那些阶段中的一些而不是全部阶段。领土主义统治者试图吞并主要资本主义国家的那个初始阶段被完全忽略了。事实上，领土主义统治和资本主义的权力逻辑在世界霸权的三个主要竞争者（英国、德国以及美国）当中融合得如此之深，以至很难辨别哪些是资本主义统治者，哪些是领土主义统治者。

在整个对抗过程中，历代德国统治者比其他两个竞争对手中的任何统治者表现出强烈得多的领土主义统治的倾向。但是，这些更加强烈的倾向反映他们在这场领土扩张运动中是迟到者。我们已经知道，联合王国在领土获得方面从不客气，在非西方世界建立帝国一直是它的世界霸权的组成部分。至于美国，它发展成了主要的磁极，吸引着世界经济的劳动力、资本以及企业家资源，这和它的国内经济在 19 世纪达到大陆规模密切相关。加雷思·斯特德曼·琼斯（Gareth Stedman Jones 1972：216－217）指出：

> 一些美国历史学家沾沾自喜地提到，美国没有欧洲大国那种典型的移民殖民主义。然而他们不过掩盖了这样的事实，即美国帝国主义的整个内部历史是一个攫取和占领领土的巨大过程。美国在"国外"缺乏领土主义统治，这是以其"国内"空前盛行领土主义统治为基础的。

这种史无前例的国内领土主义统治，完全是资本主义权力逻辑所固有的。英国的领土主义统治制度和资本主义曾经相得益彰。但是，美国的资本主义和领土主义统治制度彼此不可区分。领土主义统治制度和资本主义完美和谐地统一在美国这个国家的形成过程中。它们同时存在于本杰明·富兰克林（Benjamin Franklin）的思想之中，这就是最好的体现。

马克斯·韦伯（Max Weber 1930：48－55）曾经断言，资本主义精神在资本主义秩序真正出现之前就已存在于富兰克林的出生地（马萨诸塞）。为支持这一断言，他详细地引用了一个文件。在这个文件中富兰克林维护了坚持勤俭节约的美德，并且视挣到越来越多的钱本身为目的。然而，韦伯忽略了一点：该文件"以近乎经典性的朴实文字"所表达的资本主义精神，在富兰克林的脑海中是与一种同样明显的领土主义统治精神交织在一起的。因为在另一份文件中，富兰克林"预测（北美）殖民地的人口每 1/4 世纪将翻一番，并且告诫英国政府替这些新来者找到额外的生活空间，理由是一位国君"如果发现那里无人居住,那么他会获得新的领土。如果他发现那里有人居住,那么他会将世居民族赶走,把空间让给他自己的人民,这位国君值得后人感激"。(Lichteim 1974:58)

法国在七年战争中败北之后,英国政府试图限制其北美殖民地向西扩张,并让它们支付帝国的费用,两者让人们不满,并最终导致了 1776 年的革命 (Wallerstein 1988:202 – 203)。但是,一旦这场革命解放了定居者的双手,他们便开始征服大片的北美大陆,直至无利可图,并且完全按照资本主义方式重组北美的空间。这意味着"驱逐世居民族"(removing the Natives),以便为不断增加的移民人口腾出空间,正如富兰克林曾经倡导的。结果出现了一个紧凑的国内领土"帝国"——这一术语是可与华盛顿、亚当斯、汉密尔顿以及杰斐逊的词汇里的"联邦"一词换用的 (Van Alstyne 1960:1 – 10)。这种"帝国"的特点是,它的保护成本大大低于英国广为延伸的海外领土帝国。

英国和美国是德国统治者试图运用其迟到的领土主义统治制度来效仿的两种"帝国"样板。起先他们试图学习英国,寻找海外殖民地,并挑战英国的海军霸权。但是,当第一次世界大战的结果表明这个目标无效以及美国样板更为优越时,他们便转而努力仿效美国 (Neumann 1942;Lichteim 1974:67)。

德国和美国都未曾像法国与西班牙在 15 世纪,以及法国与英国在 17 世纪那样,试图将最主要的资本主义国家并入其统辖范围。与它的先驱及当代的挑战者相比较,这个主要的资本主义国家的世界权力增长如此之快,以至于斗争只能从先前的第二阶段开始——挑战者试图取代主要的资本主义国家在财富和权力方面的比较优势的阶段。即使对世界商业和金融的控制权在国际体系的比较优势方面发挥着重要作用,争夺世界权力的斗争的决定性优势在 19 世纪已经变为国内市场的相对规模和增长潜力。一个国家对于其他国家而言，国内市场规模越大且越有活力，那么这个国家将联合王国从全球的老板－顾客关系网的中心驱逐出去的可能性就越大，而这个全球网络恰恰构成了世界市场（见第四章）。

从这个角度来看，美国比德国的处境要优越得多。它的大陆规模、与世隔绝的岛国特性、极为优越的自然资源及其政府一贯奉行的将国内市场大门对外国产品关闭，却向外国资本、劳动力以及企业敞开的政策，所有这些都使美国成为英国自由贸易帝国主义的主要受惠者。到世界霸权的争夺大战开始时，美国的国民经济早已踏上了通往成为世界经济新的中心的道路。这个中心与世界经济其余部分的联系，与其说是通过贸易流动，还不如说是通过或多或少的单向的劳动力、资本以及企业家精神的转移——从世界其他地方向美国的政治辖区转移——来实现的。

德国在这个领域无法与美国竞争。它的历史和地理位置使它成为这些劳动力、资本以及企业家精神流动的进贡者而非受惠者，即使普鲁士/德意志在欧洲权力斗争前线的长期卷入，使其统治者在创建强大的军工联合体过程中获得了对于所有其他欧洲国家——包括联合王国在内——的比较优势。从 19 世纪 40 年代起，在正在成为德国的那片地理区域内，军事和工业革新开始越来越密切地相互作用。正是这种相互作用使德国在 19 世纪下半叶赢得了工业革命的耀眼成就和向世界强国地位的攀升（参见 McNeill 1984：第七、八章；Kennedy 1987：第 187 页和第 210～211 页）。

然而，德国军事－工业能力的绝对和相对增长并没有从根本上改变它在世界经济的财富流通路线中的进贡地位。相反，它既要向作为世界商业和金融中心的联合王国进贡，又要以劳动力、资本以及企业家资源外流的形式向美国进贡，真可谓雪上加霜。德国统治者越来越为"生存空间"(字面含义是"生命空间",也就是被认为对国家生存至关重要的领土)所困扰,其体系的根源在于这种境况,即他们无力将迅速增长的军事-工业能力转变成他们对世界经济资源控制力的相应增加。

我们已经说过,这种困扰驱使德国统治者首先尝试走英国的领土扩张之路,接着尝试走美国之路。然而,他们的尝试引发了国际冲突的突然升级,这首先削弱然后破坏了英国霸权的基础,但是在此过程中,德国自身的国家财富、权力以及威望蒙受了更大的损失。从这场国际权力斗争的升级中受益最多的国家是美国,主要因为它继承了英国在世界贸易主要枢纽上的岛国位置:

> 到第二次世界大战时,英吉利海峡在岛国特性方面所缺乏的东西,大西洋仍然能够提供。值得注意的是,美国没有受到1914~1945年霸权战争的破坏性影响。况且,由于世界经济的发展以及技术革新继续打破距离的限制,世界经济变得足以囊括整个世界。接着,从商业上说,美国位置偏远的劣势在减少。事实上,随着太平洋开始以与大西洋相竞争的经济区域的身份出现,美国的位置变得重要起来。作为一个洲级规模的岛屿,它可以随意进入世界的这两个主要海洋。(Goldstein and Rapkin 1991:946)

正如在17世纪末以及18世纪初,霸权角色对于一个像尼德兰联邦之规模和资源的国家来说太大一样,在20世纪初那种角色对于一个像联合王国之规模和资源的国家而言也是太大了。在此两种情况下,霸权角色都由一个国家——18世纪是联合王国,20世纪是美国——来担任;那个国家已经开始享受相当多的"保护费",

也就是独享的成本优势，这种优势一方面与远离国际冲突主要场所的绝对或相对的地缘战略上的岛国特性相关，另一方面与绝对或相对地临近世界贸易的主要枢纽有关（Dehio 1962；Lane 1979：12 - 13；Chase-Dunn 1989：114，118）。但是，符合这两种情况的那个国家在资本主义世界经济中也占有足够的分量，能够在相互竞争的国家中按其认为合适的方向改变权力平衡。由于资本主义世界经济在 19 世纪已经有了相当程度的扩展，在 20 世纪初充当霸主所要求具备的领土和资源比 18 世纪时要多得多（Chase-Dunn 1989：65 - 66；Goldstein and Rapkin 1991；Thompson 1992）。

与 18 世纪的联合王国相比，20 世纪的美国拥有更大的领土和更多的资源，但这些还不是这两个时代世界霸权斗争区别的全部。我们已经指出，20 世纪初的斗争忽略了这样一个阶段，即相互竞争的领土主义强国寻求将最主要的资本主义国家并入其管辖范围的阶段，正如法国和英国在 17 世纪末和 18 世纪初想做而没有做成的那样。此外，也是更为重要的一点，20 世纪初国家间的冲突升级之后，几乎立即出现了不断加剧的体系混乱。在先前发生于法国和英国之间的世界霸权斗争中，只是在这两个大国经历了整整一个多世纪的武装冲突之后，国际关系的无政府状态才在民众叛乱的巨大浪潮的威力下演变成体系混乱。但是在 20 世纪初，当大国之间出现面对面的公开对抗时，无政府状态便立即变成体系混乱。

甚至在第一次世界大战爆发前夕，强大的社会抗议运动就已经开始在全世界风起云涌了。这些运动源于也旨在打破一种双重意义的被排斥状态，即一方面非西方民族遭到排斥，另一方面西方的无产者也遭到排斥。自由贸易帝国主义正是以此状态为基础的。

在英国霸权下，非西方民族在霸权强国以及它的盟友、附庸和追随者的眼中缺乏作为民族共同体的资格。荷兰霸权已经通过威斯特伐利亚体系将世界划分为"一个上帝偏爱的欧洲和一个他择性行为的残余地带"（Taylor 1991：21 - 22）。欧洲即便在战时也被看成一个充满"和睦"和"文明"行为的地带，而欧洲以外的领域则被视为这样的地带：在那里没有任何文明标准可以适用，对手可以被简单地消灭掉（Herz 1959：67；Coplin 1968：22；Taylor 1991：21 - 22）。英国的自由贸易帝国主义将这一划分向前推进了一步。一方面，充满和睦以及行为文明之地带被延伸至包括新独立的美洲移民国家，西方国家追求财富的权利凌驾于非西方国家统治者的绝对权利之上；另一方面，通过实行专制的殖民统治以及创造适当的思想体系，比如"东方主义"（参见 Said 1978），非西方民族在原则和实践上都被剥夺了最基本的自决权。

与此同时，已经在英国霸权下成为国际体系组成单位的那些国家，通常是财产持有者的统治共同体，无产者被有效地排斥在外。因此，拥有财产的臣民追求财富的权利不仅凌驾于统治者的绝对权利，而且凌驾于无财产者谋生的古老权利（参见 Polanyi 1957）。同古代世界的雅典式民主一样，19 世纪的自由民主是一种"平等主义的寡头政治"；在这种制度中，"统治阶层的公民分享政治控制权及其带来的油水"（McIver 1932：352）。

非西方民族以及西方的无产群众始终抵制自由贸易帝国主义的那些最直接侵犯他们传统的自决权和生计权的方面。然而，总的来说，他们的抵制是徒劳无益的。19 世纪末，这种情况开始转变，直接原因是国际竞争的加剧，以及作为那种竞争工具的普遍的国民经济开发。

战争和立国活动的社会化过程，在前一轮世界霸权斗争的浪潮中曾经导致了"国家主义的民主化"。这一过程被"战争的工业化"向前推进了一步。通过"战争的工业化"的过程，由机器制造的机械产品被部署到战争活动中，而且这些产品的数量、范围及种类都在不断增加（Giddens 1987:223 – 224）。因此，无产者的，特别是工业无产阶级的生产努力成了统治者立国和战争努力的中心组成部分。无产阶级的社会力量相应上升了，如同他们要求国家保护其生计的斗争的有效性也提高了一样（Carr 1945:19）。

在这种情况下，大国间爆发战争肯定会对统治者 – 臣民关系产生相互矛盾的影响。一方面，它提高了跟统治者的军事 – 工业努力有着直接或间接关系的无产者的社会力量；另一方面，它削减了后者容纳这种权力的可用手段。在第一次世界大战期间，这种矛盾变得十分明显。当时，数年的公开敌对行动已经足以产生迄今资本主义世界经济所经历过的最为严重的民众抗议和反叛浪潮（Silver 1992，1995）。

不久以后，1917 年的俄国革命成为这次反叛浪潮的焦点。通过支持所有民族的自决权（"反帝"）以及生存权之重于财产权和治理权（"无产阶级国际主义"），俄国革命的领导人提出了一个幽灵，这个幽灵比以往任何时候都更激进地参与国际体系的运行。起先，1917 年革命的影响类似于 1789 年法国革命的影响。也就是说，它助长了刚刚在世界霸权斗争中败北的大国的复仇主义情绪（这里指德国），从而导致了新一轮大国间的公开冲突。

国际体系开始被激化为两个对立和敌视的集团。占优势的集团以联合王国和法国为首，呈保守倾向，即以保存自由贸易帝国主义为目的。与此相反，世界霸权斗争中的新贵既没有规模相当的殖民帝国，也没有在世界商业和金融网络中建立恰当的联系，因此加入了由纳粹德国领导的反动集团。这个集团扮演了消灭苏联力量的倡导者角色，因为苏联力量直接或间接地妨碍了其扩张主义野心的实现——不管是德国的"生存空间"、日本的"大陆"，还是意大利的"我们的海"。但是，它也估计，初步或同时与保守派进行对抗是最符合其反动目标的。

这场对抗最后以世界市场的完全崩溃以及对威斯特伐利亚体系之原则、规范及规则的史无前例的破坏宣告结束。而且，同150年前的拿破仑战争一样，第二次世界大战为社会革命充当了一种强有力的传送带的角色。在战争期间和之后，社会革命以民族解放运动的形式传遍了整个非西方世界。在战争和革命的共同影响下，19世纪世界秩序的最后残余被扫之殆尽，国际社会看来又一次陷入了一种无可挽救的混乱状态。到1945年时，弗朗茨·舒尔曼（Franz Schurmann 1974：44）指出，许多美国政府官员"已经开始相信，新的世界秩序是对付革命带来的混乱的唯一保证"。

同19世纪初的联合王国一样，美国首先通过领导国际体系以恢复威斯特伐利亚体系之原则、规范及规则而获得了霸权地位，然后继续治理并重建它所恢复的体系。同往常一样，这种重建国际体系的能力是基于该体系的统治者和国民中这样一种广泛认识，即该霸权国的国家利益体现了普遍的利益。这种认识因美国统治者提出并解决一些问题的能力而大为加强；而这些问题正是自1917年以来革命力量、反动力量以及保守力量之间一直激烈地进行权力斗争的矛头所指（参见 Mayer 1971：第二章关于讨论中的那个时期这三种力量之间的区别）。 66

从一开始，美国统治精英中最开明的派系就比那些保守和反动大国的统治精英对这些问题的认识要深刻得多：

> 从众多方面来说，无论是威尔逊的计划还是列宁的计划，其最重要的特征都是不以欧洲为中心，而是着眼全世界：那就是说，两者都着手号召全世界的所有民族……两者都暗示否定

> 先前的欧洲体系，不管它是局限于欧洲或遍及……整个世界……列宁认为，无产阶级的团结以及对帝国主义的反抗是同自决权及普通人的世纪相一致的；他对世界革命的召唤导致了威尔逊"十四点"计划的出台，这一计划是一项蓄意的反击措施。（Barraclough 1967：第 121 页；同时参见 Mayer 1959：第 33~34 页和第 290 页）

这种改良主义反应是针对苏维埃革命所提出的挑战做出的，它大大超前了。但是，一旦世界政治的保守力量和反动力量之间的斗争走到尽头，并导致美国和苏联的世界权力都大幅度增长，重建国际体系以适应非西方民族以及无产者之要求的舞台便搭设完成。

第二次世界大战之后，每个民族，无论是"西方的"还是"非西方的"，都被给予自决权，也就是将自己建成一个民族国家的权利，而且一旦建成，便可被接纳为国际体系中的正式成员。就这一点而言，全球"去殖民化"和联合国——联合国大会在平等的基础上将所有国家聚集在一起——的成立，已经成为美国霸权一对最重要的互为关联的因素。

与此同时，保障所有国民的生存权成了国际体系成员追求的主要目标。正如英国霸权的自由思想体系曾经将有产者对财富的追求凌驾于统治者的绝对统治权之上，美国霸权的思想体系已经使所有国民的福利（"巨额大众消费"）凌驾于绝对财产权和绝对治理权之上。如果说英国霸权扩大国际体系是为了适应国家主义的"民主化"，那么美国霸权是通过有选择地适应民族主义的"无产阶级化"才进一步扩大国际体系。

与往常一样，扩张中包含着替代。自由贸易帝国主义对威斯特伐利亚体系的替代是真实的，但又是局部的。维也纳会议所恢复的原则、规范以及行为规则，为国际体系成员如何安排其国内事务和国际关系留下了相当的余地。自由贸易侵犯了统治者的君权，但统治者具有相当的能力与霸权国家的贸易和权力网"脱离关系"，如果他们决定这么做的话；尤其是战争和领土扩张仍然是国际体系成员在追求其目标时可以诉诸的合法手段。

再者，在英国霸权下，没有任何组织具有独立于国家权力的、支配国际体系的能力。国际法和权力的平衡同1650年以来一样，继续在国家之间而不是在国家之上起作用。我们已经知道，四国同盟、"大金融资本"以及世界市场都凌驾于大多数国家之上而发挥作用。然而，它们几乎没有独立于联合王国世界权力的组织自治权。它们是某个特定国家控制国际体系的工具，而不是支配国际体系的独立组织。

与自由贸易帝国主义相比，美国霸权的体制已经大大限制了主权国家按照它们认为合适的方式来安排与其他国家的关系以及与自己国民的关系的权利和权力。在通过战争、领土扩张，以及在较小但仍很重要的程度上通过侵犯其国民的公民权和人权等手段来实现目标方面，各国政府比以往任何时候都不自由得多。在富兰克林·罗斯福对战后世界秩序的最初构想中，这些限制几乎等于完全替代了国家主权这个概念。

罗斯福构想的关键特征"是世界安全必须建立在通过国际体系行使的美国权力之上。但是，为了让这样一个构想在意识形态方面对世界上处于水深火热中的民族有广泛的吸引力，它必须来自一个不如国际货币体系复杂的，但也不比一组军事联盟或基地简单的机构"（Schurmann 1974：68）。这个机构是联合国，它一方面迎合了人们对和平的普遍愿望，另一方面又迎合了穷国对独立、进步以及与富国最终平等的渴望。这个构想的政治含义确实是革命性的：

> 世界政府的概念在世界历史上第一次变成了具体的机构。国际联盟受到的基本上是19世纪各国代表大会的精神的指导，联合国则公开受到美国政治思想的指导……英国凭借其帝国所创立的那种世界体系毫无革命性可言。产生于18世纪英国并创立了国际资本主义的世界市场体系则有点革命性……大英帝国的真正伟大之处在于经济方面，而非政治方面。然而，联合国过去是，现在也仍然是一种政治理念。美国革命已经证实，国家可以通过人类有意识的和审慎的行为来建立。直到那时，人们一直认为国家只有通过漫长的自然演变才能形成……自美国革命以来，创建了许多新的国家……罗斯福大胆设想并欲实施的，就是将这种建立政府的过程延伸至整个世界。千万不可低估这种构想的能量，即使在旧金山会议之前，人们就开始注意到这种虚假现实。(Schurmann 1974:71)

联合国成立之后，现实甚至变得更为虚假，因为罗斯福的构想在杜鲁门主义的冲击下沦为更加现实主义的政治方案。这个方案开始在冷战世界秩序中得到体现。罗斯福的"世界一体化"——为了全体的利益和安全，将包括苏联在内的世界上所有的贫穷国家纳入正在演变中的美国治理下的和平体系中——成了"自由世界主义"，将遏制苏联的势力变成美国霸权的主要组织原则。罗斯福的革命理想主义把世界政府概念的制度化看作在全世界推广美国新政的主要工具，但这种理想主义被罗斯福的继任者的改良现实主义所取代。他的继任者们把美国对世界货币以及对全球军事力量的控制制度化作为美国霸权的主要工具 (Schurmann 1974:5, 67, 77)。

由于这些更传统的权力工具开始被用于保护和重组"自由世界"，布雷顿森林体系（国际货币基金组织和世界银行）以及联合国要么成为美国政府在行使其世界霸权职能时使用的辅助性工具，要么，如果它们不能被这样使用的话，在行使其自身的机构职能时受到阻碍。因此，在整个20世纪五六十年代，与以美国联邦储备系统为首的中央银行相比，国际货币基金组织和世界银行在调节世界货币方面，几乎没有或者根本没有发挥作用。只是由于20世纪70年代起尤其是80年代美国的霸权危机，布雷顿森林体系才首次在全球货币调节方面处于重要地位。与此相似，20世纪50年代早期，联合国安理会和联合国大会被美国政府当作辅助性工具使用，使美国对朝鲜内战的干预合法化，但随后就完全丧失了在调节国际冲突方面的中心地位，直到20世纪80年代末90年代初才重新恢复活力。

关于布雷顿森林体系以及联合国组织最近重新恢复活力的意义，我们回头再讨论。但我们现在要强调的是，在美国最大限度地扩张世界霸权时，这些组织被用作辅助性工具并部分萎缩，而这并不涉及恢复英国世界霸权的战略与结构。布雷顿森林体系以及联合国组织仅仅通过保持自身的存在，便保留了它们在使美国霸权合法化方面的许多意识形态价值。与此形成鲜明对比的是，在英国霸权的建立和再现过程中，缺乏那种具备相当的可见性、永久性和合法性的跨国组织以及国际组织。除了这个事实之外，美国的"自由世界主义"在同等程度上既是对英国自由贸易帝国主义的继承，又是对英国自由贸易帝国主义的否定。说它是对英国自由贸易帝国主义的继承，是因为同后者一样，在国际和国内关系都经历了一段时间日趋升级的混乱之后，它重建并扩大了威斯特伐利亚体系；而说它是对英国自由贸易帝国主义的否定，则因为它既不是"帝国

69

主义的"，也不是"自由贸易主义的"，至少不体现英国自由贸易帝国主义所指的意义。

通过建立冷战世界秩序来还原罗斯福的构想，这非但没有减弱，反而加强了美国霸权的"反帝国主义"和"反自由贸易主义"的趋向。这种所谓的还原操作，不过是将美国和苏联之间意识形态的竞争制度化了。在列宁号召世界革命引起威尔逊宣布所有的民族享有自决权，以及"普通人"享有体面生活权的时候，美国和苏联之间的意识形态竞争就已经首次出现了。一方面，这种竞争的制度化大大地缩小了美国霸权将非西方民族以及世界无产阶级的进步要求合法化的空间；另一方面，它也加快了美国政府为尽可能地满足那些要求而重组资本主义世界经济的过程。

因此，毫无疑问，如果不是因为 20 世纪 40 年代末 50 年代初激烈的意识形态和政治竞争将美国和苏联置于互相争斗的境地的话，非西方世界的非殖民化过程会比实际上困难得多，而且走完其历程所需的时间要比实际长得多。不可否认的是，这种激烈的竞争导致美国政府践踏了朝鲜人和后来的越南人在没有外界干涉情况下解决争端的权利，那些争端曾使两国北部和南部领土上的政府发动战争。但是，这种对主权国家常规权利的践踏，只是在美国霸权下，通过空前地限制主权国家按照自己的意愿安排同其他国家以及同其自己国民之关系的自由，来扩大威斯特伐利亚体系的一个方面。

因此，在其世界霸权的巅峰时期，英国政府在美国内战中没有协助自由贸易主义联盟来对抗贸易保护主义联盟。英国宁可让它的前殖民地在其霸权下进行的最血腥的战争中相互屠杀，并集中精力巩固其对印度帝国的控制，还为世界上有史以来最大规模的殖民潮奠定基础。相反，美国政府在其霸权顶峰期，自己代替韩国和美国扶植的南越政权与这两者各自的对手朝鲜和越南民主共和国政权开战。然而，与此同时，它还积极鼓励人类历史上最大的非殖民化浪潮（关于殖民化和非殖民化浪潮，参见 Bergesen and Schoenberg 1980：第 234~235 页）。英国政府和美国政府在各自的世界霸权处于巅峰时的这些不同趋势，生动地证明了这两大霸权不同的动向。如果我们将英国霸权的主要动向称为"帝国主义的"，那么我们将别无选择，只能称美国霸权的主要动向为"反帝国主义的"（参见 Arrighi 1983）。

美国霸权对于英国霸权的这种对立的趋向，再现了一种在英国霸权发展过程中已赫然可见的"回归"模式。正如在英国霸权下扩大和替代威斯特伐利亚体系时，作为基础的世界范围的统治和积累的战略与结构更像 16 世纪西班牙帝国而非荷兰霸权的战略与结构，在美国霸权下扩大和替代该体系时，也包含着"回归"，美国在世界范围的统治和积累的战略与结构更加接近荷兰而非英国霸权的战略与结构。所谓的"反帝国主义"就是一个这类相似点。虽然美国是通过空前的"国内"领土主义统治而形成，荷兰和美国霸权都不是建立在作为英国霸权基础的那种领土"世界帝国"之上的。相反，荷兰和美国霸权都以领导民族自决运动为基础，英国霸权从不这样——荷兰霸权是一个严格意义上的欧洲的运动，而美国霸权则是一个全世界的运动。英国确实领导了在美国民族自决浪潮中崛起的国家走向自由贸易的世界秩序。但是，那种秩序是以英国在亚洲和非洲的"帝国主义"倾向得到完全实现为基础的。美国摒弃了英国的帝国发展道路，实行一种严格意义上的国内领土主义统治制度，因此在无可比拟的更大规模上再现了荷兰霸权的国家发展道路。

类似的考虑也适用于美国霸权的"反自由贸易主义的"动向。美国霸权背离了 19 世纪自由主义的原则和惯例，而青睐政府对经济调节以及国民福利承担更大的责任，这一点已经得到了广泛的关注（参见 Ruggie 1982；Lipson 1982；Keohane 1984b；Ikenberry 1989；Mjoset 1990）。然而，与介于其间的霸权斗争时期的"重商主义"相比较，这两个霸权秩序对"自由主义"的强调往往使美国冷战世界秩序对 19 世纪英国自由贸易政策和思想的根本背离显得无足轻重。事实的真相是，美国政府甚至从未考虑过采纳英国自 19 世纪 40 年代一直到 1931 年所奉行的那种单边自由贸易。相反，在其霸权上升的整个时期，美国政府从思想体系上阐明并付诸实施的自由贸易，一直是一种双边和多边政府间贸易自由化谈判的战略，主要目的是要打开其他国家对美国商品和企业的大门。19 世纪对"自我调节市场"的信仰——在波兰尼（Polanyi 1957）看来——曾经成为美国政府的官方意识形态，不过那只是 20 世纪 80 年代里根和布什政府应付 20 世纪 70 年代霸权危机时的事。然而，即便是在当时，美国政府实际上所采取的单边贸易自由化措施也是非常有限的。

不管怎样，自由贸易在冷战世界秩序的形成中没有发挥什么作用。"自由贸易"非但远远不是团结美国和西欧的政策，"反而是个离间它们的问题……战后的大西洋共同体只是在美国担心俄罗斯以及欧洲内部的共产主义，出于'相互安全'和欧洲迅速复兴的考虑而抑制了其自由主义的顾忌之后才形成的……经济从属于政治。贸易依据国旗来确定方向。美国对欧洲的霸权具有比自由贸易帝国主义更为清晰可见的形式，而且也是一种对欧洲人更加有用和易于接受的形式"（Calleo and Rowland 1973：43）。这种更加有用且又易于接受的霸权形式在几个方面背离了 19 世纪英国的形式。首先，世界货币开始由美国联邦储备系统和其他一些国家的中央银行共同管理。美国联邦储备系统与 19 世纪的私人调节体系形成了鲜

明的对照。那种私人调节体系是建立在以伦敦为中心的世界性
"大金融资本"网络基础之上并受其控制的。官方调节的美元体系 72
赋予了美国政府极大的行动自由,而且比英国政府在 19 世纪私人
管制的金本位制下所曾经享有的行动自由要大得多(Mjoset 1990:
39)。最终,市场限制极大地减少了这种行动自由。但是,只要美
国政府有效地控制世界流动性——正如它在整个 20 世纪 50 年代以
及 60 年代大部分时间里所做的那样——它就可以利用这种控制来
促进和维持世界贸易的普遍扩张,这在资本主义历史上几乎没有先
例(见第四章)。

与此类似,在美国霸权下世界市场形成的主要工具,即关税及
贸易总协定(简称关贸总协定),把对贸易自由化速度和方向的控
制权留在了政府,特别是美国政府的手中。通过在 19 世纪实现单
边对外贸易自由化,英国事实上放弃了将这种自由化的前景作为武
器,迫使其他政府将其贸易自由化的可能性。美国从未声明通过单
边自由贸易放弃使用这种武器;它建立了一种对世界其他部分远不
如英国体系"慷慨大方"的贸易体系。但是,克拉斯纳(Krasner
1979)指出,只要美国比其盟友在需求等级体系的更高层面上运
作——如同它在整个 20 世纪 50 年代和 60 年代一样——那么它就
能够优先考虑冷战目标,并在各轮贸易自由化谈判中表现得慷慨大
方。因此,与英国霸权相比,美国霸权下的多边自由贸易更为广
泛。然而,最终出现的并不是一个自由贸易体系;相反,它是
"世界贸易的一种大杂烩型的安排,既不算开放,也不算自给自
足"(Lipson 1982:446);或者更糟,是"一种由日本、欧洲经济
共同体和美国之间的特别外交关系,以及它们与其他次要国家之间
的双边协定"组成的摇摇欲坠的政治结构(Strange 1979:323)。

美国霸权对英国霸权的第三个,也是更为根本性的一个背离在

于，越来越多的世界贸易被"内部化"，并由大型、垂直一体化的跨国公司管理。关于国际"贸易"的数据实际上体现这些公司内部交易的实际情况，因而并不容易获得。但是，各种不同的估算数据显示，由公司内部交易组成的那部分世界贸易所占比例已由 20世纪 60 年代的 20%～30%，上升到 20 世纪 80 年代末 90 年代初的40%～50%。据罗伯特·赖克（Robert Reich）说，"1990 年，按价值计算，美国的一半多进出口贸易只是这类货物以及相关服务在全球公司内部的转移而已"（Reich 1992:114）。

美国霸权的这一特征反映了直接投资而非贸易在第二次世界大战之后重建资本主义世界经济中的中心地位。罗伯特·吉尔平（Robert Gilpin）说，美国跨国公司直接投资的实质，"一直是将对外国经济之相当部分的管理控制权转移到美国国民手中。因此不出所料，这些在其他国家的直接投资者更类似于重商主义时代的贸易公司，而不是 19 世纪主宰英国的自由贸易公司和金融公司"（Gilpin 1975:11）。由于吉尔平所提到的贸易公司在 17 世纪是荷兰政府和企业机构借以将其地区性商业霸权——主要基于对波罗的海贸易的控制权——转变为一个世界性商业霸权的主要工具，美国公司资本在 20 世纪的跨国扩张构成了美国霸权向典型的荷兰霸权战略及结构"回归"的又一个方面（见第二章和第四章）。

可是，17 世纪和 18 世纪的股份特许公司与 20 世纪的跨国公司之间还是存在着一个根本差异。股份特许公司是半政府、半企业性质的组织，它们在一定的领土范围内具有专属权，排斥其他类似的组织。与此不同，20 世纪的跨国公司是纯粹的商业组织，它们专门从事各种生产和分配，并且跨多国疆域和管辖区的同时，与其他类似或相关企业进行合作与竞争。

由于某一领土范围内具有的专营性和排他性，各国的股份特许公司中成功者凤毛麟角，任何时候都没有超过 12 个，真正成功的政府企业或商业企业的数目甚至更少。然而，这些公司无论是单个还是集体，在巩固和扩大欧洲主权国家体系的领土范围以及权力的排他性上都起到了关键性的作用。

由于跨国公司的跨越领土性及经营的专门化，在美国霸权下已经繁荣起来的跨国公司的数目已经大得无可比拟了。1980 年跨国公司估计超过 1 万个，它们在外国的分公司为 9 万个（Stopford and Dunning 1983:3）。到 20 世纪 90 年代初，另一份估算数据显示，跨国公司及其在外国的分公司已经分别增加至 3.5 万个和 17 万个（《经济学人》，1993 年 3 月 27 日，第 5 期，转引自 Ikeda 1993）。

跨国公司的这种爆炸性增长，不但远没有巩固作为"权力容器"的国家的领土排他性，反而成为导致这种排他性的实质内容减少的最重要的因素。到了大约 1970 年，当美国的霸权危机——比如体现在冷战世界秩序中的危机——开始时，跨国公司已经发展成为一种世界范围的生产、交换和积累体系，它不受任何国家权威的约束，并且有力量将国际体系中包括美国在内的每一个成员置于它自己的"规则"约束之下（见第四章）。这种自由企业制度——自由就是不受国家的领土排他性给世界范围的资本积累过程所施加的限制——的出现，是美国霸权最显著的结果。它标志着威斯特伐利亚体系的扩张和被替代过程中具有决定意义的新转折，很可能已经导致作为世界权力主要中心的现代国际体系的萎缩。

赖克（Reich 1992:3）提到，在"拉断了将公民捆在一起的绳索"的全球经济离心力的作用下，国家经济和社会的意义呈下降趋势。彼得·德鲁克（Peter Drucker 1993:141－156）发现在三种力量的共同作用下，民族国家的权力开始稳步地衰退，出现了多边条约和超国家组织的"跨国主义"、像欧洲联盟和北美自由贸易协

74

定之类经济集团的"地区主义",以及日益强调多样性和身份认同的"部族主义"。不管这种判断是否正确,反正一种共识已经形成,即民族国家的有效性和权力正在消失:

> 在过去几个世纪里,政治和国际事务中关键的、独立自主的参与者看来不仅正在丧失其控制权和完整性,而且也是应付更新的环境的一种错误单位。就一些问题而言,它过于庞大,无法有效运转;而对另一些问题来说,它又太小。因此,在向上和向下两个方向都出现了要求"重新安排权威",创建也许更能适应今天和明天的变化力量的结构的压力。(Kennedy 1993:131)

开拓新的研究领域

特伦斯·霍普金斯曾经建议,荷兰、英国和美国的霸权应该被解释为资本主义世界体系形成过程中的一连串的"重要转折点":"荷兰霸权使资本主义世界经济作为一种历史社会制度成为可能;英国霸权阐明了它的基础,并在全球范围内将其推向统治地位;美国霸权则进一步扩大了它的所及范围、框架以及渗透力,同时解放了正在导致其灭亡的过程。"(Hopkins 1990:411)本章提出一个相似的构想;按照这种构想,在荷兰霸权下建立的国际体系是在其组成单位的主权和自治能力连续经历两次削减之后扩张的。

英国霸权是通过将美洲非殖民化过程诞生的移民国家包括进去,并通过将国民的财产权置于统治者的统治权之上来扩大这个体系的。这样建立的体系仍然是一种领土主权相互合法化、相互排斥的体系，跟原来的威斯特伐利亚体系没有两样。但是，这种体系要受英国统治的约束。英国凭借它对欧洲权力的平衡、对以英国本身为中心的广泛而密集的世界市场以及对一个全球性的大英帝国的控制来实施统治。尽管这种统治被广泛认为符合该体系成员国的共同利益，但是它所包含的主权的排他性比原先威斯特伐利亚体系中所实际享有的要小。

现代国际体系的扩张和被替代是同步进行的，由于在美国霸权下该体系更大规模的重建，这个逐步演化的过程被向前推进了一步。由于该体系开始包括在亚洲和非洲非殖民化进程中出现的非西方国家，不仅财产权而且国民的生存权在原则上都被视为超越统治者的统治权；而且，对国家主权的限制和约束开始体现于超国家组织身上——其中最引人注目的是联合国和布雷顿森林体系——这些超国家组织在现代首次将世界政府的理念制度化（在世界历史上，也是世界政府的理念首次涵盖了整个地球）。随着冷战世界秩序的建立，美国摒弃了罗斯福的"世界一体化"，转而取用杜鲁门的"自由世界主义"，并在治理世界体系时以自己来替代联合国的角色。但是，美国治理世界的规模、范围和有效性，以及为此目的部署的军事、金融和文化手段的集中程度都远远超过了19世纪英国霸权的目的和手段。

现代国际体系就这样通过几个越来越广泛的霸权而获得了目前的全球规模。这些霸权相应地减少了体系成员实际享有的主权的排他性。如果这一进程得以继续的话，如罗斯福所设想的那样，一个几乎真正意义上的世界政府，将符合这样的条件：下一个世界霸权在领土和职能上都会比前一个更大。因此，从一条不同的、比较迂回的路线，我们又回到了绪论中提出的一个问题上来。西方在美国的领导下是否已经获得了如此程度的世界权力，以至于它快要结束以现代国际体系的兴起和扩张为基础的资本主义历史？

当然有迹象显示，作为 20 世纪 70 年代和 80 年代霸权危机的一个结果，这是有历史可能性的。因此，布雷顿森林体系和联合国组织在 20 世纪 80 年代以及 90 年代初重新恢复活力表明，美国统治集团非常清楚这样的事实：即便像美国这么强大的国家，也缺乏在一个日益混乱的世界上行使最低程度的政府职能所需的物质以及意识形态资源。这些统治集团是否愿意为了通过超国家组织采取有效行动的需要而放弃表面的——更不用说实质的——国家主权，或者它们是否有能力为这种行动设计并阐明一个社会目的，使该行动在全球范围内合法化，从而增加其成功的可能性？这些是完全不同的问题，暂时也只配得到完全否定的答案。然而，我们有理由认为，就像过去的霸权转型期间曾经发生过的一样，在当前看似不太可能甚至是不可想象的事情，在系统性混乱升级的影响下，到后来某个时间点会变得可能并且非常合理。

形成世界政府这一过程的反面是作为有效统治工具的领土国家的危机。罗伯特·杰克逊（Robert Jackson）提出了"准国家"这个用语来指被授予法律上的国家地位并因此成为国际体系成员的国家，但是这些国家缺乏行使与国家地位有历史联系的政府职能所需的能力。在他看来，这种情况最明显的例子是在第二次世界大战后非殖民化浪潮中出现的第三世界国家：

前殖民地国家已经在国际上获得了政治权利，并且拥有同其他所有主权国家一样的对外权利和责任——法律上的国家地位。然而，与此同时，许多国家……只表现出了有限的实际国家地位：它们的人民没有享受到传统上与独立的国家地位相联系的众多好处……主权国家承担无法推卸的负担之后，在历史上理应得到的具体收益经常限于范围比较狭小的精英，还没有扩及广大的民众……这些国家主要是法律意义上的国家。可以说，它们还远不是完全意义上的国家，实际的国家地位在很大程度上尚有待建立。我因此称它们为"准国家"。（Jackson 1990:21）

如果准国家地位的状况表明，相对于理论或历史上的期待而言，它或多或少缺乏实际立国能力的话，那么这种状况在现代国际体系里已经是一种远比杰克逊所认为的更为普遍的现象了。约翰·博利（John Boli 1993:10 – 11）指出，国家主权的对内和对外方面从本质上涉及权威合法性的理论。组织成国家的民族政治机构在理论上被认为是合法性权威的顶峰，它们"既不服从于世界政治机构，也不受地方政治机构或组织的藐视"。然而，"事实时常破坏"这种理论。

在研究过事实之后，蒂利（Tilly 1975:39）指出了欧洲立国史本身提供的失败例子远多于成功例子："成功和失败之不成比例的分布，将我们置于面对这样一种经历的不快境地，只有正面情况才被完好记录，而大部分情况却是负面的。"鲁杰在解释亨德里克·斯普鲁伊特（Hendrik Spruyt）的观点时补充道，更为罪孽的是这一事实："因为中世纪统治体系的接替形式除领土国家以外都已被彻底地排除出考虑范围，所以在建国理论中，从因变量方面来说组成单位是没有根本性变化的。"（Ruggie 1993:156）

因此，杰克逊的准国家概念是以一种基于少数"成功的"立国经历的主权理论为依托的；在此理论中，对"成功"本身的评估完全取决于建立一个领土民族国家的能力，而不是取决于在整个国际体系中行使权力的实际能力。法国在制定主权标准方面发挥的过于重要的作用充分说明了这种双重偏见，其他国家建立国家的经验都以是否满足这些主权标准来进行评估。在 17、18 世纪，就民族国家的形成而言，法国无疑是欧洲最"成功的"领土主义统治组织。它就以这种身份成为其他领土主义统治组织仿效以及政治历史学家研究的样板。按照法国在民族国家形成方面所设立的真实或想象的标准，尼德兰联邦在其仅仅两个世纪的短暂历史中可被称为一个准国家。事实上，它从未成为一个真正意义上的民族国家。然而，就建立现代国际体系——相对于建立该体系中一个最强大的组成单位——而言，短暂的尼德兰联邦所起的作用要比"样板"民族国家法兰西所起的作用大得无法相比。我们将会知道，相对于准城邦国家热那亚建立世界体系的经历而言，类似的考虑同样也适用于被过高估计的威尼斯建立城邦国家的经历。

这不仅仅是一个史学兴趣的问题。正如绪论中所指出的，参照美国在过去一个世纪的立国，更不用说战争过程中所设立的真实或想象的标准，正在崛起的东亚和东南亚资本主义群岛中的国家在不同程度上都是准国家。在群岛的各"岛屿"中，唯有最大的一个，即日本是完全意义上的民族国家，而且是极为成功的一个。但是，即便是日本，在整个世界体系中也仍然是美国的一个军事保护国。韩国也是美国的军事保护地。韩国始终希望或恐惧与它的北半部统一。最后，最小的但并非最不重要的"岛屿"是新加坡，它是将超现代的技术和建筑与一种可使人联想起文艺复兴时期城邦国家的政治资本主义相结合的国家。与威尼斯类似，新加坡行使商业－工业转口贸易中心的职能。

另一类不同但又同样引人注目的后现代和前现代特征的结合体，存在于杰克逊所关注的准国家身上：

在诸如非洲和南亚的第三世界地区，研究西方历史的学者不禁会注意到三种明显的不协调现象：看似 20 世纪西方式军队的存在和使人联想起文艺复兴运动的军事政治的盛行之间的不协调；代议制政体的机构和对公民武断地使用国家权力之间的不协调；设置显然是传统的行政系统和为个人私利而广泛使用政府机构之间的不协调。这些不协调现象在刚刚摆脱殖民统治的国家比在第三世界的其他地区更加明显。(Tilly 1990:204)

早期现代形式的军事政治在超现代或后现代世界中的再起，并不局限于刚刚摆脱殖民统治的第三世界地区。早在由原苏东地区分裂成一大批实际上或可能处于相互交战状态的民族国家之前，一份兰德公司的报告强调了战争返回至早期现代模式的趋向：

　　随着规模庞大的国家部队和次国家部队在不同层次上发动了在时间和空间方面都不很分明的、持续的和阵发的武装冲突，20 世纪最后 25 年的战争很可能开始接近于意大利文艺复兴时期的战争，或者 17 世纪早期的战争，即在国家军队以及更有组织的现代战争出现之前的那种战争。(Jenkins 1983:17)

在现代国际体系 300 年的扩张过程行将结束之际，早期现代的立国和战争模式东山再起，带来了一阵对国家权威的挑战浪潮，这在现代历史上颇为鲜见。詹姆斯·罗西瑙（James Rosenau）注意到这一趋向，并且感到疑惑："这些如此接踵而至的发展态势是否不是首次出现的历史偏差？在此偏差中，恒定和变化之动力形成了新的紧张形势，而这些新的紧张形势反过来又在改变世界政治的基本结构。"（Rosenau 1990:4-5）他接着暗示全球生活可能已经进入了一个"动荡"的时期;自世界政治在所有方面的重大变化,在 1648 年的《威斯特伐利亚和约》中达到顶峰以来,还没有经历过类似的时期。

罗西瑙所谓的"动荡"从广义上说相当于体系的混乱。在我们的解释格局中,这种体系的混乱是现代国际体系的一种周期性现象。体系混乱/动荡的状况在体系的初期极为明显。但是,它还会出现两次,既是在一个霸权下所建立的体系崩溃的征兆,又是在另一个新霸权下重建该体系的关键因素。

20 世纪 70 年代和 80 年代日益加剧的体系混乱/动荡与这种周期模式非常吻合。它既可被视为在美国霸权下所建立的体系崩溃的信号,又可作为在新的基础上未来重建该体系的一个关键组成部分。重建是可能的,但绝非肯定的。然而,在对国家权威的空前规模和范围的挑战中,立国和战争的早期现代形式的东山再起表明,现在的体系混乱/动荡与以前此类现象的表征相比,确实可能有些特别之处。在现代统治体系空间和职能方面的扩张都已经达到其力所能及的程度之后,现代统治体系似乎无处可去,只有"往前"迈向一种崭新的统治体系,或者"往后"退回早期现代甚至是前现代的立国和战争形式。

这种体系看来同时在"向前"和"向后"运动。这种双向运动一直是现代世界体系的一大特征。在我们的格局中,"旧体制"不仅仅是"存留"而已,正如阿尔诺·迈耶(Arno Mayer 1981)在叙述我们所谓的英国霸权时代时所说的那样。相反,当轮到那个曾经取代"旧体制"的霸权自己被一个新霸权所替代时,"旧体制"立即重新发挥作用。因此,英国霸权通过以新的和更复杂的形式恢复曾经在荷兰霸权下已经被替代的帝国统治的一些方面,在扩大了的空间及社会的基础上建立起了现代规则体系。同样,美国

80

霸权又通过以新的和更复杂的形式恢复曾经在英国霸权下已经被替代的公司资本主义的一些方面，在扩大了的空间及社会的基础上重建了该体系。

这种同时向前和向后的双向运动看来也是目前局面的特征。与以前霸权过渡时期的不同之处在于，现代世界体系的规模和复杂性都已经大得没有多少进一步增加的余地了。因此，双向运动以及相伴而生的动荡可能不是在扩大的基础上对现代规则体系进行新的重构，而是将其转变为一个完全不同的系统，使近代早期或前现代统治模式的某个方面得以恢复。

与此相似，鲁杰（Ruggie 1993）认为，现代规则体系的主要和最显著的特征是，其主体被划分成一些分离的、固定的以及相互排斥的合法统治领土空间。虽然按照这种方式建成的国家的实际形式和个别发展轨迹，随着时间的流逝而变化，但是从 17 世纪至今它们的"类别"一直清晰可辨。然而，在今天，作为政治生活组织性基础的这种领土权似乎被一种非领土的功能空间弄得四分五裂。这种空间产生于现代规则体系内部，却构成了对该体系排他性领土权的一种制度上的否定。

在这种内爆的主要方面中，鲁杰提到弗雷德里克·詹姆逊（Fredric Jameson 1984）所谓的"后现代超空间"概念。这一概念源于全球资本主义自身制度形式将国际关系"内化"的过程。鲁杰拿不准詹姆逊通过"超空间"这个术语究竟想要表达何种意思。然而，他发现这个术语可用来指明这样的趋势，即"跨国化的微观经济联系……已经在世界经济中产生了一个非领土性的'区域'。它是一片没有中心，却融为一体的流动空间，实时运作，与我们所谓的国民经济的固定空间并存"。

　　　　这些传统的固定空间继续参与相互之间的对外经济关系。
我们继续把这些对外经济关系称为贸易、对外投资等；而且它
们多少受到国家的有效调节。然而，在非领土性全球经济区域
中，传统的内外之别极易滋生许多问题，在公司的全球战略考
虑中，任何一个特定的国家都只是一个限制而已。（Ruggie
1993：172）

81

　　这符合我们早些时候的论点，即跨国公司数量的爆炸性增长以
及这些公司内部和之间的交易的激增，已成为现代体系消亡的最关
键因素，而这种现代体系以领土国家作为世界权力的主要中心。然
而，正如鲁杰所强调的，由于我们感知习惯的缺陷，正在出现的
"后现代超空间"的新颖性很容易被夸大。这些习惯形成于传统的
固定空间，完全不足以描述，更不用说解释罕见的流动空间的发展
过程，因为这种流动空间是由国际关系在世界资本主义组织结构内
部的"内在化"所产生的。考虑到这种不足，在现代世界体系的
整个历史过程中，非领土性流动空间可能与国家的固定空间一直并
存而未被察觉。

　　鲁杰（Ruggie 1993：154 - 155，173）特别提及今天的跨国经
济和国家管辖权之间的关系，与中世纪的法律权威和商品交易会之
间的关系的相似之处。地方领主可以随时收回在其领地内举办商
品交易会的权利。但是，他们没有兴趣这么做，因为商品交易会是
税收和金融服务（特别是货币兑换）的一大来源，这对于其他领
主来说是求之不得的好事。所以，商品交易会十分繁荣；虽然它们
没有替代封建统治机构，但它们最终还是大大地消耗了这些机构
的元气。

商品交易会大大地消耗了封建统治机构的元气，因为它们
所产生的新的财富、它们所制造的新的经济交易工具、它们所
传播的新的商业特质、它们所要求的新的调控安排、它们所要
求的认知范围的扩大，以及它们所实现的认知范围的扩大，都
有助于削弱封建权威赖以生存的人际关系和推理方式。

与此相似，正如肯尼思·华尔兹（Kenneth Waltz 1979）所坚
持认为的，今天的跨国公司没有替代现代规则体系的政府机构。可
是，通过它们所产生的新奇行为以及它们所体现的新奇的时空概
念，跨国公司可能会加速现代规则体系的政府机构的灭亡。理查
德·巴尼特和罗纳德·缪勒（Richard Barnet and Ronald Muller
1974：15－16）的论点中就暗示了这一点，"全球公司的经理们正
在努力将一种人类组织的理论付诸实践，该理论将深刻地改变民族
国家体系，而社会围绕这种体系进行组织已达400多年之久。从本
质上说，他们的要求是超越民族国家，以及在此过程中改变民族国
家的权利"。为了支持这个论点，他们引用道氏化学公司董事长卡 82
尔·A. 格斯塔克（Carl A. Gerstacher）的话，这段话将成为有关
跨国公司文献中最权威的段落：

　　　　长期以来，我一直梦想买下一座不属于任何国家的岛
屿……而且梦想在这个不对任何国家或社会承担义务的岛屿的
真正中立的土地上建立道氏公司的世界总部。如果我们站在这
样真正中立的土地上，那么我们就能够真正地在美国以美国公
民的身份、在日本以日本公民的身份、在巴西以巴西人身份开
展业务，而不用受美国法律的制约……我们甚至可以出手大方
地付钱给当地人，让他们搬到别的地方去。（引自 Barnet and

Muller 1974：第 16 页）

饶有趣味的是，这个绝对非领土权的梦想，使人联想起由 400 年前热那亚移居国外的资产阶级所实现的"无固定位置商品交易会"体系。与中世纪的商品交易会不同，这些商品交易会受到一个商人银行家集团的严密控制；这个商人银行家集团在商人银行家们喜欢的地方举办商品交易会，直到在皮亚琴察这块真正中立的土地上固定下来为止。"热那亚人发明了一种新的交换形式，"佛罗伦萨人伯纳多·达万扎蒂（Bernardo Davanzati）于 1581 年不无讽刺地评论说，"他们称之为贝桑松（意大利人称 Bisenzone 为 Besancon）商品交易会，因商品交易会起先在该地举行而得名。但是，现在它们可在萨瓦、皮德蒙特、伦巴第、特伦托——这些地方都离热那亚不远——以及热那亚人任意挑选的其他地方举办。因此，它们应被称为'乌托邦'，也就是无固定位置的商品交易会才更为合适。"（引自 Boyer-Xambeau，Deleplace，and Gillard 1991：第 123 页）

事实真相是，只有从衰落的城邦国家和崛起的民族国家的空间位置的角度来看，热那亚的商品交易会才是乌托邦。相反，从移居国外的资产阶级的流动空间的角度来看，它们则是一个强有力的控制整个欧洲国际支付体系的工具。商品与支付手段的流动对衰落与兴起中的国家来说是"外部"活动，但对由远程贸易和大金融资本构成的，为热那亚商人精英通过贝桑松商品交易会体系所控制和管理的非领土性网络而言，则事实上是"内部"活动（见第二章）。

按照鲁杰（Ruggie 1993:149）的观点，正如人类学家所研究的家庭统治体系一样，由热那亚商人精英所控制的商业和金融中介网络的确占据一些地盘，但不以其所占的地盘为界限。像在安特卫普、塞维利亚以及贝桑松流动商品交易会这样的市场，都和热那亚本身一样对组织流动空间非常重要。通过组织流动空间，热那亚移居国外的商人银行家集团控制了欧洲国际支付体系。但是，这些地方中没有一个——包括热那亚在内——单独限定了热那亚的积累体系。相反，该体系是由贵重金属、汇票、与西班牙帝国政府签订的合同，以及将这些地方连为一体的货币盈余的流动所限定的。如果热那亚积累体系在"前现代"时期的对等物是家族统治制度的话，那么它在"后现代"时期最接近的对等物便是欧洲美元市场。欧洲美元市场的一个显著特征，用罗伊·哈罗德（Roy Harrod 1969：319）的话来说，"是它没有自己的总部或建筑物。它实际上只是存在于一个由遍及世界的电话和直通电报机组成的网络之中，而这些电话也可被用于欧洲美元交易以外的目的"。热那亚体系没有什么可供使用的现代通信手段。然而，实际上它就像今天的欧洲美元市场一样，仅仅只包括一个通信网络，而该网络可被用于货币兑换以外的其他目的。

　　并不是只有热那亚人控制过这类非领土性网络。佛罗伦萨人、卢卡人、日耳曼人以及英国人的"国家"——在16世纪，人们是这样称呼那些移居国外的商人银行家集团的——也控制过这类非领土性网络。然而，在16世纪下半叶，热那亚"国家"成为其中最强大的一员。1617年，苏亚雷斯·德·菲格罗亚（Suárez de Figueroa）甚至做出了这样的断言：西班牙和葡萄牙已经成为"热那亚人的印度群岛"（引自 Elliott 1970b：96）。这种夸张说法包含着重要的真实成分。我们将在下一章详细论述，在1617年之前的大约半个世纪的时间里，热那亚资本的"看不见的手"通过一种将塞维利亚、安特卫普以及贝桑松连在一起的流动三角关系来产生影响，曾经成功地将西班牙帝国的权力追求以及热那亚的宿敌和"样板"城邦国家威尼斯的工业追求，转变成它自我扩张的强大引擎。

从本质上说，这一强大的非领土性资本积累网络，在结构和倾向方面是资本主义的。在布罗代尔（Braudel 1984：118）看来，热那亚的资本主义途径"比威尼斯的要现代得多"，而且作为城邦国家的热那亚"由于这种前沿位置而在某种程度上可能容易受到攻击"。正如我们在本章所认为的那样，如果威尼斯是所有后来资本主义国家的原型的话，那么移居国外的热那亚商人银行家集团，则是所有后来非领土性世界规模的资本积累体系的原型：

> 在 3/4 个世纪里，"热那亚经验"使热那亚的商人银行家能够通过操纵资本和信贷来主宰欧洲支付和交易的一切事务。当它重新定位在一个几乎无形的焦点周围时，这……无疑是欧洲世界经济史上最不寻常的联合与集中的例证。因为整个体系的焦点甚至都不是热那亚城市本身，而是为数不多的银行家－金融家集团（我们今天称其为多国财团）；而且，这还只是关于热那亚这个离奇城市的众多矛盾之一而已。虽然热那亚看来命运如此多舛，但无论在其"光荣时代"之前还是之后，它都在向世界商业顶峰靠近。在我看来，热那亚在任何时期似乎都是出类拔萃的资本主义城市。（Braudel 1984：157）

跟在别处一样，布罗代尔在这里的语言和迟疑暴露出要揭开一个资本主义大国面纱的重重困难。这个资本主义大国不是"包含"在 A. 吉登斯（A. Giddens）所指的国家里，而是包括了一个由国家组成的体系。这些困难的根源在于我们的概念禀赋的偏见，即青睐限定国家形成过程的固定空间，而轻视限定资本积累过程的资本流动空间。然而，从历史上来看，作为世界积累和统治体系的资本主义是同时在这两种空间中发展的。在固定空间里——正如"绪论"中所引用的布罗代尔的一段文字所说的——资本主义的成功是通过与特定的国家连接在一起而实现的。相反，在流动空间里，它的成功不是通过与特定的国家连接在一起，而是凭借建立遍及世界的非领土性商业组织来实现的。

　　这种同时朝两个相反方向的发展已经产生了两种紧密联系却差异显著的现代资本主义的宗谱图。在本章所勾勒的宗谱图中，现代资本主义源于威尼斯城邦国家，它是后来每个时期最主要资本主义国家的原型。在本书其余部分我们即将探寻的宗谱图中，现代资本主义则源于移居国外的热那亚"国家"，它是后来每个时期最主要的遍及世界的非领土性商业组织的原型。第一个宗谱图将资本主义发展过程描述为一连串的世界霸权；而第二个宗谱图则将这同一发展过程描述成一连串的体系积累周期。85

第二章　资本的崛起

体系积累周期的背景

企业和政府脱钩的过程持续了六个世纪。现代自由企业制度成为资本主义世界经济的主导结构，是这一过程的最新阶段。按照莱恩的观点，我们可以根据它们的目的、方法以及社会后果来区分这两种组织。政府是以权力为导向的组织，利用战争、警察部队和司法程序，辅之以道德情操，作为实现其目标的特有手段，并建立法律和效忠制度。与此相反，商业企业是以营利为目的的组织，把买卖作为其惯常活动，并使生产和分配制度得以存在。

> 如果我们审察一下 1900 年前后西方世界实际存在的组织，就不难区分哪些是政府，哪些是企业。然而，如果审察一下 15 世纪和 16 世纪的越洋扩张，我们就无法以这种办法来区分那些最初的有关组织。无论是考虑它们的动机、方法，还是结果，我们都发现，那些富有革新精神的主要企业，通常既具有政府的特点，又具有企业的特点。(Lane 1979:38 – 39)

正如我们将要看到的，在 15 世纪和 16 世纪率先进行海洋扩张

的企业，无论是行使政府职能，还是商业职能，都已经展现出相当 86
程度的专业化；然而，到了1900年，政府组织和商业组织之间的
区别还没有如同莱恩的界定这样泾渭分明。然而，从中世纪晚期的
欧洲开始萌发到今天的数百年发展演进，资本主义世界经济的本质
要点被莱恩的观察捕捉到了。

最初，资本积累体系完全嵌入权力体系，并从属于权力体系。
在这种情况下，为了成功地追求利润，商业组织必须是强大的国
家，正如意大利北部的资本主义寡头统治集团的经历所表明的那
样。它们不但在资本积累的过程中，而且在立国和发动战争的过程
中起了带头作用。然而，随着积累体系扩展到覆盖全球，它们变得
越来越独立于权力体系，并在权力体系中占据主导地位。结果，一
种情况出现了：为了成功地追求权力，政府不仅在立国和发动战争
的过程中，而且在资本积累过程中也必须起带头作用。

资本主义世界经济，从一种积累体系完全嵌入和从属于权力
体系的制度，转变成一种权力体系完全嵌入和从属于积累体系的
制度，经过了一系列的体系积累周期，每个周期都包括一个物质
扩张阶段和一个接踵而来的金融扩张阶段。我们在绪论中已经知
道，这种关于接连不断的体系积累周期的观点出自布罗代尔。他
认为，资本主义世界经济的主要贸易扩张在金融扩张的阶段以后
已经变得"成熟"。按照布罗代尔的看法，金融扩张开始之时，
也就是此前进行贸易扩张的主要商业机构把精力和物力从商品贸
易转向金融贸易之时。跟布罗代尔一样，我们把这种金融扩张的
周而复始，看作从中世纪后期到我们时代的资本主义历史某种统
一的主要表现形式。然而，与布罗代尔不同的是，我们明确地将
金融扩张理解为全球规模的资本积累过程的机构和结构的长期根
本性转变。

从这种观点出发，我们所谓的体系积累周期（systemic cycles of accumulation），倒有点像亨利·皮雷纳（Henri Pirenne）的资本主义发展阶段论。回顾 1000 多年来的资本主义社会史，从中世纪的欧洲到 20 世纪初，皮雷纳发现，在这部历史可以被划分的每个阶段，都有一个与其他阶段相区别的独立的资产阶级。这就是说，"一个特定时代的资本家群体，并不源于前一个时代的资本家群体。我们发现，经济组织每次发生变化，都有一种断层现象，仿佛到那时为止一直十分活跃的那些资本家认识到，他们已经无法适应由迄今未知的需要产生的、要求使用迄今从未使用过的办法来解决的情况。于是，他们就退出斗争，成为贵族阶级。如果他们在事态的发展过程中仍在发挥一定作用，那也仅是在以被动的方式发挥作用，扮演那种默默无闻的伙伴角色而已"（Pirenne 1953：501 - 502）。他们在促进进一步扩张方面的位置，由一个新的资产阶级取而代之。"这个新的资产阶级……能够适应正在刮着的风，知道怎样调整自己的风帆来利用风力，直到那天到来……轮到自己停止前进，被具有新的力量和新的方向的新船远远抛在后面。"

总而言之，还没有事实表明，一个资产阶级能够维持几个世纪，结果能够持续发展，不断改变自己以适应不断变化的情况。恰恰相反，经济史上有多少个时代，就有多少个资产阶级。在旁观者看来，那部历史不像是个斜面；它倒像是一座楼梯，每一级都骤然耸立在前一级之上。我们发现，在我们面前的不是一个平缓的、规则的上坡，而是一系列隆起。（Pirenne 1953：502）

我们所说的体系积累周期确实构成了"一系列隆起"，每个隆起都是一个特定的政府和商业机构联合体进行活动的结果。它们有能力让资本主义世界经济扩张再上一个台阶，而这是前一次扩张的推动者和组织者所做不到的，也是不愿意做的。每上一个台阶，资本主义世界经济制高点都会有一次换岗，以及伴随而来的资本积累过程中的"组织革命"——从历史上看，这种换岗和组织革命总是发生在金融扩张阶段。因此，金融扩张不仅宣告资本主义世界经济发展某个特定阶段已臻成熟，而且宣告一个新阶段的开始。

这样，我们所说的一系列体系积累周期的起点，就是13世纪和14世纪初贸易扩张末期开始的金融扩张；我们将把这个起点看作资本主义世界体系发展过程中的"零点"。正如阿布－卢格霍德（Abu-Lughod 1989）指出的，这种贸易扩张涵盖整个欧亚大陆和非洲部分地区的精选区域（主要是城市）。可以说，这种扩张绝不是哪个机构或者哪些机构的有机联合体推动或组织的。意大利北部的城邦国家是贸易扩张的主要受益者，在随后的欧洲世界经济的金融扩张中起了带头作用。它们在建立从英格兰到中国之间横贯大陆的贸易链的地区环节方面，确实扮演了关键角色。然而，可以说，无论是单个儿还是一块儿，这些城邦国家都没有成为它们从中大发横财的大陆之间贸易扩张的促进者或组织者。在这方面，它们的作用是重要的，但是无论在绝对意义上，还是在相对意义上，与其他组织相比，首先是与蒙古帝国相比，它们都是次要的（见 Abu-Lughod 1898：第五章；以及 Barfield 1989，关于蒙古帝国的兴亡对欧亚大陆贸易体系的影响）。

按照本书的定义，体系积累周期包括一个物质扩张的阶段，以及随后一个由同一机构或机构群体推动和组织的金融扩张的阶段。因此，不能说，13世纪末14世纪初的贸易扩张和接踵而来的金融扩张，构成了一个体系积累周期。然而，正是在这次金融扩张的过程中，第一个体系积累周期中的机构形成了，后来金融扩张的所有主要特点也初露端倪。如果不初步了解在 14 世纪末和 15 世纪初的金融扩张中发挥作用的各种力量，就无法充分理解体系积累周期的起源或结构。

这一时期最主要的特点——也是所有体系积累周期末期最主要的特点——就是资本家之间的竞争突然变得十分激烈。这种激烈竞争最为明显的要算在意大利北部的资本主义领地，那里已经成为金融扩张的主要场所。在之前的贸易扩张过程中，那块领地里的几个积累中心——城邦国家——之间的关系一直以合作为根本。合作的主要基础是那些城邦国家在工商业活动中的劳动分工。即使是那"四大巨头"，在贸易体系中也各自占据界限比较分明的一片市场。佛罗伦萨和米兰都从事制造业，都跟西北欧进行陆上贸易；但是，佛罗伦萨专门进行纺织品贸易，而米兰专门从事金属贸易。威尼斯和热那亚都专门跟东方进行海上贸易；但是，威尼斯专门跟南亚周边地区做以香料贸易为主的生意，而热那亚专门与中亚周边地区做以丝绸贸易为主的生意。

城邦国家在贸易结构上的这种不同，不仅防止了它们在商业扩张中互相干扰，更为重要的是，它在城邦国家的商业之间建立了互为补充的强大环节，从而使一个中心的成功成为另一个中心成功的有利条件。正如约翰·希克斯（John Hicks）从理论上阐述他所谓的"处于雏形阶段的，尚体现在城邦国家制度之中的……重商主义经济"时强调的，在贸易方面，跟在工业方面一样，由于大宗贸易有可能组织得比小宗贸易更加完善，从而减少了贸易成本，因此赢利确有不断增加的趋向。一方面，这种经济对某个贸易中心或企业来说是"内在的"，也就是说，这种经济可以在那个中心或那家企业的更大规模、更大范围的经营活动中找到它的根源。然而，另一方面，它与艾尔弗雷德·马歇尔（Alfred Marshall）所谓的

"外在经济"完全一致，也就是说，某个贸易中心或企业由于是"一个更大实体的组成部分"而得到好处（Hicks 1969:47，56）。

在城邦国家制度中，"一个更大实体"指的是一批数量更大、种类更多的政治上独立的贸易中心。随着这种中心在数量和种类上日渐增加，在自己特定的那片市场之内，每个中心可以用来发展贸易的商品品种更加丰富，或者可以用更加便宜的价格来获得同样丰富的商品，有利于增加利润。更为重要的是，希克斯指出，这样可以减少经营中的风险：

> 每个商人都在自己比较熟悉的环境内从事经营活动，仅仅因为那些地方离他"最近"；他对某些部分的认识要弱得多，尽管这些部分与他密切相关，但"离他很远"。寻找减少因为不大熟悉而带来的风险的途径，对他来说总是十分有利的，无论是用直接的办法来增加知识，还是用间接的办法想出防范措施，以减少突如其来的情况可能会（很可能会）给他带来的伤害。重商主义经济体制的演变过程，在很大程度上就是寻找减少风险的途径的过程。（Hicks 1969:48）

希克斯接着说，"互相保持接触的商人越多，就越容易获得信息；更为重要的是，就越容易把风险——某个商人自己缺乏知识而造成的风险——转移到那些在这方面不大缺乏知识的商人身上，或者转移到那些认为值得获取知识的商人身上"。（Hicks 1969:49）希克斯所说的"商人"也指——事实上主要是指——贸易中心。因此，毫无疑问，意大利北部的城邦国家在互相关联而又在空间或机能方面界限分明的贸易地区各操其业，从整体上大大扩大了对自己所在的世界经济的了解，从而减少了在一个极不安全的，甚至是

90 怀有敌意的环境里进行贸易所包含的风险。

　　总之，在 13 世纪和 14 世纪初的泛欧亚贸易扩张中，意大利北部那块资本主义领地的繁荣，是建立在领地内部急剧增加的政治自治的贸易和积累中心，以及这些中心的劳动分工的基础之上的。这种分工减少了它们贸易的成本和风险。随着中心数量急剧增加，竞争压力必然增加，但只要贸易扩张处于上升阶段，就仍然只是一种潜在的压力。新的贸易中心可以找到大量小片市场，这些市场有的是本来"空"着的，有的是由已经建立的中心急于放弃的。而当它们占领这些小片市场，在那里从事专门的贸易活动以后，这些市场就为已经建立的贸易中心创造了减少经营成本和风险的机会，因为后者可以让自己的贸易朝着更加专门化的方向扩张。但是，即使老的贸易中心和新的贸易中心从事同类经营活动，因而彼此好像会处于直接竞争状态，它们实际上也在联手合作，进行大量贸易；这种贸易量是如此之大，足以允许它们开拓新的供应来源，或者开拓销售产品的新的渠道；大到如果没有足够数量的中心联手合作，就无法将其有效地组织起来的程度。

　　如果说这些中心在获得某些原料和销售某些产品的过程中实际上存在互相竞争的情况，那么，用马克思（Marx 1962:248）的话来说，这种竞争调节了一个由众多资本主义中心组成的"商业兄弟会"成员之间的关系，以便大致按照每个中心对整个贸易扩张所做出的贡献大小来分配利润总额。但是，一方面，大量资本要投入到贸易中去；另一方面，在不造成大幅度减少资本的赢利的情况下进行投资；一旦两者出现重大的、持久的比例失调，贸易中心之间的竞争马上就会变成"敌对兄弟之间的一场混战"。当这种比例失调发生时，那就不再是分配利润的问题，而是分配损失的问题。结果，每个中心的利益和由所有中心组成的实体的整体利益之间的矛盾表面化了，竞争也随之成为"你死我活的竞争"，也就是说，这种竞争的主要目的是迫使其他中心停止运转，只要达到这一目的，哪怕牺牲自己的利益也在所不惜。

我们不知道发生这一关键变化的确切时间。但是我们知道，热那亚港口的税务工作者预期的中转货物的总价值从 1293 年的 400 万热那亚镑减少到 1334 年的 200 万热那亚镑；在 14 世纪下半叶，上述价值很少超出后一个数字（Martines 1988：170）。热那亚港既是一个贸易中心，又是一个资本积累中心。1293 年，它的海上贸易是法兰西王国全部岁入的三倍（Lopez 1976：94）。考虑到它当时的重要地位，我们可以有把握地推测，在 14 世纪的某个时刻，但肯定是在 1334 年之前，欧亚贸易扩张速度已经逐渐减慢，意大利城邦国家的商业活动开始受到一种巨大的、持久的关键性变化的影响（Abu-Lughod 1989）。即便如此，"停止扩张并不意味着重商主义经济已经陷于一种'平衡状态'——理论经济学家所钟爱的那种停滞不前、充满竞争的平衡状态。当那种停滞状态到来的时候，每个贸易中心仍在努力扩大贸易；但是，其他贸易中心的竞争在过去是可以容忍的，而现在却是一种危险。各个贸易中心之间始终存在争吵……然而，到了这个时刻，当它们的贸易发展开始受到限制的时候，它们之间令人生畏的斗争才可能爆发。我们有理由认为，1400 年前后威尼斯和热那亚之间那场持续了差不多 40 年之久的漫长战争，正是这种情况"（Hicks 1969：57）。

14 世纪中叶，热那亚和威尼斯之间互相对立，发生了一系列战争，实际上最后以 1381 年的《都灵和约》宣告结束。根据此项和约，威尼斯把热那亚逐出了地中海东部地区最有利可图的市场。然而，热那亚和威尼斯之间的这些战争只是城邦国家之间时间更长、范围更广的冲突中的几个小小插曲而已。在那场冲突中，意大利北部的资本主义领地四分五裂，最后重新组合。这场城邦国家之间的大冲突持续了一个世纪，被布罗代尔称为"意大利的"百年战争。威尼斯把热那亚逐出地中海东部地区最有利可图的市场以后，便着手建立一个大陆地区。与此同时，米兰接管了伦巴第，佛罗伦萨成为托斯卡纳。那场战争最后以 1454 年的《洛迪和约》宣告结束。该条约确立了意大利北部的均势（Braudel 1976：I，339，388）。

前面已经指出，就是在这个时期，意大利北部几个城邦国家开始在欧洲政治舞台上发挥大国的作用。然而，也是在这个时期，意大利北部那些占主导地位的城邦国家集团发生激烈争吵，不断分裂成互相对立的派别。这种内部争吵如果发生在竞争中取得胜利的城邦国家，尤其值得注意的是在威尼斯，那么是比较温和的，很容易平息的；而如果发生在那些败北的城邦国家（尤其值得注意的是在热那亚），那么是很激烈的、无法控制的。无论如何，正如雅各布·布克哈特（Jacob Burckhardt）在他的经典研究中生动地描绘的那样（Burckhardt 1945：4 - 64），文艺复兴时期的意大利是历史上许多"各自为战"的最明显的例子之一。

92　　　城邦国家的统治集团经常处于敌人的包围之中，追求利润开始比以往任何时候更以追求权力为坚实基础：

> 有许多拒绝和解的流亡者在暗中流窜，他们是失去权势的那一派的领袖；有许多敌对的城市迫不及待地要乘邻居之危捞到好处。通常还有许多秘密敌人在城里从事阴谋活动。于是，那个依靠实力来获得生存的国家，不得不经常谋求更大的实力……因此，在整个意大利北部和中部，城市与城市之间的战争是一种普遍现象。只有像威尼斯和热那亚那样的商业巨人，才有实力在海路上作战，以它们的争吵震撼半个亚平宁半岛。这类战争主要是与最接近独立的城市进行的……大城市吃掉较

小的城市……而这些受害者一直是实力强大的城市，是自己被人征服之前更小城市的征服者。任何一个对手都有可能吞噬所有别的对手；这看来好像是不可能的，但实际上没有哪个城市强大到感到真正安全的程度。在弱肉强食的法则之下，想要生存下来就得始终保持警惕性。(Mattingly 1988:49 – 50)

在这种背景下，资本主义作为历史社会制度诞生了。在城市国家内部以及互相之间，资本家之间的竞争日趋激烈，这种竞争越来越与权力斗争互相交融；但是，这种情况没有削弱反而加强了资本家对这些国家的控制。正当"意大利的"百年战争激烈进行的时候，一个又一个城邦国家面临比以往任何时候更加严重的财政危机，主要是因为"由军事支出和公共债务积累的利息……的开支确实惊人"(Martines 1988:178)。其结果是，城邦国家进一步"转让权力"给金融资本，正如马克思在关于原始积累的讨论中所说的那样。这种权力转让在热那亚最为彻底。1407 年，那个共和国的岁入和国家管理全都交给了由该国的私人债主建立的圣乔治商行。在佛罗伦萨，对卢卡的战争（1429～1433 年）结束以后爆发了可怕的财政危机，直接导致美第奇家族（the Medici）接管那个城市的政府。但是，即使在米兰——"四强"中资本主义最缺乏、领土主义统治最坚强的城邦国家——公爵的国库也跟该市的大企业和金融大家族发展了十分紧密的关系（Martines 1988:179 – 180）。

金融资本如此加紧控制城邦国家的政府，是 14 世纪后期和 15 世纪初期意大利北部金融扩张的第二个主要特点。同后来所有的金融扩张一样，国家转让权力给金融资本，是通过把剩余资本——投资于贸易已经不能再获利润的资本——转移到资助战争活动来实现的。现在，资本家集团把投资贸易已经无法再获利润的钱财，投资于对竞争对手的市场或领土的敌意收购，这本身既是一种目的，也是一种手段，以攫取它们所经营的国家的资产和未来收入。

在斗争中赢得胜利的集团尽管有利可图，然而随着投资于战争的资本赢利日渐减少，这种征服和侵吞过程在时间上和空间上都受到限制。一旦把最有利可图的市场从竞争者那里夺到手，并且把最邻近的竞争者纳入自己的势力范围，这样更大、更难征服的单位之间就开始互相抗争；一旦这些敌对的城邦国家的大部分资产和未来的岁入抵押给金融资本，并且这些事情都发生以后，对那些已经开始控制幸存的城邦国家的资本家集团来说，把剩余资本继续投资于战争活动便变得越来越没有好处。正如希克斯（Hicks 1969:57）指出的："内部商业战争，就像残酷的价格竞争一样，是对利润的毁灭性打击。"为什么不能"表现得像现代工业巨头发现自己处于类似的困境时所表现的那样……（为什么）不寻求一条出路，毕竟那是正常的商业方法呢？为什么不达成一项瓜分市场协议，无论是默认的还是明确的——以防互相干扰呢？"

于是，在贸易扩张停止后的较量过程中，贸易中心内部和贸易中心之间出现了一种新的合作。在贸易扩张期间，为限制竞争所做的安排并非鲜为人知。然而，由于竞争压力不大，这种安排显得没有必要，除了在特定的和有限的范围之内。但是，当贸易制度的扩张达到极点，进行战争这种最有利可图的机会已经使用完毕，对这种安排的需要就变得更加迫切。

随着机会在总体上已经越来越少，或者看来已经越来越少，通过和对手签订协议来保护自己的情形变得越来越普遍。就这样，重商主义经济渐渐形成习惯法则，商人们根据这些习惯法则明确自己的权利和义务。这种"社会引力"（其他经济

都要受其影响），对重商主义经济也同样发挥作用。（Hicks 1969:57－58）

　　因此，积累中心之间在贸易扩张的结束阶段发展起来的合作，同在贸易扩张的开始阶段存在的合作，无论在起因方面还是在结果方面都是截然不同的。后一种合作源于结构方面存在的微弱的竞争压力，因为每个贸易中心的商业扩张"自然而然地"受到空间上的和（或者）功能上的距离以及劳动分工的保护。那种距离把它的商业活动跟所有其他贸易中心的商业活动相分离，而那种分工使每个贸易中心的商业活动的获利和安全程度依赖于其他贸易中心的商业活动的获利和安全程度。与之相反，往往在贸易扩张结束阶段发展起来的那种合作源于结构方面存在的激烈的竞争压力，因为某些或所有实力更加强大的贸易中心手里掌握的资本要比它们能够有利可图地投资到各自的市场中去的还多，所以不得不侵入其他贸易中心的市场。正如马克思在论述"积累过剩危机"时说的（对此，我们将在第三章里加以讨论），更多的资本想要投资到商品买卖中去，而贸易制度的结构却无法加以容纳，否则会从整体上大幅度降低贸易的获利和安全程度。

　　在这种情况下，贸易中心之间的合作只要成功地阻止各个中心把贸易利润重新投资到进一步的贸易扩张中去，就能成功地从整体上增加贸易的获利和安全程度。正如希克斯指出的，"这种扩张受到阻止的时刻，从其他角度来看，很可能就是一个十分美妙的时刻。利润仍然很高，但是有个条件，这些利润无论如何不应再投资到再扩张中去。一旦那个条件被接受，就有了财富和安全"（Hicks 1969:58）。换句话说，一旦贸易扩张达到极限，财富和安全开始依赖有关的机构一致承认，在当时的历史条件之下，这个极限是无法克服的，想要超越而不是维持这个极限往往会破坏财富和安全。只要贸易中心真正认为应当制止把剩余资本重新投入再扩张中去的倾向，竞争就能得到控制，积累中心就能享受最美好的时光。

还有什么能比这更美好呢？乱哄哄的市场变得井然有序。人们在社会中都各得其所；他们必须坚守自己的位置，但这些位置是为他们保留的，也会保护他们免受他人的侵扰。他们的行会以及类似的协会就是这类防范手段；利用这种手段，他们可以寻找新的伙伴关系……还有别的幸事。扩张过程中表现出的活力不大可能马上消失；它不应再被用来创造新的贸易方式，而是可以在具备安全和财富的情况下转向其他领域。贸易扩张一直刺激人们开动脑筋；但是，当它达到无法再吸收那种活力的程度以后，人们可以为艺术而追求艺术，为学问而做学问……正是在完成贸易扩张之后，佛罗伦萨和威尼斯才成为文艺复兴的发源地。正是由于这些果实，我们才没有忘记它们；而秋季是摘取果实的季节。(Hicks 1969:58 – 59)

布罗代尔用同一个比喻——"秋季的迹象"——来描绘金融扩张（参见绪论），这不是偶然的。因为收获物质扩张时期一个业已消逝的阶段的果实，是体系积累周期所有结束阶段的另一个典型特点。这个特点已经在 14 世纪后期和 15 世纪初期的金融扩张中展现出来。在发展大金融资本（我们马上就要讨论这个问题）的同时，大肆消费文化产品是收获这些果实的最重要办法。

其一，大肆消费文化产品是那个不利的商业局面的直接结果。在那种局面下，把剩余资本用来资助艺术，是一种较之用来投资贸易更加有益的，甚至是更加有利可图的形式（Lopez 1962，1963）。

其二，这是一种供给驱动的现象，与把创造神话般的集体身份当作动员民众参加城邦间战争的一种手段很有关系（Baron 1955）。其三，这是相互竞争的商人派别之间争夺地位的直接结果；在这种斗争中，"构建富丽堂皇的气势成了一些家族区别于另一些家族的一种策略"（Burke 1986：228）。

每个城邦国家都有各不相同的产生文艺复兴运动的特定环境与背景，因而结果也不尽相同。但是，就城邦国家的体系而言，大肆消费文化产品是立国过程中——也就是说，在把意大利北部的资本主义领地重新组合成一个包括数量更小、范围更大、实力更强的政治组织的体系的过程中——一个不可分割的部分。城邦国家的统治集团具有与众不同的特性，即它们不能依赖比较传统型的当权派可以获得的那种自发的、惯常的效忠。因此，这些集团"不得不通过强化群体的自我意识来赢得并保持那种效忠"（Mattingly 1988：49）。

使城邦国家常年处于不和状态的那些战争，的确凝聚了忠诚分子，赢得了效忠力量，尤其是对于那些赢得战争的统治集团来说。然而，赢得战争的城邦国家通过兼并输掉战争的城邦国家的领土和人口来扩大自己的领地以后，又以更加复杂的形式遇到了忠诚和效忠的老问题。而且，当那些扩张中的城邦国家开始在欧洲政治舞台上扮演大国的角色时，国内合法化的问题与外部合法化的问题交织在一起。注重艺术和学问成了在国际和国内两个方面赢得忠诚的最好不过的手段。

而且，这种手段还非常适合城邦国家统治集团的技巧和脾性。

统治集团由商人和专业人员组成，他们大多数受过一定的法律和公证方面的训练……他们大多数具有在广场或市场参加辩论的经验，因而认为语言可以与刀剑一样威力巨大，这是很自然的。商人和政客们相信；把外交和辩论用作军事力量的辅助手段或替代军事力量的手段，可以有效地起到说服作用；这种信念很可能因为对古典文学重新产生兴趣而得到加强。毫无疑问，这种信念反过来又强化了新人文主义，使新人文主义带上当时十分流行的喜欢公开辩论的倾向。这种形式的心理战所产生的实际效果，现在谁也无望加以估计。在受过教育的阶级里，公众舆论肯定多少容易受到宣传的影响；从彼特拉克和黎恩济的时代起，肯定越来越有一种想要通过文学的手段来左右这种舆论的倾向。(Mattingly 1988:53-54)

语言日益替代刀剑而又从未完全替代刀剑成为获得权力的手段；在发生以 1454 年《洛迪和约》宣告结束的连绵战争的那个世纪里，这是巩固意大利城邦国家国际体系的一个核心方面。但是，如果没有货币的力量来补充，或者更确切地说，没有货币的力量，语言和刀剑都不足以创造出未来欧洲世界经济的国际体系的原型。以语言和刀剑建立的业绩比以金钱建立的业绩更容易留在人们的记忆里。但是，在资本主义发展成一种世界性制度的过程中，意大利文艺复兴运动做出的最具决定性的、最持久的贡献发生在巨额融资领域。这是一种"无形的"领域。在这个领域里，第一体系积累周期的机构和结构形成了；现在，我们就来讨论这个问题。

大金融资本的形成

现代资本主义形式的大金融资本是佛罗伦萨人的发明。它在 13 世纪末和 14 世纪初的贸易扩张中奠定了基础，但只是到了那次扩张结束之时才渐渐成熟起来。

阿尔卑斯山脉以外第一批广泛的金融交易，是由锡耶纳商人进行的。他们当时作为教皇的税务官来到英格兰和几个北方王国。这种跟罗马和替罗马做的生意，包括朝圣、特赦和特许这样的"无形出口"。在 14 世纪和 15 世纪的整个黄金时期，它对佛罗伦萨、锡耶纳金融家族的繁荣和在大陆建立势力范围来说一直是必不可少的。这种巨大的商业活动需要高超的管理技术。商人兼编年史家乔瓦尼·维拉尼（Giovanni Villani）认为，佛罗伦萨人"很快认识到成为教皇银行家的有利之处；因为世界上最大数量的流动资金必须经他们的手"（引自 Cox 1959：第 165 页；同时参见 de Roover 1963：第 1 ~ 3 页和第 194 ~ 224 页；Gilbert 1980：第四章；Burke 1986：第 224 页）。

佛罗伦萨企业在欧洲大金融资本领域的领导地位是建立在为罗马利益而进行的宗教贸易以及为佛罗伦萨自身利益而进行的羊毛贸易的基础之上的。13 世纪末期，佛罗伦萨羊毛工业的迅速发展，涉及不断扩大"下游区域"。羊毛厂商从那里购进原料，并向那里销售最终产品。当本地的生羊毛供应来源枯竭以后，佛罗伦萨主要从荷兰和法兰西进口大量粗纺布，然后由佛罗伦萨技术熟练的工匠进一步加工、抛光。佛罗伦萨在西班牙、葡萄牙和英格兰发现新的富有竞争力的生羊毛供应来源以后，佛罗伦萨的布匹生产得到进一步发展。结果，佛罗伦萨企业不得不再次大规模地调整布局，在布拉班特、荷兰、英格兰和法兰西建立负责制造过程中初级和粗纺阶段的工场，因为在那里找到了质地优良的羊毛（Cox 1959:162 - 163）。为了达到供求平衡，在供的方面，意大利国家的市场得到了黎凡特地区迅速扩大的市场的补充；在那里，佛罗伦萨加工完成的羊毛织品被用来换取香料、染料和其他亚洲产品。维拉尼指出："随着质量不断提高，佛罗伦萨企业打入了法兰西、英格兰和那些本是原产地的市场，在那里出售羊毛产品，换取粗纺织物。"（引自 Cox 1959：162）

佛罗伦萨的大金融资本体系最初就是扎根于由羊毛贸易建立起来的广阔而又密集的交易网之中，并在此基础上逐步形成和扩大起来的：

> 大银行家同时也是……羊毛行会的成员，因此国际金融和布匹生意同时得到广泛发展。他们把货币和外国到期的债款转换成羊毛；接受羊毛作为贷款的抵押品；允许外国欠教皇的款用羊毛来支付；当封建领主要求财政好处的时候，他们更从领主那里谋求贸易特许，尤其是对羊毛市场的垄断地位……（他们还）资助国内外的布匹生产……（并）为销售成品提供短期贷款。（Cox 1959:164）

98

只要羊毛贸易继续快速发展，带来高额利润，它就成了推动佛罗伦萨金融体系向欧洲扩张的主要因素。但是，随着羊毛贸易增长速度放缓，赢利减少，佛罗伦萨的商人银行家开始为迅速增长的对流动资本的需求寻找并最终找到了一种新的基础。那种需求是由西欧正在兴起的领土主义统治国家之间的权力斗争产生的。这是因为，我们上面已经谈到，欧亚贸易扩张的逐渐停止，不仅跟意大利城邦国家体系内部的竞争升级有很大关系，而且跟欧洲其他国家之间的权力斗争升级关系密切。爆发"意大利的"百年战争的那个世纪也是爆发更加有名的"英法"百年战争（1337～1453年）的世纪，天主教会体系发生"大分裂"的世纪（1378～1417年），伊比利亚半岛一再发生无政府主义和政治混乱的世纪，北欧爆发一长串战争的世纪。在此过程中，汉萨同盟的实力衰落，荷兰的财富增加。

欧洲权力斗争升级的各种因素的关系与欧亚贸易扩张的逐渐

放缓的关系过于复杂，这里不便讨论。然而，"英法"百年战争对佛罗伦萨大金融资本的发展起了关键作用；关于这场战争，我们应当注意到，在之前的贸易扩张过程中，英格兰成了意大利和佛兰德斯制造中心最大、最重要的优质羊毛来源。正如巴林顿·莫尔（Barrington Moore 1966:5）指出的，羊毛贸易的这一扩张，产生了"最终支配英国社会的强大的商业动力"。它的影响"不仅波及城镇，而且波及农村，甚至在农村更大，在政治生活中也是如此"。

商业动力不仅对立国活动，而且对战争活动也产生影响。事实证明，英国入侵法国前夕，英国统治者显然在战争商业化方面比他们的法国对手高出一筹；而在其他方面，法国人要比英国人更加强大（McNeill 1984:81-82）。因此，我们可以推测，通过入侵法国，英国统治者认为，把自己对于法国人在战争商业化方面的领先地位转化为领土掠夺的时刻已经来到，或者认为，他们需要用扩大领土的办法来弥补正在减缓或萎缩的羊毛贸易对自己立国和战争能力产生的不利影响。我们确实知道的是，在入侵法国之前的 1/4 个世纪里，由于在 1310~1329 年英国银币铸造不断减少（见图2），英国的国际收支经历了一个严重恶化的时期。很大比例的英国银币——在上述 20 年间占 90% 或者更多——是用熔化的外国银币来铸造的。因此，英国铸币生产水平的变化是与国际收支的变化密切相关并成正比的（Miskimin 1969:139）。

由于在行使立国和进行战争的职能方面已经习惯于依赖不断扩大的外币供应，英国统治集团对这种变化做出的反应是：通过战争来获得它们已经无法再通过贸易来获得的东西。关于国际收支的考虑在英国入侵中所占的重要位置，我们可以从下列事实中找到直接证据。英国人在欧洲大陆追求的首要目标是要迫使他们的佛兰德斯

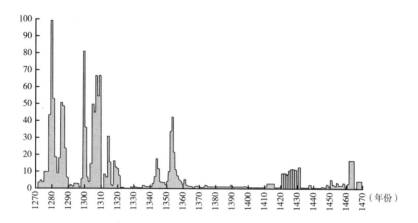

图 2　1273～1470 年英格兰铸造的银币总额（1280 = 100）

资料来源：Miskimin（1969：140）。

注：有格子的条子表示在加来铸造的银币。

客户给予更加优惠的贸易条款。为了达到这一目的，他们首先勾结卡斯蒂利亚国王，对佛兰德斯实行羊毛出口禁运，然后发起进攻，在坎桑德战役（1337 年）中打败了佛兰德斯人。这时，英国人恢复了对佛兰德斯的羊毛出口，但价格要对英国人有利得多，而且还有条件，佛兰德斯人必须向爱德华三世提供直接贷款（Miskimin 1969：92 - 93）。

　　向客户索取高价，强迫客户提供贷款，这本身并不是资助一场旷日持久、费用浩大的战争的好办法，因为这种政策迟早会产生杀鸡取卵的后果。最后的事实也是如此，佛兰德斯的织布工业破产。然而，索取高价只是更大战争中的一种战术手段，目的在于使英国本身的织布工业"内部化"。这样，佛兰德斯织布工人既受到禁运和军事入侵的威胁，又被鼓励迁往英国。当 14 世纪末佛兰德斯织布工业最后垮台的时候，许多工人正是那么做的（Miskimin 1969：

93－99）。这种胡萝卜加大棒的战略的成功程度，可以从图 3 中描述的趋势来判定。该图显示出英国织布工业在百年战争期间的发展，以及同一时期佛兰德斯的三个主要织布中心之一伊普尔"被迫"削减工业生产能力的过程。

在评论这种趋势的时候，哈里·米斯基明（Harry Miskimin）强调了导致这种倾向的"负和游戏"。

> 爱德华三世非常成功地摧毁了佛兰德斯的工业，并将它的部分工业转移到英国。但是，佛兰德斯的工业萧条肯定降低了英国本来可以达到的成功程度。英国的成就在于移植一个工业，而不是创造一个新的工业领域……面对一个不断衰落的世界市场——仅伊普尔的衰落就超过整个英国出口贸易的衰落——英国通过使用国家实力和从经济上控制原料来源，以牺牲佛兰德斯利益为代价，实现了地区经济的繁荣。（Miskimin 1969:95－96）

100

英格兰

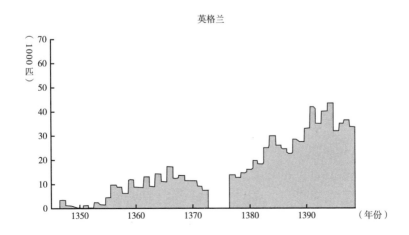

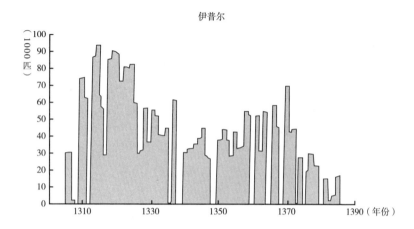

图 3　布的贸易趋势：英格兰的输出量和伊普尔的生产量

资料来源：Miskimin（1969:94）。

101

　　我们得出的结论是，英国布匹生产的发展仅仅在于移植了一个工业；这种移植是跟经济繁荣的全面衰落连在一起的。如果我们把佛罗伦萨"自动"削减生产能力的情况考虑进去，这个结论就更加不可避免。这一情况发生在伊普尔之前，而且规模更大。据维拉尼说，佛罗伦萨在 1338 年有 200 多个工场，生产 7 万 ~ 8 万匹布，总价值 120 万金弗罗林。而在 30 年之前，它大约有 300 家工场，生产 10 万匹布，虽然那种布要粗糙一点，只有大约一半价值（Lopez and Raymond 1955:71 – 74；Luzzatto 1961:106）。

　　因此，佛罗伦萨商人和制造商早在 1338 年之前已经开始削减了粗布生产，集中生产质量较高和价值较高的产品。但是，1338 ~ 1378 年，这种倾向断断续续地出现。他们几乎完全集中生产优质布；在整个 15 世纪，每年产量减少到 2.4 万匹，从来没有超过 3 万匹（Cipolla 1952；Luzzatto 1961:97 – 98，106，141）。

　　1338 ~ 1378 年，佛罗伦萨毛纺生产的削减幅度要超过伊普尔从百年战争开始到 14 世纪 80 年代的衰落幅度，或者 14 世纪英国布匹出口的整个增长幅度。然而，佛罗伦萨如此大规模地削减工业生产，并不是英国统治者或者任何别人使用武力或者进行武力威胁的结果。这完全是佛罗伦萨企业所遵循的资本主义行为逻辑的一种具体表现。

当时就像现在一样，这种逻辑决定了资本只应投资到贸易和生产中去，只要这些活动不但肯定赢利，而且利润高出任何合理的比值。此外，这一合理的比值能够证明，在把资本用于贸易和生产的过程中，资本遭受必然会遇到的风险和麻烦是值得的，而且资本用于贸易和生产能给资本所有者补偿本来把这些资本用来做金融生意可能会获得的赢利。当时就像现在一样，由于整个贸易体系中竞争压力不断增加，这一比值往往随之提高，因此引起资本从采购、加工和销售商品向更加灵活的投资形式的大转移，那就是说，主要为国内外的公共债务提供资金。这一转移并不倾向于形成某种"均衡"。恰恰相反，它是重大的经济、政治和社会动荡的表现和根由。

经济动荡在 14 世纪 40 年代初的"大危机"中达到高潮。危机由爱德华三世在 1339 年引起，他拖欠了 136.5 万金弗罗林的巨额贷款。该贷款是由佛罗伦萨的巴迪和佩鲁齐的公司提供，用来资助英国入侵法国的。应当指出，这笔钱超过了 1338 年佛罗伦萨布匹生产的总产值。费迪南德·谢维尔（Ferdinand Schevill 1936：219）认为，佛罗伦萨银行家知道这种投资风险很大，但是他们已经陷于资助英王的事业之中，无法自拔。这很可能意味着，巴迪和佩鲁齐知道，通过羊毛贸易来扩大收入的黄金时代已经一去不复返了，他们收回早先给英王的贷款的最佳机会，在于再给他提供一大笔贷款。有了这笔贷款，爱德华三世就能用征服领土或者把佛兰德斯的织布工业迁到自己领地的办法来增加岁入，从而有能力来支付债务的利息和偿还他的债务。结果，他完全打错了算盘，因为在战争开始以后不到两年，爱德华三世就宣布自己无力还债，从而引发了欧洲信用体系的一场大危机。储户从佛罗伦萨和别处的银行挤兑存款，巴迪和佩鲁齐本人的公司也宣告破产。

14 世纪 40 年代的这场大危机，毁掉了佛罗伦萨成千上万普通投资者和工人的生活，加剧了城市统治集团不同派别之间原有的争斗。混乱不堪的市场又雪上加霜，从 1348 年起，黑死病和随后发生的流行病造成严重破坏，致使商人阶级的统治很不稳固，为在政治上解放劳动阶级创造了新的机会。1338 年，在那场大危机的前夕，3 万多人——约占佛罗伦萨人口的 1/3——靠织布商发的工资生活。随着布匹生产在随后的 40 年里不断萎缩，以工资为生的底层工人——这些人在生产优质布过程中只是稍稍沾边——挺起身来保护自己，要求提高工资，维持已有的生产水平，以及组织独立团体的权利。这些斗争最后发展成 1378 年的所谓"傻子"起义。在那次起义中，贫苦的织布工人夺取了国家权力，推举梳毛工米歇尔·迪·兰多（Michele di Lando）担任该共和国的政治首脑（Cox 1959:152 – 153；Dobb 1963:157 – 158；Miskimin 1969:98 – 99）。

103 　　雇主们关闭工厂，把参加暴动的工人变成大批饥肠辘辘的游民，很快控制了这场无产阶级起义。而当这些饥饿的游民开始为了争抢食物而聚众闹事，气势汹汹地朝着执政团示威游行的时候，兰多亲自率领上层行会的工人把他们打得一败涂地（Cox 1959:153）。正如谢维尔（Schevill 1936:308）指出的，"14 世纪（佛罗伦萨）的斗争构成了近代劳资冲突的早期篇章；而资本可以比较轻而易举地赢得胜利，这展示了资本的对手当时以及后来一直面临的重重困难"。

　　跟后来一样，当时产生这些困难的原因是，资本比它的对手具有大得多的灵活性和流动性。随着对政府和商业组织的竞争压力日趋增加，在转移资金的过程中，严格意义上的资本主义组织远不像大多数其他组织那样受到关于权力或生计的考虑的约束——无论是英国王室、佛兰德斯的行会，还是佛罗伦萨自己的行会。因此，究竟是通过采购、加工和销售商品的办法，还是通过出钱让世界经济的各个组成部分互相斗争的办法来实现资本的自我扩张，佛罗伦萨的主要企业在很大程度上抱着无所谓的态度。而当竞争造成贸易和生产方面的资本赢利减少，权力斗争却能使大金融资本的赢利增加的时候，佛罗伦萨的主要企业开始把剩余资金从第一种投资办法转向第二种。这种情况在 14 世纪的前几十年里渐渐发生，而在 14 世纪中叶的几十年里则势头十分迅猛。

受这种资本转移的打击最严重的是佛罗伦萨工人阶级的各个阶层，但是工人无力阻止更谈不上扭转这种势头。在这种情况下，就资本主义的资本积累而言，工人已经是"多余"的了。具有讽刺意义的是，他们在 1378 年起义并迅速夺取权力，非但没有削弱，反而加强并最后巩固了这种势头。这是因为，一方面，他们的行动暴露了佛罗伦萨上层和下层工人阶级之间的根本利益冲突；另一方面，佛罗伦萨资产阶级的各个派别因此产生了一种强烈的政治动机，想要解决他们之间的内部争吵，以铁的手腕来控制劳工阶级。

上层行会的工人积极参与镇压"傻子"起义，这既不是偶然的，也不是这些工人的视觉发生偏差，看不到自己的利益。在整个 14 世纪，使佛罗伦萨下层工人阶级陷于贫困的那种势头，正给上层工人阶级创造着巨大财富。各个制造部门的资本赢利并不是都在减少；在有些部门，赢利根本没有减少。由于剩余资本越来越大规模地转向资助意大利城邦国家体系的内部战争和整个欧洲的世界经济，对战争物资的需求急剧增加，十分有利于威尼斯的造船企业，甚至更加有利于米兰的军火工业。但是，剩余资本转向铺张的消费方面，不仅是文化产品的消费，而且是优质纺织品这样的更加世俗的商品的消费。结果，一方面，由于生产粗布的赢利下降——对粗布的需求少说也是停滞不前的；由于英格兰、荷兰、布拉班特和法国增加产量，粗布供应十分充足——佛罗伦萨的下层工人阶级变得多余了；另一方面，生产高档的布匹总是需要并且越来越需要上层工人阶级的技术和劳力（Miskimin 1969：99，153－157）。

　　佛罗伦萨的大企业和富有的商人家族巧妙地利用了这种不同的倾向在工人阶级内部产生的矛盾。当它们把下层行会的工人关在工厂大门之外的时候，就赢得了兰多政府和上层行会的工人的好感。而当这一策略产生效果，"傻子"起义最终被镇压以后，它们就把兰多赶下了台，并在 1382 年以后的半个世纪里，以 1378 年起义之前少有的那种团结一致统治那个城邦国家。然而，即使在那个时候，它们对待上层工人阶级和下层工人阶级的态度仍然非常不同。通过对进口外国布匹征收高昂的关税，以及其他旨在保守贸易秘密和防止对手获得战略性物资的措施，上层工人阶级的利益比在起义之前受到更加积极的保护。相反，下层工人阶级完全不受保护，并被剥夺了组织独立团体的权利，因此变成了一支剩余劳力流动大军，他们因贫穷而被迫在文艺复兴时期的盖楼热潮中寻求日常生计（Cox 1959：154；Miskimin 1969：99；Martines 1988：189－190）。

　　富有的商人家族对这个城市实行的长达半个世纪的寡头统治，于 1434 年宣告结束。美第奇这个在财富和资本积累过程中脱颖而出的家族接管了政府，建立了事实上的君主统治。前面已经提到，美第奇家族接管政府是佛罗伦萨共和国在与卢卡的战争后陷入严重财政危机的直接后果。但是，可以说，那场危机为美第奇家族创造了以低价"收购"佛罗伦萨共和国的机会。它的这种能力是一个漫长的发展过程的结果。这一过程可以追溯到 14 世纪 40 年代发生的那场大危机；在此过程中，美第奇家族成为欧洲大金融资本的领先组织。这个过程有四个方面值得引起我们的注意。

第一，美第奇家族的财富是在 14 世纪 40 年代大危机的混乱中创造出来的。美第奇家族从危机中幸存下来以后，从中等的家底起家，很快着手填补了巴迪和佩鲁齐两家大公司以及许多小的投资者垮台后留下的空缺。像许多别的意大利商人银行家一样，美第奇家族靠的是遍布整个欧洲世界经济的关系网。而且，它在国外建立了许多分支机构；这些机构由佛罗伦萨设在罗马、威尼斯、那不勒斯、米兰、比萨、日内瓦、里昂、巴塞尔、阿维尼翁、布鲁日和伦敦的总部直接控制（de Roover 1963：194，225-346）。

第二，14 世纪末 15 世纪初美第奇家族巨大的跨国扩张是以一种积累战略为基础的。这种战略优先考虑与政府的金融交易，但在选定跟哪些政府做交易的问题上是十分挑剔的。有记录表明，1435～1450 年，该公司总共赢利 28.9 万金弗罗林，其中 90% 来自银行业务，其余的来自该公司在佛罗伦萨开办的两家毛纺工场和一家丝绸工场。在该公司的国外分支机构中，最有利可图的是罗马的分支机构；到 1434 年，罗马已经为它创造了一半多岁入。跟罗马做的生意以及替罗马做的生意，的确是美第奇金融帝国的支柱，不光是因为有关的流动资金数目巨大，而且因为库里亚家族不断欠美第奇家族的债，使后者有能力动员罗马教会的精神和组织力量，以确保它借给全欧洲下属神职人员的高利率贷款能够如期偿还（de Roover 1963：194-224）。

第三，美第奇金融帝国的形成和扩大跟美第奇家族立国能力的形成和扩大有着十分密切的关系：

　　15 世纪 70 年代初，当洛伦佐·德·美第奇（Lorenzo de'Medici）坐下来计算他的家族在 1434～1471 年的主要支出时，他甚至不愿把用于建筑和艺术方面的开支与用于慈善和纳税方面的开支区分开来。他把所有的开支放在一起，因为它们都服务于同一个目的，那就是为了炫耀他的家族及其在国内的权力。他对惊人的支出总数（663755 金弗罗林）丝毫不感到后悔，最后说："我认为，这为我们的产业增光添彩；我觉得，这些钱用得正是地方，我为此感到非常高兴。"（Martines 1988:243）

　　这一看法表明，对于美第奇家族所在的商业环境，美第奇比后来的历史学家和社会科学家具有更加深远的洞察力。他们错误地认为，美第奇家族拼命讲排场、摆阔气，是造成投资于他们公司的资本远远少于利润的主要原因。事实上，美第奇家族的利润很高，恰恰是因为——引用我们早已引用过的希克斯的话来说——美第奇家族没有把贸易创造的利润重新投资到进一步扩大贸易中去。1434～1471 年，它用了大约 66.4 万金弗罗林来资助穷人、艺术和国家。假如它把这笔钱重新投资于金融、商业和工业活动，公司的运转资本——雷蒙德·德·鲁佛（Raymond de Roover 1963）认为，那种资本最高达到过大约 7.2 万金弗罗林——就会增长大约 10 倍。这样增加的结果，很可能会使美第奇家族陷于缺乏把握的商业冒险，有可能就是导致巴迪和佩鲁齐两家破产的那种没有把握的商业冒险。无论如何，资本短缺的局面会受到严重破坏；而正是由于资本短缺，资本家之间的竞争才得以控制，佛罗伦萨的工人阶级才安分守己，罗马的库里亚和其他几个欧洲政府才不断需要美第奇家族的财政援助。

　　如果说美第奇家族把巨额利润重新用于扩大金融、商业和工业活动会是一种糟糕的商业决策，那么那种表面看来"无利可图"

地把很大比例的利润用于讲排扬、摆阔气，事实上倒是一种很好的商业决策，而不仅仅是因为这给了美第奇家族美的享受和其他好处。这是因为，一般大企业，尤其是大金融资本，比后来的时代在更大程度上参与了立国的职能。正如马丁利（Mattingly 1988:59）指出的，美第奇家族驻外分支机构的经理们的外交职能总是引人注目的；而在1434年之后，"就越来越难以区分谁是美第奇银行的常驻代表，谁是佛罗伦萨国的政治代理人"。讲排场、摆阔气在佛罗伦萨（钱从这里花出）的公共关系中是十分重要的；但是，为驻外分支机构的经理们在他们的日常斗争中提供宝贵的心理炮弹，以便让他们在跟贵族顾客打交道的过程中受到平等的（或者是高人一等的）待遇，那是更加重要的。

　　然而，尽管如此，在佛罗伦萨巨额融资的漫长发展过程中，还有第四方面。这个方面跟美第奇家族和他们的经理在生意场上的聪明才智毫无关系；而没有这个方面，他们的聪明才智就会化为乌有。用韦伯的话来说，这第四方面是欧洲的主要政治结构之间于14世纪下半叶开始出现的独特的政治竞争和"均势"。14世纪40年代巴迪和佩鲁齐两家企业之所以破产，倒不是因为它们集中所有财力去干一件事。它们破产的真正原因，在于它们"过早地"把大部分财力转移到大金融资本中去，那就是说，在14世纪末15世纪初欧洲崛起和衰落的政治组织为流动资本的竞争变得十分激烈之前。结果，无论是它们还是它们为之提供战争资金的英国国王，都没有意识到资本主义跟欧洲快要出现的领土主义统治这两种力量之间的基本关系。那两家佛罗伦萨公司认为，它们没有别的选择，只有屈服于爱德华的压力，把巨额的钱借给他。而实际上，它们只要顶住压力，等着英格兰王国的财政困难恶化，那么情况就会好得多。爱德华却认为，他可以拖欠佛罗伦萨的公司的贷款，无须过分担心英国王室未来的信誉。而实际上，为了赢得他刚刚发动的那场战争的胜利，英国王室需要尽可能地获得信誉。

当美第奇家族出现在欧洲大金融资本舞台上的时候，情况就大不相同了。当然，它可以从巴迪和佩鲁齐的灾难性经历中吸取教训，更加小心翼翼地提供贷款。它选定罗马作为主要顾客时，无疑就是那么做的。然而，要不是当时存在它并未出力创造的那种体系条件，美第奇家族即使采取谨慎的贷款策略，也不会取得它实际取得的那种引人注目的结果。正如已经提到的那样，那场危机已经在大金融资本的结构中造成空缺，加强了那些幸存的金融家讨价还价的地位。而且，由于黑死病，人们成倍增加了给教会的遗赠和捐款，从而在美第奇家族出来加以料理之前的短时期里，大大促进了罗马的资金流动。而在 1378~1417 年的"大分裂"中，罗马教廷分裂成两个互相对立的教皇，使它的金融交易更趋复杂；这一情况对美第奇家族控制库里亚无疑助了一臂之力（Favier 1966；Miskimin 1969：144-147）。

教会先是大发横财，后是遇到麻烦，这对美第奇家族确立在欧洲大金融资本集中的领导地位固然十分重要。然而，体系条件中最持久的，后来证明是最重要的变化，也就是使美第奇家族在巴迪和佩鲁齐栽倒的地方获得成功的变化，是英国和法国因百年战争而产生的为流动资本的竞争。我们从图 2 中可以看出，爱德华三世一方面把优惠的贸易条款和贷款强加给佛兰德斯人，另一方面拖欠佛罗伦萨的贷款，这对英国的国际收支和流动资本确实产生了暂时的积极效果。这点可以由 14 世纪 40 年代和 50 年代初英国的货币生产证明。然而，到了 14 世纪 60 年代，这种积极效果已经不复存在；除了在 15 世纪 20 年代得到加来的某些暂时接济以外，在那场战争的其余 90 年里，英国经常面临缺乏流动资金的困难。

这种困难的根源在于，战争是在法国的土地上进行的，这本身就破坏了英国在战争商业化方面领先于法国的优势：

> 像早些时候在意大利那样，战场上的一支军队就像是一座流动城市，需要源源不断地获得供应。在短期内，这对法国农村的影响常常是灾难性的；从长远看来，军队和它们的掠夺行为扩大了日常生活中买卖的作用。结果，当法兰西君主政体开始从因英国的最初胜利而产生的灰心丧气的精神状态中恢复过来，改变了贵族对它的普遍不满的时候，课税基础得到扩大，国王可以征收到足够的钱来供养一支越来越强大的武装力量。就是这支军队，在赢得一系列战役的胜利之后，于 1453 年把英国人赶出了法国。（MeNeill 1984:82 - 83）

一旦敌对行动停止，整个佛罗伦萨尤其是以美第奇家族为代表的大金融资本的黄金时代很快宣告结束。直到 1470 年，人们谈起美第奇家族在布鲁日和伦敦的分支机构时仍说，"它统治着这些国家，手里掌握着羊毛和明矾贸易的大权以及所有别的国家岁入；因此，它跟世界上的每个市场都有贸易往来，但主要是跟罗马，并从那里获得巨大好处"。然而，到了 1485 年，该家族驻布鲁日的分支机构已经关闭；美第奇家族不久便从欧洲大金融资本的世界里销声匿迹了（Ehrenberg 1985:196 - 198）。

然而，只要百年战争还在继续，两个互相抗争的领土主义统治组织之间的均势，以及因战争商业化而迫使双方不断需要财政援助的局面，都为商业和金融经纪业务创造了史无前例的机会；无论在经济上还是政治上，美第奇家族和其他佛罗伦萨商业银行家都处于极大的优势地位，并可以利用这些机会服务于自身利益。这些机会为美第奇家族提供了商业成功的机会，这是巴迪和佩鲁齐企业所从来没有过的。美第奇家族抓住这些机会，成为欧洲最富有、最强大的家族之一。艾伦伯格（Ehrenberg 1985:52）指出，"美第奇家族对世界历史进程的最大影响，是它在法兰西的路易十一、英格兰的爱德华四世和勃艮第的无畏的查理互相争斗时期施加的影响"。然而，在此过程中，它在政治事务中越陷越深，在欧洲的贵族行列中脱颖而出，最后让自己的商业和金融活动渐渐停了下来。

109　　　按照皮雷纳的说法，这一蜕变主要并不表示该家族不能适应变化中的商业条件，倒是表示特别成功地适应了发生这种蜕变时仍占主导地位的那种商业条件。美第奇家族的成功之道，仅仅是一种倾向的最明显的例子。这种倾向在其他意大利城邦国家里也在不同程度上以不同的形式渐渐发展。最明显的是在威尼斯，它也是应对14 世纪末 15 世纪初的贸易逆境最成功的城邦国家：

> 威尼斯的大陆帝国在 1405 年以后获得的前景与机会，在威尼斯贵族阶级内部引起了深刻的变化。大陆给它提供了新的公司、土地、总督职位和有利可图的官职，销蚀了贵族在商业方面的进取精神，使他们越来越失去活力。用帕累托的经典的话来说，企业家变成了食利者。（Martines 1988:171）

跟佛罗伦萨一样，在威尼斯，在欧亚贸易扩张结束以后那个世纪里所出现的有利时机，决定了威尼斯必须把剩余资本从贸易转向进行战争和立国活动。这两个城邦国家的主要不同之处在于，威尼斯的资本转移比较顺利，获得了比佛罗伦萨更高的利润，因此一个比佛罗伦萨商人阶级规模大得多的威尼斯商人阶级可以参与政治资本主义，并从中得到好处。换句话说，资金从贸易活动向政治活动转移的倾向在佛罗伦萨以美第奇家族势不可挡地成为该城市君主为其高度集中的表现形式；而在威尼斯，同一倾向则以比较松散而又不大引人注目的形式表现出来，那就是，该城市的整个上层商人阶级都成了"食利者"。

在威尼斯，跟在佛罗伦萨一样，资本主义精英分子退出贸易而成为贵族的现象，并不说明他们不能适应变化中的商业条件，倒是标志着他们追求利润获得成功。尽管如此，皮雷纳认为，事情仍然是：**一旦蜕变发生**，这些精英分子在随后的资本主义世界经济扩张中扮演着完全被动的角色。因此，当15世纪末欧洲世界经济在所谓"大发现"——指开辟欧洲和东印度群岛之间的直接贸易联系，以及征服和掠夺美洲——的影响之下进入一个新的扩张阶段的时候，威尼斯、佛罗伦萨和米兰的资产阶级在促进和组织那次扩张中没有起到积极作用。那时，他们的剩余资本已经被立国过程充分吸收，因而失去了它先前的大部分灵活性。我们在第一章里已经知道，更加糟糕的是，他们在积累财富和争取权力的过程中所取得的令人瞩目的成功，诱使周围的领土主义统治组织仿效他们的发展道路，只是规模要大得多。当这些"现代化的"领土主义统治组织力图把贸易从城邦国家转向自己的领地，或者干脆征服城邦国家的时候，后者就不得不将越来越多的财力用来保护自己。

领土主义统治者力图把贸易从意大利城邦国家转向他们自己的领地，大发现和由此引起的贸易扩张，就是这种努力的不可分割的方面。因此，那些事件是跟这些城邦国家的统治集团和资产阶级的利益背道而驰的，是背着他们或者违背他们的意志发生的。然而，总的情况里却有一个重要例外。这个例外就是热那亚的资产阶级。它自始至终积极地促进、关注这次贸易扩张，并从中得到好处，从而产生了我们所谓的第一体系积累周期。

第一（热那亚）体系积累周期

在绪论中已经说明，我们所谓的体系积累周期，出自布罗代尔的看法：资本主义世界经济的每个主要发展阶段走向成熟之前，都有从商品贸易向金融交易转移的特殊过程。布罗代尔是根据大约发生在 1740 年的荷兰的转移提出这种看法的。他把荷兰的转移比作 19 世纪末英国的转移和早先热那亚的两次转移：一次发生在 15 世纪，另一次发生在 16 世纪。乍一看，似乎有点奇怪，他竟然把热那亚商人银行家，而不是把更加著名的佛罗伦萨或者奥格斯堡金融家定为荷兰和英国金融资本主义的真正前辈。布罗代尔没有说明做出这种选择的原因；然而，种种理由可以证明这种选择是正确的。有些理由跟我们给体系积累周期所下的定义有着直接关系。

首先，让我们指出，热那亚的金融资本主义和其他意大利城邦国家的金融资本主义，是在 14 世纪下半叶同样的体系环境的影响下发展起来的。随着竞争压力日益增加和权力斗争升级，投资于贸易不再有利可图的剩余资本成了流动资本，被用来为支付城邦国家与日俱增的公共债务提供资金。因此，这些城邦国家的财产和未来的岁入比以往任何时候都更彻底地让渡给各自的资产阶级。热那亚处于这场运动的前列。1407 年圣乔治商行成立，它是一个由私人债主控制国家财政的机构。在这方面，在差不多 3 个世纪之后英格兰银行成立之前，无论在效率方面还是在老练程度方面，这个机构都是无与伦比的。

然而，热那亚金融资本主义的发展从一开始就表现出与众不同的特点。因此，由组建圣乔治商行的私人债主接管热那亚国家财政，并不标志着金融资本开始接管共和国政府，剩余资本开始向立国活动日渐转移，就像正以不同形式在威尼斯和佛罗伦萨发生的那样。相反，圣乔治商行的成立不过是将一种权力的二元化和内在的政治不稳定性进行制度化，并且直到1528年安德烈·多里亚（Andrea Doria）进行宪法改革，这种权力二元化和政治不稳定性都是热那亚国的特点。雅克·希尔斯（Jacques Heers）认为，"15世纪文艺复兴时期的热那亚的全部历史，是一部真正意义上的社会和政治危机的历史"。但是，正是在那个世纪无休止的社会和政治危机之中，热那亚成为这样的城市：在那里，资本主义"以各种形式，以确切的和现代的技术'得以发展'；在那里，资本'逐渐'控制每项经济活动；在那里，银行'逐渐'占据非常重要的地位。从而，在那里很快形成了一个富有的、强大的商人阶级；它同时或相继参与金融、商业和工业活动；总而言之，形成了一个现代意义上的大资产阶级"（Heers 1961:610）。

这样看来，15世纪热那亚的资本主义是沿着一条与所有其他意大利大的城邦国家截然不同的道路发展的。在不同程度上，以不同方式，米兰、威尼斯和佛罗伦萨的资本主义都朝着立国的方向，以及日趋"死板的"资本积累战略和结构的方向发展。而热那亚的资本主义则朝着建立市场的方向，以及日趋"灵活的"积累战略和结构的方向发展。这种例外深深扎根于当地和系统环境的独特组合。

就当地条件而言，热那亚例外性的最深根源在于热那亚资本主义的贵族起源，以及热那亚城邦国家早就吞并了周边乡村。到威尼斯开始并吞"大陆"，米兰并吞伦巴第，佛罗伦萨并吞托斯卡纳的时候，热那亚早已把它的管辖范围扩展到利古里亚的大部分地区——从威尼尔港到摩纳哥，从大海到亚平宁山脉，就像热那亚政府喜欢声称的那样。不过，这种说法在很大程度上是有名无实的，　112

因为辖区内这块狭长而又多山的地带分为许多采邑，掌握在热那亚那个小而极其孤傲的土地贵族手里。这个拥有土地的贵族群体曾经为热那亚的商业扩张提供了最初的创业动力，在 13 世纪末那次扩张的顶峰时期一直是热那亚那些最重要的企业的领头人。但是，随着投资于贸易的资金赢利减少，热那亚的土地贵族很快便着手"再封建化"，把资金撤回来用于掠夺农村土地，建立强大的私人军队。热那亚政府是无法控制这种地方的，更谈不上指挥那种军队了（Heers 1961:538，590 – 591）。

因此，与威尼斯或佛罗伦萨相比，在把剩余资本从远程贸易转向投资于占有土地和立国活动方面，在热那亚发生的情况是非常不同的，产生的社会效果也是完全相反的。在威尼斯，以及较小程度上在佛罗伦萨，这种转移是由城市商人阶级所提倡和组织的。城市商人把它当作一种达到双重目的的手段，一方面要使他们手中掌握的剩余资本保值，另一方面要巩固他们在国内外的权力。热那亚的情况正好相反，那种转移是由一群土地贵族提倡和组织的。他们从上次贸易扩张中重新振作起来，以那种转移为手段，在更大规模上重申对使用武力以及对领土和人口资源的控制权。这种转移对城市商人阶级毫无好处，给他们在国内扩张财富和权力构成了一道不可逾越的社会障碍。必须承认，在与具有商业头脑的土地贵族的联合过程中，热那亚的城市商人阶级曾经得到很大好处。但是，随着贸易扩张告一段落，土地贵族把热那亚国的农村变成自己的"采邑"，这种联合便阻碍了热那亚的城市商人阶级沿着威尼斯或佛罗伦萨的道路成为贵族阶级，这反而迫使他们让手中的大部分剩余资本成为流动资本：

> 擢升到商人阶级或金融阶级……以及很快获得"贵族"

的头衔或许比较容易，但是进入贵族阶级或土地贵族的大门已
经紧紧关闭。除了极少数例外，你看不到贵族在出售他们的城
堡或商业权利。共同所有和联合管理的制度使两者的联系留存
下来……而两个"阶级"在财产、生活方式和抱负方面的区
别是毫不含糊的。这两个阶级的利益常常是完全对立的。他们
的政治思想同样是针锋相对的。一个阶级向往资产阶级政体，
而且已经在圣乔治商行实现了它的理想；另一个阶级希望保持
自己的特权，可能的话还想建立一个像米兰公国那样的领地。
两个统治阶级都掌握如此不同而又十分强大的工具；那个城市
会遭受什么样的政治动荡，我们可从这两个阶级的对立程度略
见一斑。(Heers 1961:561–562)

因此，1407 年圣乔治商行的建立，可以说是热那亚资产阶级
自行组合过程中的一个关键时刻。从根本上说，它在政治上被两种
力量——金融的力量和刀剑的力量——逼到了一个进退两难的境
地。由于热那亚的国家债务继续膨胀，城邦国家之间的竞争不断升
级，因此城市金融利益的实力得到加强，但还不足以战胜土地贵族
的力量。土地贵族控制着暴力手段和周围农村的地租，出于自身利
益考虑，他们还会参与城市的政府和商业进程。然而，虽然金融的
力量无法战胜刀剑的力量，但这并不意味着金融利益集团不能有效
地自行组织起来对付团结一致的土地贵族。热那亚政府的私人债主
通过组建圣乔治商行实际上达到了这一目的。

自行组织起来的金融利益集团在稳定热那亚的政治生活方面没
有起到任何作用。1339 年，曾经爆发了一次反对贵族政府的民众
起义，并且一名平民被任命为总督。从那时起，热那亚的政府首脑
总是由广大的所谓民众即平民推举产生。名义上，总督是热那亚国

的军事领袖，但实际的军权仍然牢牢地掌握在土地贵族手中。圣乔治商行成立以后，这个机构渐渐接管了政府的岁入管理权，因此在军事上无能为力的热那亚政府又被剥夺了财政大权。

如果说剥夺热那亚政府的财政大权并不会给热那亚带来稳定的政治生活——热那亚的政治生活一如既往，仍然动荡不安——这倒是有助于解决那个城市的财政困境，培养热那亚资产阶级在金融交易方面的精湛技巧。"稳定的货币"（sound money）的思想在 19 世纪的英国发展到顶点，并在 20 世纪末的美国学术界找到了最坚定的支持者。但是，最先把这种思想广泛付诸实践的，是 15 世纪的热那亚。

这种实践的中心要旨是，"良币"（good money）的存在，对于资本积累过程是必不可少的。当时就像现在一样，资本主义组织——不管是企业、政府，还是两者合一的组织——需要坚挺的、可靠的记账单位来计算它们的商业和金融活动的赢利和亏损。如果没有这样的标准，当时就像现在一样，这些组织势必会把亏损当成赢利，或者相反，完全是因为它们用来进行商务活动的支付手段的价值变化不定。那就是说，它们必然会成为所谓货币幻觉（monetary illusions）的牺牲品。但是，假如它们拥有一种可以有效地抵消这种变化的记账单位，这些组织不但不会成为货币幻觉的牺牲品，反而可以利用别人的货币幻觉，从他们那里买进和借进，向他们卖出和借出，从中获得可观的利润。

15 世纪热那亚的商人银行家心里非常明白，要想消除实际上正在流通的货币——包括在热那亚流通的货币，即他们所谓的"通用货币"——的价值变化，他们既没有能力做到，也对他们没有好处。但是，到了那个世纪中叶，他们已经逐渐意识到，如果推行一种恒定的记账单位，用来结算彼此的贸易业务，准确估算他们远程商业和金融交易的赢利能力，并在实际上正在流通的货币的价值随着时间和空间的变化而发生变化的时候能够赢利而不是亏本，他们有能力这么做，而且这么做对他们十分有利。因此，1447 年通过一项法律，要求跟货币兑换有关的所有商业活动必须以固定重量的金币来报账，这种记账单位很快成为"良币里拉"，有时候也被称作"可以兑换的货币"。从 15 世纪 50 年代初起，这种"良币"成为热那亚商业活动的标准记账单位，不仅用于现金兑换，而且用于所有交易，虽然各种价值的"通用货币"仍然作为兑换的标准手段（Heers 1961：52－55，95－96）。

这次货币改革给当时正在蓬勃发展的金融手段和金融技巧带来了新的冲力。如果说现代大金融资本是佛罗伦萨人的发明，那么各种形式的现代金融资本主义的真正诞生地是在 15 世纪中叶的热那亚：

> 从文艺复兴运动中期开始，热那亚的（金融）技巧具有当今资本主义的特点。支票和汇票四处通用，票据签字的原则得到认可；大多数支付通过银行转账来完成，那个城市（热那亚）拥有一种稳定的、现成的记账货币。毫无疑问，这就是无须使用货币贬值的办法来增加支付手段的原因……这是一个货币稳定得多的时期。因为热那亚跟不太发达的邻近地区（尤其是法国）不同，**它拥有相对充足的支付手段**。它知道现代资本主义制度的秘诀；这种制度在于"拖延支付和结账，不断地让这两者互相重叠"；"假如所有的账目同时结清，这种制度就会崩溃。"（Heers 1961：96；Bloch 1955）

政治动乱、相对充足的支付手段以及 15 世纪热那亚资本主义的精湛技巧，都不仅仅是本地条件产生的结果。恰恰相反，热那亚的发展是在意大利、欧洲和欧亚体系的更大范围的背景下形成的。这还是热那亚获得成功的一小部分原因。在这些体系条件当中，最重要的无疑是欧亚贸易体系的瓦解；而在 13 世纪末 14 世纪初，热那亚正是在这个体系中获得了大量商业财富的。

这些财富的获得主要依靠两点，一是通往中国的中亚贸易路线富有竞争性，二是热那亚企业成功地在这条路线的黑海"终端"建立了半垄断控制地位。只要蒙古帝国确保这条路线的畅通和安全，热那亚保持它在黑海地区的军事优势，热那亚的贸易就能欣欣向荣，热那亚企业就能在规模上、范围上和数量上蒸蒸日上。但是，随着蒙古势力的衰落，中亚贸易路线不再像过去那样富有竞争性，也不再那样安全，奥斯曼帝国的力量在小亚细亚崛起，破坏然后摧毁了热那亚在黑海地区的霸权地位，命运就发生了逆转。热那亚欣欣向荣的贸易渐渐衰落，热那亚臃肿的军事－商业机构突然面临彻底改组的紧急任务（参见 Heers 1961：366－372，Abu-Lughod 1989：128－129）。

热那亚对中亚路线上有利可图的贸易机会减少做出反应：它力图更加牢牢地控制在黑海地区得以发展的其他贸易——粮食贸易、木材贸易、皮毛贸易和奴隶贸易。正如希尔斯（Heers 1961：367）指出的，反对威尼斯的基奥贾战争（1376～1381 年），本质上是一场为在黑海地区强行建立商业垄断权而进行的战争。但是，我们知道，事与愿违：热那亚打输了这场战争，《都灵和约》更加加强了威尼斯对亚洲贸易南线的控制。从那时起，一方面由于受到土耳其人快速推进的影响，另一方面因为把扩张目标重新瞄准邻近地区的机会遭到地中海西北地区加泰罗尼亚－阿拉贡势力的遏制，热那亚在黑海和地中海东部地区的势力迅速衰落。

因此，欧亚贸易扩张的渐渐停止对热那亚贸易的打击特别沉重。而且，热那亚的贸易比意大利任何其他大的城邦国家的贸易受到的打击还要沉重得多。米兰的金属贸易从席卷欧洲的战争升级中得到很大好处。经过 14 世纪 40 年代令人痛苦的重建以后，在优质纺织生产和巨额融资方面，佛罗伦萨的商业找到了新的、受到较好保护的、非常有利可图的市场；在给热那亚带来麻烦的同一倾向和事件中，威尼斯得到的要比失去的多得多。阿布 - 卢格霍德（Abu-Lughod 1989:129）指出，"威尼斯在地中海南部路线上押下的'赌注'被证明带来了好运"。热那亚控制下的中亚路线和威尼斯控制下的南亚路线，在某种程度上是相得益彰的，但在更大程度上是互相竞争的。因此，北线的混乱以及最终关闭减轻了对威尼斯贸易的竞争压力；热那亚在基奥贾战争中失利，在地中海东部地区的影响削弱以后，威尼斯的贸易量当然变得更大了。

热那亚远程贸易体系的缩小，以及该城市在地中海世界经济和意大利城邦国家制度中实力地位的相应下降，对 14 世纪下半叶和15 世纪该城市的趋向和事件产生了深刻的影响。热那亚通往中国的中亚路线的迅速关闭，奥斯曼帝国、威尼斯和加泰罗尼亚 - 阿拉贡的势力对热那亚的地中海贸易的层层封锁，热那亚城区周围强大的城市国家的崛起，这种形势肯定使热那亚人濒于绝望。因此，热那亚的土地贵族决定撤离商业领域，把经商所得的利润投资到利古里亚地区的土地、城堡和军队方面，这当然是十分明智的。

这种紧缩虽然是明智的，但加深了过度积累的危机，从而"破坏"了热那亚商人阶级的资产阶级成分。如前所述，它大大减少了资产阶级为其剩余资本在购买土地和立国等方面找到有利可图的出路的机会。更糟糕的是，它剥夺了热那亚资产阶级在世界经济范围里所急需的保护。

与威尼斯的资产阶级不同，热那亚的资产阶级从来没有足够的自身力量来组织从事远程贸易所需的保护，这个任务始终是由热那亚土地贵族出身的商人来承担的。只要这些贵族阶层在商业中的利益依然巨大，这样的安排就有它的优势，因为它使资产阶级能够集中精力专门从事严格意义上的商业活动。但是，当那种利益逐渐减少，土地贵族停止商业活动以后，资产阶级便在一个日趋敌对的世界上得不到保护。

在这种情况下，尽管在购置土地和立国活动等方面缺乏有吸引力的投资机会，但一大部分热那亚资本和商业人员很自然地依靠热那亚国内经济。热那亚积累体系这种内卷化的局面，是引起上述趋势的一个最重要的因素；而这些趋势——政治动荡、支付手段过剩，以及新的货币工具和技术的出现——是 15 世纪热那亚的主要特点。然而，这些趋势本身不能也没有解决它们所表现出来的过度积累的危机。在 15 世纪的大部分时间里，即使是后来成为热那亚资本主义扩张的关键因素的金融交易技巧，也没有为解决热那亚的这场资本主义危机发挥多大作用。

然而，在内部深处，热那亚的贸易和积累体系对这场危机做出的反应，正经历着大刀阔斧的重组过程；这样的重组，届时将使热那亚的商人银行家变成 16 世纪欧洲最强大的资产阶级。热那亚的军事 - 商业势力正被土耳其和威尼斯的势力挤出黑海和地中海东部地区；同时，它的势力在地中海西北部地区遭到加泰罗尼亚 - 阿拉贡势力的遏制。然而，正如约翰·艾略特（John Elliott 1970a:38）指出的，虽然热那亚国和加泰罗尼亚 - 阿拉贡联邦之间的战争在 15 世纪的大部分时间里胜负难分，但是热那亚的资本在整个伊比利亚半岛挫败了加泰罗尼亚的资本。最初的胜利是在大金融资本的领域里赢得的。在 14 世纪 80 年代初的危机中，巴塞罗那的许多主要私人银行倒闭了。热那亚的商人银行家旋即抓住由此创业的机会，成为伊比利亚地区最重要的金融家。这种情况酷似美第奇家族遇到的情况，它在 14 世纪 40 年代危机中利用了巴迪和佩鲁齐垮台的机会，只是范围更大。然而，就热那亚人后来大发横财而言，接管加泰罗尼亚的贸易被证明是最具决定性的胜利：

> 卡斯蒂利亚羊毛贸易的发展，创造了新的商业机会；加泰罗尼亚人正在多条战线上作战，无法抓住这些机会。反倒是在科尔多瓦、加的斯和塞维利亚定居的热那亚人与卡斯蒂利亚建立了坚固的联盟，获得了从西班牙南部港口出口羊毛的控制权。一旦他们得到这片立足之地之后，那些热那亚人就能在卡斯蒂利亚经济中占据一个又一个战略要点，从而为他们日后参与塞维利亚和卡斯蒂利亚殖民帝国之间的利润丰厚的贸易铺平了道路。热那亚人的这种支配地位对 16 世纪西班牙的发展进程具有决定性的影响。假如不是热那亚人，而是加泰罗尼亚人赢得了进入卡斯蒂利亚商业体系的斗争，一个统一的西班牙的历史就会发生意义深远的不同变化。（Elliott 1970a:39）

资本主义世界经济的历史也得重新改写。就我们所知，我们就会在这里谈论一种"加泰罗尼亚"或者"西班牙"体系积累周期；还有可能，我们也许根本不会谈论体系积累周期。然而，我们现在谈论热那亚周期的原因，不在于加泰罗尼亚人在那个关键时刻"正在多条战线上作战"，因为热那亚人正在更多条战线上作战。部分原因是，用阿布－卢格霍德关于威尼斯的名言来说，热那亚人押在卡斯蒂利亚贸易上的"赌注"被证明是非常幸运的。虽然这比威尼斯人在南亚贸易路线上押下的"赌注"还要幸运，但是热那亚人的成功只有很小的因素是侥幸的。

　　最重要的因素是，热那亚人在下"赌注"的时候非常谨慎；更重要的是，他们以大量金融和组织手段作为"赌注"的后盾。在这方面，在他们实际的和潜在的竞争者当中，很少有人——即使有的话——能够与之匹敌。在某种意义上，热那亚资产阶级在 14 世纪末 15 世纪初的"不幸"，孕育了它在 16 世纪的运气。随着热那亚人在前几个世纪建立的军事 - 商业帝国的解体，热那亚的土地贵族退出商业活动，进行"再封建化"，热那亚商人阶级中的资产阶级开始"深受"一种严重的、长期的比例失调之苦。一方面，他们拥有大量货币、信息、商业技巧和关系；另一方面，他们在一个竞争日趋剧烈、日趋敌视的世界里没有足够的力量来保护自己，保护他们的贸易。基于以下三个原因，对于快速而又有效地解决比例失调这个根本问题来说，伊比利亚半岛是个最有希望的地方。

　　首先，伊比利亚半岛南部以及附近的马格里布，一直是热那亚企业"垄断"得比较彻底的地中海地区。当别处的压力越来越大的时候，热那亚商业便会撤到这个"堡垒"，这是非常自然的。事实果然如此；尤其令人瞩目的是，在 15 世纪上半叶，热那亚商人把当时仍是独立的格拉纳达王国——它是这一地区最繁荣的工业中心——变成了"一个真正的热那亚经济殖民地"（Heers 1961：第 477 页；1979：第七章）。

　　其次，对于热那亚的商业来说，伊比利亚半岛不仅是一个可以退避的天然"堡垒"，而且是个天然的前哨基地。热那亚商人可以由此前进，寻找正在失去的物资。随着威尼斯人加紧控制德国的白银和亚洲的香料，热那亚商人起码必须加紧控制通过撒哈拉商队贸易带到马格里布港口的非洲黄金，最好是找到一条通往东方的大西洋贸易路线，以替代已经失去的中亚路线。从这两点来看，牢牢控制伊比利亚半岛是具有十分重要的战略意义的（Heers 1961：第 68 ~ 69 页和第 473 页；1979：第四章和第八章；Pannikar 1953：第 3 页）。

最后，也是最重要的方面，对于热那亚资产阶级来说，伊比利亚半岛是最有希望发现他们最需要的东西的地方，那就是有胆有识的、能有效地"提供保护的"的伙伴。他们可以怂恿这些人去发挥以前由热那亚的土地贵族发挥的作用。起初，新兴的葡萄牙和西班牙的领土主义统治者好像显然适合担任此种角色。这是因为他们既是宗教上的狂热分子，又是政治家兼工商企业家，很像早先热那亚那些贵族出身的商人。"欧洲大发现"的最著名的先驱者和鼓动者是葡萄牙航海家亨利亲王，他"是个十足的中世纪人物……'一心'想要组织十字军东征"（Parry 1981：35－36）。而"大发现"中最成功的企业家是卡斯蒂利亚的伊莎贝拉女王，她是一次旨在扩大基督教和卡斯蒂利亚势力范围的新的十字军东征的领袖：

> 驱逐犹太人，强迫格拉纳达的摩尔人洗礼，赋予新的宗教法庭特别权力……这些代表了君士坦丁堡陷落以后对穆斯林给基督教世界的强大压力做出的反应，也反映出西班牙的宗教热情更加强烈，对异教更加不能容忍。这种强烈的宗教热情和对皈依基督教的新的劲头很快传到了新世界，并在那里获得新的、更加有效的表现形式。（Parry 1981：29）

120

十字军东征精神与文艺复兴运动精神紧密相连，鼓励学习的风气，崇尚个人崇拜，尤其是崇拜新的政治艺术：

> 像许多意大利统治者一样，卡斯蒂利亚的伊莎贝拉是依靠战争和外交这两种手段才登上王位的。她的主要成就之一就是巧妙地恢复了国家的秩序和纪律……把马基雅维利的治国原则贯彻得最为成功的，要算是阿拉贡的费迪南德和葡萄牙的约翰

二世……对治国之道的（这种）迷信……有利于人们做好思想准备，去完成西班牙政府将在新世界面临的那个组织临时政治和行政机构的艰巨任务。（Parry 1981：32 – 33）

皮雷纳说过，跟威尼斯人不同，热那亚人不是"生而就是商人"，而是"使人想起了西班牙的基督徒。和他们一样，他们以狂热的宗教热情向异教徒开战；这是一场圣战，但也是一场有利可图的战争……在他们身上，宗教热情和对钱财的欲望融为一体，成为一种创业精神"（引自 Cox 1959：181）。由此类推，我们可以注意到，伊比利亚在 15 世纪末 16 世纪初的越洋商业扩张——与早期热那亚的商业扩张十分相似，但与威尼斯任何时候的商业扩张都非常不同——是由一个带有双重色彩的工商业机构促进和组织的。这个机构通过"政治交换"的有机关系结成一体。

这里所用的"政治交换"这一表达方式，其实质意义与熊彼特的解释有所不同。熊彼特认为，"如果没有某个非资产阶级实体的保护，资产阶级在政治上就会陷于绝境，不但无力领导国家，而且不能保护本阶级的特殊利益"。在熊彼特看来，在历史上，这条规律的主要例外是管理威尼斯和热那亚共和国那样的城邦国家的事务。他把这一例外归因于"在现代都市（这已经不再是资产阶级的事）出现之前，城市管理近似商业管理"。连荷兰共和国也只是这条规律的部分例外，因为"实际上，每到紧急关头，（那个商人共和国）总是不得不把权力交给带有封建色彩的军阀"。

民族国家的崛起使国家和战争的事务进一步超出了资产阶级的能力范围，并产生了一种由资产阶级和贵族元素组成的"二元"

规则结构:"这一切不仅仅是一种倒退,这是两个社会阶层积极的共生关系,其中一个无疑在经济上支持另一个,而在政治上又得到另一个支持。"英国人的经历最好地证明了这不只是一种倒退,而是一种积极的共生关系:

> (英国的)贵族继续支配一切,**直到完好无损的、充满活力的资本主义的末日**。毫无疑问,那些贵族……如今吸收了已经渐渐介入政治的另一个阶层的思想。他们将自己变成了资产阶级利益的代表,代替资产阶级进行战斗。他们不得不放弃最后一些法律上的特权。但是,虽然他们具有这些特点,不再为自己的目标而进行奋斗,他们仍然主宰政治机器,管理国家,行使统治权。(Schumpeter 1954:135 – 137)

熊彼特的论点跟我们早先的看法大体一致,即按照《共产党宣言》对资本主义国家的定义("不过是一个管理整个资产阶级的共同事务的委员会"),越来越大、越来越复杂的强大的资本主义国家创造并发展了现代国际体系;它们似乎已经越来越淡化威尼斯在近代早期所实现的资本主义国家的理想标准。这两种看法都认为,政治交换关系将强大的统治集团中资本主义的和非资本主义的成分连接起来;那种关系只与立国过程有关。相反,这里提出的论点是,即使在世界范围的资本积累过程中,那个负责扩张的机构在结构上也是两重性的。

特别需要指出的是,第一(热那亚)体系积累周期的物质扩张,是由一个带有两重性的机构促进和组织的。这个机构由(伊比利亚的)贵族地主阶级成分——它专门提供保护和谋求权力——和(热那亚的)资产阶级资本主义成分——它专门买卖商品和牟取利润——组成。这两个专门化的成分相辅相成，共同的利益驱使这两个不同的成分走到一起，建立政治交换关系，组成进行扩张的机构——只要这种利益存在一天，它们就一天不会分开。在这种关系中，一方面是谋求权力的领土主义成分为资本主义成分创造有利可图的贸易机会；另一方面是牟取利润的资本主义成分为领土主义成分加强那个提供保护的机器，提高它的功能和效率。

在 15 世纪，伊比利亚的领土主义统治者和热那亚的资本主义商人银行家，就是在这样一种关系的基础上走到一起的。理由非常简单，每方都能为对方提供它所最需要的东西；它们的关系能够维持下去，因为这种相得益彰的关系由于双方都能在各自的专门领域里取得成功而不断获得新生。热那亚的资产阶级在 15 世纪最需要的是扩大它的商业空间，大到足以容纳它的巨额剩余资本和大量剩余人员，确保它的远程商业网络充满生气。热那亚的资产阶级更加充分利用它在地中海西南地区的市场，这只是一副治标剂，至多只能放慢内卷化和衰落的速度。为了解决那场旷日持久的危机，热那亚国真正需要的是一个重大突破；然而，它正在多条战线上作战，内部也四分五裂，无法担当这一任务。

对于孤立无援的热那亚资产阶级来说，无论他们怎样精打细算，这样一项任务还没有进入他们的视线。必须承认，长期以来，在牟取利润的刺激之下，热那亚商界一直在探测非洲的西海岸：

> 那是在黄金价值特别昂贵的时候……13 世纪末，达·伽马出现前的两个世纪，热那亚的维瓦尔第兄弟想要环绕非洲航行。他们迷失了方向。但是，资助他们的资本家多里亚派去寻找他们的那些水手，重新发现了古代曾有记载的"乐

岛"——加那利群岛……1350 年以后，这种努力停止了，因
为黄金对白银的比价回到了比较正常的水平，欧洲的经济活动
逐渐减少；到了 1450 年前后，比价再次攀升，黄金价值上扬，
对海洋和非洲的探险活动重新开始。(Vilar 1976:47–48)

因此，热那亚资本家在 1447 年发起了一次穿越撒哈拉沙漠的探
险活动，在 15 世纪 50 年代赞助了两次沿西非海岸的航行，这些都是
为了寻找直接通往非洲黄金产地的路线。但是，这种事业的缓慢回
报，尤其是在未知海域扩张所带来的不可估量的未来财务成本和收
益，使热那亚资本家不愿意再持续投入，因为他们缺乏取得突破所
需的决心和资源。希尔斯特别提到过热那亚的商人银行家。他指出：

意大利商人很容易被描绘成一个推销剩余资本的人，敢做
冒险但又有利可图的事情。到了 15 世纪，情况已经不再是那
样。商业和金融都不是"冒险"的行当，而是经营规模越来 124
越大的行当。商业和金融的技巧已经经过反复试验和检验，毫
无冒险的余地。(Heers 1961:53)

总而言之，15 世纪热那亚的资本家阶级可以说是处于一种根本
性的进退两难的境地。一方面，它失去了以往远程贸易的机会，导
致国内激烈的竞争和无休止的争吵，这对获取利润毫无好处，还使
散布在世界经济范围之内从未使用过的，或无法使用的商业网络和
资源化为乌有。另一方面，如要开辟新的远程贸易的机会，并具有
足以扭转这种趋势的规模，所包含的风险不但很大，而且难以估测，
因此是头脑清醒的资本主义企业家不敢想象的。换句话说，赢利的
逻辑限制了热那亚资本的自我扩张，从而使它面临自我灭亡的危险。

　　显而易见，如要摆脱这种困境，唯一出路是跟伊比利亚人那样的领土主义统治者建立一种政治交换关系。伊比利亚人非得开辟不以计算利润为动机的新的商业空间，并且急需热那亚资产阶级最有资格提供的那种服务，所以就让它以自己认为合适的方式自行组织金融和商品贸易。那种十字军精神是个良好的保证，确保伊比利亚人在未知海域上将扩张活动继续下去，并且不会因为经常理智地计算经济成本和收益而停止扩张。信奉文艺复兴运动的精神也是一个极好的保证，确保扩张的促进者和组织者继续体会到与当时一个最大、最有偿付能力、关系最多的商人阶级联合的好处。而且，这个阶级已经在伊比利亚南部建立了牢固的基地。由于这种联系已经形成，所谓的"大发现"又巩固了这种联系，热那亚资本主义终于摆脱了那场旷日持久的危机，朝着它最伟大的扩张时刻挺进。

　　到 1519 年，热那亚资本的势力已经如此之大，能在牺牲法兰西国王弗朗西斯一世，帮助当时的西班牙国王查理五世竞选皇帝称号的过程中扮演一个关键角色。在这件事情上，艾伦伯格（Ehrenberg 1985:74）认为，"假如不是富格尔家族出钱，尤其是以其强有力的声誉帮助查理"，德意志选举团的王公贵族"根本不会选举他"。但是，假如不是热那亚的商人银行家调动他们的汇票，使富格尔家族和韦尔泽家族在短时间内获得所需的金钱，以便在许多不同地点收买德意志王公贵族并得到他们的选票，这次行动也根本不会成功（Boyer-Xambeau, Deleplace, and Gillard 1991:26）。

　　在此后的 40 年里，富格尔家族的财富得到相当可观的增长，只是后来富格尔家族陷于坏账难收、资产贬值、债台高筑的困境才迅速衰落。在这段时间里，富格尔家族在欧洲大金融资本的中心地位酷似一个世纪以前的美第奇家族，虽然美第奇家族的贸易是以教会为基础的，而富格尔家族的贸易是以帝国为基础的，但是前者比后者要坚实得多。由于这种中心地位，有的历史学家把查理五世时代称作"富格尔家族时代"。如果这个表达方式指的是富格尔家族在大金融资本中的中心地位，那么这种说法是准确的。但是，在这个时候，资本主义世界经济最重要的趋势并没有在大金融资本的领域里得以发展。在这背后，通过巩固和进一步扩大热那亚商界在整个体系中的贸易网络，热那亚商界的无形力量在持续膨胀，直到膨胀到热那亚商人足以有能力提出由他们来控制西班牙帝国财政的要求，而这种要求是以牺牲筋疲力尽的富格尔家族和其他以安特卫普为基地的奥格斯堡金融家族为代价的。

最终使富格尔家族精疲力竭并为热那亚的要求扫清道路的，主要是其在商业方面狭窄的空间和功能基础，成为查理五世的连续的财政困境的仆人而不是主人。从一开始，富格尔家族的商业就跟银和铜的贸易结合在一起，并且富格尔家族向德意志的王公贵族提供贷款。这种积累的策略非常简单：富格尔家族把从金属贸易中获得的利润贷给王公贵族，换取采矿权或矿产，然后扩大金属贸易，获取大量利润，然后再把利润变成贷款、采矿权和矿产，就这样"无限"地循环发展。16 世纪初，按照这一简单公式进行的资本自我扩张突然加快，以真正意义上的爆炸性的速度迅猛发展。因为葡萄牙人把大批亚洲香料运抵欧洲，给德意志白银创造了一个特别有利的时机，还给德意志白银在安特卫普创造了一个可供选择的市场，而迄今为止，德意志白银一直在威尼斯市场的垄断性控制之下。结果，奥格斯堡商人银行家的资本突然成倍升值，这为奥格斯堡商人银行家在 1519 年的选举中选择他们要选的皇帝提供了必要手段（Ehrenberg 1985:64 - 74；Braudel 1984:148 - 150）。

然而，1519 年以后不久，使奥格斯堡商人大发横财的有利时机很快过去。在随后的大约 10 年里，西班牙人把大批美洲白银运到欧洲，致使葡萄牙人将很大部分亚洲香料贸易转移到塞维利亚。更加糟糕的是，美洲白银在竞争中开始把德意志白银挤出所有的欧洲市场，造成德意志银矿在 1535 年以后实际上处于停产状态（Braudel 1984：150）。在这种不利的局面之下，富格尔家族把越来越多的资金用来资助其帝国合伙人兼主子进行无休止的战争。据威尔萨家族的一名代理人说，到 16 世纪 40 年代中期，"富格尔家族已经不愿意向君主贷款，并且已经陷得很深，要过很长时间才有可能再把钱收回来"。16 世纪 50 年代初，安东·富格尔（Anton Fugger）不断向他的代理人马修·奥特尔（Matthew Oertel）抱怨，"君主不想偿还我们的债务。在这种艰难的时刻，他们肯定有很多别的事情要做，但这还是很危险的；这种事情让人感到厌倦"。富格尔家族尽管这样发牢骚，但为了诱使查理五世偿还已有的债务，或者至少支付利息，竟然向他提供新的、数目更大的贷款，结果白费功夫。而富格尔家族是通过在安特卫普的金融市场上借了越来越多的钱才这样做的（Ehrenberg 1985：101，109－114）。

> 事情就这样继续下去。富格尔家族不但收不回已有的贷款（1556～1557 年），反而在一年半的时间里不得不借给那个（哈布斯堡）家族比以往任何时候还要多的钱。（君主的秘书）伊拉索把富格尔家族的钱榨干了；他或者他的主子并没有因此向这个家族表示感谢。（Ehrenberg 1985：114）

哈布斯堡家族把富格尔家族能榨的钱全部榨干以后，从 1557 年起不再向他们借钱，而是越来越依赖热那亚人，不过仅仅是在借钱方面。热那亚人"懂得怎样才能使自己对于西班牙王室来说是不可缺少的，而富格尔家族鉴于他们过去的关系，缺乏创业精神，因此离不开西班牙商业和旧的市场，无法利用正在出现的新的贸易和金融中心"（Ehrenberg 1985：119）。虽然富格尔家族在鼎盛时期的势力在表面上看来很像一个世纪之前的美第奇家族，但是该家族重复了两个世纪之前巴迪和佩鲁齐家族的沉浮，没有像巴迪和佩鲁齐家族那样破产，但是与这两个家族一样，在错误的时间过度扩张。结果，由于 1557 年哈布斯堡家族拖欠债务，加上在随后的 5 年里发生了彻底动摇欧洲金融和贸易制度基础的危机，富格尔家族的家业毁了。

16 世纪地道的美第奇家族是一帮热那亚商人银行家，即所谓的"老贵族"。在那场危机中，他们放弃贸易而成为西班牙帝国政府的银行家。他们担任这种角色之后，几乎绝对肯定地会赚钱而不会亏钱。布罗代尔将这种从贸易到大金融资本的转变看作继艾伦伯格和费利佩·鲁伊斯·马丁（Felipe Ruiz Martin）之后他所谓的"热那亚人时代"（1557～1627 年）的开端。在这 70 年间，热那亚的商人银行家对欧洲金融进行了可与 20 世纪的巴塞尔国际清偿银行相比的那种统治。"那种统治是如此谨慎和复杂，历史学家在很长时间里竟然毫无察觉。"（Braudel 1984：157，164）

一方面，意大利北部可以提供比以往任何时候都多的金融资本供应；另一方面，西班牙帝国存在旷日持久的财政困境，两者之间有一种无形的联系。上述统治正是在组织、控制和管理这种联系的过程中实施的：

> 通过皮亚琴察交易会这种占统治地位的制度，意大利城市的资本全部源源不断地流向热那亚。一大批热那亚和其他地区的小投资商，把他们的存款托付给银行家，以年取少量的利润。于是，西班牙的金融业就与意大利半岛的经济建立了一种

持久的联系。结果，每当马德里发生破产事件的时候，一般就
会引起争吵；1595 年的破产事件转嫁过来，给威尼斯的储户
和投资者造成很大损失。与此同时，在威尼斯本地，货币兑换
和航海保险也掌握在热那亚人手里，因为他们把大量白银运给
铸币厂，从而控制了白银供应。(Braudel 1984:168)

热那亚金融家创造并管理着伊比利亚权力和意大利金融之间的
这种体系联系，并从中牟取利润；然而，他们本身也饱受一系列危
机之苦。这些危机分别发生在 1575 年、1596 年、1607 年、1627
年和 1647 年，并且全都起源于西班牙。然而，与富格尔家族不同，
他们没有被这些危机搞得倾家荡产，因为他们总能设法把损失和混
乱转嫁到顾客和竞争者身上。当然，热那亚对欧洲金融的统治最终
逐渐衰落，然后就完全停止了。但是，那种统治结出的果实依然完
好无损，两个多世纪以后在意大利实现政治和经济统一的过程中找
到了新的投资场所。热那亚的金融资本家是这个事业的主要发起者
和受益者之一 (Braudel 1984:162，169 – 173)。

热那亚对欧洲大金融资本的控制，通过其他方式将原始的政治
交换关系继续下去。从 15 世纪起，这种关系已经把热那亚资产阶
级的命运与伊比利亚领土主义统治者的命运交织在一起。如今，金
融，而不是贸易，已经成为这种关系的主要支柱，而这种关系依然
对两个伙伴都十分有利。这根新的支柱不仅支撑着有利可图的热那
亚商业，而且支撑着西班牙帝国谋求权力的事业。"热那亚商人对
西班牙国王为什么那样不可缺少呢？那是因为他们能把从美洲间歇
流到塞维利亚的白银，变成一条永不干涸的溪流。" 1567 年以后，
在荷兰作战的西班牙部队要求并得到了按月用金币支付的军饷。
"因此，热那亚人不得不把美洲白银变成黄金。" (Braudel 1982:

128

524－525）正如艾伦伯格指出的，"不是波多西的银矿，而是热那亚人的兑换交易会，使菲利普二世有可能连续几十年实施他的世界霸权政策"（引自 Kriedte 1983：47）。

随着时间的推移，无论热那亚金融家具有多么精湛的技巧，都无法控制越来越不利的体系情况所产生的影响。我们将会看到，热那亚的积累策略往往不是使情况得到改善，而是进一步恶化。热那亚在欧洲大金融资本中的支配地位渐渐消失，西班牙帝国的势力日趋削弱，热那亚－伊比利亚联盟终于解体。我们只有了解当时逐步升级的权力竞争的背景，才能很好理解这些事件。这场斗争最终使荷兰资本主义发迹。但是，在接着研究荷兰资本主义上升为欧洲世界经济的主导结构之前，让我们强调一下 16 世纪后期热那亚领导的金融扩张的最主要起因。

与 14 世纪末佛罗伦萨领导的金融扩张不同，热那亚领导的金融扩张构成了一种资本积累形式的顶峰。这种形式不但具有广泛的体系，而且拥有和谐的机构和结构。按照这种形式，通过建立新的贸易路线，加上利用新的商业地区，欧洲世界经济在一次物质扩张之后接着经历了一次金融扩张，加强了资本对于扩大了的世界经济的支配地位。不仅如此，一个显而易见的资产阶级（热那亚人），利用很大程度上在物质扩张开始时期已经形成的资本积累结构，鼓励和监督了这两次扩张，并从中得到好处。

我们将会知道，这种形式就是所谓的"体系积累周期"。它最先由热那亚资产阶级在 16 世纪创建，然后在荷兰、英国和美国资本家阶级的相继领导和控制下重复三次。在这三次中，体系积累周期总是以金融扩张开始，又以金融扩张结束。因此，正如 14 世纪末 15 世纪初的金融扩张是热那亚周期的摇篮，16 世纪末 17 世纪初的金融扩张是荷兰周期的摇篮。我们现在就来讨论这个问题。

第二（荷兰）体系积累周期

在这一章的前几部分里已经提出，14 世纪末 15 世纪初的金融扩张，一方面与以城邦国家之间的战争和城邦国家内部的激烈冲突为表现形式的资产阶级之间日趋激烈的竞争密切相关，另一方面与领土主义统治集团之间和内部的同样日趋激烈的权力斗争密切相关。"意大利的"百年战争被看作前者的最明显、最重要的表现形式，而"英法的"百年战争被视为后者的最明显、最重要的表现形式。16 世纪末 17 世纪初的金融扩张也与资产阶级之间和领土主义之间的斗争关系密切，但其表现形式要复杂得多，因而对旁观者来说更难看得清楚。

第一个困难在于，在"英法的"百年战争和后来成为西班牙的地区实现和平以后，领土主义统治集团之间的斗争并未降级。西班牙完成统一大业以后，法、西之间控制意大利的政治空间的斗争马上取代了英法斗争，因为大部分金融和宗教力量仍然集中在意大利。在整个 16 世纪上半叶，这场斗争使意大利和其他地方持续处于战争状态，让人看不清楚 16 世纪下半叶的冲突升级。16 世纪 40 年代和 50 年代，德国爆发两次宗教战争；16 世纪 60 年代末，荷兰发生独立战争。于是，冲突就开始升级了。

使这一困难加剧的是，资产阶级之间合作和竞争的主要机构，不再像早些时候意大利城邦国家的组织那样容易分辨清楚。这是因为，在《洛迪和约》（1454 年）之后的那个世纪里，无论是单个城邦国家还是几个城邦国家作为一个整体，已经不再是资本积累过程的主体。当地的资产阶级——区别于移居境外的资产阶级——越来越多地参与立国活动（除了在热那亚）；这就使他们不大愿意或者没有能力适应资本主义世界经济中正在发生的变化。而且，正如马丁利（Mattingly 1988:52，86）已经指出的，恰恰是他们在这些活动中的成功，使他们"看不清意大利国家当中的庞然大物跟阿尔卑斯山那边的君主国家相比不过是侏儒而已"。法国和西班牙感到已经一切就绪，准备在意大利竞技场上较量一番以后，由于当地资产阶级已经"盲目相信自己有能力在野蛮人有用的时候把他们召集过来，在他们让人感到难堪的时候把他们打发回去……因此无法理解那场灭顶之灾"。

在整个 16 世纪，在逐渐形成的欧洲政治版图中，威尼斯是意大利 4 个最大的城邦国家中唯一能设法保持与国家身份相称的较大权力的国家。但是，它做到这一点，是以在资本积累方面落后于新老对手为代价的。不错，正是在《洛迪和约》之后那个世纪里，威尼斯迅速实现了工业化，成为欧洲的制造业中心。但是，这姗姗来迟的工业化只是抵消了威尼斯充满矛盾的、已经过时的远程贸易体系所产生的消极影响，但与更加充满活力的资本积累中心相比，无法扭转它相对衰落的局面（Braudel 1984:136）。

这些更加充满活力的中心不再是城邦国家，连热那亚城邦国家本身也早已不是热那亚资本自我扩张的主要所在地。它们也不是人们常常认为的安特卫普、塞维利亚和里昂这样的城市。那是把作为地点的城市和作为机构的城市混为一谈了。与 14 世纪的威尼斯、热那亚、佛罗伦萨和米兰不同，16 世纪的安特卫普、塞维利亚和里昂不是资本积累的机构，甚至不是资本积累的中心。它们既不是自治的政府组织，也不是自治的商业组织。它们只是作为市场的"地点"。它们是欧洲世界经济的中心市场，这没有错；然而，它们是地点，在政治上受到西班牙帝国（安特卫普和塞维利亚）或法国（里昂）的管辖，在经济上受到外国商业组织跨国活动的影

130

响。那些组织既不代表也不效忠这些有关的城市，只是把这些城市当作便于互相会面和进行交易的地点。

在这些外国商业组织当中，最重要的是移居国外的资本家团体。在它们的彼此交往中，以及对于它们所居住的（无论是永久的还是暂时的）各种市场城市的政府来说，它们认为自己是，也被别人认为是"（金融）民族"。博耶－赞姆比、德莱泼勒斯和吉拉德（Boyer-Xambeau，Deleplace and Gillard 1991）已经详细指出，这些跨国的"（金融）民族"对 16 世纪欧洲的商业和金融体系确实有着举足轻重的影响。这种举足轻重的影响的基础是在一个政治上错综复杂的、各种货币交叉流通的经济空间，掌握了一种金融手段——汇票。这些所谓"（金融）民族"的商人银行家从自身利益出发，通过使用稳定的记账单位——"可兑换的货币"，把这样的空间设法组织成一个十分和谐的商业和金融空间。

虽然多数"（金融）民族"参与这种或那种商品贸易，但它们最大的一部分利润并不是从买卖商品，而是从互相通过汇票进行货币兑换中获得的。这是因为有了汇票，组成"（金融）民族"的银行家就能够把在某个时刻不同地方的以及在同一地方相互之间的货币差价化为利润。由于这种差价在 16 世纪相当巨大，因此最有资格侵吞这种差价的"（金融）民族"的利润也相当巨大。

跟当时十分普遍的看法相反，这种非常有利可图的活动，对普通商人以及对其领土范围内有组成上述"（金融）民族"的商人银行家进行经营的各国君主来说确实很有用。这种用处在于：他们的委托人在遥远的地方采购物品或出售自己商品的时候，摆脱了来回携带昂贵的支付工具（贵重金属等）以及不得不在不大熟悉的和无法预测的环境里兑换这种支付工具所带来的风险和麻烦。"（金融）民族"的货币兑换活动之所以可以获得巨额利润，正是因为这种服务对广大委托人来说是非常有用的；而提供这种服务对于组成广泛而又团结的"（金融）民族"的商人银行家来说几乎没有什么风险和麻烦。一方面，这种组织使它的成员有能力担负输送支付工具的任务。不是输送经他们之手在空间和时间上进行流动的全部支付手段，而是输送与朝相反方向不大直接地流动的支付工具之间的差额相当的很少部分。而且，由于一个"国家"同时出现在欧洲世界经济的许多最重要的市场，这些地方的环境对于它的所有成员来说都是非常熟悉和可以预测的，无论他们住在哪里，在哪里开展业务。总之，本来对于那个"（金融）民族"的顾客来说会是一件成本很高、充满风险的事，现在对于那个"（金融）民族"的成员来说却是一件不费成本、毫无风险的事。这种差别带来了巨大而又稳定的利润。

这种利润的多少和稳定程度不仅取决于每个"（金融）民族"内部能在多大程度上实行合作，还取决于那些最重要的"（金融）民族"互相之间在协调它们的经营活动和利用彼此的特殊空间或功能方面的合作程度。从1557年到1562年的危机，资本家内部斗争的升级在这个领域表现得尤其明显。

博耶－赞姆比等（Boyer-Xambeau, Deleplace, and Gillard 1991:26-32）认为，到爆发那场危机的时候为止，组织和管理欧洲商业和金融体系的最重要的集团是佛罗伦萨"（金融）民族"。它以里昂为中心，对那个城市的交易会施加占支配地位的影响。佛罗伦萨"（金融）民族"是在一个世纪之前美第奇家族称霸时期形成的，但只是到了16世纪才走向成熟。当时，佛罗伦萨出现新的政治麻烦，人们源源不断地流亡国外，定居法国，尤其是里昂。他们把这个城市变成了"法国的托斯卡纳"。比较次要的但很快就显得越来越重要的是，随着伊比利亚与亚洲和美洲的贸易的扩大，热

132

那亚"（金融）民族"的财富与日俱增。另外 4 个"（金融）民族"在管理欧洲商业和金融体系的过程中发挥了次要而又意义深远的作用。他们是在安特卫普的德国人和英国人，在里昂的米兰人，以及先在安特卫普，后在里昂的卢奇人。为供以后参考，这里应当指出，威尼斯和荷兰——分别是 15 世纪和 17 世纪两个最强大的资本主义国家——在这个资本主义"（金融）民族"的国际共同体中都没有代表。

在 16 世纪上半叶的大部分时间里，这个国际共同体中的各个成员之间基本上保持了合作关系。每个"（金融）民族"都占据一个特定的市场，经营一种专门的商品（英国人经营纺织品，德国人经营明矾、银和铜，米兰人经营金属制品，卢奇人经营各种日用必需品），并跟欧洲世界经济中两个最强大的领土主义统治组织之一保持举足轻重的政治交换关系（佛罗伦萨人跟法国，热那亚人跟西班牙）。各个"（金融）民族"利用交易会（如在里昂）或者更加经常性的商品交换和货币交易（如在安特卫普）进行合作，互相通报在与彼此重叠而又界线分明的顾客的交易过程中获得的支付承诺、信息和关系，取得了三个方面的主要成果。

第一，他们确保了尽可能多的支付承诺可以直接或间接地互相抵消，从而最大限度地减少"（金融）民族"不得不实际输送的货币数量。第二，通过互相通报情况，他们比之单干更能掌握影响汇率趋势和波动的条件。第三，他们可以共同参与商业上或金融上有利可图的交易，比如 1519 年的君主选举。对于单一"（金融）民族"的成员来说，这样的交易规模太大、风险太大，但对于"跨国"合资项目来说则不然。这种合作成果使"（金融）民族"愿意在特定的地方、特定的时间汇聚在一起，从而创立了像安特卫普和里昂这样的中心市场，并使它们充满活力。但是，当这种成果对一个或几个核心"（金融）民族"的重要性下降以后，合作就被竞争取代；安特卫普和里昂这样的国际市场的中心地位也渐渐遭到破坏，最终被摧毁。

这种替代始于16世纪30年代。当时，美洲的白银供应把德国的白银挤出了市场，从而摧毁了德意志"（金融）民族"的基础，加强了热那亚"（金融）民族"的地位。也是在16世纪30年代，热那亚人开始举办自己的交易会，跟掌握在佛罗伦萨"（金融）民族"手里的里昂交易会进行竞争。尽管资本家内部竞争的升级初露端倪，但在整个16世纪40年代和50年代初期，主要"（金融）民族"之间基本上仍然保持合作关系。

这种竞争的真正升级是到了1557~1562年的危机才开始的。前面已经提到，正是在那场危机的过程中，德国资本被热那亚资本挤出了大金融资本集团。更为重要的是，热那亚人采用了"合同"制度。跟西班牙政府的合同使热那亚人几乎完全控制了在塞维利亚的美洲白银供应，换取黄金和其他"良币"交给安特卫普。当时，安特卫普正迅速成为西班牙帝国军队的主要活动中心。在这方面，热那亚"（金融）民族"完全失去了跟佛罗伦萨"（金融）民族"合作的兴趣，气势汹汹地开始利用美洲的白银供应来把意大利的流动资金（黄金和汇票）从里昂交易会转向自己的贝桑松交易会。虽然这些交易会仍然使用"贝桑松"这个意大利名字——因为此类交易会最初是在那里举办的——但它们实际上是流动性质的（在尚贝利、波利格尼、特伦托、库拉、里沃利、伊夫里和阿斯蒂举办），以适应热那亚人的需要（Boyer-Xambeau, Deleplace and Gillard 1991:319－328，123）。

到了1579年，当贝桑松交易会在帕尔玛公国的皮亚琴察安家落户以后，一种控制严格、非常有利可图的三角关系建立了。通过这种关系，热那亚人把美洲白银从塞维利亚运到意大利北部，在那里换取黄金和汇票，然后再把黄金和汇票交给在安特卫普的西班牙政府，换取"合同"，从而控制了运抵塞维利亚的美洲白银（见图4）。到16世纪80年代末，由于美洲的白银供应和意大利北部的黄金和汇票越来越集中在这个热那亚人的三角关系之中，里昂这个金融中心市场不可逆转地衰落了。虽然安特卫普是热那亚人三角关系中的一角，但它作为一个商品和金融中心市场早已耗尽元气。随着德国人被挤出市场，热那亚－伊比利亚关系越来越具有排外性，英国人也开始持敌对态度。16世纪60年代末，他们在托马斯·格雷欣的率领下返回本土，让伊丽莎白一世懂得，英国不但在贸易上而且在金融上必须独立于外国人（见第三章）。

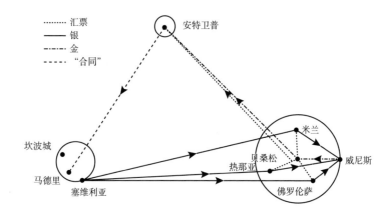

图4 16世纪末17世纪初热那亚的流动空间

资料来源：Boyer-Xambeau, Deleplace, and Gillard（1991：328）。

　　所以，皮亚琴察交易会制度的巩固标志着"（金融）民族"间合作体系的终结，而在16世纪上半叶，这一体系曾经统治着欧洲世界经济的资本主义引擎。在这场为控制大金融资本而进行的斗争中，热那亚人赢得了胜利；但是，这种初步胜利，仅仅是一场长得多的斗争的前奏曲。这就是荷兰独立战争。在这场战争中，热那亚人让他们的西班牙伙伴去前方打仗，自己躲在后面把运到塞维利亚的白银变成黄金和其他"良币"，然后交到临近战场的安特卫普。如果没有这场战争，就很可能没有"热那亚人时代"。然而，也是在这场战争中，热那亚人最后被赶下了资本主义世界经济的制高点。

1566 年，西班牙军队被派去占领荷兰——主要为了实施征税。这一行动产生了事与愿违的结果。荷兰的反叛分子逃到海上，不仅学会了逃税的非凡本事，而且通过海盗和私掠商船反过来使西班牙帝国的财政陷入困境。因此，在 80 年里——到"三十年战争"结束为止——西班牙帝国的财源渐渐大量流失。这就加强了荷兰反叛分子的力量，无论在绝对意义上还是在相对意义上都削弱了西班牙的地位。"相对"是指与作为次要竞争对手的领土主义统治组织相比，尤其是同法国和英国相比。由于帝国的中心地位变弱，战争和叛乱四起，直到《威斯特伐利亚和约》把正在形成中的欧洲均势确定下来。

在整个这些斗争中，荷兰财富和力量的主要源泉是控制来自波罗的海的粮食供应和海军物资。在 16 世纪上半叶，由于来自地中海地区的竞争对手的供应已经消耗殆尽，这种供应对于在欧洲进行海陆战争来说是必不可少的。荷兰人越是成功地牵制伊比利亚势力，使更多的其他国家卷入冲突，就越能从控制波罗的海贸易中获得利润。加上他们反过来加给西班牙的财政困难，这种利润成了"多得令人束手无策的财富"（Schama 1988）的主要的和最初的来源。荷兰资本主义一开始就以此为其特点。从这个意义上说，波罗的海贸易确实是阿姆斯特丹的"母亲贸易"，是这个城市的财富的根本基础（参见 Boxer 1965；Kriedte 1983：第 78 页）。

波罗的海贸易非常有利可图，但是很不活跃。在阿姆斯特丹的商业财富经历兴衰的 200 年的过程中——16 世纪中叶到 18 世纪中叶——从波罗的海到西欧的粮食运输量呈现出很大的波动，而且停滞不前，最终呈现出衰落趋势。在最初的大约 100 年里，别的商品（如瑞典的铁）的运量有增无减，由荷兰船只运送的波罗的海粮食的份额也有所增加，在一定程度上抵消了这种不景气的局面。但是，即使我们把这些因素考虑进去，在荷兰商业的整个黄金时期，总的态势是与波罗的海地区的商品交换量的增长缓慢（见图 5）。

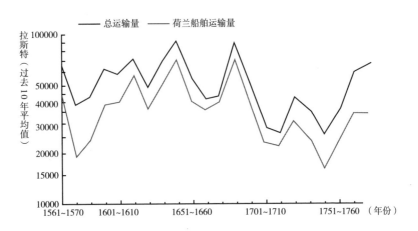

图 5 1562～1780 年经由松得海峡运输的谷物容积

资料来源：Kriedte（1983：67）。

一方面，波罗的海的贸易量停止增长；另一方面，这又是荷兰人商业财富的基础——"母亲贸易"的特点。两者并不矛盾。这种特点只是表达了这么一个观念：波罗的海贸易的利润在很大程度上是地理和历史条件的馈赠。这种剩余资本与其说是荷兰资本主义发展的结果，不如说是它的起源。正如 16 世纪之前的 3 个世纪意大利北部的资本主义发展一样，为取得资本主义积累过程中的领导地位，荷兰商人需要做的只是"随实际上正在刮着的风使舵，（学会）怎样按照风力大小来调整风帆"。皮雷纳是这样形象地描绘新的居领导地位的资产"阶级"崛起的一般过程的，这话前面已经引用过。正如皮雷纳指出的，要有勇气、创业精神和胆量才能取得成功。但是，与荷兰人之前的意大利商业社区不同——因此与他们之后的英国和北美社区也不同——假如荷兰人不是生活在那个地方和那个时间，正好抓住"实际上正在刮着的风"，那么他们无论有多少勇气、创业精神和胆量也不可能如此之快、如此成功地成为欧洲世界经济中新的居领导地位的资产"阶级"。

这"风"从来都是体系环境产生的结果，是多种机构——首先是那个正被赶下世界经济制高点的机构——的行为无意中产生的结果。就荷兰人的例子而言，这种体系环境在于：在总的欧洲世界经济中，对粮食和海军物资的供需在时间和空间上出现了根本性的不平衡。在16世纪的大部分时间和17世纪上半叶，由于美洲白银的源源到来和大西洋沿岸各国之间的海陆权力斗争的不断升级，需求很大，而且迅速增加。但是，供应不可能也没有随着需求的增长而快速增长。而且，由于地中海地区的供应已经消耗殆尽，供应来源开始集中在波罗的海地区。

由于汉萨同盟的势力在早些时候已经衰落，也多亏荷兰商业社区本身历来从事捕鱼作业，沿着北部海岸运送大部分物资，具有航海传统，因此荷兰商业社区处于独一无二的有利位置，可以利用供需之间在时间和空间上长期存在的这种不平衡。于是，荷兰人插手进来，牢牢控制了经海峡转运的波罗的海的物资供应。通过这种办法，他们开始占据了16世纪成为欧洲世界经济最重要的战略市场的那个地区，从而成了源源不断的大量剩余资金的受益者。而且，由于反过来加给西班牙帝国的财政困难，这种剩余资金的数额更加庞大。

这些剩余资金很大的一部分，很可能是最大的一部分，是"剩余资本"，即投资产生这些资本的活动已经无法再获得利润的资本。假如把这些剩余资本重新投入波罗的海的贸易，其结果很可能是增加对采购价格的压力，或者减轻对销售价格的压力，或者两者兼之，这样就会消除获利的可能性。然而，跟 15 世纪的美第奇家族一样，这些商人精英是靠这种剩余资本的积累喂养大的。他们开始掌握它的使用方法，知道不该把利润用来扩大波罗的海贸易，而且已经小心翼翼地放弃了那种做法。

荷兰人使用剩余资本的办法，与 14 世纪末 15 世纪初处境类似的意大利北部的资产阶级首先使用过的办法十分相似。有些用来购置能收租金的资产，尤其是土地；有些用来发展商品农业。在这方面，荷兰人和他们的意大利前辈的主要不同之处在于，荷兰商人胸有成竹地变成了一个食利者阶级。

意大利城邦国家的资产阶级只在商业扩张结束以后，才获得一个大得足以允许在土地和商品农业方面大量投资的农村空间。而荷兰人是在建立主权国家的过程中获得这样一个空间的。于是，投资土地和其他能收租金的资产，是荷兰资本主义初期的一个特点。事实证明了这一点。早在 1652 年——在荷兰商业扩张结束以前很久——人们已经普遍以严正的口气抱怨说，贸易利益受到忽视，因为"海伦公司的董事们不是商人，他们的收入来自房产、地产和投资"[历史学家琉维·艾泽马（Lieuwe Aitzema）的话，引自 Wilson 1968：第 44 页；同时参见 Boxer 1965：第二章]。

荷兰人和早年的意大利人在使用剩余资本的战略方面的另一个相似之处是，他们都投资战争和立国活动。早在反对西班牙的斗争中，荷兰商人就与英格兰君主建立了非正式的政治交换关系。英格兰君主为他们提供保护，换取在贸易和金融方面的特别照顾。这种关系发展到后来，甚至导致了英荷两国建立联合政体的提议。"建立联合政体的建议，是在伊丽莎白的授意下，由荷兰人提出的，并在 1614～1619 年再次提出，给予荷兰商人非常优惠的条件。"但是，这些建议没有产生任何结果（Hill 1967:123）。

荷兰商人之所以拒绝英方的有利建议，主要原因很可能是：与此同时，他们已经跟当地的一个领土主义统治组织——奥兰治家族——建立了有机的和正式的政治交换关系。这种关系的基本特点是，荷兰商人阶级提供流动资本、商业知识和关系，换取奥兰治家族提供的进行战争和立国的支持，尤其是在组织陆上保护方面。结果，成立了一个政府组织——尼德兰联邦。它把资本主义和领土主义统治的优越性非常有效地结合起来，这是包括威尼斯在内的意大利北部的城邦国家从来没能做到过的。英国的保护已经完全没有必要，无论附带多么优惠的条件。

荷兰人和早年的意大利人在使用剩余资本方式方面的再一个类似地方是，他们都通过资助艺术和其他智力事业，投资于文化产品的大量消费。热那亚资产阶级尽管在大金融资本方面占有支配地位，但在这种摆阔气的消费方面从不突出，或许是因为热那亚资本家没有参与立国活动。荷兰人则大不相同，他们在这方面也表现出胸有成竹的样子，在整个热那亚人时代，他们在消费文化产品方面处于领先位置。就像 15 世纪的威尼斯和佛罗伦萨曾经是文艺复兴盛期的中心，17 世纪初的阿姆斯特丹成为转型的中心，即从过去的 15～16 世纪里弥漫于欧洲的"文艺复兴时期风气"向接下来一个半世纪弥漫于欧洲的"启蒙时代风气"转型（Trevor-Roper 1967：第 66～67 页、第93～94 页；同时参见 Wilson 1968：第七、第八和第九章）。

从所有这些方面来看，与任何别的意大利北部的资产阶级使用剩余资本的战略相比，荷兰人的战略更像是以前威尼斯人用过的战

138

略。然而，与威尼斯人不同，荷兰人接着成为整个欧洲经济向全世界进行商业扩张的领导者，因此不但把阿姆斯特丹变成大家一致公认的"北方威尼斯"，而且变成了"北方的热那亚"。这是因为，在 15 世纪，威尼斯人没有领导剩余资本朝着开辟新的、更大的商业空间的方向努力。他们成功地把热那亚人排挤出黎凡特贸易（威尼斯自己的"母亲贸易"）以后，满足于地区（即地中海东部地区）专门化的战略，旨在控制这一地区的贸易；一旦这种策略带来的赢利开始渐渐减少，他们便更加精心地投入制造业。这种战略使威尼斯能够在几个世纪里一直成为立国活动的典范，连尼德兰联邦也从未达到过这种高度，更谈不上热那亚共和国了。然而，这种战略本身并没有为多得令整个意大利北部"束手无策的"剩余资本开辟新的有利可图的投资机会。因此，这就要靠政治上和军事上比威尼斯人更弱的热那亚人来把 15 世纪意大利北部的金融扩张变成一次新的具有体系意义的商业扩张。他们正是这么做的。他们的办法是：他们自己专门从事严格意义上的商业活动，让他们的伊比利亚伙伴来负责所需的立国和战争活动。

与上述两种积累战略——以在立国和战争活动方面自力更生为基础的、以巩固本地区为目标的威尼斯战略和以与外国政府建立政治交换关系为基础的、以向世界范围扩张为目标的热那亚战略——相反，荷兰人在 17 世纪初同时朝两个目标前进，把这两种战略融为一体。这种战略以国内的政治交换关系为基础，使荷兰资本主义能在战争和立国活动方面自力更生，并把巩固本地区和向世界范围扩张荷兰贸易与金融两个目标结合起来。在一段写于 1728 年（当时，荷兰领导的欧洲世界经济的商业扩张阶段行将结束）的、经常被人引用的文字中，丹尼尔·笛福（Daniel Defoe）一针见血地指出了这一战略的核心：

139

必须了解荷兰人的真实面目，他们是贸易方面的中间人，欧洲的代理商和经纪人……他们**买进**是为了再次**卖出**，**拿进来**是为了**送出去**。在他们规模巨大的贸易中，最大的部分取于世界各地，再销往世界各地。（引自 Wilson 1968：第 22 页）

这段文字可以分为两部分来阅读。它不仅指出了荷兰贸易体系从 16 世纪上升到具有体系意义的阶段再到 18 世纪衰亡阶段的最典型的特点，而且描绘了那个体系在规模和范围方面的扩张。这段文字的第一部分是关于欧洲的，可以被认为描述了荷兰人最初阶段的作用，即作为"北方威尼斯人"的作用、作为波罗的海贸易"中间人"的作用以及作为东北欧粮食和海军物资供应与西欧对这种供应的需求之间的经纪人的作用。而这段文字的第二部分是关于整个世界的，可以被认为描述了荷兰人成熟阶段的作用，即作为"北方热那亚人"的作用、作为全球贸易"中间人"的作用，以及作为整个世界供应和整个世界需求之间的经纪人的作用。

140

笛福的这段文字表达了布罗代尔的观点，即荷兰建立商业支配地位的第一个条件是欧洲，第二个条件是世界。布罗代尔认为："一旦荷兰征服欧洲的贸易，世界的其他地方就必然成为它的囊中之物，犹如奉送的一般。但是，无论在临近国内的还是远在天边的地方，荷兰在这两种情况下都使用了非常类似的办法来把自己的贸易支配地位，或者确切点说，垄断地位强加于人。"（Braudel 1984：207）

荷兰商业体系的范围从地区发展成全球的过程，是由三项互相关联的政策共同推动和支撑的。第一项政策旨在把阿姆斯特丹变成欧洲和世界商业的货物集散中心。通过把恰好是某个特定时期欧洲和世界商业中最具战略意义的供应物资的贮藏和交换活动集中在阿姆斯特丹，荷兰资产阶级学会了调节欧洲世界经济中的不平衡并从中牟利的史无前例的、无可比拟的本事：

> 规律总是千篇一律的：以低价直接从制造商那里购进货物，以现金支付，或者更好一点，以提前付款作为交换条件；然后把货物贮存起来，等着价格上涨（或者抬高一下价格）。当战争快要爆发的时候——这总是意味着外国货物变得稀少，货物的价格上扬——阿姆斯特丹的商人便把五六层高的仓库装得满满当当；到了西班牙王位继承战争前夕，船只由于缺少堆栈而无法卸货。（Braudel 1982:419）

这种政策的有形武器是"那些大仓库——比一条大船还要大，还要昂贵——可以装下足以供尼德兰联邦的人吃 10 ~ 12 年（1670 年）的粮食，还可以存放鲱鱼和香料、英国的布匹和法国的葡萄酒、波兰或东印度群岛的钾硝、瑞典的铜、马里兰的烟叶、委内瑞拉的可可茶、俄国的毛皮和西班牙的羊毛，以及波罗的海地区的大麻和黎凡特的丝绸"（Braudel 1982：第 418 ~ 419 页，同时参见 Barbour 1950：第 75 页）。但是，在努力把商品贸易从其他集散中心，或从制造商和消费者之间的直接交换，转移到阿姆斯特丹的过程中，荷兰人挥舞着另一件重要得多而又比较无形的武器，那就是他们手里有大量流动资金。由于这个原因，他们能够连续几十年成功地抢在其实际的和潜在的竞争对手的前面，因此能够独家利用制造商对货币日益增加的需求，从而使用手头的现金或提前支付的办法，以低价获得物资（参见 Braudel 1982：第 419 ~ 420 页）。

这样，我们就可以进而讨论这种积累战略的第二个组成部分。正是在此种战略的促进和支持下，荷兰资产阶级才从地区的商业霸主地位爬到全球的商业霸主地位。这个组成部分就是不但要把阿姆斯特丹变成世界商业的中心仓库，而且要把它变成欧洲世界经济的金融和资本中心市场的政策。这方面的主要战术措施就是在阿姆斯特丹建立第一家永不停业的证券交易所。

阿姆斯特丹证券交易所并不是第一家证券交易所。在 15 世纪，各种各样的证券市场在热那亚、莱比锡交易会和许多汉萨同盟的城镇纷纷建立，生意兴隆。在此以前，国家债券在意大利的城邦国家早就可以转让。"所有证据表明，地中海地区是股票市场的摇篮……但是，阿姆斯特丹的新意在于它的交易量、市场的灵活性和它所受到的公众关注，以及交易中的投机自由程度。"（Braudel 1982：100 – 101）

在 16 世纪和 17 世纪之交，以损害热那亚交易会为代价，阿姆斯特丹证券交易所的吸引力迅速增大，吸引着全欧洲对闲散资金和贷款的供应和需求。1619 ~ 1622 年的危机之后，这种力量已经变得不可抗拒（Braudel 1982：92）。通过对波罗的海供应的控制，以及反过来加给西班牙的财政困境，荷兰资产阶级已经掌握过分充裕的流动资金；这样，通过把全欧洲的剩余资本调集起来，转到阿姆斯特丹证券交易所以及荷兰人为了向交易所提供服务而建立的金融机构——首先是为了行使未来的中央银行才行使的那些职能而于 1609 年开办的威塞尔银行——原有的流动资金又得到了新的补充。因此，荷兰人对大量流动资金的控制权（荷兰在转口贸易所具有的商业霸主地位就是建立在此基础之上的）得到了巩固和大幅度提高，以至在未来的很长时间里，没有哪个竞争对手能够具有与之抗衡的实力。把商品交易和商品投机集中在阿姆斯特丹，反过来又扩大了该市对货币的实际需求，从而也扩大了它的证券交易所和金融机构从全欧洲吸引闲散的或别的金融资本的能力。这样就形成了一种扩张的良性循环。阿姆斯特丹越来越成为商业和金融中心，全欧洲任何重要的商业和政府组织都不得不在阿姆斯特丹证券交易所派驻代表。"（由于）重要的商人和一大批经纪人云集这里，每种交易都可以做成：买卖商品，兑换货币，拥有股票，海上保险。"（Braudel 1982：100）

142　　　假如没有第三种政策，这种扩张的良性循环根本不会出现，更谈不上会产生实际上已经产生的惊人结果。这一政策补充并支持了促使阿姆斯特丹成为世界商业和世界金融的转口中心的其他政策。这就是创办荷兰政府特许的规模巨大的股份公司，以便对广阔的海外商业空间行使专营权和统治权。这些公司是商业企业，应该产生利润和红利，但还应代表荷兰政府去完成战争和立国活动。

　　在这种职能方面，正如莫里斯·多布（Maurice Dobb 1963：第208~209 页，引自 W. Sombat）所说，17 世纪的特许公司很像热那亚的"马奥尼"，即由个人建立的营利性协会，担负进行战争和立国的职能，比如征服加法和创建希俄斯殖民地。当热那亚的资产阶级在 13 世纪末 14 世纪初的商业扩张过程中最初形成的时候，这些组织起了关键作用，但是后来被更加灵活的组织结构取代，其中最重要的就是上面已经讨论过的跨国的热那亚"（金融）民族"。在 17 世纪，不是只有荷兰人，也不是他们第一个复兴热那亚的"协会"传统的。英国的东印度公司已经在 1600 年获得特许状，别的英国公司甚至还要早。然而，在整个 17 世纪，经特许设立于 1602 年的荷兰东印度公司，是这种复兴运动的最伟大的成功典范。对此，英国人花了一个世纪来模仿，花了更长的时间才超越它（Braudel 1982:449 – 450）。

　　在把阿姆斯特丹变成世界范围的商业和大金融资本中心的过程中，荷兰的特许公司既是受益者，又是工具。之所以荷兰的特许公司是受益者，是因为这样的集中赋予它们特权，它们既可以利用有利可图的市场来推销它们的产品，又可以获得其投入的经济来源，包括让渡剩余资本的市场或获得剩余资本的来源，这取决于它们的发展阶段或财运的变化。但是，特许公司也是荷兰商业和金融体系向全球扩张的强有力的工具。从这个角度来看，它们在荷兰整个积累战略中所起的作用，是怎么强调也不算过分的。

一方面，特许公司是一种媒介。通过这种媒介，荷兰资产阶级在阿姆斯特丹这个货物集散中心和全世界的制造商之间建立了直接联系。由于这种直接联系，荷兰资本家把重要的商业交易集中到阿姆斯特丹的能力，以及监察和调整世界贸易的不平衡并从中牟利的能力，都大大增强了。与此同时，在阿姆斯特丹上升到世界金融中心的地位的过程中，特许公司起到了决定性的作用。阿姆斯特丹证券交易所成功地发展成为第一家永不停业的证券市场，投资和投机特许公司的股票——首先是荷兰东印度公司的股票——是最重要的因素（Braudel 1982：100 - 106，1984：224 - 227；Israel 1989：75 - 76，256 - 258）。

如果没有像荷兰东印度公司这样有利可图的、发展迅速的大股份公司，那样的发展也许根本不会发生，至少不可能在大金融资本领域里及时挫败老的（热那亚人的）和新的（英国人的）竞争。但是，荷兰东印度公司是个具有划时代意义的成功典型，它所使用的积累战略也是。从 1610～1620 年到 1730～1740 年的 100 多年里，上层的荷兰商人阶级一直是欧洲资本主义机器的领导者和管治者。在整个这段时间里，阿姆斯特丹证券交易所一直是个中央调节器；闲散资金经此转向新的贸易活动，其中有些受荷兰资产阶级的核心集团直接控制，但大部分可以万无一失而又有利可图地留在荷兰的和外国的（主要是英国的）小企业手里。

通过证券交易所，资本从赢利但停滞不前或不断收缩的业务（如波罗的海贸易）转向新的而又前景良好的业务，并根据预期的回报和风险不断在政府和商业企业之间重新分配。通过促进和组织这种转移和再流通，荷兰商人，尤其是上层资本家，不但可以从自己发起和控制的活动中，还可以从别人发起和组织的军事、商业和工业活动中牟取利润。但是，在把别人的企业和活动变成多种工具来扩张他们商业霸主地位的过程中，荷兰人的本事也并不是无限的。荷兰积累战略成功本身很快就产生了许多力量，它们制约、破坏乃至最终摧毁了荷兰世界贸易体系继续无限扩张的能力。

这些力量是后来逐渐被称为"重商主义"的变体。这些变体种类很多，成功的程度也各不相同。但是，不管各个变体取得成功还是遭到失败，到了 17 世纪末 18 世纪初，形形色色的重商主义四处传播，在欧洲和世界范围造成一种环境，荷兰商业体系在此环境中已经无法继续存在下去，无论荷兰人是否采取什么措施。

重商主义的各种变体有一个共同特点：就领土主义统治者而言，它们多少有意识地试图模仿荷兰人，自己开始走资本主义道路，把它作为实现自己权力目标的最有效的途径。荷兰人在世界范围内做了威尼斯人已经在地区范围内做过的示范，即在有利的情况之下，与获得领土和臣民相比，剩余资本的体系积累可能是实现政治扩张的一种更加有效的技巧。荷兰人在无限的资本积累方面越是成功，这种积累越是变为塑造和操纵欧洲政治体系的日益增强的能力，欧洲的领土主义统治者就越是想走荷兰的发展道路，那就是说，尽量（或者在他们认为可取的方面）模仿荷兰人的贸易、发动战争和立国的技巧。建立世界范围的商业帝国，把商品和资金源源不断地转向自己控制和管辖范围内的集散中心，在跟别的势力范围的国际收支方面系统地积累剩余资本，都是领土主义统治组织的这种模仿倾向的表现形式。

但是，面对荷兰资本主义在世界范围内提出的挑战，重商主义不仅仅限于领土主义统治者所做出的那种模仿性反应，同样重要的是，他们倾向于以"建立国民经济"的新形式来重申或重建领土主义统治的自给自足的原则，并以那种原则来对抗荷兰人的国际金融中介原则。这种倾向的核心是，用阿尔伯特·赫希曼（Albert Hirschman 1958）的话来说，加强某个领地内部消费者和制造商之间的"前后联系"。这种加强不仅包括建立中间环节（主要是"制造"），把国内的最初生产和国内的最后消费连接起来，而且包括强迫制造商和消费者摆脱对外国（主要是荷兰）购销的依赖关系。

这两种倾向是所有重商主义变体的特点，虽然有的变体——最突出的是英国变体——更倾向于建立海外的商业帝国而不是发展国内的国民经济，有的变体——最突出的是法国变体——则表现出相反的倾向。无论是哪种倾向，到17世纪末，英国和法国的重商主义取得很大成功，已经对荷兰世界贸易体系继续扩张其范围和规模的能力起着极大的制约作用。随着扩张逐渐停止，荷兰体系开始垮台。但是，重商主义扩大到了一直维持着荷兰商业体系的"母亲贸易"的那个地区，这根稻草最后压断了骆驼背：

从大约1720年起，一种新颖的工业重商主义的浪潮实际上席卷整个大陆，这是荷兰世界贸易体系在18世纪二三十年代决定性地走向衰落的根本原因……1720年之前，像普鲁士、俄国、瑞典和丹麦-挪威这样的国家还缺乏财力来学习英国和法国的那种气势汹汹的重商主义；由于北方大战仍在进行，它们也没有学习的机会。但是，到了1720年前后，北方强国的竞争意识有所加强，加上（常常是源于荷兰或胡格诺派教徒的）新技术和新技能的广泛传播，情况发生了戏剧性的变化。在随后的20年里，大部分北欧国家纳入了系统的工业重商主

义政策的框架。（Israel 1989:383 - 384）

荷兰商人无力阻止，更谈不上逆转这股重商主义的浪潮。这远远超出了他们的组织能力。但是，退出贸易，把精力集中在大金融资本，以便从到处扩散的重商主义中得到好处，而不是向它屈服，这倒没有超出他们的组织能力范围，实际上也是他们在这种情况下应该采取的最明智的行动路线。因为欧洲领土主义统治组织内部的竞争意识得到加强，破坏了荷兰世界贸易体系独立存在的可能性，但在整体上也扩大和加剧了政府对货币和贷款的需要，而荷兰商业体系完全有能力满足这种需要，并从中牟取利润。荷兰资产阶级旋即抓住这种机会。从大约 1740 年起，荷兰资产阶级的领头羊们开始放弃贸易，专门从事大金融资本的运作。

同以前的佛罗伦萨和热那亚资本的金融扩张一样，荷兰人从贸易转向金融，是在资产阶级之间的和领土主义之间的斗争急剧升级的背景下发生的。然而，两种斗争这次已经完全融在一起，成为既是资产阶级的又是领土主义的民族国家之间的冲突。起初，这些冲突的升级以英国和法国之间的商战为表现形式。英国和法国在 17 世纪初的商业扩张中已经成为两个最为强大的竞争对手。H. W. V. 坦帕利（H. W. V. Temperley）认为，奥地利王位继承战争（1740 ~ 1748 年）是"英国人参加的第一场这类战争。在这类战争中，贸易利益占据绝对的主导地位；在这类战争中，战争双方完全是为了贸易平衡而不是为了权力平衡而打仗的"（引自 Wallerstein 1980：第 256 页）。战争结束以后不久，发生了七年战争（1756 ~ 1763 年）这一决定性的对抗。同威尼斯人以 1381 年的《都灵和约》把热那亚人赶出地中海东部地区一样，如今英国人以 1763 年的《巴黎和约》把法国人赶出了北美和印度。

然而，这次，这场国际斗争的胜利者本身由于内讧而四分五 146
裂。英国政府和它的北美臣民在赢得对法国人的共同胜利以后，为
分配损失和利益发生争吵。这种争吵很快发展成美国独立战争。法
国政府立即利用这场战争来恢复它先前失去的权力和威信。但是，
美国独立战争的胜利产生了适得其反的效果。围绕分担战争开支的
问题，作为宗主国的法国国内发生了财政纠纷，随后爆发的革命引
发了整个欧洲世界经济范围内的全面战争（见第一章）。

至少在开始阶段，领土主义统治组织之间的以及它们内部的这
种斗争升级，为金融交易的需求创造了极其有利的条件，而这个方
面已经开始成为荷兰资产阶级的专长：

> 到 18 世纪 60 年代，欧洲所有的国家在荷兰放债人的办公
> 室里排成长队，其中有皇帝、萨克森的选帝候、巴伐利亚的选
> 帝候、迫不及待的丹麦国王、瑞典国王、俄罗斯的叶卡捷琳娜
> 二世、法国国王，甚至有汉堡市（虽然它是阿姆斯特丹的成
> 功的竞争对手），最后还有美国的反英分子。（Braudel 1984：
> 246 - 247）

在这种情况下，荷兰资产阶级不愿介入领土主义统治组织之间
的以及它们内部的斗争，而是集中精力利用这些斗争所造成的为流
动资本的竞争，那是非常自然的。当然，在荷兰人的商业霸主地位
的黄金时期早已过去以后，他们继续利用这种竞争的能力并不是无
限的。领土主义统治组织正披着重商主义的外衣东山再起；重商主
义的浪潮正席卷欧洲，最终赶上了荷兰人。在他们内部的领土主义
利益的压力之下（在这方面，奥兰治家族是非常热心的领导者和
组织者），荷兰人卷入了这场斗争。这场斗争的结果是灾难性的。

于是，在美国反英斗争之后的那场战争中，荷兰人支持法国反对英国。然而，同法国的情况一样，尼德兰联邦从英国的失败中一无所获。相反，英国人拼命报复。在第四次英荷战争（1781～1784 年）中，他们消灭了荷兰残余的海上力量，占领了荷兰人手里的锡兰，获得了进入摩鹿加群岛的权利。

这次失败，以及随后的"巴达维亚"革命和奥兰治家族反革命，加快了伦敦取代阿姆斯特丹成为欧洲世界经济的金融转运中心的进程。这一进程在拿破仑战争中完成。战争把尼德兰联邦从欧洲地图上一笔勾销。不过，到那个时候，荷兰人已经撤离贸易，专门从事大金融资本运作长达半个多世纪之久。在这半个多世纪中，荷兰金融家有过自己"心旷神怡的时刻"。他们欣赏到伟大的领土主义统治者在他们的办公室里排队乞求贷款的史无前例的美妙情景。

再一次并且在更大的规模上，一个资产阶级已经成功地促进、资助、监督和获利，并且在适当的时候，最后退出了一个包含多重权力和贸易网络的商业扩张。资本主义作为一种世界体系依然存在。从这时候起，地主阶级只有"吸收"资本主义谋取权力的技巧才能实现自己的目标。我们将会看到，这将是第三（英国）体系积累周期的主要特点。

国家和资本之间的辩证关系

在接着研究第三（英国）体系积累周期之前，我们必须简要研究一下"组织革命"，以结束对热那亚和荷兰周期的叙述。尽管这两个周期具有种种相似的地方，但组织革命把它们分成资本主义发展过程中两个明显不同的阶段。因为构成荷兰周期的战略不但在主要方面与构成先前的热那亚周期的战略不同，而且与其对立。两个周期有许多不同的地方，而且情况也比较复杂，但所有的不同之处都可以归结为这样一个事实，即与热那亚的积累体制相比，荷兰的积累体制能够实现"保护成本内部化"。

"保护成本内部化"的观点是由尼尔斯·斯廷斯加德（Niels Steensgaard 1974）提出来的，用于解释欧洲特许公司 17 世纪在东印度群岛开展活动取得显著成功的原因。在使用和控制武力方面，这些公司采用自给自足和提高竞争力的办法——用莱恩（Lane 1979：22－28）的话来说——来"提供"自我保护；比之让当地的权力机构以贡金、赏钱和公开勒索的形式来对商队和船队征收的费用，这么做的费用要低一些，而且可以算得出来。至于当地商人不得不以贡金、赏钱和勒索的形式花费的钱，特许公司可以将其充作利润，或者可以以较低的销售价格的形式转让给它们的顾客或以较高的收购价格的形式转让给它们的供应商，或者两者兼而有之。如果以其中的一种办法把省下的钱转让出去，特许公司可以在损害当地竞争者利益的情况下扩张它们的买卖活动；如果不那样做，特许公司可以扩大它们的流动资本储备或者资产，从而加强它们以后消灭或控制当地竞争者的能力，以及对付整个世界经济范围内的竞争对手的能力。

说得更加具体一点，正如斯廷斯加德本人在归纳他的论点时说的：

> （同）葡萄牙国王的贸易帝国一样，特许公司是互相协调的、非专门化的企业，但是有一点明显不同。它们都是作为企业而不是作为帝国来进行管理的。通过提供自我保护，这些公司不但把贡金据为己有，而且可以由自己来确定保护的质量和成本。这意味着，用于保护的成本可以限定在合理的估算幅度以内，而不是对"上帝的行为或国王的敌人的行为"的范围

148

无法预测。（Steensgaard 1981：259－260）

　　我们这里主要关心的，与其说是由荷兰人通过荷兰东印度公司开创的保护成本内部化这一特定的方面，不如说是这样一种内部化的更加一般的方面。这一方面可以通过比较荷兰和热那亚在世界范围内的积累体系或体制来推定。通过这种比较，保护成本的内部化可以被看作一种发展，使荷兰资产阶级能比热那亚资产阶级把体系资本积累过程推进一步。但是，它也可以被看作商业组织和政府组织脱钩过程中的倒退一步。

　　为了识别这一双向运动——同时前进和后退——我们必须从确定热那亚积累体制对于威尼斯体制的主要特点着手。布罗代尔指出："（在）威尼斯，国家是一切；在热那亚；资本是一切。"（Braudel 1982：第 444 页；同时参见 Abu-Lubhod 1989：第 114 页以及其他各处）通过这种二分法，我们将会懂得，在威尼斯，资本的力量直接依赖于强制性国家机器的自力更生性和竞争力；在热那亚，资本尽管同时立足于自身和热那亚城邦国家的实力，但更有赖于热那亚资本的使用和能量。我们可以在不同层次上看到它们的不同之处。

　　在争夺市场的斗争中，或者甚至在保卫城市本身的过程中，热那亚共和国进行战争和立国的能力是缺乏竞争力的。热那亚不但在控制黎凡特贸易的战争中输给了威尼斯，而且"热那亚不断向其他强国让步，无论是被迫的，自愿的，还是出于审慎的考虑……而威尼斯……一直是不可战胜的，只是到了 1797 年才首次屈服，但也只是向波拿巴屈服"（Braudel 1984：158）。

　　与热那亚国这种固有的软弱性密切相关的，是它在金融方面甚至在担负战争和立国职能方面对私人资本的依赖性。我们已经提到过"协会"。在这方面同样重要的是"康比尔"，即以政府岁入做抵押获得的国家贷款。1407 年，"圣乔治商行把两者结合在一起，实际上形成了国中之国，这是了解该共和国难以理解的、自相矛盾的历史的关键之一。"（Braudel 1982：440）

　　在威尼斯根本不存在这样一个机构。在那里，国家牢牢控制着自己的金融；它非但无须依赖私人协会来履行战争和立国的职能，还能积极干预，为商人个人和私人协会提供他们从事商业所必需的基本设施。"这种'商业舰队'制度是威尼斯国家采取的干预手段之一，是在艰难时代想出来的。"这种制度是建立在由政府修建、拥有和组织的，而又在每年的拍卖会上租给商人使用的防御性护航船队之上的，因此"'私有企业'能够利用'国有企业'制造的设备"。通过这种制度，威尼斯不断扩张"（它）在地中海地区保持的触手网……在 1314 年采用'费安德拉舰队'制度之后，把一条特别长的胳膊伸到了布鲁日……1460 年前后，（这种制度）很可能正以全速运转。当时，威尼斯政府采用了'贸易舰队'制度，这条古怪的运输线大大加快了威尼斯与北非的贸易步伐，威尼斯政府取得了获得苏丹黄金的权力"（Braudel 1984：126 - 127）。但是，事情不仅如此发展。另外，威尼斯国极其积极而又非常有效地迫使商品源源不断地流经威尼斯：

　　　　每个德意志商人必须把他的货物存放在（一个强制隔离的地方，即"隔离区"），下榻在一个被提供的房间里，在执政官代理人的监视下销售他的货物，用收入购买威尼斯货物……另外，威尼斯禁止自己的商人直接在德国从事买卖活动。结果，德国人不得不亲自来威尼斯采购布匹、棉花、羊毛、丝绸、香料、胡椒和黄金……向威尼斯商人提供铁、金属器件和粗布……以及从 15 世纪中叶起，数量越来越多的银币。（Braudel 1984：125）

热那亚政府既没有这个决心也没有这个能力对自己的和外国的商人的活动施加这种限制。较为宽松的贸易环境，确实吸引了一些德国采购商，但是，"德国人在那里找不到在威尼斯也找不到的货物，而威尼斯已经成为一个世纪之后阿姆斯特丹将要成为的那种世界各国的大仓库，只是阿姆斯特丹的规模还要大些。他们怎么能抵挡一个处于世界经济中心的城市所具有的方便条件和魅力呢？"（Braudel 1984：125）

从所有这些角度来看，威尼斯以国家为中心的积累体制似乎比热那亚以资本为中心的体制更加成功。这在短期之内当然是千真万确的，如果我们记得，在这种事情上，一个世纪甚至比熊彼特认为的"短期"还要短暂。但是，从长远来看，接下来是热那亚人而不是威尼斯人促进、操控了第一次世界范围的资本积累周期，并从中得到好处。这就使我们联想到这两种积累体制之间的另一个主要的不同之处。

恰恰因为威尼斯的积累体制取得了成功，加上这种成功是以国家权力为基础的，威尼斯资本主义的内向个性得到强化，更加缺乏革新动力。在威尼斯，资本露出的主要面孔往往就是或往往变成目光短浅或闭关自守的。银行家和金融家"完全忙于威尼斯市场的活动，根本无意探索把商业转向外部世界和寻找外国顾客的可能性"（Gino Luzzatto，引自 Braudel 1984：第 131 页）。

除了在立国和战争活动方面以外，意大利北部资本主义的主要革新动力并不来自威尼斯。在制造业、金融和组建大公司方面，传统上由佛罗伦萨和其他托斯卡纳的城邦国家采取主动。开辟新的贸易路线包括由威尼斯政府为"舰队"制度增加的新路线，首创精神都是来自热那亚人。威尼斯尽管不像佛罗伦萨那样受到阶级战争的长期困扰，也不像热那亚那样因为长期争斗而局势动荡，在与它有经营活动的广大地区之间的贸易和势力关系方面也不像佛罗伦萨和热那亚那样有一种根深蒂固的不安全感，但是它"满足于使用经过试验的、可以信赖的办法……（它）从一开始就掉进了自我成功原理的陷阱。顶住一切变革力量的威尼斯的真正总督是该市自己的过去，是常被引用的先例，仿佛它们是一部部法律。笼罩在威尼斯伟业上空的阴影，正是它伟业本身的阴影"（Braudel 1984：132）。

　　与这种模式形成鲜明对照的是，热那亚资本主义受到一种强大的富有革新精神的离心力的影响。随着热那亚在地中海和黑海地区的军事－商业帝国的解体，这种离心力变得更加强大：

151

　　（热那亚）为别人制造商品；为别人派出船队；在别的地方投资……但是，怎样保护（热那亚资本）在外部世界的安全和利益呢？这是热那亚经常担心的问题：它不得不永远提心吊胆地过日子，既要敢于冒险，又得小心翼翼……热那亚一次又一次改变行动路线，每次都承认再次改变路线的必要。在国外建立一个又一个帝国供自己使用，然后，当一个帝国已经无法运转，或者不再适于居住的时候，它就放弃这个帝国，设计并创建另一个帝国……这就是热那亚的命运。它是一件容易损坏的作品，一个高度灵敏的"地震仪"，只要什么时候世界的其他地方一有风吹草动，它的"指针"就会抖动。它是一个聪明的怪兽——必要的时候可以变得冷酷无情——难道热那亚不是势必要吃人或者被人吃掉的吗？（Braudel 1984：162－163）

　　正如威尼斯在立国和战争活动方面固有的强项也是它的弱点一样，热那亚在这些活动方面的弱点也是它的强项。为了挫败威尼斯的竞争，或者因为威尼斯人曾经被它挫败过，他们杀进了欧洲世界经济的每个角落，在自己的地理边界内外开辟了新的贸易路线。到15 世纪初，他们已经在克里米亚、希俄斯、北非、塞维利亚、里斯本和布鲁日建立了居民点。他们虽然在 1479 年把在克里米亚的贸易站丢给了奥斯曼占领军，但是过不多久就在安特卫普——伊比利亚世界商业的中央仓库——和里昂开始他们的商业活动（Braudel 1982：164；1984：164）。

结果，热那亚资产阶级逐渐控制了一个在规模和范围上都是史无前例的、独一无二的国际商业和金融体系。无论他们在哪里做生意，热那亚人都是"少数民族"，但正如布罗代尔指出的，这个"少数民族"建立了一个坚实而又现成的体系：

> 一个两手空空来到里昂的意大利商人只需要一张桌子和一张纸就能着手工作。这使法国人大吃一惊。但是，这是因为他在这里可以找到他的天然朋友和提供消息的人，那就是他的同胞。他们会为他做担保；他们跟欧洲别的贸易中心都有联系。总之，他在这里可以找到一个商人建立信誉所需要的一切条件，而在其他情况下，这些条件也许要过许多年才能获得。（Braudel 1982：167）

热那亚商人并不是唯一控制和经营这种广泛网络的人。前面已经提到，他们只是几个组成"（金融）民族"的外籍商业群体之一；别的商业团体和当地政府也承认这种"（金融）民族"形式。另外，还有犹太人、亚美尼亚人和其他散居海外的商人网络，但它们不被承认是"（金融）民族"。不过，由于热那亚人在建立一个又一个贸易帝国方面有着悠久的历史，他们在 16 世纪创建的跨国

152

商业和金融网络赋予他们与众不同的竞争优势，不仅是对于其他跨国"（金融）民族"，而且是对于他们的威尼斯竞争对手。在建立这种跨国网络方面，威尼斯人引人注目地缺席。

总而言之，在彼此之间的长期竞争过程中，威尼斯和热那亚的积累体制是沿着不同的轨道发展的。到了 15 世纪，它们形成了两种互相对立的资本主义组织的基本形式。威尼斯逐渐成为未来所有形式的"国家（垄断）资本主义"的原型，而热那亚逐渐成为未来所有形式的"国际（金融）资本主义"的原型。这两种组织形式的不断变化的结合和对立，尤其是它们日益增长的规模和复杂性，伴随着一个又一个社会功能的"内部化"，构成了历史资本主义演变成为一个世界体系的中心内容。

通过简要地比较这两种体系积累周期，我们发现，从一开始，历史资本主义演变成一种世界制度不是直线进行的，即不是通过一系列简单的向前运动，新的组织形式在此过程中一劳永逸地取代旧的组织形式。恰恰相反，每次向前运动都是以恢复以前已被取代的组织形式为基础的。因此，虽然热那亚积累周期是以热那亚国际（金融）资本主义与伊比利亚领土主义统治的联盟取代威尼斯国家（垄断）资本主义为基础的，但这一联盟本身后来又被在荷兰恢复的，以规模更大、情况更为复杂的新形式出现的国家（垄断）资本主义所替代。

这种变向运动——同时向前和向后——反映出各种新的组织形式具有自我制约的辩证性质。在历史上，这些组织形式曾经在世界范围内推动资本积累在空间和时间上向外和向前发展。因此，热那亚人在 15 世纪跟伊比利亚领土主义统治组织建立了一种有机的政治交换关系，这是最合情理的办法——如果不是唯一的办法的话——通过这种办法，他们摆脱了因奥斯曼、威尼斯和阿拉贡－加

泰罗尼亚势力封锁他们的贸易网络而受到的限制，继续扩张他们的
资本。我们的观点一贯是，这种行动方针是非常成功的。对此，我
们现在应当补充一句，这一成功的代价是进一步削弱了热那亚政府
的立国和进行战争的能力。这方面能力的削弱，反过来又使热那亚
国际（金融）资本主义成为它伊比利亚盟友的领土主义统治倾向
和权力的俘虏，很难阻止国家（垄断）资本主义以更加复杂、更
加强大的形式东山再起。

从长远看来，热那亚国际资本主义的绝对弱化和相对弱化，是
热那亚资本和伊比利亚国家的政治交换关系中固有的"劳动分工"
的必然结果。这种交换关系的好处在于，双方都可以专门履行其最
擅长的职能，而依赖另一方履行其最不擅长的职能。通过这种交换
关系和劳动分工，伊比利亚统治者可以调动当时最富有竞争力的、
最强大的国际贸易和金融网络来支持自己的领土主义事业，而热那
亚的商人银行家也可调动当时最富有竞争力的、最强大的战争和立
国机器来支持自己的资本主义事业。

不管这种劳动分工对伊比利亚统治者的意向和权力产生什么影
响——虽然我们在这里无须关心这个问题——对热那亚资产阶级的
影响却是使它进一步将保护成本"外部化"。那就是说，热那亚人
并不因为立国和战争活动对有效保护自己的商业是必不可少的，就
在这方面争取自给自足，提高自己的竞争力；恰恰相反，他们尽可
能地依赖由他们的伊比利亚伙伴的防御机器提供的任何"免费搭
乘"。这似乎是一种节省开支的好办法，实际上也是。事实上，这
种将保护成本外部化的办法，很可能是热那亚人成功地创建、操控
和获利于我们以他们的名字命名的那次体系积累周期的最重要的
因素。

然而，保护成本的外部化也是限制这种成功的主要因素，因为

对于伊比利亚国家为他们提供的"免费搭乘"究竟要把他们送往哪个方向，热那亚人几乎没有或者完全没有控制权。当然，一旦发现待在上面已经无利可图，热那亚人可以从伊比利亚统治者的"船"上跳下来。他们确实也那么做了；1557年，他们停止了贸易活动；17世纪20年代末，他们中止了皮亚琴察交易会制度。但是，这恰恰是热那亚国际资本主义的局限性。热那亚人一贯反复无常，从一个企业跳到另一个企业，能够从别人组建的企业中得到好处，但同时也制约了他们影响——更谈不上决定——其从中牟利的每个企业的战略和结构的能力。

保护成本的越来越外部化，以及最后的完全外部化，是热那亚积累体制的主要局限性。当荷兰积累体制开始超越地区范围，成为一个真正的世界体系，这种局限性马上变得十分明显。这是因为，与热那亚的积累体制相比，荷兰的积累体制的长处在于，保护成本完全在资本积累的机构内部得到消化。 ¹⁵⁴

在使用和控制武力方面，荷兰体制从一开始就跟威尼斯体制一样，完全扎根于自力更生和竞争意识。正因为这样，荷兰资本家阶级能够建立和效法对波罗的海贸易的绝对控制，并通过掠夺——这是荷兰式资本积累的"最初"来源——反过来迫使西班牙帝国陷入财政困境，以补充这种贸易的利润。我们的观点一直是，在更大范围内效法这种积累方式，是以一种三叉战略为基础的。这种战略成功地使阿姆斯特丹成为世界商业和大金融资本的集散中心，创建了许多规模巨大的特许股份公司。在简要叙述这种积累战略的时候，我们强调过循环的和累积的因果关系：在这种关系中，任何一个领域的成功会给另外两个领域带来成功。对此，我们现在必须补充一句，在这三个领域中，每一个领域的成功都取决于在荷兰国内组织起来的荷兰资产阶级首先和不断地将保护成本内部化。

无论是把贸易从安特卫普转向阿姆斯特丹，还是促进荷兰的商业霸主地位，荷兰强制性的国家机器的独立自主和竞争意识，如在以前的威尼斯积累体制中那样，是荷兰积累体制中的一个关键因素：

> 是荷兰国……在 1585 年以后封锁了斯海尔德河口，使安特卫普陷于瘫痪；是荷兰国，在 1648 年迫使西班牙接受对斯海尔德和佛兰德斯沿海的永久性贸易限制，并给予荷兰人在西班牙本土优惠的贸易条款。又是尼德兰联邦，强迫丹麦开放海湾，降低海湾收费……到 1651 年，英国已在蓄意使用武力来破坏荷兰的商业；只是通过努力，荷兰国才使荷兰船队没有从大海上消失……而且，假如荷兰议会没有建立并武装一些政治－商业组织，荷兰人也不可能在亚洲和西非，以及间断性地在加勒比海和巴西确立他们的贸易霸主地位。这类组织拥有空前的规模和财富，不但指它们商业活动的规模，而且指它们军事和海军力量的规模。(Israel 1989:411)

荷兰人在这些领域的成功，本身就是一个条件，足以使热那亚人的大金融资本的霸主地位走向没落。然而，荷兰人在使用和控制武力方面的独立自主和竞争意识，在确保荷兰人而不是任何别人成为热那亚人的继承人的过程中起了直接作用：

> 西班牙需要一种可靠的制度来运送它的资金。热那亚人的解决办法是用汇票来转移资金。这是一种极好的办法，可是依赖于一个国际支付网络。它由一种容易的办法取而代之，那就是，任命西班牙恰恰害怕有海盗行为、战争行动和海上攻击的

那些人担任运送者。具有极大讽刺意味的是，在 1647 年或 1648 年以后，对管理和保卫低地国家南方省份来说是必不可少的西班牙白银，不是用英国船而是用荷兰船运送的——甚至可能是在单方面签订《芒斯特和约》 (the Separate Peace of Munster) 之前。(Braudel 1984：170)

大约在同一时候，我们发现了另一个更加直接的证据，证明在使用和操控暴力手段方面的独立自主和竞争意识，比在商业上的精明能干具有更大的优越性。热那亚人被逐出大金融资本的中心地位以后，于 1647 年建立了自己的"东印度公司"，使用了荷兰船只和雇用了海员，并派他们去东印度群岛。这是漂亮的一计，目的可能在于把经营成本以及遭受气势汹汹的荷兰反措施的风险减小到最低程度。然而，荷兰东印度公司对这一计根本不感兴趣，"夺走了船只，逮捕了那些荷兰人，把热那亚人打发回家" (Israel 1989：第 414 页，引自 E. O. G. Haittsma Mulier)。

由于保护成本的内部化，荷兰人能够把体系资本积累过程大大推进一步。这是热那亚的保护成本外部化的战略所办不到的，或者不可能办到的。不错，就像热那亚人曾经跳到别人的"船"上一样，"荷兰人总的来说也在穿别人的鞋子" (Braudel 1984：216)。尤其是，如果说荷兰人与两个世纪前的威尼斯人不同，能够把他们的地区贸易霸主地位如此迅速且成功地变成世界商业和金融霸主地位，那是因为别人已经建立了直接通往东印度群岛的海上路线。而且，这些"别人"已经成为荷兰人的敌人。从一开始，荷兰人就把在印度洋和大西洋上的扩张行动看作他们反对西班牙帝国的斗争在时间和空间上的一种延伸，并且付诸行动。事实证明，荷兰东印度公司和荷兰西印度公司的章程所强调的主要目标是打击西班牙和葡萄牙的势力、威信和收入来源等。

然而，对伊比利亚势力的这种对抗行动，正是荷兰商业扩张和热那亚商业扩张的不同之处，使前者能比后者把体系积累过程大大往前推进一步。这是因为通过将商业空间的政治组织掌握在自己手中，荷兰人能够使用资本主义的行动逻辑来解决欧洲之外地区的保护成本问题。

156

这种倾向在印度洋表现得最为明显。在 16 世纪 60 年代葡萄牙并入西班牙帝国前后，葡萄牙人已经在这一地区获得成功。跟在别处一样，葡萄牙在这里的事业带有宗教狂热和不宽容的特点。伊比利亚统治者原先也是在这种精神的驱使下进行海外扩张的：

> 葡萄牙人的圣战传统、他们的传教士的那种正统观念和不可调和的气势，严重妨碍了他们的商业和外交努力。在一个伊斯兰教占统治地位，并在信奉印度教的和无宗教信仰的民族中迅速扩张的地区，葡萄牙人往往发现自己提前卷入宗教敌视的行动之中，而签订商业条约在有些地方本来是会对他们的利益更加有利的。（Parry 1981：244）

更加重要的是，由于伊比利亚统治者特有的领土主义倾向，葡萄牙人在南亚撒得太开，这样就增加而不是减少了在这一地区的保护成本，容易受到来自欧洲的比较讲究"降低成本"的竞争者的挑战。通过夺取供应来源，毁坏阿拉伯船只，在总体上增添当地商人被俘虏的风险，葡萄牙人已经大幅度提高了红海路线上的保护成本，从而在几十年间为他们的阿拉伯和威尼斯竞争对手制造了重重困难：

> 但是，与此同时，葡萄牙国王也为自己的香料贸易事业增

加了非常高昂的保护成本，即用于打压印度君侯、抢占贸易站和保持海军在印度洋的控制地位的开支……在试图切断红海路线的过程中，（他）为自己的事业负担了巨额保护成本。后来，如果他大幅度降低香料价格，他就不可能收回自己的成本。（Lane 1979：17–18）

结果，红海路线从来没有完全关闭过。事实上，为了对付新的竞争，阿拉伯人和威尼斯人经过了一番重组，设法收复了许多已经丢给葡萄牙人的阵地。在这方面，奥斯曼帝国的巩固也许帮了他们的忙。该帝国不但征税，而且为自己的港口和陆上路线提供安全保障，修建、维护道路和客栈，给予当地商人很大自由，并与外国商人联手合作，以鼓励通过它的领地进行贸易（Kasaba 1992：8）。不管奥斯曼帝国的巩固是否帮了忙，反正大量东方产品继续通过老的路线运送。"虽然葡萄牙人不时劫掠这种贸易，但是无法加以阻止。"（Parry 1981：249）

因此，葡萄牙人被迫"找准自己的位置，原来葡萄牙不是个具有征服实力的帝国，而不过是在印度尼西亚群岛的浅海里许多互相竞争和交战的海洋大国之一"（Parry 1981：242）。葡萄牙人在印度洋的船队仍不过是"马来亚–印度尼西亚港口之间贸易结构中的一个组成部分"（Boxer 1973：49）。他们的体制"建立在战争、高压和暴力基础之上；对亚洲贸易来说，它并不表示经济上的'高度发展'阶段"（van Leur 1955：118）。在印度洋的一群大国中，葡萄牙人作为霸主的地位，以及他们的贸易获利能力，完全依赖于他们卓越的海上力量。"东方水域如果出现哪个敌人可以在海上打败他们，就会严重损害自己的权力和贸易。土耳其人几次试过，几次以失败告终。最后，还是一个欧洲敌人（荷兰东印度公

司）取得了成功。"（Parry 1981:249）

荷兰东印度公司在海上打败葡萄牙人的能力，是有利可图地把东印度群岛——或者其中的一部分——纳入荷兰商业帝国的一个必要条件，但不是充分条件。荷兰人很快明白，如果想要有利可图地扩张他们在印度洋上的贸易，他们必须大刀阔斧地重新组建当地的贸易和权力体系：

> （香料）在整个群岛价格便宜，货源充足。还有许多别的供应来源和许多海运路线通往印度、近东和欧洲。那里已经有许多互相竞争的运输公司，如果荷兰公司想要挤到里面，印度尼西亚的香料的价格势必上扬，香料很可能还会充斥欧洲市场。为了确保东方产品的供应价格低廉，得到管制，而且欧洲的价格持续高涨，实行垄断是非常必要的。这个目标只有使用葡萄牙人没有使用过的办法才能达到，那就是控制所有的供应来源。（Parry 1981:249 – 250）

荷兰东印度公司要在东印度群岛进行有利可图的扩张，就得创造有利的供需条件，这就牵涉大范围的军事行动和领土征服。有的旨在消除别的供应来源，比如在那摩鹿加群岛，那里的丁香树被蓄意连根拔起；又比如在印度的科钦，该地遭到占领，以防生产劣质和廉价的肉桂参与竞争。有的旨在促进和强迫不同的海岛实行专业化，比如安博伊那成了丁香岛，班达群岛成了肉豆蔻衣和肉豆蔻群岛，锡兰成了肉桂岛。有的旨在不让竞争对手得到自己无法直接控制的供应来源，比如在爪哇的班丹苏丹领地，那里的胡椒成了荷兰人的垄断商品，那里的港口对别的外国人完全关闭。而有的旨在消灭实际的或潜在的与之竞争的商品交换中心，比如西里伯斯群岛中的马卡萨，该地被武力占领，以防它成为一个香料的自由贸易基地（Parry 1981:250–252；Braudel 1984:218）。

这些和别的例子表明，荷兰人在奴役世居民族（无论是在实际的还是在隐喻的）、剥夺他们的生活资料和使用暴力粉碎他们对公司政策的对抗活动方面，其残酷程度可与富有圣战精神的伊比利亚人业已在整个欧洲之外地区树立的可怕标准相比，甚至有过之而无不及。但是，这种残酷程度完全是商业行动逻辑的组成部分，支撑而不是破坏了有利可图的机会：

> 历史学家一方面对这种空前残酷的程度感到惊骇，另一方面也不得不对这种精心编织的，非同寻常而有时又十分可怕的，彼此关联的采购、运输、销售和交换网络非常感兴趣。优质香料不但在荷兰有现成的市场，它在印度的消费量是欧洲的两倍；它在远东是一种非常吃香的兑换货币，是打开新的市场的钥匙，犹如欧洲市场上波罗的海地区的粮食和船桅。（Braudel 1984:218–219）

因此，荷兰东印度公司把葡萄牙人已经带到印度洋的东西（卓越的海上力量和在组织上与销售东方产品的欧洲市场的直接联系），跟伊比利亚事业中缺少的东西结合起来，即一心追求利润和奉行"降低成本"的精神，而不是圣战精神；如果不是直接或间接地为了"最大限度地"牟取利润，荷兰东印度公司全面避免卷入军事冲突和攫取领土；全面地参与一切活动（包括外交的、军事的和行政的活动），只要这种活动看来有利于夺取和保持对印度洋贸易中最具战略意义的物资供应的控制权。与葡萄牙人的事业相比，荷兰东印度公司与其说是把保护成本内部化，不如说是节约了保护成本。它减少了不能带来令人满意的财政赢利的军事卷入，用通过绝对控制印度洋地区优质香料来源的办法来获得无形的、一旦得到又能资助自己的权力，以及补充自己使用暴力、控制暴力的机器这种有形而又昂贵的权力。

这样，荷兰东印度公司在印度洋"效法"了荷兰商人精英已经在欧洲成功地实践过的国家（垄断）资本主义。跟在欧洲一样，在争夺财富和权力的过程中，荷兰人在印度洋挥舞的决定性武器是绝对控制具有地区战略意义的物资供应。在波罗的海贸易中，荷兰人控制粮食和海军物资，在印度洋贸易中控制优质香料来源。在这两个例子中，获得和保持这种垄断性控制，荷兰人靠的都是利用一种具有独立自主和竞争意识的战争和立国机器。

正是通过这样效法国家（垄断）资本主义的方法，准备登上荷兰国和"半国营的"荷兰东印度公司的制高点的荷兰商人精英，才能把体系资本积累过程往前推进一步。这是热那亚商人精英的国际（金融）资本主义所做不到的。跟热那亚人相同，而与威尼斯人不同，荷兰人冲破地区商业的束缚，在世界范围内把利润"增加到最大程度"。但是，与威尼斯人相同，而跟热那亚人不同，荷兰人从来不把保护成本外部化，因而能利用一种奉行降低成本的行动逻辑来解决欧洲以外地区的商业扩张问题。

然而，历史重演了，一种积累体制（这里指的是荷兰体制）对于那种被它超越的体制（热那亚体制）的主要优点，也是它对于那些由它产生的权力（重商主义）的主要缺点。荷兰人在东印度群岛所取得的意想不到的、自相矛盾的胜利，就是这种矛盾最清晰、最显著的表现。荷兰人来到印度洋，对自己和别人发誓，他们只搞贸易，避免在征服领土方面耗费精力，他们把葡萄牙财富和权力的衰落归因于这种耗费。但是，他们最后"发现自己……正在获得比葡萄牙人任何时候实际获得的还要多得多的领土"（Parry 1981：249－250）。一方面，获得这些领土是荷兰东印度公司为建立对优质香料的绝对控制而重组贸易和权力体系的直接结果；就其本身而言，这是有利可图的贸易活动的组成部分。然而，另一方面，这是计划之外的发展产生的结果，从而把荷兰东印度公司逐步变成一个拥有领土的、在某些方面是领土主义统治的微型帝国。

荷兰东印度公司在追求利润方面越是成功，它在拉维·帕拉特（Ravi Palat 1988）所谓的印度洋"洲际体系"中就变得越强大。这种不断增长的势力给了它更多的行动自由，不但在调节它的贸易的供求条件方面，而且在以"附带开支"（实物纳贡）这种赤裸裸的形式，或以"强制交货"（对荷兰东印度公司极其有利的贸易合同）这种隐蔽形式征收贡金方面。渐渐地，这两种收入来源开始为它提供大部分收入，而且两者越来越互相混在一起，也和正常的贸易收入混在一起（Parry 1981：254）。

为了保护这种收入以及更大规模地再度取得这种收入，荷兰人陷于连续不断的斗争，对付受公司统治的世居民族；对付许多海上首领及其扈从，因为公司的政策已经迫使那些人从事海盗行为（正如西班牙帝国的政策迫使荷兰人自己从事海盗行为一样）；对付欧洲政府和企业，因为荷兰东印度公司的成功正削弱它们的力量，或者它们也想取得这种成功。慢慢地而又不可避免地，在这些斗争的共同作用之下，荷兰东印度公司走上了到处攫取领土的道路，这远远超出了原先的计划，或者超出了被认为是理想的范围（Boxer 1965：104－105）。

这种发展对荷兰的积累体制产生了不利影响。首先，荷兰人的"示范作用"正吸引越来越多的欧洲国家走他们的道路；而这种发展为那种"示范作用"增加了新的变数。像他们之前的威尼斯人一样，荷兰人已经表明，使用强大的资本主义技巧可以在欧洲范畴之内取得客观的成效。在 17 世纪下半叶，荷兰东印度公司取得巨大成功，建立了一个比葡萄牙人在过去的 150 年里设法建立的还要强大的印度洋帝国。这又表明，在有利的条件下，即使在领土扩张方面，强大的资本主义技巧也能胜过领土主义的技巧。如果荷兰人通过一门心思地追求利润能够"凭空"——凭还在为自己的主权斗争的政府颁发的一纸特许状；凭阿姆斯特丹金融市场上公开的"信誉保险额"——创建一个强大的微型帝国，那么领土主义统治组织为什么不能朝资本主义的方向发展，创建更加强大的帝国呢？

重商主义浪潮正从内部和外部削弱荷兰人的商业霸主地位，而荷兰东印度公司在创建微型帝国方面所取得的成功进一步刺激了重商主义浪潮。而且，它对荷兰的积累体制还有一个更加不利的影响。同许多 20 世纪的公司一样，荷兰东印度公司自给自足，取得成功，却扩大了负责公司日常事务的管理机构的权力。管理机构权力的日益膨胀是以牺牲荷兰东印度公司股东们的利益，而非公司董事会（"海伦十七"）的利益为代价的。结果，荷兰东印度公司把越来越大比例的实际的和潜在的盈余，从支付红利转向扩大荷兰东印度公司的官僚机构，尤其是转向发给"海伦十七"的扈从和公司高级管理人员的合法和非法的酬金。（参见 Braudel 1984：第223～232 页）

这种倾向的主要影响是——至少从跟我们在这里讨论的问题有关的方面来看——增加了阿姆斯特丹股票市场上投资和投机外国的，尤其是英国的股票的相对魅力。"荷兰商人现在开始让剩余资本流向……英国。"（Braudel 1984：225 - 226，261 - 262）17 世纪初，阿姆斯特丹股票市场发挥了一台大功率的"抽吸泵"的作用，把全欧洲的剩余资本注入荷兰企业中去；一个世纪后，它同样变成了一台大功率的机器，却把荷兰的剩余资本抽到英国企业中去。因此，荷兰东印度公司在南亚的巨大成功，给荷兰积累体制带来了事与愿违的后果。它先是对领土主义统治组织产生了一种新的诱惑力，使它效仿荷兰人，并与之竞争；接着，它把荷兰的剩余资本推向资助新的竞争者当中那个最成功的竞争对手。 162

第三章　工业、帝国、"无限的"资本积累

第三（英国）体系积累周期

在整个 18 世纪，伦敦渐渐赶上阿姆斯特丹，成为一个可以与之匹敌的大金融资本中心。一方面，在与法国和次要竞争对手的斗争中，英国成功地取得了对欧洲以外地区贸易的绝对控制权；另一方面，它把荷兰的剩余资本转移到英国企业之中。然而，具有讽刺意味的是，正是因为它的北美臣民在法国人的支持下，和荷兰人联手打败了英国，荷兰人在大金融资本的统治地位才出现致命的危机。

前面已经谈到，美国独立战争以后，英国对荷兰实施报复，消灭了后者的海上力量，给荷兰在东印度群岛的商业帝国造成重大损失。自 18 世纪 60 年代起，连续不断的危机一直在损害阿姆斯特丹金融市场；结果，其中一次危机彻底摧毁了它在欧洲世界经济中的中心地位。在前几次危机中，当时的观察家 M. 托西亚（M. Torcia）在 1782 年写道："（阿姆斯特丹）商人银行家会像不死鸟那样重新站起来，或者确切地说，会从自己的灰烬中恢复原形，最后发现自己是股票市场废墟里的债权人。"（引自 Braudel 1984：第 271 页）但是，从 1780 ~ 1783 年荷兰危机灰烬里站起来的不死鸟

是伦敦，它成为世界金融领域新的统治中心。

如同热那亚金融统治地位的结束和英国金融统治地位的结束一样，荷兰在大金融资本的统治地位的结束，并不意味着荷兰资本的毁灭。布罗代尔（Braudel 1984：266）说，阿姆斯特丹"继续过着有利可图的日子，它仍是当今世界资本主义的主祭台之一"。但是，荷兰在金融领域的统治地位确实渐渐削弱了。在整个 18 世纪 80 年代，以及较小程度上在 18 世纪 90 年代，荷兰在大金融资本的统治地位与英国正在崛起的统治地位不大稳定地同时并存，正如热那亚的统治地位在 16 世纪第一个 10 年里和 16 世纪 20 年代初与正在崛起的荷兰的统治地位同时并存一样。这些都是过渡时期，以大金融资本中权力的二元化为特征，跟查尔斯·金德尔伯格（Charles Kindleberger 1973：第 28 页以及别处）提到的 20 世纪 20 年代和 30 年代初的英、美二元化十分相似。

在所有的这些过渡时期里，由于一个与之竞争的中心的崛起，大金融资本的前一个中心在某个特定方向调节和领导现存的世界积累体系的能力削弱了。与此同时，新的中心还没有完全具备成为那台资本主义机器的新的"统治者"所需的条件或能力。在所有这些例子里，大金融资本领域中的权力二元化问题最终都因竞争达到最后的高潮（依次是三十年战争、拿破仑战争和第二次世界大战）而得到解决，而一般说来，这种高潮是体系积累周期结束阶段的标志。在这些"最后的"对抗过程中，旧的积累体制停止运转了。然而，在历史上，要等对抗停止以后，一种新的积累体制才能建立起来，剩余资本才会流回物质扩张的新的阶段。

在法兰西战争中，英国刚获得的在欧洲大金融资本领域里的主导地位，转变成它在权力扩张进程中的一种本质上不受限的信用。只要提及下列例子就能说明问题。1783 年之前，英国政府每年要

163

支付 900 万英镑的债务利息，足足花去 75% 的预算，相当于英国每年贸易总值的 1/4 以上。而 1792 ~ 1815 年，英国的公共支出竟然增加差不多 6 倍，从 2200 万英镑上升到 1.23 亿英镑。这主要是通过新的贷款，与直接诱发的国内通货膨胀有点关系；到 1815 年，英国已经负债如此之多，每年需要支付的利息增加到了 3000 万英镑（Jenks 1938：17；Ingham 1984：106）。

由于公共债务和公共支出的这一爆炸性增长，英国的工业资本主义经历了巨大的扩张。尤其是冶铁工业获得了远远超出和平年代需要的能力，正如 1816 年到 1820 年的战后萧条所显示的那样。然而，过度扩张为未来的重新增长创造了条件，给了英国冶铁工业老板前所未有的动力，去为他们又新又大的冶铁炉可以制造出来的廉价产品寻找新的用途（McNeill 1984：211 - 212）。这种机会在修建铁路和建造铁船方面被找到了。尤其是铁路"开始修建，因为签有合同的组织需要工作，冶铁工业老板需要订货单，银行家和商业组织者手上需要工程。而当英国的金融和建筑设施无法在国内得到利用的时候，修建铁路成了大不列颠可以向海外倾销的一种服务"（Jenks 1938：133 - 134）。

这种创新加上同一时期纺织工业内部普遍实现机械化，使英国工业资本成为资本主义扩张过程中一台自治的、强大的机器。直到 19 世纪 20 年代，专门生产固定资产的企业很少从它们的顾客那里——无论是政府组织还是商业组织——得到自治权。一般说来，凡是这些组织需要而本身又生产不了的固定资产，它们都要转包合同或严密监督这类货物的制造过程。但是，由于机械化增加了使用中的固定资产的数量、范围和品种，专门从事这类货物生产的企业想要在它们老顾客的实际的或潜在的竞争对手当中积极为自己的产品寻找新的出路（Saul 1968：186 - 187）。

到 18 世纪 40 年代初，为国内市场生产新资产的赢利开始迅速减少。但是，英国贸易继续单方面实行自由化，为世界贸易和生产创造了大发展的条件。英国发现，全世界的政府组织和商业组织都非常需要它的工业品。这些组织转而加紧生产初级货物在英国出售，以便获得必要的手段来支付资本货物或偿还采购资本货物时所欠的债务（Mathias 1969:298，315，326 - 328）。

这些倾向的综合结果是，在整个体系范围内金融资本转化为商品的速度加快了，尤其是但不仅限于新的海陆运输手段。1845 ~ 1849 年到 1870 ~ 1875 年，英国用于铁路的钢铁出口量增加两倍多，用于机械制造的钢铁出口量增加 9 倍。在同一时期，英国对中美洲、南美洲、中东、亚洲和大洋洲的出口量增加大约 6 倍。联结世界经济的各个地区与它的英国中心的网络明显扩大了、收紧了（Hobsbawm 1979:38，50 - 51）。

资本在物质上加速扩张的结果是资本主义世界经济的全球化：

> 随着商业交易的快速增加，资本主义经济的地盘突然成倍扩大。整个地球成了这种经济的组成部分……差不多半个世纪之后，海因德曼在回顾这一时期的时候……非常恰当地把 1847 ~ 1857 年这 10 年比作哥伦布、达·伽马、科尔特斯和皮萨罗在地理上的大发现、大征服时代。虽然没有戏剧性的新发现……也很少有新的军事征服或正式征服什么地方，但资本主义经济实际上已经给旧的世界增添了、往里面融入了一个崭新的经济世界。（Hobsbawm 1979:32）

与大发现、大征服时代的这种比较可以再深入一步。正如那个时代的资本的物质扩张随着热那亚人时代的金融扩张而宣告结束一样，从大约 1870 年起，19 世纪的物质扩张阶段以一个金融扩张阶段告一段落。当然，这就是马克思主义者继鲁道夫·希法亭（Rudolf Hilferding）之后将其称为"金融资本"阶段的时期。我们可以料到，布罗代尔不同意希法亭把"金融资本"看作资本主义发展的一个新阶段的特点：

> 希法亭……把资本世界看作一系列可能的事，其中金融——他认为这是一种出现不久的新事物——往往战胜其他可能，并渗透其内部。这种看法我乐意赞成，不过有个附带条件。我认为资本主义的多种可能是很久以来就有的事。金融资本主义绝不是 20 世纪初的新生儿；我甚至要说，在过去——比如在热那亚或者阿姆斯特丹——在商业资本主义经历一个发展浪潮，资本积累超出平常的投资渠道范围之后，金融资本主义已经能够取代并主宰商业世界的所有活动，至少在一段时期之内。（Braudel 1984:604）

本书的主题本身就取自布罗代尔的观点，即金融扩张标志着资本主义主要发展阶段的"秋天"的到来，因此自然要为"金融资本主义绝不是 20 世纪初的新生儿"，而是在热那亚和阿姆斯特丹已有重要先例的观点提供证据。但是，我们的分析也可以使我们区分关于金融资本的两种对立的观点，从而大大降低希法亭的观点的历史意义。别处已经谈到（Arrighi 1979:161 – 174），希法亭关于金融资本的观点，不但跟约翰·霍布森（John Hobson）在差不多同一时期研究帝国主义时提出的关于金融资本的观点有所不同，而且在主要方面与那种观点截然相反。继列宁（Lenin 1952）之后，马克思主义者（以及他们的多数批评者）一般都把霍布森的观点与希法亭的观点混为一谈，从而不可能区分这两种观点所表达的不同形式的金融资本并发现连接这两种观点的辩证关系。

原来，这两种形式的金融资本不过是两种早期形式的资本主义组织扩大了的、更加复杂的变体而已。我们已经将其确定为国家（垄断）资本主义和国际（金融）资本主义。希法亭的观点符合第一种资本主义，比较准确地描绘了19世纪末20世纪初德国资本的战略和结构，这一点我们将会在第四章里看到。相反，霍布森的观点符合第二种资本主义，抓住了同一时期英国资本的战略和结构的基本特点。因此，如果把19世纪的金融扩张作为第三（英国）体系积累周期的结束阶段来分析，这种观点要比希法亭的观点有用得多。

霍布森认为这种金融扩张是两种不同的力量推动的结果。一种是他所谓的"投资者"，那就是布罗代尔所谓的"剩余资本"（即商品投资的正常渠道之外积累起来的，并创造金融扩张的"供方"条件的金融资本）的持有者。按照霍布森的看法，这种剩余资本的主要来源是以利润、红利和其他汇款为形式的"外国进贡"。正如后来利兰·詹克斯（Leland Jenks 1938）用文件证明的那样，这确实是19世纪英国流动资本的"源头"（同时参见 Knapp 1957）。不仅如此，自伦敦替代阿姆斯特丹成为欧洲世界经济的金融市场中心以来，不但国外收入一直源源不断，而且大量的外国剩余资本流入伦敦城，寻找投资机会（Platt 1980；Pollard 1985）。然而，仅仅这些资本流入还不能说明19世纪末和20世纪初开始成为英国资本输出的特点的越来越高，或越来越大，或又高又大的浪潮（见图6）。

只有跟1873~1896年的所谓"大萧条"的到来联系起来，我们才能理解英国外国投资的这种表现形式。大萧条不过是残酷无情的价格竞争的一个延伸时期：

166

167

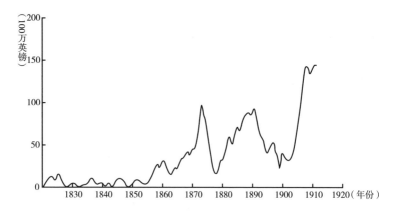

图6　1820～1915年英格兰的资本输出

资料来源：Williamson（1964：207）。

当时，在许多人看来，1873～1896年大萧条好像令人吃惊地偏离了历史经验。价格不时下跌，没有规律，但是不可阻挡地贯穿危机和繁荣时期，各种商品的价格平均下跌大约1/3。这个时期是人类记忆中最厉害的通货紧缩时期。利率也同时下跌，跌到经济理论家开始认为资本已经如此丰富，有可能成为一种免费商品的地步。利润减少，如今被认为是周期性的萧条好像在漫无尽头地持续下去。经济制度似乎快要停止运转。（Landes 1969：231）

实际上，经济制度并不是快要停止运转，大萧条也不像当时的人看来的那样令人吃惊地偏离了历史经验。生产和投资继续增长，不仅在当时刚实现工业化的国家（尤其令人注目的是德国和美国），而且在英国——因此，后来有一位历史学家声称，1873～1896年的大萧条完全是"虚构"出来的（Saul 1969）。不过，如果说在生产和投资持续扩张的时期有过一次大萧条，这种说法也毫不矛盾。恰恰相反，正是因为英国和世界经济的生产和贸易在总体上得到发展，而且依然发展得太快，以致无法保持利润，所以才说大萧条不是虚构出来的。

说得更加具体一点，像先前的体系积累周期的大扩张的各个阶段一样，19 世纪中叶世界贸易的大发展，在整个体系中加强了对资本积累力量的竞争压力。在整个以联合王国为中心的世界经济中，来自越来越多地方的越来越多的商业企业竞相购买原料，销售产品，从而破坏了彼此先前的"垄断"地位，也就是破坏了它们对某些特定市场的或多或少的绝对控制：

> 由垄断向竞争的这种转变或许是决定欧洲工业和商业企业的情绪的最重要因素。如今，经济增长也是经济斗争。这种斗争有利于区分谁强谁弱，打去一批企业，加强一批企业；帮助新的……国家，牺牲老的国家。对未来无限发展的乐观态度，已经由难以预料和痛苦的感觉取而代之。（Landes 1969：240）

从这个角度来看，1873～1896 年的大萧条根本没有偏离历史经验。我们在第二章已经知道，先前资本主义世界经济的所有物质扩张，都是以竞争升级告一段落的。不错，在大约 30 年里，标志着 19 世纪中叶世界贸易发展结束的竞争升级，不像前几次那样从一开始就呈现出公开的国家间的竞争形式。这种现象可以归因于两个主要情况，说明第三（英国）体系积累周期与前两个周期的不同之处。一种情况跟"帝国主义"有关，另一种情况跟英国统治和积累体制的"自由贸易主义"有关。

关于第一种情况，只要说这么一句话就够了：当 19 世纪中叶世界贸易渐渐停止扩张的时候，英国在整个世界体系中的势力处于巅峰状态。在克里米亚，沙皇俄国刚刚变得规规矩矩；而过不多久，参加过克里米亚战争的法国也被普鲁士收拾得服服帖帖。英国在欧洲均势中占有主导地位；1857 年所谓的大叛乱之后，英国在印度的帝国地盘得到巩固。两者相辅相成。英国控制印度意味着控制金融和物资来源——包括军队的人力——没有哪个国家或者哪些国家的可能联合可以与之匹敌，暂时也没有哪个统治集团能够在军事上向其提出挑战。

与此同时，英国单方面实施的自由贸易体制把整个世界与英国连在一起。英国成了获得支付手段和生产手段以及销售初级产品的最方便、最有效的"市场"。用迈克尔·曼（Michael Mann 1986）的话来说，许多国家被囚禁在以联合王国为中心的全球劳动分工的"笼子"里；一时间，这种分工进一步限制了它们向那个头号资本主义国家以及互相之间发动战争的意向和能力。然而，企业受到的限制并不是非常均衡的。19 世纪后期那场残酷无情的价格竞争旷日持久，涉及面广，本身就是资本家内部斗争的重大升级——这种升级最后常常以全面的国际战争的形式呈现出来。

不仅如此，跟先前所有的体系积累周期一样，物质扩张阶段产生的不断增大的竞争压力，从一开始就跟英国资产阶级从贸易和生产向金融的重大转移关系密切。19 世纪下半叶的特点不仅是英国输出资本的巨大浪潮，而且是——前面已经谈到——英国地方金融系统的扩张，以及这些系统与伦敦城的系统的日趋统一（Kindleberger 1978：78 – 81；Ingham 1984：143）。这种统一意味着，英国商业竞争压力的日益增大与 19 世纪后期的金融扩张有着十分密切的联系。只要商业扩张仍然处于赢利不断增加的阶段，英国地方金融系统的主要功能是把货币资源——主要以周转信用和一般信用的形式——从拥有剩余流动资金的地方（主要是农村）企业，转移到由于高速发展，或者由于运行资本的固定高比率，或者由于两者兼之，而经常缺少资金的别的地方企业（参见 Pollard 1964；Cameron 1967；Landes 1969：第 75～77 页）。但是，当 19 世纪中叶的经济大发展导致商业扩张进入赢利日益减少、竞争压力不断增大时，英国的地方金融系统马上开始履行一种截然不同的职能。

越来越多的农村企业不再只是积累大量剩余现金。这种积累有的来自租金，有的来自利润；积累的数量如此之大，远远超出了农村企业能够安全而又有利可图地重新投资于业已建立的行业的程度。与此同时，一些迄今一直在迅速扩张以吸收自己的和其他企业的剩余资金的商业企业开始发现，积累在它们账本上的巨额利润以及银行存款，已经无法再安全地、有利可图地重新投资到产生这些利润的行业中去。许多这类企业没把剩余资金投资到新的行业，因为在一个竞争压力日益增大的时期，它们在这方面没有特别的相对优势；它们也没有把剩余资金用来加剧自己行业内部的竞争，因为鉴于英国企业在"工业区"（参见第四章）具有非常团结的社会组织，竞争往往是不可思议的。因此，它们肯定选择了一条明智得多的行动方针，那就是，至少保留部分流动资本，通过地方银行或直接通过经纪人，让伦敦城以任何形式把它投资到世界经济的任何地方去，只要那个地方有可能获得最保险的、最高额的赢利："加入隆巴德街的一个主要吸引力在于有可能更加充分地、更加有利可图地利用剩余资金。"（Sayers 1957:269）

这就使我们回到霍布森谈及的 19 世纪末金融扩张的第二种力量。他认为，试图通过伦敦城来寻找投资机会的金融资本持有者不过是金融大家族的"工具"。他认为这些金融大家族共同发挥着"帝国机器调节者"的作用：

170 　　这些大企业——银行、经纪公司、票据贴现公司和贷款筹募公司——构成了世界资本主义的中心。它们高度统一，组织牢固，总是互相保持最密切、最快捷的联系；它们坐落在每个国家的商业首都的中心……因此占有得天独厚的位置，能够操纵国家的政策。不经它们的同意，不通过它们的代理机构，资本就绝不可能很快找到出路。谁会真的认为，如果罗斯柴尔德家族和它的关系网表示反对，有哪个欧洲国家能够发动一场大的战争，或者赞助一大笔国家贷款？（Hobson 1938：56－57）

　　正如霍布森本人预见到的那样，国际金融资本最终会失去对"帝国机器"的控制权。这是它鼓励英帝国统治集团的领土主义倾向产生的直接结果（参见 Arrighi 1983：第四章等）。但是，在差不多半个世纪里，大金融资本发挥着——用波兰尼的话来说——"世界的政治组织和经济组织之间的主要联系纽带"的作用：

　　　　罗斯柴尔德家族不受任何一个政府的支配。作为一个家族，它体现了国际主义这个抽象原则。这个家族效忠于一家公司；而在迅速发展的世界经济中，这家公司的信誉已经成为政府和工业之间唯一的超国家联系。说到底，该家族的独立性是出于时代的需要；那个时代要求有一种独立的权力来同时博得国内政治家和国际投资者的信任。正是为了满足这种至关重要的需要，一个寓居欧洲各国首都的、体现高度抽象的世界主义的犹太人银行家王朝，才提供了一种几乎完美的解决办法。（Polanyi 1957：10）

　　当然，不受任何一个政府支配并不意味着完全行动自由。对罗斯柴尔德家族的自由最重要的限制,是在政治交换中所固有的限制。通过英格兰银行和财政部,那种政治交换把它们与英帝国连接起来。我们在第一章里已经指出,在那种政治交换中,罗斯柴尔德家族控制的金融系统受到英国政府的保护和优待,而英国用来统治世界的权力机构也同样受到这个系统的保护和优待。

这种大金融资本的国际体系并不是像波兰尼认为的那样在19世纪的后1/3世纪和20世纪的前1/3世纪才有的。在热那亚人时代,已经有过国际体系来调控欧洲的货币制度——二者之间有着惊人的相似性。我们可以肯定地说,罗斯柴尔德家族与19世纪末以伦敦为中心的德意志犹太人的金融体系的关系,就如"老贵族"与16世纪末热那亚体系的关系。两个集团都是"管治者",但不是"帝国机器"的管治者,而是帝国机器的金融事务的管治者。它们都是商业集团。它们从利润着眼,使用自己掌握的国际商业体系,起着一个帝国组织——分别是英帝国和西班牙帝国——的"无形之手"的作用。有了这只"无形之手",两个帝国组织才能比单靠立国和战争机构那只"有形之手"延伸到和控制数量更大、式样更多的权力和信贷系统。

利用是互相的。无论是罗斯柴尔德家族还是"老贵族",都不仅仅是这两个集团为之"服务"的帝国组织的工具。两个集团都属于一个更大的商人银行家阶层;它们已经跳上一个领土主义统治组织的船,并巧妙地把后者的扩张变成扩张自己手里的商业和金融体系的强大动力。如同"老贵族"是一个更大的热那亚商人银行家阶层的组成部分一样,罗斯柴尔德家族是一个更大的德意志犹太商人银行家阶层的组成部分。前者跳上伊比利亚海上扩张的船,结果在一个世纪后成为西班牙帝国的"核心银行家";后者跳上英国工业扩张的船,结果在半个世纪后成为英帝国的"核心银行家"。

171

两个集团都是从相对无权无势的地位起家的。"老贵族"是
"富里厄西蒂"——在中世纪末和早期现代的热那亚和意大利北部
无休止的争斗中产生的许多流亡者群体之一。罗斯柴尔德家族则是
逃离遭受战争破坏、日趋"被监管"的拿破仑统治下的欧洲，来
到相对平静和"尚未被监管"的英国避难的许多商业家族之一。
无论两个集团各自拥有什么权力，那种权力都存在于它们所在的国
际商业体系之中，也就是说，主要在于作为那种体系的成员所拥有
的知识和关系。我们在前面已经引过布罗代尔的一段话，"两手空
空来到里昂的意大利商人，只需要一张桌子和一张纸就能着手工
作"；同样，两手空空来到曼彻斯特的德国犹太商人，也只需要一
张桌子和一张纸就能重新开始他们飞黄腾达的商业生涯：

> 正当市场不景气的时候，年轻的罗斯柴尔德和他的同胞带
> 来了现金采购、低利润率、巨额贸易和快速证券交易的传统，
> 结果在曼彻斯特树立了极好的榜样，逐渐控制大部分的欧洲大
> 陆贸易。在法兰克福和汉堡资本的支持下，他们的资金来源常
> 常优于由曼彻斯特不发达的银行系统为之服务的当地商人。
> （Chapman 1984：第 11 页；同时参见 Jenks 1938）

172

最后，当时机成熟的时候，罗斯柴尔德家族跳出贸易之船，集
中经营银行和金融业务，就像"老贵族"在 1557～1562 年的危机
之后所做的那样。这个家族能够开始占据并保持大金融资本的中心
地位长达半个多世纪之久，仅仅因为其能利用 19 世纪中叶的商业
繁荣来扩大和控制所在的国际商业体系。由于繁荣加剧了商品贸易
过程中的竞争，减少了利润，这种扩大了的、集中控制的体系可以
变成一条强有力的传送带，把"闲散"资本运进伦敦城，又把它

送出去。这种闲散资本不仅从正在迅速积累资本的英国，而且从全欧洲运进来。驻伦敦的外国商业会所主席罗森拉德说过：

> 英国只是起着"中间人"和诚实的"经纪人"的作用，它在世界各地工作，接办——很大程度上通过使用顾客的钱——其他国家的贷款……总而言之，尽管英国的投资能力很强，但伦敦是欧洲和世界其他地区之间在这里销售外国证券的主要"中间人"。（Ingham 1988：62）

正如热那亚人时代的皮亚琴察交易会制度的主要特点是直接享用意大利北部的"闲散"资本一样——用斯坦利·查普曼（Stanley Chapman 1984：50）的话来说——"1866年后'罗斯柴尔德'结构的重要特点是直接享用欧洲（大陆）的资本"。

当然，热那亚人时代（the Age of the Genoese，1557～1627年）和我们可以由此类推命名的罗斯柴尔德家族时代（the Age of Rothschilds，1866～1931年）之间存在许多重要差别。一方面，这些差别反映了国际大金融资本的第二阶段在行动规模和范围上要大得多。因此，无论是从提供剩余资本的网络方面来"衡量"，还是从重新获得剩余资本的网络方面来"衡量"，罗斯柴尔德家族控制下的伦敦城的受托区，与300年前"老贵族"控制下的皮亚琴察交易会的受托区无法相比，在规模和范围上都要大得多。

然而，另一方面，热那亚人时代和罗斯柴尔德家族时代之间的差别，反映了各自的领土主义统治伙伴，即16世纪的西班牙帝国和19世纪的英帝国，在追求权力过程中获得的相反结果。因此，罗斯柴尔德家族大金融资本结构的巩固，是与兰德斯所谓的"人类记忆中最厉害的通货紧缩"密切相关的，而在皮亚琴察落户后的贝桑

173

松交易会的巩固，是与如此厉害的、被历史学家称为 16 世纪价格革命的通货膨胀密切相关的。在第一（热那亚）体系积累周期和第三（英国）体系积累周期的金融扩张过程中出现的这种价格方面的不同情况，主要可以归因于这样一个事实：西班牙在 16 世纪拼命想要在较小范围里建立而又没有建成的那种世界帝国，英国在 19 世纪使用别的手段建成了。这些"别的手段"便是在东方实行高压统治和通过世界市场和均势原则统治西方。这在第一章里已经提到，并将在这一章和下一章的不同地方加以进一步阐述。我们这里所关心的，一方面是战争与和平同通货膨胀与通货紧缩之间的关系，另一方面是长期涨落不定的价格跟体系积累周期之间的关系。

在历史上，重大的战争是助长欧洲世界经济中通货膨胀倾向的唯一最重要的因素（Goldstein 1988）。因此，我们可以认为，西班牙为了在欧洲建立和实施帝国统治而发动的一系列徒劳的战争，很大程度上解释了为什么 16 世纪无论在绝对意义上，还是与 19 世纪相比都是一个通货膨胀非常厉害的时期。反过来，我们也可以认为，英国的百年和平（1815～1914 年）很大程度上解释了为什么 19 世纪无论在绝对意义上，还是与 16 世纪相比都是一个通货紧缩非常厉害的时期。

对于我们眼下的议题来说，更为重要的是，热那亚和英国金融扩张时期价格的全然不同的表现——不管其真实原因何在——提供了强有力的证据，证明了在绪论中提出的论点，即价格逻辑或"百年一次的（价格）周期"并不能令人信服地表明，什么是体系资本积累过程中特具资本主义性质的东西。因此，如果我们使用比价格变动更能准确地反映不断变化的商品贸易环境的指标，那么热那亚人时代和罗斯柴尔德家族时代就会看上去非常相似，因为居于世界经济制高点的那些资本主义机构更加直接地参与了商品贸易。

这些指标展现在图 7 和图 8 之中。图 7 和图 8 中的 A 描述了

16世纪西班牙贸易（见图7）和19世纪英国贸易（见图8）总体增长的指标。图7和图8中的B描述了为16世纪热那亚人和为19世纪罗斯柴尔德家族创造大量财富的两种特殊商品贸易的指标，它们分别是白银（见图7）和原棉（见图8）。

174

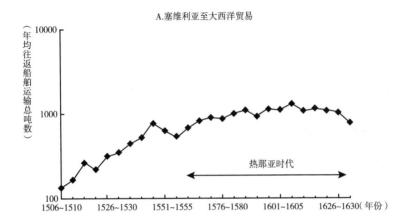

资料来源：Chaunu and Chaunu（1956：334）。

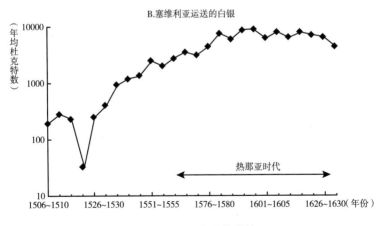

图7 16世纪贸易的增长

资料来源：Elliot（1970a：184）。

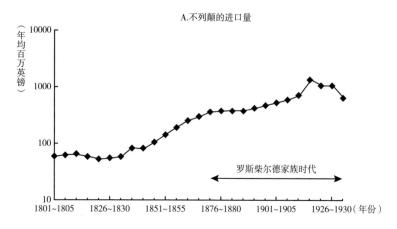

资料来源：Mitchell（1980：Table F1）。

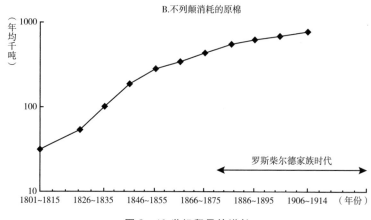

图 8　19 世纪贸易的增长

资料来源：Mitchell（1973：780）。

　　这些图都显示了一种共同模式——包括一个相当于我们所说的物质扩张阶段的快速和加速增长阶段，接着是一个相当于我们所说的金融扩张阶段的慢速和减速增长阶段——的多种变体。在图 8A 中，由于英国在第一次世界大战期间和战后几年里出口总值的急剧增长，这种模式在某种程度上被打乱了。然而，即使我们把 1921～1925 年英国依然"反常的"大量出口作为计算基础，1871～1875 年之后 50 年的持续增长率仍然平均不足之前 50 年持续增长率的一半。

图 7 和图 8 中的四张图显示了共同模式所包含的逻辑，我们将在本章的结束部分讨论这个问题。眼下，我们只指出，热那亚的和英国的积累周期都是世界贸易扩张的顶峰时期，一个以西班牙为中心，另一个以英国为中心。两次金融扩张特有的价格相反走向，掩盖了这种共同模式。在这两个周期中，金融资本加快投资于世界贸易扩张的阶段，都在购销商品方面产生了加剧资本家内部竞争的结果。一方面，抬高买价的现象普遍存在；另一方面，压低卖价的现象也普遍存在。但是，不管对总体价格有什么影响，由于竞争加剧，以及出于"预防"或"投机"的考虑，资金被源源不断地撤出贸易。这种现象反过来又导致世界金融经纪行业中出现有利可图的机会。商业银行家和金融家中的精英集团（16 世纪末的热那亚"老贵族"与 19 世纪末 20 世纪初的罗斯柴尔德家族）尤其有条件抓住和利用这些机会。

在此过程中，金融扩张的领袖们往往暂时减轻抑制资本赢利的竞争压力，从而有利于把物质扩张的结束时刻变成广大资本积累者的一个"美妙时刻"。"萧条，"索尔斯坦·维布伦（Thorstein Veblen）在 1873～1896 年的大萧条结束之后不久写道，"主要是资本家的无病呻吟而已。这就是问题所在。工业停滞以及工人和其他阶级蒙受的苦难属于症状和副作用。"（Veblen 1978：241）因此，为了做到药到病除，开出的药方必须"针对情感麻烦……把利润恢复到'合理的'比例"。

在 19 世纪的最后 25 年里，残酷无情的价格竞争确实曾将利润减少到"不合理的"低水平；乐观主义由胸中无数和忧心忡忡取而代之。在这个意义上，1873～1896 年的大萧条不是虚构的。埃里克·霍布斯鲍姆（Eric Hobsbawm 1968：104）说，"如果'萧条'指的是对英国经济的前景存在一种普遍的——对于 1850 年之后的几代人来说是一种新的——忧郁不安的精神状态，那么这个词用得非常贴切"。但是，接着，突然之间，魔术般地，"轮子转起来了。在那个世纪的最后几年里，价格开始上扬，利润也随之增加。随着商业形势好转，人们的信心也恢复了。它不是在闷闷不乐的前几十年中，由于不时出现短期的繁荣，人们流露出的那种断断续续的、转瞬即逝的信心，而是自……19 世纪 70 年代初以来没有出现过的一种普遍高涨的情绪。一切似乎又恢复正常了，尽管枪炮在砰砰作响，马克思主义者在警告这是资本主义的'最后阶段'。在整个西欧，这些年月成了一去不复返的好时光——爱德华时代。它是一个美好的时代，将永远留在人们的记忆里"（Landes 1969：231）。不用说，利润突然恢复到"合理"水平以上，这根本不是变魔术；欧洲资产阶级随后从 19 世纪末的病中迅速康复，这更不是变魔术。同前两次体系积累周期的结束阶段一样，各国开始为流动资本激烈竞争；这些资本曾被撤出贸易，如今可被用作贷款。从 19 世纪 80 年代开始，欧洲大国的军事支出开始成倍增加——英国、法国、德国、俄国、奥匈帝国和意大利的军费总额从 1880 年的 1.32 亿英镑增加到 1900 年的 2.05 亿英镑和 1914 年的 3.97 亿英镑（Hobsbawm 1987：350）。随着国家之间对流动资本的竞争加剧，利润恢复了。

　　一方面，剩余资本在范围越来越大的投机活动中找到一条新的出路，因为这些活动有望方便地、得天独厚地利用那些正在进行竞争的政府的资产和未来岁入。国家之间流动资本的竞争越是广泛，越是激烈，那些控制着剩余资本的人获得投机性赢利的机会就越多，因而资本摆脱其商品形式的倾向就越大。我们可以从图 7 中看到，在爱德华时代，英国资本输出的浪潮在高度上和长度上都远远超过前两次浪潮。投资于投机活动的资本的增长幅度，实际上比图 7 中显示的还要大些，因为实际流出英国的资本数量，往往只是在伦敦流动和批准的资本的一部分。无论如何，虽然最初这一增长的资金无疑主要来自国外的、数量不断增加的、过去投资所得的利息和利润，但是越来越大部分的增长肯定是通过把商品资本加紧转化为金融资本的办法来提供资金的。

另一方面，随着越来越大量的剩余资本移出贸易和生产，那些不能或不愿移出贸易和生产的企业发现，导致它们利润减少的竞争压力减轻了。从 19 世纪 80 年代起，这种情况突然出现，英国的贸易不断改善。然而，最重要的表现是，19 世纪 90 年代中期之后，英国的实际工资全面下滑，扭转了前半个世纪快速增长的势头（Saul 1969：第 28 ~ 34 页；Barrat Brown 1974：表 14）：

> 就工会权力……而言，可以看出，在竞争激烈、价格下跌的环境里，工会能够从稳定的工资和市场控制的价格中获得好处……但是，当 1900 年之后价格下跌的势头得到扭转，竞争不再那么激烈的时候，连强大的工会也只能支持整个成本和价格结构；价格和利润跟工资保持同步。除了在布尔战争几年间有所上涨以外，在 1896 ~ 1914 年，实际工资稍有下降，与前 30 年形成了非常鲜明的对比。（Saul 1969:33）

177

总而言之，正如 1873 ~ 1896 年的大萧条主要是因为商人们对"过分激烈"的竞争和低得"不合理"的利润感到沮丧而无病呻吟一样，1896～1914 年的"美好时期"首先是因为企业之间竞争缓和，导致利润有所回升之后，商人们从这种精神状态中恢复过来了。但是，就贸易扩张、生产和工人阶级的工资而言，这很难谈得上有什么回升。像作为前几次积累周期结束阶段的特点的所有美好时期一样，这种时刻仅仅对少数人来说是美好的，而即使对那些少数人来说也是短暂的。几年之内，砰砰的枪炮声——只要它能加剧国家间为流动资本而进行的竞争，从而使利润上升，这种声音在欧洲资本家听起来犹如音乐一般——带来一场灾难，19 世纪的资本主义再也没有从中恢复过来。

在这方面，爱德华时代的英国在完全不同的世界历史条件下，以高度浓缩的形式重现了在欧洲世界经济的第一次金融扩张过程中佛罗伦萨曾经发挥过的作用。在两种情况下，剩余资本大规模地从工业转向金融领域，都为资产阶级创造了空前的繁荣，某种程度上牺牲了工人阶级的利益。在早期现代的佛罗伦萨，这种倾向最后导致金融资本接管政府；在 20 世纪的英国，这种倾向最后导致工会接管政府。但是，在两种情况下，资产阶级的美好时期都预示着对现有资本主义制度的淘汰。

爱德华时代与荷兰历史上所谓的"佩鲁齐假发时代"更加相像。"佩鲁齐假发时代"与荷兰积累周期中的金融扩张阶段完全吻合，尤其与金融扩张阶段的最后二三十年完全吻合。跟在 400 年前的佛罗伦萨和 125 年后的英国一样，18 世纪下半叶的金融扩张在荷兰与普遍的"去工业化"过程（在造船工业方面表现得最为明显）和工人阶级收入的减少密切相关。查尔斯·博克瑟（Charles Boxer 1965：293 - 294）指出，"商人银行家和富有的食利阶级也许不会再有'那样的好时光'"；但是那个时期末的一位目击者说，"靠劳动吃饭的那个阶级的生活（却是）每况愈下"。而与文艺复兴时代的佛罗伦萨，或爱德华时代的英国，或里根时代的美国一样，在"佩鲁齐假发时代"的荷兰由资本家变成的食利者只关心眼前利益。"每个人都在说，"1778 年的《商业》杂志写道，"'只要我这辈子快活就行；至于身后之事，管他呢！'我们的（法国）邻居有这句名言，我们虽然没有在嘴巴上说出来，在行动上已经体现出来了。"（引自 Boxer 1965：第 291 页）

对于荷兰共和国来说，这"身后之事"过不多久就来到了，那就是 18 世纪 80 年代初期到中期的爱国者革命——"对这场革命的性质缺乏足够认识，它实际上是欧洲大陆上的第一场革命，是法国革命的前奏"（Braudel 1984：275）——结果，随后爆发了奥兰治家族的反革命，荷兰共和国在拿破仑的统治下最后走向灭亡。当然，在英国，美好的爱德华时代之后根本没有发生这类事情。相反，由于第一次世界大战的胜利，英国的领土帝国得到进一步扩张。然而，帝国的开支已经开始远远超出帝国扩张所带来的好处，因此为第二次世界大战之后工党政府解散帝国铺平了道路。但是，即使在帝国解体之前，1931 年英镑金本位的垮台已经标志着英国在世界金融领域的控制地位出现了最后的危机。波兰尼（Polanyi 1957：21）指出，"金线的断裂标志着一场世界革命"。

资本主义和领土主义的辩证关系（一）

杰弗里·英厄姆（Geoffrey Ingham）指出，通过改革，自由贸易和金本位制在拿破仑战争之后建立起来了。如果推动这场改革的人脑子里想到什么特别经济利益的话，那就是英国转口贸易的利益。这种贸易已经通过控制荷兰和法国的商业而得以增长和繁荣：

（贸易委员会主席）赫斯基森认为，这种政策将使英国成为 19 世纪的威尼斯。具有讽刺意味的是，批评英国转口贸易的人后来进行了同样的比较。19 世纪末许多观察家指出，威尼斯的衰落，就是把财富和权力建立在这种很不安全和无法驾驭的商业活动的基础上的结果。他们认为，从事转口贸易远不如在国内建立一个牢固的生产基地。(Ingham 1984:9)

因此，在当时的人看来，在 19 世纪中叶贸易大扩张之前和之后，英国资本主义好像是老式的转口贸易资本主义的一种新的表现形式。这确实也是英国积累体制和早年的荷兰积累体制之间的主要相似之处。跟荷兰体制一样，英国体制仍然基于充当商业和金融中介的原则，也就是说，购进是为再销，吃进是为了吐出，接受全世界的供应是为了能重新供应全世界的原则。

英国起到的世界经济的交流中心作用，在重要性和时间上都超过了它作为"世界车间"的作用（Rubinstein 1977:112 – 113）。工业革命和拿破仑帝国图谋的失败，只是巩固和扩大了英国转口贸易资本主义的范围：

由于国内发生工业革命，加上滑铁卢战役以后英国在海外称霸全球的障碍或竞争消除了，一种新颖的世界经济产生了。在这种经济中，英国的制造商在国际范围的自由贸易中占有压倒一切的支配地位。随着越来越多的国家和地区纳入一个共同体系，它们之间商业交换的密度成倍增加，越来越需要有个国家能起到控制中心的作用，以调节贸易的流向。在一个被分割成许多独立的政治单位的世界经济空间之内，多边交易通常依靠至少一个存在于国际范围里的主要交流中心来重复进行。英

国的工业和英国的海军确保了这种中心**只有一个**。阿姆斯特丹
受到大陆封锁政策的孤立和束缚，再也没有从战时的封锁中恢
复元气。1815 年之后，由于荷兰的湮没和法国的战败，伦敦
不可能再有竞争对手。(Anderson 1987:33)

迈克尔·巴勒特·布朗（Michael Barrat Brown）不同意英厄姆
和安德森把 19 世纪的英国资本主义说成在结构和方向上都主要是
商业和金融的，他强调它的帝国和工农业基础。到 19 世纪中叶英
国和世界贸易开始大扩张的时候，英国已经建立了一个在规模上和
范围上都是史无前例的、绝无仅有的领土帝国：

> 与列宁和加拉格尔的观点、鲁滨孙和菲尔德豪斯的观点以
> 及如今英厄姆和安德森老调重弹的观点通通（相反），到 1850
> 年，大英帝国在很大程度上已经建立起来。从 17 世纪起它包
> 括加拿大、加勒比海、马德拉斯、孟买和好望角沿海地区，到
> 18 世纪末它扩大到直布罗陀、孟加拉湾、锡兰、好望角、博
> 坦尼海湾、槟榔屿、圭亚那和特立尼达；到 1850 年，又增加
> 了整个印度，以及香港地区、澳大利亚、新西兰和纳塔尔。接
> 着，又扩大到几乎整个非洲大陆。（Barrat Brown 1988：第 32
> 页；同时参见 Barrat Brown 1974：第 109~110 页和第 187 页）

不仅如此，这个辽阔无边的领土帝国主要是一个农业和工业的
而不是商业和金融的综合体：

> 如要认为英国资本在帝国中基本上起着金融和商业方面的
> 作用，那就非得假设那个帝国在海外没有甘蔗和棉花种植园，

180

没有茶叶和橡胶园，没有金矿、银矿、铜矿和锡矿，没有利弗兄弟，没有石油公司，没有特许公司，没有多格蒂，也没有英国拥有的铁路和其他公用事业或工厂。（Barrat Brown 1988：31）

从本书采用的角度来看，英厄姆和安德森的观点跟布朗的观点没有矛盾。我们在第一章里已经强调指出，在概述第三（英国）体系积累周期的过程中再次提到，19 世纪的英国确实遵循了威尼斯和尼德兰联邦的发展道路；但是，它也遵循了西班牙帝国的发展道路，或者说得更加确切一点，热那亚 - 伊比利亚资本主义 - 地方主义综合体的发展道路。一旦我们承认 19 世纪英国资本主义的发展道路是这种混合体制的发展道路，那么，那种把维多利亚时代的英国说成是"守夜人般的国家"的理论的确就站不住脚了。"这个守夜人为楼里居民的每项活动铺平道路，不但防备外界的不友好举动，而且有效地统治着七大洋，在每个大陆建立了殖民前哨阵地。这是一种什么样的守夜人？"（Barrat Brown 1988：35）然而，19 世纪的英国在更大规模上再现了威尼斯和荷兰转口贸易资本主义的战略和结构，而"工业主义"和"帝国主义"是其中不可分割的组成部分。正因为威尼斯和尼德兰联邦都没有实现工业主义和帝国主义，英国才能在比它的前辈做梦也想不到的大得多的范围里行使世界商业和金融转口贸易的职能。

这是因为，与先前的荷兰体制相比，英国积累体制的"工业主义"和"帝国主义"是一种双向运动的表现——同时向前和向后，与体现第一（热那亚）体系积累周期向第二（荷兰）体系积累周期过渡时期的特点的双向运动十分相似。16 世纪末 17 世纪初，荷兰资本积累体制通过一种由保护成本内部化构成的向前运动在世界范围里超过了热那亚资本积累体制；18 世纪末 19 世纪初，英国资本积累体制也正是通过生产成本内部化超过了荷兰资本积累体制，而工业资本主义是其主要的表现形式。荷兰资本积累体制是通过一种由恢复威尼斯的国家垄断资本主义（这后来被热那亚资本积累体制超出）的组织结构构成的向后运动来实现保护成本内部化的；英国资本积累体制又正是通过恢复伊比利亚帝国主义和热那亚国际金融资本主义（两者后来均被荷兰体制超出）的组织结构来实现生产成本内部化的。

181

我们将会知道，所谓"生产成本内部化"，就是这样一种过程：生产活动被纳入资本主义企业的组织范畴，并服从这类企业所固有的成本最小化取向。诚然，专门从事生产活动的资本主义企业早在英国积累周期开始之前已经存在。但是，这类企业在形成热那亚和荷兰积累体制的过程中要么根本没有起作用，要么只是起了次要的和辅助的作用。一般说来，热那亚和荷兰周期的主要资本主义企业都从事远程贸易和大金融资本——布罗代尔（Braudel 1982：第四章）称这种活动是资本主义的"基础"——尽可能把生产活动排斥在它们的组织范畴之外。而英国周期恰恰相反，资本积累是建立在积极参与组织生产过程，并进行合理化改革的资本主义企业的基础之上的。

如果想要确定资本主义世界经济中这场新的组织革命的性质和程度，重要的是不要忘记，贸易和生产之间的界线并不像通常想象的那样分明。贸易的全部含义就是在空间和时间上重新安排商品；而根据我们的理解，狭义上的生产就是将商品从大自然中采掘出来，并改变它们的形状和性质。前者跟后者可能花费同样大量的人力，可能给如此重新安排的商品增添同样大量的使用价值（"实用价值"）。阿贝·加利亚尼（Abbé Galiani）曾经写道，"运输……就是一种生产形式"（引自 Dockés 1969：第321页）。但是，贮存以及其他所有与贸易有关的活动也是，因为它们都需要人力，都使在空间和时间上做重新安排的商品对潜在的买主来说变得比本来更加有用。几乎所有贸易活动都无法进行，除非与这种广义上的，或者甚至上述狭义上的某种生产活动挂钩。

专门从事远程贸易的资本主义组织总是参与某种生产活动。除了贮存和运输以外，它们常常对自己买卖的商品进行某种加工，至少建造某种贮存、运输加工商品所需的手段和设备。造船很可能是这类活动中最重要的组成部分，尤其对威尼斯和尼德兰联邦那样的资本主义组织来说，因为它们在"生产"贸易所需的保护设施方面是自给自足的。另外，专门从事远程贸易的资本主义组织也生产——或严密监督生产——特别适合专门用作贸易手段的，或用作"贮存"其成员积累的剩余资本的手段的商品（如珠宝、硬币、优质纺织品和其他高档用品、艺术品，等等）。然而，除了这些活动以外，热那亚和荷兰周期中的主要资本主义组织尽可能地不参与生产活动：

> 威尼斯、热那亚和阿姆斯特丹消费着通过外贸获得的粮食、石油、盐、肉，等等，它们从外部世界得到木材、原料，甚至大量自己使用的制造品。这些商品是谁生产的，是用什么方法——陈旧的还是现代的方法——生产的，它们毫不在乎。它们只满足于在贸易路线的终端接收那些商品，无论代理人或当地商人曾经把那些商品为它们贮存在什么地方，这些城市所赖以生存的，甚至它们的奢侈品所依赖的基本来源，即使不是全部也大部分在它们的城墙之外很远的地方，这些城市无须操心生产过程中的经济和社会问题。（Braudel 1984:295）

布罗代尔对这种看法做了部分说明，紧接着补充说，这些城市往往更意识到这种生产外部化的缺点，而不是优点。他指出："所有的主要城市都对自己依赖外国感到心神不宁（尽管这实际上是金钱的威力，完全不必为此感到担心），拼命想要扩大自己领土，发展自己的农业和工业。"结果，意大利的城邦国家以及后来的荷兰开始具有下列特点："（1）农村和城市人口之间存在一种非常'现代'的关系；（2）凡是存在农业的地区，往往都种植经济作物，而且是资本家投资的自然目标……（3）许多奢侈品工业往往也是最有利可图的工业。"（Braudel 1984:295 - 296）

实际上，我们无须认为，意大利城邦国家或荷兰因为自己依赖外国而感到心神不宁，所以才从事这种国内生产的。就奢侈品工业而言，这种工业有利可图，发展这种工业没有相关的社会问题，这本身就是从事这种生产的最好不过的理由。至于经济作物，资本主义城市把积累起来的大量财富用在邻近的农村地区，建立旨在为城市居民生产粮食的商品农业，这是自然不过的事。而资本主义中心或出于战略考虑，或出于经济理由，迟早要把这些邻近的农村地区并入自己的政治辖区，从而促进自己进一步商业化和现代化，这也是自然不过的事。

183

不仅如此，一旦某个农村地区在事实上或法律上并入资本主义中心的管辖范围以后，投资于农业的资本开始起到类似投资于艺术品和其他耐用奢侈品工厂的资本的作用，也就是起到"贮存"在远程贸易和大金融资本中获得的，而不冒无利可图的风险又无法再次投资于这些活动中的利润的作用。当时就跟现在一样，相当一部分这种剩余资本往往流入投机事业和豪华消费；当时也跟现在一样，投资于资本主义城市内部的房地产业，是把投机事业和豪华消费合二为一的最重要的手段。但是，资本主义城市把已被兼并或正被兼并的农村地区商业化、"中产阶级化",这种投资可以起到而且确实起到了能与投资城市房地产业相比的补充作用或替代作用。

资本主义城邦国家尽可能将生产的经济和社会成本外部化,这种取向并不局限于造船工业、奢侈品业、建筑业和"现代农业"等。在某些时期里,甚至在很长的时期里,一些城邦国家还从事这种或那种制造业。因此,布罗代尔本人指出,1450 年之后,威尼斯开始发展规模很大的、多种多样的制造业;他接着认为,主要商业中心转向制造业,这很可能是不可避免的事。然而,他说完这番话以后又紧接着补充说,这种倾向并不对"商业资本主义重于工业资本主义"构成严重挑战,"至少在 18 世纪之前是这样"。就威尼斯而言,直到 1580~1620 年才真正开始发展工业。"总而言之,只是到了很晚的时候,工业才好像为威尼斯的繁荣做出了贡献,而且是作为充数物和补偿,因为当时的气候十分不利,情况很像……大约1558~1559 年之后安特卫普的情况。"(Braudel 1984:136)

我们将会发现,有充分理由赞成关于威尼斯工业化的这种看法。然而,被简单理解为从事非农业的采掘和加工活动的"工业",在很早而不是较晚的时候为其他城邦国家的繁荣做出了贡献;这根本不是主要商业中心转向制造业的倾向造成的结果,因为这些别的城邦国家本来就算不上是主要商业中心。米兰和佛罗伦萨就是这种情况,它们的财富在很大程度上是在 13 世纪末 14 世纪初泛欧亚贸易扩张时期通过专门从事工业生产积累起来的,如米兰生产金属品,佛罗伦萨生产纺织品。而且,在结构和方向上,米兰的金属品生产主要通过手工艺,而佛罗伦萨的纺织品生产通过雇用大量工人,旨在牟取利润,完全是资本主义的。

布罗代尔关于主要资本主义积累中心倾向于将生产成本外部化的论点,只有在 13 世纪末 14 世纪初泛欧亚贸易扩张结束时期才能成立。在这一扩张之前和期间，最先进形式的资本主义企业——无论是工业的、商业的，还是金融的——都在直接参与生产活动的中心得以发展，尤其令人注目的是在佛罗伦萨和其他托斯卡纳城邦国家。但是，一旦扩张渐渐停止，这种资本主义与工业的联系马上互相脱钩。最先进形式的资本主义企业都在佛罗伦萨，正是在那个地方，与工业生产的脱钩现象发展的速度最快。

结果，工人阶级收入减少，出现了激烈而又持久的阶级斗争浪潮，最后"傻子"于1378年夺取政权。但是，工人阶级的起义和革命不能也没有阻止佛罗伦萨的资本从工业向金融转移。甚至正好相反，这种革命更加凸显了工业和资本主义相结合所产生的社会问题，从而加快了它们的分离，为金融资本成为佛罗伦萨城邦国家和整个欧洲世界经济占统治地位的主导结构铺平了道路。因此，在历史上，作为一种世界制度的资本主义，诞生于与工业的脱钩，而不是与工业的结合。

布罗代尔关于与生产脱钩标志着历史资本主义作为一种世界制度的诞生的论点，还必须加以进一步说明：这种脱钩并不涉及每个资本积累中心或者这些中心的所有领域。14世纪末15世纪初的金融扩张，无论在意大利城邦国家的分支体系，还是范围更广的欧洲政治体系，都发生在全面战争时期。这一时期为军火和金属工业创造了非常有利可图的机会，因此当佛罗伦萨削减工业生产的时候，米兰没有照此办理，继续为整个欧洲生产武器，并从中得到好处。

不仅如此，某个特定的城市或特定领域与生产脱钩的程度，往往取决于战争和立国的盛衰变迁。《都灵和约》（the Peace of Turin 1381）之后，威尼斯人牺牲热那亚人的利益将黎凡特贸易集中在自己手里，这意味着与转口贸易有关的生产在热那亚经历了比在威尼斯大得多的收缩过程。同时，在"意大利的"百年战争期间，

185 一些农村地区并入米兰、威尼斯和佛罗伦萨的管辖范围，这意味着这些城邦国家的农业生产有所增加，不管工业生产在发生什么变化。在那些把越来越大部分的剩余资本从赚钱活动转向立国活动的城市里，比如在威尼斯和佛罗伦萨，建筑工业生产得到发展。因此，在佛罗伦萨，由于纺织工业紧缩而产生的后备劳动大军，成为文艺复兴时期"非正规的"即未受监管的建筑业大发展的基础。

然而，归根结底，14 世纪末 15 世纪初金融扩张的主要方向，是朝着资本主义企业与生产分离这一最先进的形式发展的。这种倾向在金融扩张时期不大显著，因为整个城邦国家体系的这种发展历程并非千篇一律，而且在米兰和威尼斯表现得最不明显，这两个城邦国家当时正成为欧洲政治舞台上的强国。但是，随后一个半世纪的发展势头表明，国家力量和工业主义不是资本自我扩张的可靠标志。从 15 世纪的最后十年开始，在 16 世纪更为明显，最先在城邦国家形成的资产阶级——包括威尼斯的资产阶级——在欧洲世界经济中已经不再担任占主导地位的资产阶级的角色。这种角色渐渐由超越地域的"（金融）民族"里形成的那个移居国外的资产阶级担任，他们专门从事大金融资本投资和远程贸易，让领土主义统治组织负责生产。在这些"（金融）民族"里，令人注目的是没有威尼斯资产阶级，米兰资产阶级只是扮演一种次要的、完全从属的角色。但是，在佛罗伦萨和热那亚，资本主义和生产脱钩的倾向表现得最为明显，佛里伦萨和热那亚移居国外的资产阶级成了这类"（金融）民族"体系中两个最显眼的成员。而在整个 16 世纪，这些"（金融）民族"控制着欧洲的大金融资本投资和远程贸易。

在这种新的体系条件下，威尼斯在 16 世纪末期迅速增长的工业生产看起来确实是布罗代尔认为的"充数物"，是对该市无可挽救的商业衰落的一种补救。尤其是在这个工业快速发展的时代，主要作为商业组织而不是政府组织的威尼斯成了其早年非凡成功的牺牲品。威尼斯在海上取得了对热那亚的胜利，征服了大陆，支配着意大利北部的均势。在14世纪末15世纪初取得的所有这些成就，使威尼斯无须改组和重建它的政府和商业机构就能抵消正在紧缩的世界经济产生的影响。然而，高度专门化的国际资产阶级［所谓的"（金融）民族"］后来跟同样专门化的领土主义国家结成同盟，成为强大的资本主义－领土主义联合统治集团，威尼斯国家垄断资本主义的未经改造的机构难于有效地对付它们提出的挑战。

186

这两种组织的不同特性和交换关系是建立在劳动分工的基础之上的：领土主义国家负责生产，包括提供保护和短程贸易，而资本主义"（金融）民族"负责国际货币管理和大部分远程贸易。在这种主导结构中，威尼斯既不是鱼，也不是禽；既不是一个强大的资本主义"（金融）民族"，也不是一个强大的领土主义国家。它是那个一去不复返的资本主义城邦国家时代的残余。到16世纪末，威尼斯作为一个政府组织在欧洲政治中仍然很有影响，但作为一个商业组织，它已经不过是热那亚的皮亚琴察交易会制度中的一个雄隼。这是因为这种制度继续把威尼斯工业产生的国际收支的盈余变成一种手段；热那亚人通过这种手段在安特卫普获得"合同"，从而更加独占了在塞维利亚交货的美洲白银。这种情况反过来又使热那亚人能够更加牢牢地控制威尼斯的国际收支的盈余；如此循环往复，无限积累。这样，威尼斯的工业扩张越来越成为热那亚资本自我扩张的一种手段（见第二章）。

就是在这种历史背景下，为了摆脱与威尼斯面临的十分相似的令人极其沮丧的局面，英国开始奠定19世纪该国资本主义的基础。因为跟16世纪的威尼斯一样，英国既不是鱼，也不是禽；既不是一个强大得能跟西班牙和法国成功地竞争的领土主义统治组织，也不是强大得能跟热那亚和佛罗伦萨"（金融）民族"成功地竞争的资本主义组织。但是，非鱼非禽并不意味着它们属于同一物种。恰恰相反，16 世纪的威尼斯和英国是两种对立的组织，它们沿着完全不同的发展道路前进，而在前往各自目的地的途中，又恰巧短时擦肩而过。

威尼斯是一个已经成为自己过去成功的牺牲品的资本主义国家，而英国是一个已经成为自己过去失败的牺牲品的领土主义统治国家。过去的成功已经化为领土的扩大，也把威尼斯的资产阶级变成一个贵族阶级，从而使威尼斯成为英国那样的小小的领土主义国家。过去的失败已经化为领土的缩小，也把英国的贵族阶级变成一个资产阶级，从而使英国成为像威尼斯那样的大型资本主义国家。威尼斯和英国的相似之处还不仅如此，16 世纪末 17 世纪初，两国都经历了工业飞速扩张的阶段。但是，这些相似之处都带有很大的欺骗性。事实证明，在此后的三个世纪里，英国接着重绘了世界地图，同时成为有史以来最强大的领土主义统治国家和最强大的资本主义国家，而威尼斯丧失了全部剩余的权力和影响，最后先是被拿破仑，后是被《维也纳和约》从欧洲地图上抹去了。

17、18 世纪的威尼斯和英国在权力方面的这种截然不同的枯荣兴衰，在某种程度上是由于地理原因。世界贸易的十字路口从地中海东部地区移到了英吉利海峡，美洲和亚洲的货物在这里与波罗的海地区的货物会合，从而为英国提供了，也使威尼斯失去了发展商业和海军的独一无二的机会。但是，布罗代尔（Braudel 1984：523）说，"地理条件提供机会，历史条件才是决定因素"。为了利用这种得天独厚的地理位置，英国不得不在漫长的历史进程中先是学会如何化不利的地缘政治条件为有利条件，然后开始利用这种有利条件来消灭所有的竞争对手。

这个漫长的历史进程以血腥的争斗即所谓的玫瑰战争（the War of the Rose，1455－1485）为起点。这场战争的起因是，英国人在百年战争结束时被逐出了法国。"一旦获胜的王室当局无法再使高层的贵族阶级团结一致，中世纪后期的战争机器开始把矛头指向内部，因为权贵的争斗使残忍的家臣和契约仆役结成团伙，横行乡里，对立的篡位者为争夺继承权互相拼命。"（Anderson 1974：118）随后发生的大屠杀在国内产生的最重要的影响是，土地贵族从根本上受到削弱，获胜的都铎王朝的王室权力得到巩固（Moore 1966：6）。

但是，这种巩固跟英国君主政体整个权力的相应扩大是不一致的。恰恰相反，等到国内战线得到巩固以后，英国君主政体已经无可挽回地被欧洲大陆的发展进程所边缘化了：

> （到）16世纪初，主要西欧国家之间的均势已经完全改变。西班牙和法国——两者都是前一时代英国入侵的受害者——成了生气勃勃、盛气凌人的君主国家，正就征服意大利的问题发生争执。突然之间，英国已经被两者抛在后面。这三个君主国家都完成了彼此相当的内部巩固工作，但就从这个衰落期开始，当时大陆上两个强国的天然有利条件第一次成为决定性的因素。法国的人口是英国的四至五倍。西班牙有两倍于英国的人口，还不算它的美洲帝国和欧洲属地的人口。当两国出于地理上的考虑需要发展现代化的常备军，以应付当时经久不息的战争的时候，这种人口和经济上的优势就显得更加突出。

英国君主对自己在欧洲政治舞台上的这种落后地位从不甘心。在亨利七世统治时期，一种谨慎的现实主义占了上风，但他并没有放弃兰开斯特王朝对法国君主政体的要求，仍然努力阻止瓦罗亚王室并吞布列塔尼，企图获得在卡斯蒂利亚的继承权。但是，亨利八世即位以后，马上决心收复失地，并为此做出了不懈努力。新国王从德国招募了大批现代化部队，开始向苏格兰人发动进攻，并对瓦罗亚王室和哈布斯堡王朝在法国北部的战争进行军事干预。一方面由于遭受挫折，另一方面由于错误估计形势，1512～1514 年的、1522～1525 年的以及 1528 年的几次战役让英国一无所获。因此，他错误地跟罗马断绝了关系。"英国在法国和西班牙为争夺意大利而进行的斗争中被搁置一边。它成了一名重要的旁观者，它的利益在罗马教廷无足轻重。这一出乎意料的发现把这位'保皇功臣'推到了宗教大革命一边。"（Anderson 1974：123－124）

与罗马断绝关系以后，王室权力在国内得到进一步巩固。在政治上，高级神职人员是享有特权和选择权的地主，他们如今成了王室的臣仆。"国王对于教会的权威，成了国王在国会的权威。"（Hill 1967：21）在财政上，以前交给罗马的岁入，如今转给英国君主，它包括礼金、捐税和寺院土地，这使王室每年的净收入增加了一倍多；假如寺院土地没有让渡的话，增加的幅度还会大得多（Dietz 1964：138－140；Hill 1967：21）。

这笔意外之财虽然如此庞大，但很快在一次新的军事冒险活动中被挥霍一空。亨利的最后一次重大行动——16 世纪对法国和苏格兰的战争——是一件代价很高的事情，它的总开支达到 213.5 万英镑。为了支付这笔高得惊人的开支，英王不得不采用强制性贷款、大幅度货币贬值和削价加速让渡寺院的领地等办法（Kennedy 1987：第 60 页；Dietz 1964：第七至十四章）。立竿见影的结果是：在孤家寡人的爱德华六世的统治时期和都铎的短暂统治时期，都铎王朝的政治稳定性和权威性都快速滑坡。在一个以严重的农村动荡

189

和不断的宗教危机为特点的迅速恶化的社会环境里，地主贵族之间为控制王室而进行的斗争死灰复燃，英国人在大陆上的最后一块立足之地（加来）丢给了法国人（Anderson 1974：127－128）。

然而，滑坡只是暂时现象；它促使英国最终认识到自己的岛国处于世界商业的会集之地，并充分利用了这种优越位置。16 世纪下半叶，伊丽莎白一世的"现实主义"取代了亨利八世的"冒险主义"；她旋即承认英国的权力是有限的。"既然她的国家与欧洲任何一个真正的'超级大国'无法相比，伊丽莎白一世力图通过外交途径来维护英国的独立；即使在英国－西班牙的关系恶化以后，她仍赞成在海上开展对付菲利普二世的'冷战'，因为这种'战争'至少比较省钱，偶尔还有利可图。"（Kennedy 1987：61）

伊丽莎白一世在战争方面厉行降低成本的表现，并不排除在大陆上进行军事干预。这种干预继续进行，然而其目的变成了实现严格的消极目标，比如防止西班牙人重新征服尼德兰联邦，或者不让法国人在低地国家站稳脚跟，或者阻止那个同盟在法国取得胜利（Anderson 1974：130）。伊丽莎白一世考虑的头等大事是维持而不是改变大陆上的均势，即使这意味着巩固法国这样的宿敌的势力，因为"法国末日的来临之时，也就是英国灭亡的前夕"（Kennedy 1967：28）。

伊丽莎白一世的现实主义和在战争活动方面的谨慎表现也没有削弱英国的领土主义统治倾向。领土主义统治者只是把注意力更加转向国内，完成了把当时英伦三岛仍然分隔的几个政治区域合并的大业。在力量关系使军事征服的代价和风险很大的地方，比如在苏格兰，就通过和平手段即通过个人同盟来寻求联合。伊丽莎白一世死后，这种同盟使英格兰和苏格兰联合起来。但是，英国在力量关系比较有利的地方，就无所顾忌地采用暴力手段：

在（无力）对大陆上的主要君主国家发动正面进攻的情况下，伊丽莎白一世坚持扩张主义，把最大量的军队用来攻打爱尔兰贫穷和原始的部落社会……以残酷无情的灭绝政策对付爱尔兰人采用的游击战术。战争持续了九年，最后英军司令芒乔伊才把所有的抵抗力量彻底打败。到伊丽莎白一世去世的时候，爱尔兰已经被通过军事手段兼并了。（Anderson 1974：130－133）

但是，英国扩张主义也转向海洋和欧洲以外的世界。英国从一开始就在采用有火器装备的大型战舰方面走在前列。1500 年前后，欧洲的海军力量因此经历了一场革命（Lewis 1960：61－80；Cipolla 1965：78－81）。但是，亨利八世费尽心机地想要成为大陆势力斗争中的一名主角，才把英国海军变成了一支有相当规模的力量（Marx 1961：30－31）。伊丽莎白一世进一步扩大和改进了皇家舰队，恰好能用它来防卫西班牙无敌舰队。到 1588 年打败无敌舰队的时候，"伊丽莎白一世已经拥有欧洲历史上最强大的海军"（Mattingly，引自 Anderson 1974：第 134 页）。

假如没有英国商人、海盗和私掠船长（他们往往是三位一体）的贡献，英国海上力量本来不可能发展得如此迅速。这些民间力量"洗劫通往国外殖民帝国的漫长的海上航线的船只，获得了巨额财物，在造船和航海技术方面赢得优势，成为北欧海盗的真正继承人。伊丽莎白一世小心行事，必要的时候拒绝接受他们，同时又默许他们接着往下干"（Dehio 1962：54－56）。

对民间在海上使用暴力的这种暗中支持，在 1588 年英国和西班牙的决定性对抗中产生效果。在那场对付无敌舰队的海战中，伊丽莎白一世可以指望差不多五倍于她自己水兵的经验丰富的民间水手成为她的防御力量。"（这些民间水手）在德雷克的率领下，在 100 次行动中团结一致……成为英国这个新兴海上强国的先锋，象征着英国正从海盗时代过渡到一个海军大国的时代。"（Dehio 1962：56）

伊丽莎白一世不仅以扩大和改进皇家舰队、暗中支持海盗和私掠的方式来积极鼓励这种过渡。她比荷兰人更早地建立合资特许公司，恢复了热那亚人的"协会"传统。这类公司后来成为英国在海外大规模扩张自己贸易和权力体系的主要基础。在这方面，海盗的最初贡献也是决定性的。

凯恩斯指出，德雷克用"金鹿号"载回来的掠夺物总值约为 60 万英镑；有了这笔收入，伊丽莎白一世可以还清全部外债，还能向黎凡特公司投资大约 4.2 万英镑。东印度公司的原始资本很大部分就是来自黎凡特公司的利润，而"东印度公司的利润是 17 世纪和 18 世纪英国对外联络的主要基础"（Keynes 1930：vol. 2，156－157）。凯恩斯指出，假如每年的赢利率为 6.5%，这些赢利的再投资率为 50%，那么，1580 年的 4.2 万英镑足以产生东印度公司、皇家非洲公司和哈得逊湾公司在 1700 年的全部资本价值，以及构成 1913 年英国对外投资全部股份的近 40 亿英镑（同时参见 Knapp 1957：第 438 页）。

凯恩斯关于英国对外投资的起源和"自我扩张"的看法没有说明，在历史上，那种扩张的国内条件和体系条件是怎样在这种看法所提及的三个世纪里重新产生的。然而，从伊丽莎白时代到整个 19 世纪，英国资本在世界范围内的扩张过程基本上是连续不断的；这样的看法依然很有价值，因为这种过程不是源于伊丽莎白时代的 19 世纪英国资本主义的唯一特色。凯恩斯本人在上面的引文中指出，用于开始英国对外投资自我扩张的财富，还不足德雷克所掠夺来的财富的 10%。伊丽莎白一世把绝大部分财富用来偿还她的外债。另外，据信，伊丽莎白统治时期用于制造硬币的价值 450 万英镑的金银，大部分是从西班牙人手里抢来的（Hill 1967:59）。

这种以抢劫来支持英国政府的财政的反复循环，开创了英国资本主义的另一个重要传统——"稳定的货币"的传统：

> （英镑）是一种重要的记账货币，就像其他无数货币一样。然而，每一种其他记账货币都涨落不定，不是受到国家的操纵，就是受到经济状况的扰乱，英镑却在 1560～1561 年被伊丽莎白一世稳定下来，此后再也没有出现涨落，1920 年之前，或者可以说 1931 年之前一直保持其固有的价值。这简直是一种奇迹……在欧洲许多种货币当中，只有英镑平稳地走过了令人惊叹的 300 年路程。（Braudel 1984:356）

布罗代尔（Braudel 1984:356）接着说，货币的这种长期稳定性，"是英国财富的关键因素。如果没有稳定的货币，就不会有低利率贷款，借钱给君主的人就不会有安全感，对任何合同就不会有信心，而如果英国没有贷款，就不会变得强大，也就不会拥有金融优势"。布罗代尔还指出，英镑的长期稳定性"在 1621 年、1695年、1774 年和 1797 年经受了一系列危机的考验；这些危机本来很有可能改变它的价值"。不用说，凯恩斯所说的英国对外投资的自我扩张，也经历过类似的情况。然而，每次危机过后，两者都泰然无事地继续推进，直到 20 世纪 20 年代和 30 年代，英国的 19 世纪世界秩序才爆发致命的危机。

跟对外投资和稳定的金属货币本位一样，工业主义本身对英国资本主义来说也不是 19 世纪的新事物。用"工业革命"的概念来解释工业主义的胜利，"尤其不适用于"英国的例子，因为"（它）

给人这样的印象，即这一过程特别突然，而实际上，这一过程很可能要比在任何国家更是连续不断的"（Nef 1934:24）。这是约翰·内夫（John Nef）著名而又经常被忽视的观点。在内夫看来，18世纪末19世纪初英国工业"令人惊讶地飞速"扩张，至少可以跟先前有个时期——英国内战之前的那个世纪——同样的飞速扩张相比。在那个世纪，特别是在伊丽莎白一世统治的后半时期和詹姆斯一世统治时期，采矿业和制造业在英国国内经济中的重要地位增长得跟英国历史上的任何别的时期一样地快（Nef 1934:3-4）。

不仅如此，虽然英国工业的扩张速度在1640年之后的那个世纪里比在之前的那个世纪里要慢，但是工业活动的多样化、工业技术的变革，以及始于伊丽莎白时代的工业资本的集中，同样是后来"工业革命"的重要基础：

> 把工业主义的兴起看作一个上达16世纪中叶、下至19世纪末工业国家取得最后胜利的漫长过程，要比把它看作一种与18世纪末19世纪初有关的突然现象更加合适。我们已经无法在前一次商业革命中找到关于18世纪末的"伟大发明"和新兴工厂的全面解释，因为那次革命只是扩大了市场规模。商业革命——如果这个词汇适用于两个世纪时间里对外和国内贸易快速增长的话——自宗教大革命以来始终影响着工业技术以及采矿业和制造业的规模。但是，工业发展也以各种形式不断刺激商业发展。前者的发展跟后者的发展一样是很有"革命性"的，一样是对"工业革命"很有贡献的。（Nef 1934:22-23）

回过头来看，凯恩斯、布罗代尔和内夫都把伊丽莎白时代看作欧洲世界经济中资本主义和领土主义统治之间关系的一个决定性的转折点。在我们的分析框架中，伊丽莎白一世统治时期（1558～1603 年）和詹姆斯一世统治时期（1603～1625 年）正好相当于布罗代尔所谓的热那亚人时代（1557～1627 年），那就是说，相当于一个欧洲世界经济的金融扩张阶段，相当于那种经济中资本主义组织和领土主义统治组织之间的竞争斗争不断升级的阶段。这是热那亚－伊比利亚的资本主义和领土主义联合体达到巅峰的时期；但这也是体系资本积累过程中的热那亚体制向荷兰体制过渡的时期。

始于伊丽莎白统治时期的英国的重组和重建工作，是这种过渡的一个不可分割的组成部分。跟组建荷兰国一样，这项工作是最后导致热那亚－伊比利亚联合体灭亡的种种矛盾的一种表现和一个因素。虽然英国在这个时候既没有向正在形成的荷兰霸主地位提出挑战的意向，也没有这么做所需的能力，但是在争夺世界商业霸主地位的斗争中，伊丽莎白时代的重组和重建工作使英国迈出了领先于所有其他领土主义统治国家——包括法国这个"样板"民族国家——的一步。当荷兰体制本身开始被自身的矛盾压垮的时候，那种斗争马上开始了。

英国所以能够这么领先一步，首先是因为它重组了国家金融；伊丽莎白一世想以此来整顿她父亲留下的货币混乱状况。亨利曾想通过强制性贷款和大幅度货币贬值来获得支付 16 世纪 50 年代对法国和苏格兰的代价高昂的战争所需要的资金，却收到了适得其反的效果。一方面，强制性贷款违反了资本主义利益；另一方面，大幅度贬值在 1541～1551 年将流通货币中银的含量从大约 93% 降至 33%，结果造成"难以形容的混乱"。人们不再接受王国政府发行的货币为支付和交换手段；贸易一片混乱；布匹生产大幅度减少；物价在几年中上涨一倍，甚至两倍；硬通货从流通领域中消失，英镑在安特卫普的汇率迅速恶化（Braudel 1984：357，Shaw 1896：

120－124）。经济混乱和政治动荡同恶相济，迫使英王把大批从寺院夺得的农村产业——约占这类地产的 1/4——以廉价转让给私人，以勉强维持生计，或仅仅为了争取时间，赢得好感。由于这种大规模的转让，英国君主失去了一个独立于议会征税的重要的收入来源，而转让的主要受益者——贵族——的势力大大增长了（Anderson 1974：24－25）。

因此，伊丽莎白一世继续面对了这样一种局面：英王国政府不得不就提高王国国力的途径和手段等问题经常与贵族和其他资本主义利益集团讨价还价。在这种形势下，伊丽莎白在战争活动方面的谨慎和节俭表现无疑可以放松——至少可以防止进一步增加——这一过程给她的行动自由所施加的限制。但是，这也显示出这种限制的厉害程度（Mattingly 1959：189－190）。

为了取得某种程度的行动自由，伊丽莎白不仅让自己适应形势，而且采取了更加积极的措施。这些措施之一是，她在 1560～1561 年把英镑稳定下来，在几个世纪里使每 12 盎司中银的含量达到 11 盎司 2 本尼威特的"古代正确标准"。布罗代尔（Braudel 1984：335－357）强调说，这不仅仅从结构上适应了正在兴起的资本主义经济的要求；恰恰相反，这是想要挣脱控制和管理欧洲货币和贸易的国际集团对英国财富和权力施加的限制。

伊丽莎白刚刚开始统治的时候，实力雄厚的商人兼金融家格雷欣勋爵——他当时正以安特卫普为中心从事经营活动，是他提出了稳定货币的主张——曾经提醒她，只有英国商人才能帮她摆脱对外国人的依赖，因为英国商人"在你需要的时候无论如何必须支持你"（Hill 1967：37）。只要安特卫普仍然有效地起着一个真正的"国际"市场的作用，"英国"仍然在那里控制着一个专门的商品贸易交易所，格雷欣就继续以安特卫普为中心从事经营活动，他的忠告就没有产生效果。但是，在 1557～1562 年的危机之后，当安特卫普"（金融）民族"之间的关系变成激烈的竞争关系的时候，格雷欣马上着手在伦敦建立一个类似安特卫普商品和证券交易所那样的交易所；他还公开声明，这个交易所旨在使英国在贸易和信贷方面独立于境外的"（金融）民族"。交易所的大楼盖成以后，他又在 1569 年写信表达这样的愿望："这次，女王陛下不应当再利用任何外国人，而是应当重用她自己的臣民，这样（阿尔瓦公爵）和所有其他王公贵族都会看到，她是一位多么强大的君主。"（Ehrenberg 1985:238, 254）次年，伊丽莎白参观了交易所，为格雷欣的企业祝福，并替它起名为皇家证券交易所（Hill 1967:38）。

花了几十年时间，皇家交易所才真正满足英国政府的金融需要；花了两个多世纪，伦敦才赶上阿姆斯特丹，成为欧洲世界经济的中心金融市场。但是，在 1560～1561 年，稳定英镑以及随后建立皇家证券交易所，用韦伯的话来说，标志着金融力量和枪炮力量之间一种新的"值得注意的同盟"的诞生。它标志着大金融资本领域里国家主义的开始。

195

在 14 世纪末 15 世纪初，当大金融资本在为流动资本而进行的日趋剧烈的国际竞争的背景和影响下诞生的时候，它的司令部位于几个出类拔萃的城邦国家，尤其令人注目的是在佛罗伦萨，但是它的顾客和组织在结构上和方向上都是国际性的。"同盟"这个词分量太重，不能用来描述当时存在于巨额融资领域里的主要组织与它们各种各样的顾客中任何特定成员之间的那种松散而又不稳定的关系。但是，这个词倒是比较准确地描述了这些关系中一个最重要的关系，那就是使美第奇家族积累财富的那个与教皇的关系。

大金融资本在 16 世纪获得新生，成为一种移居国外的"（金融）民族"的制度。这些组织的势力依然源于为流动资本而进行的激烈竞争；新兴国家为此而互相对立。但是，为了利用这种竞争，同时为了加强自己的竞争地位，这些"（金融）民族"身不由己地与某个特定的国家结成真正的同盟。这些同盟中最值得注意的是热那亚人和西班牙的同盟、佛罗伦萨人和法国的同盟。因此，当时大金融资本的主要基础是正在成为国家的国家和移居国外的"（金融）民族"之间的同盟。后者已经不再是真正意义上的国家。

16 世纪下半叶金融扩张开始时，格雷欣建议伊丽莎白一世建立一种新颖的同盟：一个金融力量和枪炮力量之间的真正国家意义上的集团，一个正从安特卫普撤回的作为民族的"英国"和作为国家的英国之间的同盟。1557 ~ 1562 年的危机暴露了英国君主统治和英国商人资本在面对势不可挡的热那亚 – 伊比利亚集团的情况下，在各自的行动领域里存在的基本弱点。格雷欣估计，它们只要相互结成更加紧密的同盟，就能在两个领域里都战胜这种竞争。当他写到这种同盟能使伊丽莎白一世向所有的外国君主显示她的真正实力的时候，格雷欣虽然没有付诸文字，但脑子里肯定也想到，这种同盟能使他自己向所有的外国商人显示他的真正实力。

布罗代尔（Braudel 1984:355 - 357）指出，格雷欣确信，英国贸易和技艺的利益在很大程度上被意大利和德国的商人和金融家侵吞了，因为他们控制着安特卫普的金融和信贷市场。16 世纪早期的贸易扩张曾把英国比以往任何时候都更加牢牢地统一在欧洲世界经济之中。作为一个主要布匹出口国，英国"像是一条停泊在欧洲的贸易航船；它的整个经济生命依赖于那根系泊绳索，即安特卫普市场上的汇率"。由于汇率是由控制于意大利和德意志"（金融）民族"手里的市场决定的，其中最重要的"（金融）民族"又跟法国和西班牙统治者有着紧密的合作关系，因此，把靠外国市场来获得货币和贷款看作对英国主权和安全的威胁来源，就是很自然的。

196

正是为了应付这种威胁——"不是想象的威胁,虽然往往说得过头"——一种气势汹汹的经济民族主义才开始成为英国谋求强大的过程中的特点:

> 意大利银行家在 16 世纪被逐出(英国);汉萨同盟的商人在 1556 年被剥夺特权,在 1595 年被夺去"汉萨海外事务所";为了对抗安特卫普,格雷欣才在 1566~1568 年建立了后来的皇家交易所;为了对抗西班牙和葡萄牙,英国才实际成立证券公司;为了对抗荷兰,英国才制定了 1651 年的《航海条例》;为了对抗法国,英国才出台了 18 世纪盛气凌人的殖民政策。随着它的地位日益牢固,整个英国气氛紧张,高度警惕,盛气凌人,决心制定法律,并在国内外付诸实施。(Braudel 1984:355 – 356)

英镑的长期稳定、英国对外投资的"自我扩张",是这种强国之道不可分割的组成部分,无论是在最初的"民族主义"阶段——它的主要目标是要同以安特卫普为中心的大金融资产和远程贸易体系脱钩——还是在后来的"帝国主义"阶段——它的主要目标是要消除英国决心为全世界制定并实施法律的一切障碍。布罗代尔(Braudel 1984:365)在评说 17 世纪和 18 世纪反复发生的、不时打断英镑长期稳定的危机以后,得出以下结论:

> 我们(也许)应当把英镑的历史看成一个国家独特的气势汹汹的紧张气氛不断产生的结果;这个国家必须具备严格的条件,即它是个孤立无援的需要保卫的岛国,它在努力冲出来成为一个世界强国,它有着毫不含糊的敌人:今天是安特卫

普，明天是阿姆斯特丹，后天是巴黎。稳定的英镑是这类战役中的一件武器。

在这场为争取地位而进行的漫长战争中——这类"战役"实际上就是一场战争——稳定的英镑并不是唯一的武器；工业主义也是一样。在这方面，我们可以回忆一下，在 16 世纪末 17 世纪初的金融扩张时期，英国工业的迅速扩张——内夫将其称为后来"工业革命"的一个重要先例——本身也有一个重要先例，虽然规模不是如此之大，那就是发生在 14 世纪末 15 世纪初金融扩张时期的将毛纺工业迁往英国本土的运动。

前面已经谈到，这种迁移出于两个原因：一是爱德华三世想要通过使用武力和控制原料的办法，将佛兰德斯的织布工业迁入自己的领地；二是佛罗伦萨和其他资本主义城邦国家对市场征兆和劳工动乱做出反应，主动将布匹生产迁出自己的国家。因此，英国工业的这种早期扩张，是领土主义统治组织和资本主义组织之间在结构上日益分化的一个因素、一种表现。前者往往专门负责生产；后者往往专门经营大金融资本，而两者都可能从事贸易，随它们与其他两种活动的关系而定。然而，资本主义组织并没有把全部生产活动移至国外，或者移至领土主义统治组织的领地之内；领土主义统治组织领地以内的实际生产扩张，也没有减少对资本主义组织的援助的依赖。

在这一方面，特别重要的是，城邦国家保留了已经在 14 世纪末和 15 世纪初的交替时期变得非常有利可图的工业，比如金属工业和军火工业仍然集中在米兰，奢侈品工业在几个城邦国家得到发展。在这些比较有利可图的工业方面，英国非常落后，不仅无法有效地跟意大利北部竞争，甚至无法跟佛兰德斯和德国南部这些欧洲

197

世界经济中的其他地区进行竞争。因此，英国专门从事着最无利可图的工业。更加糟糕的是，为了将织布工业的产品转变为军火和其他跟法国打一场越来越商业化的战争所需的物资，英国统治集团不得不利用意大利商人银行家，后者把不可忽视的一部分英国初级生产和次级生产的市场价值充作了商业或金融利润。

15世纪末16世纪初欧洲世界经济中羊毛贸易的复苏，加上英国王室权力的巩固，给了英国商业新的动力（Cipolla 1980:276 - 296; Nef 1968:10 - 12, 71 - 33, 87 - 38）。但是，在16世纪末金融扩张的前夕，英国在工业方面"与意大利、西班牙、低地国家和德意志南部各国相比，甚至与法国相比，（仍然）处于落后状态。在机械知识方面，外国人从英国人那里几乎学不到任何东西，除了在生产锡和制造锡方面"（Nef 1934:23）。

198   16世纪下半叶，英国改变了这种地位，内夫因此把伊丽莎白时代确定为英国工业主义崛起的真正转折点。但是，如果我们不把注意力集中在工业主义的崛起本身，而是把它看作资本积累的一种工具，那么英国在采煤、冶金和其他大规模工业方面迎头赶上并迅速超过其他国家，并不是伊丽莎白时代出现的真正重要的倾向。这种倾向只是以新的形式再次确认了早先欧洲世界经济的金融扩张过程中已经出现过的同一模式。通过这种模式，英国接管并专门从事低附加值活动，而其他主要资本积累中心保持并专门从事高附加值活动。然而，在伊丽莎白时代，情况并非完全如此。在那个时代，英国工业主义的最重要的方面是它开始接管高附加值活动。当时跟前一个金融扩张时期一样，那就是奢侈品和军火工业。

由于担心社会动乱，伊丽莎白跟她都铎王朝的前辈们相比，甚至更不倾向于不加选择地鼓励发展工业，虽然这一过程本身已有相当大的势头，因为英国具有得天独厚的自然条件（包括巨大的煤的储量），加上荷兰的、法国的和德国的企业家和人员为了躲避大陆上的宗教争斗，或者纯粹是为了有利可图的投资，源源不断地前来避难。甚至恰恰相反，她主要在考虑如何限制这种发展，把它对社会产生的破坏性影响减少到最低程度。这项行动的主要工具是1563 年的《技工法令》；这项法令把行会管理推行到全国，有效地限制了织布工业扩张到乡镇。除了像丝绸、玻璃或优质纸张生产这样的奢侈品工业以外，唯一受到积极鼓励的工业都是与军火有关的那些工业。结果，到伊丽莎白时代末期，整个欧洲都需要英国制造的大炮（Hill 1967：63，71 - 75；Nef 1934：9）。

这种工业政策要比后来批评家和历史学家愿意承认的合理得多。一方面，波兰尼（Polanyi 1957：36 - 38）在专门谈到这个时期的调控目标时说，放慢变革速度也许是朝着一个特定的方向继续进行变革而又不会造成社会动荡的最佳途径，因为社会动荡的结果是混乱，不是变革。对我们现在的目的来说同样重要的是，把工业的发展方向从织布工业转到奢侈品和军火工业，表明伊丽莎白和她的顾问们比许多我们自己的同时代人还要清楚资本主义世界经济中工业的发展与国家财富和权力的扩张之间的关系。这是因为，在资本主义世界经济中，工业发展只有在高附加值活动取得突破的情况下，才能转变成国家财富和权力的扩张。而且，这种突破必须既足以使资本在工业化国家中比在与之竞争的国家中更快地积累起来，又足以在工业化国家中重新产生有利于这种自我扩张的社会结构。

英法百年战争期间的英国工业扩张最后没有导致这样一种突破。英国的国际收支问题更加严重，英国更加依赖外国资本，英国军队被逐出法国，英国国家处于一片混乱状态。在解散教会之后的那个世纪里，英国的工业扩张确实在高附加值活动方面取得重要进展。但是，这种进展还不足以使资本在英国比在与之竞争的国家中——尤其值得注意的是新生的尼德兰联邦——积累得更快些，也确实不足以能重新产生一种有利的社会结构。结果，又花了100年时间，创建于伊丽莎白时代的资本主义和领土主义统治之间的全国同盟，才开始势不可挡地登上世界霸主的宝座。

资本主义和领土主义的辩证关系（二）

从16世纪末英国着手国家的重建和重组工作，到后来它登上欧洲世界经济霸主的宝座，中间经历了漫长的发展历程。这主要因为，格雷欣和伊丽莎白创建的资本主义和领土主义统治同盟还缺少一个关键条件——在世界上的商业霸主地位。在整个17世纪，这仍然是荷兰资本主义的特权。而只要这种情况存在，无论工业怎样扩张，以及货币怎么稳定，英国仍然无法成为体系资本积累过程的主人，只能是它的仆从。正如同一时期威尼斯的工业扩张是跟旧时的威尼斯城邦国家从属于正在衰落的热那亚积累体系密切相关一样，英国的工业扩张也是跟新生的英格兰民族国家从属于正在崛起的荷兰体制密切相关的。

17世纪初爆发的英荷贸易纠纷的结果，最清楚地说明了英国从根本上从属于正在崛起的荷兰体制。当时，英国政府禁止出口未经染色的布匹。这项禁令旨在强迫英国生产商在国内完成生产过程，以便提高英国纺织生产的附加值程度，使英国贸易摆脱荷兰商业中间人对它的扩张施加的限制。乔纳森·伊斯雷尔（Jonathan Israel 1989：117）解释说，"荷兰在染色和'上浆'方面的优势……不仅仅是抽取英国自己产品的一大部分利润的一种手段（因为最得益的是那些从事精加工和销售的人），而且也是从整体上破坏英国跟波罗的海地区进行贸易的一种手段"。

用巴里·萨普尔（Barry Supple 1959：34）的话来说，英国的禁运不仅是一场"极大的赌博"，而且是一场输得很惨的赌博（Wallerstein 1980：43）。这是因为，过不多久，荷兰实施报复，禁止一切染过色、上过浆的外国布匹进入尼德兰联邦。这对英国的影响是毁灭性的：

> 英国对荷兰各省和大部分德意志偏远地区的布匹出口完全遭到破坏，它只能在波罗的海地区增加精纺布的销售量来抵消部分损失。这必然造成国内瘫痪性的经济衰退，人们普遍灰心丧气。到1616年，随着衰退加剧，詹姆斯一世的大臣们准备屈服。（Israel 1989：119）

一年以后，他们果真屈服了，但没有说服荷兰议会撤销他们对英国精纺布的禁令。因此，那种想要提高纺织生产的附加值程度和绕过荷兰转口贸易中心的企业产生了事与愿违的效果，英国的经济进入了一个长期不景气的时期，加剧了国内的政治动荡和社会紧张局势。我们很快就会知道，这种动荡和紧张局势的根源不在国内。但是，这种局势在那个世纪中叶是灾难性的，却有助于解放思想，在很大程度上是因为商业资本主义在整个欧洲世界经济中继续重于工业资本主义。

荷兰资本之所以能侵吞英国工艺的利润，不是因为它本身在工业生产方面享有优势，而是因为它是世界贸易的集散中心。荷兰在染色和"上浆"方面的优势在上述纠纷中起到了十分关键的作用，但它主要反映了阿姆斯特丹作为世界商业转口贸易中心的作用：

> 对于有利可图的贸易及其依赖的精加工工业来说，将世界

商品堆放在一个中心仓库里……这是个有决定性意义的因素。
如果染料、化学品、配料和稀有原料堆放在荷兰人的仓库里，
那么荷兰人在染色、漂白、磨光和精加工方面的优势几乎是不
可挑战的，因为这些过程全都依靠上述材料。因此，荷兰的贵
重商品贸易跟荷兰的工业有着高度的互相依赖关系，这个部门
不断加强那个部门。（Israel 1989:410）

201

在这种互相加强的关系中，荷兰的商业霸主地位是个决定因
素。英国制造商具备足够的生产精纺布的技术能力，可以将很有竞
争力的布匹直接销往波罗的海地区。他们做到这点比较容易。但
是，一旦下了赌注，他们的精纺布被排除在荷兰转口贸易中心之
外，那么他们在制造方面的技术能力和竞争力就毫无用处。反过来
说，只要阿姆斯特丹仍是世界贸易的转口中心——在这里，波罗的
海、地中海、大西洋和印度洋的物资在这里汇集并变成互相需要的
物资——在对荷兰商业霸主的扩大再生产至关重要的工业活动里，
荷兰商人和制造商就比较容易掌握技术，在经济上富有竞争力。但
是，只要阿姆斯特丹作为世界商业的中心仓库的作用开始受到正在
崛起的敌对的转口中心的成功挑战——就像 18 世纪初期的情况那
样——荷兰的工业尽管占有优势，但会迅速消失，实际上也是
如此。

英国是主要的挑战者，在把贸易从阿姆斯特丹转移出来的斗争
中取得了最后胜利。这一胜利的种子是在伊丽莎白时代播下的。但
是，它的果实只有在国内具备适当的体系条件之后才能收获。

在国内，伊丽莎白留下的主要问题是：英伦三岛合并成了一个
非常脆弱的领土国家。在一个国际冲突迅速升级的时代，这极大地
影响了斯图亚特王朝的英国君主政府以必要的决心来谋求英国商业

阶级利益的能力。国王和议会在征税和资源利用问题上争吵不休，这种矛盾最后在苏格兰对英格兰军事入侵和爱尔兰天主教徒叛乱的影响下达到顶点：

> 为了镇压爱尔兰人的起义，现在不得不招募英国军队。争夺对这支军队的控制权的斗争，驱使国王和议会走上了内战的道路。贵族阶级的排他主义使在历史上支持英国专制主义的权力陷入危机之中。然而，把它拦腰击倒在地上的，是商业化的贵族阶级、城市资产阶级和更普通的工匠阶级和自由民这些反对专制主义的力量。（Anderson 1974:142）

安德森（Anderson 1974:140）指出，难以预测的英国外交政策从一开始就损害了斯图亚特王朝的统治。不仅因为在一个四分五裂、越来越动荡不安的国内环境里，历任王室政府在主观上具有局限性，也因为在世界经济从一种统治和积累制度到另一种制度的过渡时期，这种反复无常的外交政策在确定什么是民族利益的过程中在客观上存在困难。英国的主要敌人是否仍然是摇摇欲坠的西班牙帝国？还是荷兰和法国——英国在即将到来的为侵吞那个伊比利亚帝国的战利品的斗争中的两个对手？是跟竞争对手一起摧毁伊比利亚的势力最符合英国的民族利益？还是让它们去承担全部损失，自己在这场斗争中通过外交和其他手段来占到某种便宜？这些问题在英国内战之前的 20 年时间里几乎无法解决。

到英国内战完成伊丽莎白一世没有完成的建立民族国家的大业的时候，伊比利亚的势力已经得到遏制，威斯特伐利亚制度已经建立，维护英国民族利益的一切客观困难已经不复存在。17 世纪 40 年代的革命浪潮把商业阶级推到显赫地位，但是他们没有忘记 17

世纪初跟荷兰贸易纠纷的痛苦经历。一旦国内条件允许，这些阶级很快着手向荷兰的商业霸主地位提出挑战：

> 1651 年，威尼斯（驻伦敦）大使报告说，"商人和贸易正取得重大进展，因为控制政府和贸易的是同一批人"。这些统治者先是建议同荷兰人结盟，但提出的条件会给英国商人同荷兰帝国进行自由贸易的机会，并把转口贸易中心从阿姆斯特丹转移到伦敦。当荷兰政府……拒绝这些条件时，战争爆发了……英荷战争（1652～1674 年）打破了荷兰人控制烟草、糖、毛皮、奴隶和鳕鱼贸易的局面，为英国在印度建立领土势力奠定了基础。英国同中国的贸易也可以追溯到这些年月……1655 年英国占领了牙买加，为奴隶贸易提供了基地。英国商人将靠这种贸易发财。（Hill 1967：123－124）

在建立英国商业帝国的过程中，军事手段与外交手段、合同手段同时使用，相辅相成。保护葡萄牙人不受荷兰人的侵犯，支持他们从西班牙手里赢得独立，为英葡联盟铺平了道路。届时，葡萄牙及其帝国实际上变成了英国的保护国。因此，查理二世同布拉干萨的凯瑟琳的联姻——这显然是他复位的一个条件——为英国的属地和姻亲关系做了重要补充。"凯瑟琳带来了孟买、与葡属西非的直接贸易（奴隶）和与巴西的直接贸易（部分用来再出口的糖，以及黄金）。她还带来了丹吉尔，这是英国在地中海地区的第一个基地。"（Hill 1967：129）

这样，那个"前哨帝国"的基础已经打好。在接下来的两个世纪里，它将从这里开始"向大陆内地扩张"（Knowles 1928：9－15）；美洲、印度、澳大利亚和非洲等大陆将被纳入以英国为中心的资本主义世界经济。然而，在短期之内，英国最重要的收获是从荷兰人手里接管了所谓的大西洋三角贸易。这种贸易对英国的重要性很快可以同黎凡特贸易对威尼斯的重要性、波罗的海贸易对荷兰的重要性相提并论，成为它的"母亲贸易"。

埃里克·威廉姆斯（Eric Williams 1964）在他的经典著作中谈到，这种循环贸易——（1）英国制造品换成非洲奴隶；（2）非洲奴隶换成美洲热带产品；（3）美洲热带产品换成英国制造品——在一个关键时刻增加了英国"工业革命"所必需的实际需求和资本来源。虽然大西洋三角贸易确实为英国制造商提供了一条最受保护和最快扩展的途径（Davis 1954，1962），但它促使欧洲的转口贸易从阿姆斯特丹向英国港口城市转移，这是它对英国贸易、积累和权力体系做出的最重要的贡献。跟过去一样，控制了世界商业中最重要的战略物资，也就有了转口贸易及其一切有利条件，包括工业竞争力。16 世纪末，荷兰控制了波罗的海地区的谷物和海军物资供应，使转口贸易转移到荷兰；同样，18 世纪初，英国控制了大西洋地区的烟草、糖、棉花和黄金供应，尤其是生产大部分这些物资的奴隶，使贸易从阿姆斯特丹转移到英国的转口贸易中心。

然而，荷兰在 16 世纪末建立商业霸主地位，英国在 18 世纪初建立商业霸主地位，两者有一个根本区别。荷兰的商业霸主地位是以严格遵守资本主义的权力逻辑（如 MTM′公式表示的那样）为基础的，而英国的商业霸主地位是以领土主义的权力逻辑（TMT′）跟资本主义的权力逻辑的和谐结合为基础的。正是这种区别说明了为什么在历史上英国的政府和商业机构能够把体系资本积累过程大大地往前推进一步。这是它们的荷兰前辈没有也根本不可能做到的。

从一开始，荷兰商业帝国的建立和扩大，都是采用这种办法来实现的：荷兰从波罗的海贸易中获取利润，通过海盗和私掠活动反让西班牙帝国陷入财政困境并从中渔利，然后很节约地把这些利润用来夺取精心挑选的领土。征服且并入荷兰国和它的特许公司的统治范围的领土，仅限于那些对荷兰有利可图的商业扩张是绝对必不可少的地方。通过这种强权战略，从范围广阔的伊比利亚领土帝国中，荷兰人首先在尼德兰分割出一小块很安全的地盘作为自己的家园——"一个设防的小岛"，布罗代尔（Braudel 1984：202）是这样称呼尼德兰联邦的——然后建立一个由分布在大西洋和印度洋上的许多商业前哨阵地组成的极其有利可图的帝国。

这种战略的主要优点在于它的灵活性。它使尼德兰联邦的统治集团摆脱了与攫取、管理和保护大片领土和人口有关的责任、麻烦和义务，确保它们拥有源源不断的资金，并能把资金在任何特定的时间或地方派任何用场，只要这种用场是有利可图的，或者是很有意义的。这种行动自由和对流动资本的高度支配权还有不利的一面，那当然就是对那些具有领土和人口资源优势的外国工商企业家和劳动阶级的依赖性。

布罗代尔（Braudel 1984：235）在对荷兰商业公司在新世界的失败和在印度洋的成功进行比较和发表评论的过程中，提出了一个法国人别有用心的断言。据这个法国人说，尼德兰联邦的领导人已经"注意到，西班牙人在迄今陌生的国家里建立自己的商业和政府时，不得不投入极多人力和大量费用；因此，他们决心尽可能地摆脱与这种事业的关系"。换句话说，布罗代尔补充道，他们非常愿意"寻找那些可以利用而不是可以定居和发展的国家"。这种断言之所以说是别有用心的，是因为在 1621 年荷兰西印度公司的章程里专门提到了对合适地区殖民化的设想。在荷兰统治集团中的领土主义而不是资本主义成分的控制之下——即在奥兰治主义者、加尔文主义者、泽兰人、南尼德兰移民"党"的,而不是在荷兰东印度公司的阿姆斯特丹商人精英的控制之下(Wallerstein 1980:51)——西印度公司很快参与征服整个或部分巴西的努力。然而,连西印度公司对征服巴西的事业也没有多大耐心。当费用不断增加,超过商业利润的时候,该公司放弃了在美洲的征服和殖民工作,转而赞成在更大程度上专门从事商业的中介业务(Boxer 1965:49)。

面对破产的危险,西印度公司于1674年改组成一个奴隶贸易企业,同时搞一些有利可图的副业,如跟西属美洲进行走私贸易,在苏里南生产糖。这种结合使荷兰人重新扮演中间商这种更加合乎心意的角色。他们把生产成本尽量外部化,同时集中力量取得对远程贸易中最重要的战略物资的绝对控制权。波罗的海贸易中最重要的战略物资是粮食和海军物资,印度洋贸易中最重要的战略物资是优质香料,而大西洋贸易中最重要的战略物资是非洲奴隶。西印度公司开始改革以前葡萄牙人在采购、运输和销售非洲奴隶的做法,从而在大西洋三角贸易中起了先锋作用(Emmer 1981;Postma 1990)。

然而,上面已经提到,最后从这种臭名昭著的商业贸易中得到好处的是英国企业,而不是荷兰企业。在大西洋,如在印度洋一样,荷兰人接替了伊比利亚人的位置。在印度洋,英国东印度公司花了一个多世纪才使荷兰东印度公司的业绩相形见绌,花了更长的时间才使它停止活动。与那里的情况相反,荷兰人从来没有牢牢控制过大西洋贸易的主要物资。一旦国内体系条件许可,英国人就比较容易地接替了荷兰人的位置。

荷兰企业对于英国企业在印度洋和大西洋上的这种不同表现,跟这两个商业扩张舞台之间的一个根本差异关系密切。布罗代尔

（Braudel 1984：496）认为，欧洲的商业资本主义之所以能够轻而易举地赢得东方市场，并"以自己的活力去设法使它们为自己的利益服务"，是因为这些市场已经"形成一系列彼此协调的经济结构，并连成一个可以全面运转的世界经济"。布罗代尔的看法重复了马克斯·韦伯（Max Weber 1961：215）的评论：在商品经济非常发达和盛行的古代文明地区（如在东印度群岛）进行商业扩张是一回事；而在人口稀少、商品经济刚开始发展的地方（如在美洲）进行商业扩张完全是另一回事。

　　荷兰资本家很可能清楚地意识到这种差别，集中力量把印度洋而不是把大西洋作为舞台，因为他们在那里最有可能再次获得像在波罗的海贸易中获得的那种财富，从而加强和扩大阿姆斯特丹作为世界商业和金融的集散中心的作用。我们知道，这场赌博产生了可观的效果。为了夺取和加强对优质香料的控制权，荷兰着手重组印度洋贸易体系，起初取得了非同寻常的成功，从而把 16 世纪几个转口贸易中心——安特卫普、威尼斯、里斯本和塞维利亚——仍在争夺的那种贸易集中到了阿姆斯特丹。更加重要的是，这一成功使荷兰东印度公司分享到了"值钱而又热门的股票"；这对阿姆斯特丹证券交易所的财富做出了最大贡献。因此，荷兰资本主义的扩大再生产是建立在充满活力的亚洲市场的基础上的。不过，它也是以荷兰资产阶级在这一方面的决心为基础的，荷兰资产阶级通过荷兰东印度公司利用了那种活力，设法使亚洲市场为自己的利益服务。

　　西印度公司是一种不同的企业。它的建立比荷兰东印度公司晚了将近 20 年，主要为了打击西班牙和葡萄牙的势力、威信和收入，而不是为了给它的股东带来红利。起初，它在这两个方面同时取得成功。因此，当海恩俘获墨西哥白银船队的时候，西印度公司宣布了一份它的历史上少有的丰厚红利（Boxer 1965：49），同时给了西

206

班牙帝国因战争活动已经十分紧张的财政来源一次沉重打击（Kennedy 1987:48）。但是，当海战变成旨在征服葡萄牙在巴西的大片领土的陆战时，该公司马上陷入困境。葡萄牙人已经从西班牙再次获得独立，他们重新征服了在巴西的领地，而殖民活动和陆战的开支不断增加，超过了商业利润，无可挽回地削弱了西印度公司的经济和金融地位。西印度公司在1674年改组以后，它的模式更接近于荷兰东印度公司的模式。但是，尽管这样改组，西印度公司从来没有取得像荷兰东印度公司那么大的成功（Boxer 1957）。

荷兰人想通过西印度公司在大西洋上取得他们曾经通过荷兰东印度公司在印度洋上取得的成功，但是遇到了重重困难。这些困难表明资本主义理性观点本身对荷兰商业扩张造成的局限性。在当时的情况下，在立国和战争活动方面的资本主义理性观点是指毫不动摇地把领土扩张置于赚钱之上。荷兰人通过严格遵守这条原则曾在波罗的海和印度洋的贸易中都获得了大量财富。但是，这也在空间和时间上对扩大那种财富施加了不可逾越的限制。这种限制就是荷兰权力的绝对和相对狭窄的领土和有限的人口基础。

在17世纪上半叶，狭窄的领土和有限人口基础对荷兰商业扩张来说根本不是一个问题。荷兰控制着流动资本，可以把这个优势方便地、有效地转化为保护手段（比如防御工事和武器）以及获得和控制一小块大本营所需的劳动力。只要欧洲存在一个比以往任何时候存在过的，或比以后任何时候将会存在的都更加自由的军事劳动力市场，享有"有偿付能力的雇主"美名的荷兰人便能获得实际上无限的劳动力供应。因此，在1600年"荷兰"军队的132个连当中，只有17个连是由真正的荷兰人组成的；其余的是由英国人、法国人、苏格兰人、瓦龙人和德意志人组成的（Gush 1975:106）。

在国内工业和辅助行业中，劳动力供应不仅是无限的，而且简直是可以随意享用的。西班牙军队在 1585 年攻占并洗劫了安特卫普，阿姆斯特丹取代安特卫普成为世界商业中心，正在逐渐成为尼德兰联邦的那些领地已经变成一个安全的避风港，这些因素加起来促使大批商人和工匠从尼德兰南部迁往尼德兰北部。结果，阿姆斯特丹的人口从 1585 年的 3 万增加到 1622 年的 10.5 万；安特卫普的纺织工业几乎全部搬到莱顿（Taylor 1992：11 - 18；Boxer 1965：19；Israel 1989：28，36）。

由于邻近国家和地区的供应充分满足了国内军事和工业对劳力的需求，荷兰劳力可以动员起来经营海外企业。在 1598 ~ 1605 年，荷兰人平均每年派 25 艘船到西非，20 艘船到巴西，10 艘船到东印度群岛，150 艘船到加勒比海地区。而在 1605 ~ 1609 年，荷兰东印度公司在印度洋上的贸易帝国已经通过建立殖民地、工厂和贸易港口打下基础（Parker 1977：249）。

1609 ~ 1621 年，荷兰同西班牙实现休战。在此期间，荷兰人进一步巩固了他们在大西洋和印度洋上的制海权。而当与西班牙的战事再起的时候，由于此前爆发了三十年战争，荷兰人能够指望他们的瑞典、法国和德国盟友牵制西班牙的陆上军事力量，自己可以遵循"陆战带来饥饿，海战带来利润"的名言，继续集中兵力打海战（Dehio 1962：59）。

西印度公司在 1628 年俘获了墨西哥白银船队，给了已经十分紧张的热那亚 - 伊比利亚关系最后一击。结果，荷兰人成了欧洲大金融资本的唯一仲裁人。伊比利亚人对荷兰控制的贸易体系的依赖性（这是 80 年荷、西对峙中一个持久的，却断断续续的特点）变得比以往任何时候都大。到 1640 年，在西班牙港口上岸的货物，有 3/4 是由荷兰船只运送的；到 1647 年，或者 1648 年，或者可能在《芒斯特和约》之前，荷兰船只运送了大部分西班牙白银（Braudel 1984:170）。

荷兰的资本主义权力逻辑取得了对西班牙的领土主义逻辑的彻底胜利。然而，就在这个胜利的时刻，那个获胜的逻辑开始暴露它的局限性。这是因为，当它通过《威斯特伐利亚和约》成为制度的时候，领土主义统治国家的精力和资源马上从先前在欧洲的互相交战中解放出来，可以用来向荷兰人的商业和海上霸主地位挑战。正如荷兰人在前一个斗争时期曾经有效地调动他们控制的流动资本的优势来遏制伊比利亚人的领土霸主地位一样，英国人、法国人和伊比利亚人可以更加自由地调动他们控制土地和劳动力的优势来破坏荷兰人的商业霸主地位。

这种霸主地位在大西洋上非常脆弱，因为那里跟印度洋地区非常不同，仅靠控制贸易港口无法再次确立那种地位。在大西洋贸易中，控制生产地区至少跟控制贸易港口同等重要。为了获得和保持对生产地区的控制权，掌握剩余劳动力比掌握剩余资本还要重要。这个时候，虽然尼德兰联邦仍有大量未婚青年男劳动力来源，包括德国人、法国人、斯堪的纳维亚半岛人和波罗的海国家的人，但大部分已被海军、商业船队和荷兰东印度公司吸收。只剩下很少的人可被荷兰人用来在大西洋生产地区建立殖民地，跟英国的契约奴仆制度和法国的雇佣制度进行有效竞争。荷兰也没有被宗教和政治方面的剧烈争斗弄得四分五裂；在 17 世纪中叶，那种争斗导致不可忽视的一部分英国和法国居民主动或被迫迁移到大西洋彼岸（Emmer 1991:25）。

荷兰人因严格遵循资本主义权力逻辑而战胜了伊比利亚领土主义统治。由于同样原因，他们无法在争夺大西洋商业霸主地位的斗争中进行有效竞争。巴西冒险事业的失败预示着更加糟糕的事情将要发生。其中最糟糕的是 1651 年和 1660 年签订的《航海条例》。

英国议会通过这些条例牢牢控制了英国殖民地，给予英国船队跟这些殖民地做生意的垄断地位。在随后的英荷战争中，荷兰人重新获得他们的制海权，但是无法阻止英国人实施《航海条例》，因此也无法阻止他们建立一个跟荷兰人竞争的、属于英国人自己的商业帝国。

然而，荷兰人称霸商业的日子远未结束，仍然在亚洲攫取最高利润，阿姆斯特丹作为商业和金融贸易中心的中心地位只是刚刚开始受到削弱。但是，轮子已在转动。荷兰东印度公司在印度洋的小宗香料贸易中获得的高利率，越来越被英国企业在多种大宗贸易中（不仅在大西洋贸易中，而且在东印度群岛的布匹贸易中）获得的巨大利润所抵消（Arrighi, Barr and Hisaeda 1993）。

对荷兰人来说，更加糟糕的是，由于大西洋大宗贸易的扩张，以及随之而来的殖民地的扩张——无论是有利可图的，还是无利可图的，无论是英国的，法国的，还是伊比利亚的——对荷兰企业活力构成潜在威胁的劳动力短缺问题开始暴露出来。在《乌德勒支条约》（1713 年）签订之后的几年里，荷兰能用于海军和航海的海员越来越少。这绝不是偶然的。在西班牙王位继承战争中，《梅图恩条约》（1703 年）给了英国利用葡萄牙国内和殖民地市场以及迅速扩大的巴西黄金供应的特权。《乌德勒支条约》又给了它对西属美洲的奴隶贸易的绝对控制权。英国向大西洋扩张的黄金时代已经开始；随着别的领土主义统治国家努力跟上英国，欧洲对海员的需要量开始超过供应量。

西班牙王位继承战争结束以后，欧洲大国之间出现了将近 30 年的和平。在此期间，由战争造成的劳动力短缺问题有所缓和，尤其是对荷兰人来说，因为他们只是稍稍参与大西洋贸易扩张和殖民化运动。但是，到了 1740 年前后，当欧洲国际斗争突然升级的时候，劳动力短缺问题又变得十分严重，特别是对荷兰人来说，因为他们国内的和殖民地的人口基础非常薄弱。斯塔沃里纳斯抱怨说：

> 从 1740 年起，多次海战、贸易和航海的巨大发展，尤其是在许多过去不大重视这些事情的国家里，以及随之而来的对合格海员的大量的和不断的需要，有的用于战舰，有的用于商船，极大地减少了他们的供应来源；结果，在我们自己这个过去水手一直非常充足的国家里，如今我们必须花费巨大力气和大量金钱才能获得适当数量的海员使船只出航。（引自 Boxer 1965：第 109 页）

连荷兰东印度公司也开始受到这种海员严重短缺问题的影响。在 17 世纪，它在商业上的成功曾经吸引大批荷兰移民源源不断地前往东印度群岛（Braudel 1984：232）。但是，到了 18 世纪 40 年代，海员短缺问题已经在总体上暴露出来，对荷兰商业帝国的所有部门产生不利影响，也对荷兰东印度公司产生不利影响。"我不敢说我们的实际情况，"荷兰东印度公司的董事长范因霍夫在 1744 年写道，"因为说出来难为情……什么都缺，好的船只、人员、官员；因此，尼德兰力量的一根主要支柱已在摇晃。"（Boxer 1965：108）

我们依照布罗代尔的看法，当然把 1740 年作为时间上的基准点。从这个时候开始，以荷兰为中心的资本主义世界经济从物质扩张阶段转入金融扩张阶段。虽然荷兰剩余资本在这个时候才从投资荷兰大规模地转向投资英国，这种转移在 30 年之前西班牙王位继承战争快要结束的时候已经开始。这场战争清楚表明，英国的海上力量和法国的陆上力量正在崛起；当时的情况是，荷兰人本身在欧洲权力斗争中已经没有任何竞争力。英国力量和法国力量互相竞争，倒使荷兰人有了充足的回旋余地来保持政治上的独立和经济上的行动自由。但是，荷兰的保护成本和荷兰的国债也因此大幅度增加。

到西班牙王位继承战争结束的时候，荷兰共和国的国债差不多已经是 1688 年的 5 倍（Boxer 1965:118）。荷兰省尚未偿付的债务是 17 世纪 40 年代的 6~8 倍。由于这个时期的税收至多只是增加一倍，该省正迅速面临财政枯竭的局面。小小的荷兰国已经负担不起同时保卫陆疆和海疆所需的开支（Riley 1980:77；Brewer 1989:33）。

同时，西班牙王位继承战争进一步提高了英国人在争夺大西洋的商业霸主地位和获得更大部分转口贸易控制权的斗争中的竞争力。荷兰资本根本无法阻止英国人充分利用这种竞争优势来牺牲荷兰人的利益。但是，它可以而且也确实马上通过投资英国国债和英国股票的办法，要求分享将来由英国商业和领土扩张产生的收益。

奥兰治的威廉登基成为英国国王之后，英国和尼德兰联邦两个王朝于 1689 年建立关系，从而加强了荷兰资本把赌注从投资荷兰转向投资英国的势头。在威廉三世统治时期，英荷关系在很长时间里变得比以往更加密切和友好。更加重要的是，伊丽莎白时代开创的"稳定的货币"传统在一个通货膨胀肆虐的时代得到重新确认；民间债权人入股英格兰银行，负责管理国家债务。这与过去热那亚的情况大致相同，那里的民间债权人也是通过入股圣乔治商行管理国家债务的；由于英国新近获得了利用巴西黄金供应的特权，英镑的银本位实际上改成了金本位。

债权人几乎再也提不出别的要求了。因此，在 18 世纪的最初十年里，荷兰剩余资本开始迫不及待地从拥挤不堪的荷兰"船"上跳下来，登上了英国"船"，希望"免费搭乘"，参与正在扩张中的大西洋贸易和殖民化活动。到 1737 年，荷兰人已经拥有多达 1000 万英镑的英国国债，超过全部国债的 1/5，这个数目大得足以使英国政府感到担心：如果降低国债利率，荷兰人有可能抽逃自己的资本，从而对英国金融带来灾难性的后果（Boxer 1965:110；Wilson 1966:71）。然而，到那个时候，就如斯塔沃里纳斯和荷兰东印度公司董事长范因霍夫将会抱怨的那样，荷兰人的竞争地位一落千丈，即使是在最强的领域里。对荷兰剩余资本来说，投资英国股票和政府证券更成了最佳选择。这是因为，投资荷兰债券的赢利较低，而投资其他国家（包括法国）的债券却要承担大得多的风险。大约 1740 年以后，荷兰资本不但没有从英国转移出来，流入英国的数量反而突然大幅度增加。据说，在 1758 年，荷兰投资者拥有多达 1/3 的英格兰银行、英国东印度公司和南海股票。1762年，一位消息灵通的鹿特丹银行家估计，荷兰人拥有 1/4 的英国债务，这在当时达到 1200 万英镑（Boxer 1965:110；Carter 1975）。

荷兰投资英国证券的高峰时刻是在 1756～1763 年的七年战争时期。这场战争是英法争夺世界贸易霸主地位的斗争中的一个决定性的转折点，因此查尔斯·威尔逊（Charles Wilson 1966:71）的看法还是有点道理的。他说，如果没有荷兰资本的贡献，英国最后战胜法国的难度本来还会大些。然而，总的来说，荷兰人只是协助完成了一个漫长的历史进程，虽然这个进程既不是他们开始的，也不是他们能够阻挡的；他们或许也不大愿意这么做，因为英国的胜利标志着荷兰人丢失了资本主义世界经济的制高点。

我们始终认为，这个漫长的历史进程的直接起因，在于 16 世纪下半叶出现了一种新的政府和商业组织。这就是由英国商人银行家和伊丽莎白的联盟重建的英国民族国家。在 16 世纪上半叶，在以安特卫普和其他大陆市场为基地来管理欧洲金融和贸易体系的国际"（金融）民族"群体中，英国商人银行家是个次要组成部分；而在 16 世纪中叶，伊丽莎白一世继承了一个破产的政府，因为都铎

212 王朝没有能使英国在欧洲政治生活中重新跻身显赫地位。随着城邦国家不再适合担任欧洲世界经济的主要资本积累中心，为便于流动资本的国际竞争不断进行，当时出现了几种资本主义和领土主义统治的结合形式。伊丽莎白时期形成的这种联盟就是其中之一。

在整个 16 世纪，这些结合中最重要和最强大的，是资本主义"（金融）民族"和领土主义统治国家之间那种松散的联盟。热那亚－伊比利亚集团和佛罗伦萨－法国集团就具有这方面的特点。然而，在那个世纪快要过去的时候，由于互相之间的竞争和敌对行为，加上在反对热那亚－伊比利亚联盟的金融和政治霸主地位的过程中出现了更加紧密、更加精干的民族集团，这种松散的联盟的势力日渐受到削弱。其中最重要的是荷兰集团和英国集团。虽然这两个集团都是由资本主义和领土主义联盟组成的，但荷兰国在组织上和方向上要比英国更加偏向资本主义。当然在整个 17 世纪和 18 世纪，英国在结构上和定位上自始至终要比欧洲的其他领土主义统治国家更加偏向资本主义。

在 17 世纪侵吞正在解体的伊比利亚领土帝国的战利品的斗争中，荷兰国比较严格的资本主义结构和定位赋予荷兰资本具有决定性意义的竞争优势。但是，一旦那些领土主义统治国家本身在结构和定位上变得更加偏向资本主义，将自己的命运寄托在海外商业扩张方面，从而走上了荷兰的发展道路，就像它们从 17 世纪末期起所做的那样，那么荷兰国极其单薄的结构就从具有决定性意义的竞争优势变成难以克服的不利条件。在随后为争夺世界商业霸主地位的斗争中，竞争优势转到了那些国内正在实行资本主义的领土主义统治国家一边。就是在这个时刻，由于英国在国内实行资本主义方面比任何别的领土主义统治国家走前一步，改变而又没有失去领土主义统治的倾向，因此它处于领先位置。

凯恩和霍普金斯（Cain and Hopkins 1980：471）已经指出，1757 年东印度公司在普拉西取得军事胜利以后进行掠夺，"并没有（像有些人认为的那样）引发工业革命，但确实帮助英国从荷兰人手里买回了国债"。我们的分析完全证实了这种观点，但要补充一点新的看法。

普拉西战役不可能也没有引发"工业革命"。道理非常简单，那个名字所包含的内容，是一个历史进程的第三个也是最后一个关头，它早在几个世纪之前已经开始。这一历史进程的三个关头在英国都是工业迅速扩张的时期——至少按照每次扩张发生的时候的标准来看是这样——在整个资本主义世界经济中都是金融扩张时期。第一个关头是英国纺织工业的迅速扩张，它发生在 14 世纪末 15 世纪初佛罗伦萨带头的金融扩张时期；第二个关头是英国金属工业的迅速扩张，它发生在 16 世纪末 17 世纪初热那亚带头的金融扩张时期；第三个关头——所谓的工业革命——是英国纺织工业和金属工业同时迅速扩张，它发生在 18 世纪荷兰带头的金融扩展时期。

内夫强调，这第三个关头利用了在第二个关头积累起来的工业和商业技术；第二个关头与第一个关头的关系很可能也是如此。然而，我们的观点始终是，连接英国工业扩张这三个关头的主要历史纽带不是本地的，而是体系的纽带。也就是说，英国工业扩张的每个关头都是资本主义世界经济正在进行的金融扩张、重建和改组工作的组成部分。在这方面，英国从一开始就是一名成员。几个金融扩张时期都是对欧洲贸易和积累体系中的政府和商业体制增加竞争压力的关头。在这种压力之下，工农业生产在有些地方衰落，在有些地方发展，主要看这些地方在变化中的世界经济结构中是处于有利地位还是不利地位。在所有这三次金融扩张中，由于英国具有"天赐的"历史和地理条件，因此特别适于进行这种或那种工业扩张。

英国统治集团不是被动地接受这些天赐礼物，以及随之而来的周期性的工业急速扩张现象。爱德华三世在第一金融扩张时期用武力摧毁了佛兰德斯的织布工业，极大地推动了英国纺织工业生产的发展，力图提高英国在欧洲世界经济的附加值等级体系中的地位。伊丽莎白一世想要照此办理，但是采用放慢纺织工业发展速度和鼓励发展军火工业和奢侈品工业的办法。然而，要使英国工业主义从根本上摆脱先是对意大利资本主义，后是对荷兰资本主义的从属地位，无论是爱德华的发展政策，还是伊丽莎白有选择的限制政策都不能起到根本性作用。

英国最后之所以能摆脱这种从属地位，成为资本主义世界经济新的领导者和组织者，不是因为它的工业在拿破仑战争时期有了新的突飞猛进的发展，而是因为英国人以前把精力和资源从工业主义转到了海外商业和领土扩张。在 1640 年以后的一个世纪里，英国工业停止扩张（内夫对此感到迷惑不解）；这在某种程度上反映了威斯特伐利亚以后欧洲世界经济发生了关键性的变化。但是，这也反映了英国人集中精力和资源，想要完成将转口贸易的控制权从荷兰人手中转移到英国人手中的任务，以便使英国扩张财富和权力的一个主要障碍变成那种扩张的一件强大武器。只要阿姆斯特丹仍是世界贸易的集散中心，荷兰商业在高附加值工业方面的竞争力，很容易超过像威尼斯或英国这样工业化程度更高的国家的生产商。但是，一旦英国——它已经是欧洲世界经济中工业化程度最高的国家——成为世界贸易的集散中心，而且规模比以往任何时候都要大，那么英国商业的竞争力在比荷兰商业大得多的工业范围里就变得无可匹敌。

在这个时候，我们回过头来看，伊丽莎白一世把从西班牙手里劫掠来的财富投资于稳定英镑和建立合资特许公司，以促进海外商业和领土扩张，这是她所进行的最佳投资。在差不多一个世纪里，这样投入的资金在许多人看来好像是一种浪费，因为英国在18世纪与荷兰人的竞争中处于难以克服的劣势，但是伊丽莎白的（或者格雷欣的）远见卓识此刻得到了充分证实。在威廉三世统治时期，英国再次确认并巩固了伊丽莎白建立的稳定的货币的传统，这样就确保了英国的剩余资本投资于英国国债，而且英国在国际权力斗争最决定性的时刻引入了荷兰资本。而当英国面临保护成本迅速增加的局面，很可能不堪负担预算和支付国内外投资者国际收支的利息的时候，伊丽莎白早先投资于黎凡特公司——英国的东印度公司——的4.2万英镑战利品开始以从印度抢劫和勒索来的钱财的形式产生回报。这种回报是任何别的相当规模的投资——无论是在工业方面还是别的方面——都无法产生的。

这才是洗劫普拉西的真正的历史意义所在。随着伦敦替代阿姆斯特丹成为世界贸易的集散中心，英国工业开始源源不断地产生远远超过其可再吸收的资金，因此在18世纪末的大扩张中英国既不需要也无处使用在普拉西战役中掠夺来的财富。但是，在英国大金融资本领域，英国还是非常需要和有处可用这笔财富以及源源不断的帝国贡金。这类贡金才刚刚开始交来。来自印度和其他殖民地的帝国贡金，在欧洲权力斗争的关键时刻巩固了英国的信用等级，而且让英国一劳永逸地摆脱了对外国资本的依赖和从属地位，最后使格雷欣的梦想成为现实。英国国家和英国资本可以向全世界表明，它们组成团结一致的民族集团以后，每一方都从中获得了多么大的权力。这种民族集团的权力主要是建立在帝国的基础之上的；可以肯定，格雷欣对此既不会感到意外，也不会不高兴，更不用说伊丽莎白一世了。

215

　　拿破仑战争结束的时候，贸易委员会主席赫斯基森认为，重新建立在战争时期中断的金本位，可以使英国成为 19 世纪的威尼斯。他是在用比喻的方法论说政府和商业取得的无与伦比的成功。虽然威尼斯共和国刚刚从欧洲地图上被抹去，它将近 1000 年的政治稳定（无论在经济繁荣时期还是在经济萧条时期），以及政府和商业理智和谐结合的历史，依然在赫斯基森的同时代人的脑海里产生一种在立国和赚钱活动方面同时取得成功的形象。这种成功是没有哪个城邦国家，尤其是混乱不堪的热那亚，或哪个民族国家，特别是铺张浪费的西班牙，可以与之相比的。假如提名热那亚或西班牙，甚至半民族国家荷兰作为下一世纪英国效仿的榜样，那确实就为贸易委员会提倡的政策做了个十分差劲的广告。

　　然而，到拿破仑战争结束的时候，英国国家和英国资本已经形成这样的特色。它们在某种程度上遵守威尼斯的有关原则的同时，流露出 16 世纪热那亚和西班牙那种声誉欠佳的有关原则的迹象。在一个多世纪里，英格兰银行重新具备了圣乔治商行的主要特色。但是，尤其是在 18 世纪末 19 世纪初的对法战争时期，热那亚 - 伊比利亚的有关原则才在英国政府和商业体制的战略和结构中占据主要地位。

　　一方面，英国倾向于"将与其税收极其不成比例的钱财用于战争，（以便）把具有决定性意义的那部分船只和人员投入与法国及其盟国的斗争"（Dickson 1967:9）。这就意味着"那个国家已经把自己……以每年三倍于革命战争之前的国家收入的价钱，抵押给了它社会中一个新的阶级，即食利者，公债持有人"（Jenks 1938：17）。这种使国家在极大程度上服务于严格意义上的金融利益的做法，本身就使英国很像是西班牙和热那亚的一个综合体，而不大像威尼斯。更加重要的是，由于战时的巨大赤字开支，以及这种开支的地理分配，伦敦城有了一个外国商业联系网，从而使它成了 16 **216** 世纪跨越地域的热那亚"（金融）民族"的继承者。

公债的增加，以及由伦敦颁发的合同和许可证对资金和货物流动所发挥的支配性作用，给英格兰银行的资源带来了沉重的压力。由于银行无力应付这种局面，英国政府不得不"更加大胆地转向私人银行，以及那些开始以'商人银行家'著称的商人"（Jenks 1938:18）。尤其是商人银行家，对管理和调节英国的战时开支起了绝对关键的作用：

> 几乎全部的战争开支都是由国外满足的。以黄金或物资为形式的贷款或税收，肯定供英国及其在战场上的盟国所用。只有商人通过他们的外国同行才能提供这种服务。他们可以动用运来支付在西班牙交货的印花棉布的墨西哥金元来负担在佛兰德斯的军饷。他们可以从约克郡调集布匹，从设菲尔德调集军刀和滑膛枪，从爱尔兰调集马匹，然后在里雅斯特交货，供奥地利战役之用。由于他们可以按照合同使用政府的货币，他们提供的这种援助是极其宝贵的。他们跟银行家一起，集体对国家贷款投标；他们如果中标，就可以支配全部收入……外国汇款业务与国内汇款业务合二为一；随着商品按照合同或委托在市场上流动，两者也就不间断地开展下去，而在那个市场上，战争需要是个决定性的因素。而这一切都是由外汇流动、纸币流通，以及贷款的涨落编织而成的。（Jenks 1938:18-19）

在此过程中，有一种十分熟悉的现象。热那亚商人银行家的交易会使腓力二世在 16 世纪下半叶发动了无休止的战争。那些银行家会在利兰·詹克斯描绘的流动空间中产生回到老家的感觉。在这方面，在拿破仑战争中形成的英国商业结构，也更像 16 世纪热那亚的商业结构，而不大像威尼斯历史上任何时候的商业结构。

当然，16 世纪热那亚的和 19 世纪英国的流动空间有着重要的差异。英国的流动空间范围更大，更加复杂；此外，对于两者在战争与和平年代都提供服务的帝国权力体系来说，热那亚的空间是在"外部"，而英国的空间是在"内部"。热那亚的空间对于西班牙帝国来说是在外部——起初是在流动的贝桑松交易会，后来是在皮亚琴察交易会。相反，英国的流动空间是在伦敦，它正好也是大英帝国的中心。这种差异反映了这么一个事实：热那亚体制是以两个自治组织——热那亚资本主义"（金融）民族"和西班牙领土主义统治"（金融）民族"之间的政治交换关系为基础的。而英国体制是建立在伦敦城和英国政府之间的政治交换关系的基础之上的，两者属于同一个民族国家，即联合王国。

热那亚的和英国的世界性商业体系之间还存在职能上的差异。两者都是为战争服务而建立的。但是，热那亚体系在它的整个进程中始终为战争提供服务，而英国体系则始终为英国的百年和平提供服务。

布罗代尔好像觉得，假如西班牙实现了它的帝国野心，热那亚体系也许会起到同样作用。他提过许多修辞性问句，上述意思体现在其中的两句里：

> 即使查尔斯五世能够实现心愿（就像当时所有人道主义者所希望的那样），难道已经在新欧洲的主要城市确立的资本主义……不会以什么办法防止受到伤害？通过操纵菲利普二世"皇帝"的财政，而不是菲利普二世国王的财政，热那亚难道不是一样会控制欧洲交易会的买卖？（Braudel 1984:56）

在一个永远没有出现过的在西班牙强权之下的太平世界，什么样的历史条件的结合会促进和维持热那亚商业体系的自我扩张？我们永远不会知道这个问题的答案。然而，我们确实知道，在 19 世纪，类似的英国体系的职能从为战争提供服务转向为和平提供服务，是通过一次重大的行动改组而发生了。我们还知道，在这种改组的过程中，英国作为世界车间的作用起到了关键性的作用。斯坦利·查普曼（Stanley Chapman 1984）说，罗斯柴尔德家族之所以能上升为伦敦城的头号商业组织，并不是因为它在伦敦城里操纵了国家财政，而是因为它在英国最富活力的工业区操纵了海外的原料采购（最令人注目的是原棉）和海外的产品销售活动。

英国在 19 世纪行使的"车间"和"集散中心"的职能不是互相矛盾的。恰恰相反，两者在建立世界市场的同一过程中是相辅相成、互相促进的。这个过程一直是我们时代的源泉和母体，并将成为第四章开头部分的主题。然而，在我们接着往下论述之前，让我们先停下来揭示一个逻辑。这个逻辑似乎构成了体系积累周期循环往复的和一个周期向另一周期过渡的基础。

218

回顾和预述

熊彼特（Schumpeter 1954:163）曾经说过，就资本主义发展而论，一个世纪是一段"较短的时间"。实际上，就资本主义世界经济而论，一个世纪甚至还称不上是一段"较短的时间"。因此，沃勒斯坦（Wallerstein 1974a，1974b）借用布罗代尔"漫长的 16 世纪"（1450～1640 年）的概念作为合适的单位，来分析他的历史分析架构中所谓的资本主义世界经济的第一（形成）阶段。霍布斯鲍姆（Hobsbawm 1987:8－9）同样谈到把"漫长的 19 世纪"

（1776～1914 年）作为合适的时间框架，来分析他认为的历史资本主义的资产阶级 – 自由主义（英国）阶段。

这里，我们以类似的方式用"漫长的 20 世纪"的概念作为时间框架，来分析第四（美国）体系积累周期的机构和结构的兴起、全面扩张和最终取代。就其本身而论，漫长的 20 世纪不过是一根链子上最近的一个环节。这根链子由几个彼此部分重叠的阶段组成，每个阶段都包括一个漫长的世纪；通过这些阶段，欧洲资本主义世界经济已经开始把整个地球纳入一个密集的交换体系。这些阶段以及这些阶段所包括的几个漫长的世纪都是互相重叠的，因为作为一种规律，每一阶段典型的积累机构和结构在前一阶段的金融扩张阶段已经在资本主义世界经济中占据了主导地位。从这种观点来看，第四（美国）体系积累周期也不例外。这个周期和阶段典型的政府和商业体制的产生过程，是前一（英国）周期和阶段的政府和商业体制被取代过程的组成部分。这一取代过程开始于1873～1896 年的大萧条和随之而来的英国资本积累体制的金融扩张时期。

图 9 显示了我们在讨论前三次体系积累周期时所采用的时间格局，并将其扩大，以便把今天已经成为现实的第四（美国）周期包括进去。这里勾画出的历史资本主义的时间曲线，主要表明所有漫长的世纪都具有类似的结构。这些图形都包括三个明确无误的分段或者时期。（1）第一金融扩张时期（从 S_{n-1} 延伸到 T_{n-1}）：在此过程中，新的积累体制在旧的体制内部发展，这种发展是后者全面扩张和内部矛盾的不可分割的组成部分；（2）新的积累体制巩固和进一步发展时期（从 T_{n-1} 延伸到 S_n）：在此过程中，它的主要机构推动和监管整个世界经济的物质扩张，并从中获利；（3）第二金融扩张时期（从 S_n 延伸到 T_n）：在此过程中，那个全面发展的体

制的内部矛盾，为产生与之竞争的别的体制创造了空间，并因此继续加深，其中一种体制最后（即到了 T_n 的时候）成为新的占主导地位的体制。

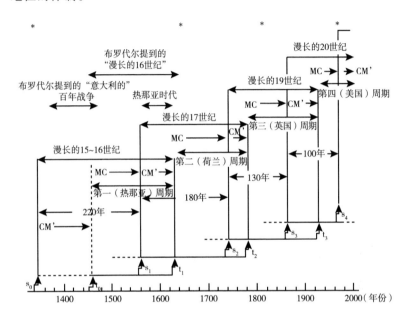

图9　漫长的世纪和体系积累周期

注：布罗代尔"漫长周期"的峰值。

我们借用门什（Mensch 1979：75）的说法，把每次金融扩张——因此也就是每个漫长的世纪——的开始阶段，称作那个占主导地位的积累体制的"信号危机"（图9中的 S_1、S_2、S_3 和 S_4）。就是在这个时候，体系积累过程的主导机构开始越来越多地将资本从贸易和生产转向金融买卖和投机。这种转移体现了一次"危机"，意思是：它标志着一个"转折点"，一个"决定性的关键时刻"；体系资本积累过程的主导机构通过这种转移表明，它对剩余资本重新投资于世界经济的物质扩张之中能否继续获利做出了否定的判断，同时对通过更加专门从事大金融资本投资能否在时间和空间上延长它的领导和主导地位做出了肯定的判断。这种危机是一场体系深处的危机的"信号"。然而，转向大金融资本可以暂时阻止这场危机的爆发。事实上，这种转变还能起到更多的作用：它可以把物质扩张的末期变成一个"美妙时刻"，物质扩张的促进者和组织者能够继续获得财富和势力。它在四次体系积累周期中都起到了这种作用，只是程度不同、方法不同而已。

不管这个时刻对于那些在世界经济的物质扩张末期得到最大好处的人来说有多么美妙，这绝不表示已经永远克服了根深蒂固的体系危机。恰恰相反，它总是危机加深和一种新的积累体制最终取代那种仍占主导地位的积累体制的前奏曲。我们把这个或这一系列导致最后取代的事件称作那个占主导地位的积累体制的"临终危机"（图 9 中的 t_1、t_2 和 t_3）。我们用它来表示那个体制实现兴起、全面扩张和灭亡过程的漫长世纪的结束。

像所有前几个漫长世纪一样，漫长的 20 世纪也包括三个明确无误的阶段。第一阶段始于 19 世纪 70 年代，终于 20 世纪 30 年代末，也就是说，从英国积累体制的信号危机开始到临终危机结束。第二阶段始于英国积累体制的临终危机，终于美国积累体制的信号危机，后者我们可以确定在 1970 年前后。第三阶段，也就是最后阶段，从 1970 年延续到美国积累体制的临终危机。就我们所知，后一种危机还没有发生。因此，分析这个阶段，实际上就是把现在和未来作为一种正在进行的历史进程的组成部分来研究。与所有以前的体系积累周期的结束（CM′）阶段相比，这个进程既出现了新鲜的成分，也包含了重复的成分。

我们从历史的角度来这样研究现在和未来的时候，主要关心的

220

将是为两个密切相关的问题提供某种貌似有理的答案：（1）是什么力量正在促成美国积累体制的临终危机，这种危机估计在什么时候发生，漫长的 20 世纪到什么时候结束？（2）一旦漫长的 20 世纪结束，资本主义世界经济会有什么别的可供选择的发展道路？为了替这两个问题寻找貌似有理的答案，我们将利用图 9 中所勾画出的时间曲线的第二个要素。这就是在绪论中已经提到的资本主义历史步伐加快的时期。

虽然图 9 描绘的几个漫长的世纪都包括三个类似的时期，都超过 100 年，但它们在时间上缩短了。也就是说，当我们的视线从资本主义发展的前几个阶段向后几个阶段移动的时候，我们发现体系积累周期从兴起、全面扩张到遭到取代的过程所需的时间越来越短。 221

有两种办法来计算这一现象。第一种是计算几个漫长世纪本身的长度。我们所谓的漫长的 15～16 世纪差不多包括布罗代尔和沃勒斯坦所谓的"漫长的 16 世纪"，加上与之平行的"意大利的"和"英法的"百年战争的那个 100 年。在此期间，佛罗伦萨领导的金融扩张达到了顶峰，未来的热那亚积累体制的战略和结构已经形成。它始于 14 世纪 40 年代初的大危机，终于大约 290 年以后的热那亚人时代。

这是图 9 描绘的三个漫长的世纪中最长的一个世纪。漫长的 17 世纪始于 1560 年前后热那亚体制的信号危机，终于 18 世纪 80 年代荷兰体制的临终危机；这个世纪只有大约 220 年。而漫长的 19 世纪始自 1740 年前后荷兰体制的信号危机，终于 20 世纪 30 年代初英国体制的临终危机；这个世纪更短，"仅仅"190 年。

另一种衡量资本主义历史步伐加快的办法是，比较历次信号危机的间隔时间。这种办法有两个有利方面。第一，跟临终危机的日期相比，信号危机的日期远不是随心所欲的。临终危机发生在巨额融资中权力和动荡两者俱全的时期。在标志着一种体制向另一种体制过渡的一系列危机中，想要选定哪个是那个衰落中的体制的"真正的"临终危机，这绝不是一件容易的事。相反，信号危机发生在资本主义世界经济的统治地位相对稳固的时期，所以比较容易确定。因此，仅仅使用信号危机来进行衡量，要比同时使用信号危机和临终危机来进行衡量更加可靠。

不仅如此，采用比较历次信号危机的间隔时间的办法，我们不至于重复计算金融扩张的时期。我们只是获得一种看法。由于漫长的 20 世纪尚未结束，因此资本主义历史只是跨越了三个漫长的世纪。但是，由于美国积累体制的信号危机已经发生，我们有了四个从信号危机到信号危机的时期。从这四个时期，我们可以计算出各个体制从前一个体制发生信号危机之后成为主导体制开始，到自己继续从世界经济物质扩张中获取利润的能力受到限制为止所需要的时间。我们从图 9 可以看出，这段时间在逐渐减少：热那亚体制用了大约 220 年；荷兰体制用了大约 180 年；英国体制用了大约 130 年；美国体制用了大约 100 年。

虽然各个体制从上升至主导地位到达到成熟程度所需的时间在逐步减少，但是这些体制的主要机构的规模和组织复杂程度在不断增加。只要注意一下为各个体制的主要资本主义机构的"大本营"提供场所的"权力容器"（即国家）——热那亚共和国、尼德兰联邦、联合王国和美利坚合众国——后一种倾向就可以看得一清二楚了。

在热那亚体制兴起和全面扩张的时候，热那亚共和国是个面积很小、组织简单的城邦国家。它实际上只拥有很小的权力。它的社会基础四分五裂，军事方面不太靠得住。按照一般标准来看，它跟当时的所有强国相比是个弱国。其中，它的宿敌威尼斯的实力依然比较靠前。然而，由于它拥有覆盖面很大的商业网络和金融网络，组成超越地域的"国家"的热那亚资产阶级可以与欧洲最强大的领土主义统治国家平起平坐，把这些统治者为流动资本的残酷竞争化为自己资本的自我扩张的强大动力。

在荷兰积累体制兴起和全面扩张的时候，尼德兰联邦是一种大杂烩组织，结合了正在消失的城邦国家的某些特点和正在崛起的民族国家的某些特点。与热那亚共和国相比，尼德兰联邦是一个更大、更复杂的组织，"容纳"了足够的力量从西班牙帝国的手里赢得独立，在后者的海上和领土帝国中开辟一个高利润的商业前哨帝国，遏制英国在海上的军事挑战和法国在陆上的军事挑战。由于荷兰国比热那亚人拥有更大的权力，荷兰资产阶级能够做到热那亚人已经做到的事情——把为流动资本的国际竞争变为自己资本的自我扩张的动力——而又无须像热那亚人那样从领土主义统治国家那里"购买"保护。

在英国积累体制兴起和全面扩张的时候，英国不仅是个全面发展的民族国家，因而是个比尼德兰联邦更大、更复杂的组织；而且它正在征服一个世界范围的商业和领土帝国，因而它的统治集团和资产阶级获得了对世界人力和自然资源的无与伦比的支配权。这就使英国资产阶级能够做到荷兰人已经做到的事情——把为流动资本的国际竞争变为自己的有利条件，"生产"自己资本的自我扩张所需的全部保护，而又无须依赖外国的，往往是敌对的领土主义统治组织来从事作为自己有利可图的商业活动基础的大部分工农业生产。

最后，在美国积累体制兴起和全面扩张的时候，美国在某种程度上已经胜过一个全面发展的民族国家。它是个横跨大陆的军事－工业联合体，有足够的力量来向广大附属国和盟国政府提供有效保护，对世界任何地方的不友好政府实施经济上遏制和军事上消灭的

223

有效威胁。这种权力是由它自己的领土面积、大陆岛国性质和自然财富等因素结合一起产生的，使美国资产阶级不仅能像英国资产阶级已经做到的那样把保护成本和生产成本"内部化"，而且能把销售成本"内部化"，也就是说，它在国内拥有资本的自我扩张所依赖的市场。

资本主义历史上主要机构的规模、复杂性和权力的稳步增长，在某种程度上被图 9 中描绘的时间序列的另一个特征所掩盖。那就是体系积累周期的顺序发展所特有的双向运动——同时向前和向后运动。我们在讨论前三次周期的时候已经强调过，在成本内部化的过程中，一种新的积累体制每向前跨出一步，都涉及被前一体制所取代的政府和商业战略和结构的复兴。

因此，与热那亚积累体制相比，荷兰积累体制是通过恢复已被热那亚体制取代的威尼斯国家垄断资本主义的战略和结构来实现保护成本内部化的。同样，与荷兰积累体制相比，英国积累体制通过以一种新的、范围更大的和更加复杂的形式恢复了热那亚的国际资本主义和伊比利亚全球领土主义统治，实现了生产成本的内部化，而这两者的联合体已被荷兰积累体制所取代。我们在第一章里已经提到，第四章会进一步阐述，随着美国积累体制的兴起和全面扩张，同一模式已经重复出现。美国积累体制通过以一种新的、规模更大的和更加复杂的形式恢复了已被英国体制取代的荷兰股份资本主义的战略和结构，实现了销售成本的内部化。

这种反复恢复先前已被取代的积累战略和体制的现象，在"世界－帝国"组织和"公司－国家"组织之间产生了一种钟摆似的前后运动，前者是"松散型"体制的典型，如热那亚体制和英国体制，后者是"密集型"体制的典型，如荷兰体制和美国体制。热那亚和英国的"世界－帝国"体制是松散型的，意思是：它们完成了资本主义世界经济的大部分地理扩张任务。在热那亚体制之下，世界被"发现"了；在英国体制之下，世界被"征服"了。

相反，荷兰和美国的"公司－国家"体制是密集型的，意思是：它们完成了资本主义世界经济的地理整合而不是地理扩张任务。在荷兰体制之下，主要由热那亚人的伊比利亚合伙人"发现"的世界被整合为一个以阿姆斯特丹为中心的商业转口港和股份特许公司。而在美国体制之下，主要由英国人本身"征服"的世界被整合为一个以美国为中心的国家市场和跨国公司体系。

松散型体制和密集型体制如此交替出现，很自然使我们看不到体系资本积累过程的主要机构在扩大范围、复杂程度和权力方面的真正长期的基本倾向。当钟摆向松散型体制摆动的时候，比如在荷兰体制向英国体制过渡的时候，那种基本倾向就得到放大。而当钟摆向密集型体制摆动的时候，比如在热那亚体制向荷兰体制过渡和英国体制向美国体制过渡的时候，那种基本倾向就不像实际存在的那么明显。

然而，如果我们把这两种松散型的和两种密集型的体制进行比较，即把热那亚体制与英国体制进行比较，把荷兰体制与美国体制进行比较，从而熟悉了这些摆动，那种基本倾向就一清二楚了。历史资本主义发展成为一种世界制度，是以由政府和商业组织组成的更加强大的世界－帝国（或公司－国家）集团为基础的。这些组织具有扩大（或加深）资本主义世界经济的功能和空间范围的能力。然而，这些集团变得越是强大，它们所产生的积累体制的生命周期就越短。生命周期是指这些体制从前一个占主导地位的体制的危机中产生，自己成为占主导地位的体制，到一次新的金融扩张开始时达到自己的极限所需要的时间。英国积累体制的这段时间是130年，比热那亚积累体制少了大约40%；美国积累体制的这段时间是 100 年，比荷兰积累体制少了大约 45%。

225　　资本主义发展的这种模式——那种使积累体制力量的增长与它们生命周期的缩短发生关系的模式——使人想起了马克思的论点："资本主义生产的真正障碍是资本本身。"资本主义生产在不断克服它的内在障碍的过程中，"只能采用使这些障碍在更大规模上再次妨碍它的发展的办法"（Marx 1962:245）：

> 笼统说来，矛盾在于，资本主义生产形式包含着一种朝生产力绝对发展的倾向……无论资本主义生产在什么社会环境下进行；而另外，它的目的是要维持现有资本的价值，促使它的自我扩张（即促使这种价值不停地快速增长）……资本和资本的自我扩张看来就是起点和终点，就是生产的动力和目的；生产只是为资本而生产，不是相反……这种手段——无条件地发展社会生产力——不断跟资本的自我扩张这个有限的目的发生冲突。因此，（即使）资本主义生产形式是发展物质生产力和创造一个适当的世界市场的历史手段，（它）也是这种……历史任务与它自己相应的社会生产关系之间的一种连续不断的冲突。（Marx 1962:244-245）

事实上，我们可以用更加笼统的话来重新阐述资本的自我扩张跟发展物质生产力和适当的世界市场之间的这种矛盾。因为历史资本主义作为一种世界积累制度，只是在第三（英国）发展阶段才成为一种"生产模式"。那就是说，它实现了生产成本的内部化。然而，至于资本主义发展的真正障碍是资本本身，现有资本的自我扩张跟世界经济的物质扩张和创造适当的世界市场经常处于紧张状态，并且反复进行公开对抗。显而易见，所有这一切在前两个发展阶段显然已经在起作用，尽管资本积累的主要机构持续地将工农业生产在世界范围内推进其外部化。

在这两个阶段，对于某个特定的资本主义机构来说，世界经济的物质扩张的起点和终点都把追求利润作为最终目的。在第一阶段，即"大发现"阶段，对热那亚资本来说，在辽阔的伊比利亚帝国的疆域之内组织远程贸易，在安特卫普、里昂和塞维利亚建立一个初级的"世界市场"，不过是它实现自我扩张的手段。而到了1560年前后，当那种手段不再能为这种目的服务的时候，热那亚资本马上撤离贸易，转而专注于发展大金融资本。同样，在互不相连的、往往非常遥远的政治辖区之间从事运输贸易，把转口贸易集中在阿姆斯特丹，把高附加值工业集中在荷兰，建立一个世界性的商业前哨站和交易所网络，以及"生产"所有这些活动所需要的任何保护措施，对荷兰资本来说都不过是它实现自我扩张的几种手段。同样，到了1740年前后，当这些手段不再能为这种目的服务的时候，荷兰资本像180年前的热那亚资本一样，将它们一一抛弃，转而集中力量专门从事大金融资本投资。

从这个角度来看，在19世纪，英国资本只是重复了早在作为一种积累形式的历史资本主义同时成为一种生产形式之前业已确立的模式。唯一不同的是，除了运输、转口和其他种类的远程和短程贸易，以及有关的保护和生产活动之外，在英国周期中，采掘和制造活动——那就是说，我们早先确定为狭义上的生产的那些活动——已经成为资本自我扩张的关键手段。但是，到了1870年前后，当生产和有关的贸易活动不再能为这种目的服务的时候，英国资本就像130年前的荷兰资本和310年前的热那亚资本一样，很快转向专门从事金融投机和经纪活动。

我们将会看到，100年以后，这种模式又被美国资本重复。最

226

近这次从贸易和生产向金融投机和经纪活动的转移，跟前几个世纪三次类似的转移一样，可以被解释为反映了资本的自我扩张和世界经济的物质扩张之间存在的同一基本矛盾。这在我们的格局里相当于马克思的"（世界）社会生产力的发展"。这个矛盾就是，在所有情况下，世界经济的物质扩张主要都不过是旨在增加资本价值的手段；然而，贸易和生产的扩张届时往往会迫使利率下降，从而减少资本的价值。

所有贸易和生产的扩张都会降低利润率，从而破坏其主要基础，这不是马克思的观点，而是亚当·斯密的观点。马克思关于利润率下降趋势的"规律"的说法实际上是为了证明斯密关于资本主义的"规律"的观点过于悲观，认为资本主义的长期潜力不足以促进社会生产力的发展。在斯密的"规律"版本中，贸易和生产的扩张与机构之间不断增加的竞争是不可分割的——这种竞争提高了实际工资和租金，并压低了利润率。马克思追随斯密的观点，认为贸易和生产的扩大与各部门之间竞争的不断增加是分不开的。然而，他认为这种竞争的增加与资本集中的增加有关，尽管利润率下降了，但是资本的集中抑制了实际工资的增长，并为商业和农业工业的扩张发掘了新的机会。当然，在马克思的理论体系中，这种倾向成为更大矛盾的根源。但与此同时，资本积累促进了贸易和生产的扩张，其规模远远超出了斯密的想象。就本书的目的而言，斯密所分析的"规律"更适用于解释体系积累周期的内在动力，而马克思所分析的"规律"更适用于解释一个周期向另一个周期的过渡。

保罗·赛洛斯－拉比尼（Paolo Sylos-Labini 1976:219）指出，斯密关于利率下降的倾向的论点，在他的一段文字里描述得非常清楚。对此，李嘉图和马克思都是全盘接受的。它早于熊彼特关于创新的论点：

> 　　任何新的制造业、任何新的商业部门，或任何新的农业操作方式的建立，从来都是一种投机，实施者指望从中获取巨额利润。有时，这种利润很大；有时，更经常是，情况也许恰恰相反。但是，总的说来，这种利润跟同一地区其他老的行业的利润构成不同寻常的比例。如果那个项目取得成功，它的利润起初一般很高。而当那个行业或操作方式已经完全建立，变得人人皆知的时候，竞争就使利润减少到其他行业的水平。（Smith 1961：vol. 1，128）

　　利润减少的程度可能高也可能低，这取决于商业企业能否通过私人协议或政府管理来限制别的企业进入它们的经营领域。如果它们不能做到这一点，考虑到在贸易和生产中使用资本所包含的风险，利润将会低到被认为是"可以承受的"水平。但是，如果它们能够限制别的企业进入自己的经营领域，保持市场供应不足，那么利润会比它们"可以承受的"水平高得多。如果出现第一种情况，贸易和生产的扩张由于利润太低而自动停止；如果出现第二种情况，贸易和生产的扩张由于资本主义企业倾向于把利润保持在尽可能高的水平上而被迫停止（参见 Sylos-Labini 1976：第 216～220 页）。

228

　　斯密在阐述这种论点时特别参照某个特定的政治辖区内发生的贸易扩张。但是，也可以轻而易举地参照包括多个辖区的一种贸易制度的扩张来重新阐述这种论点。这就是约翰·希克斯在他关于城邦体系的商业扩张的理论论述中所阐述的。希克斯认为，一种有利可图的贸易不断鼓励把利润反复投资于它的进一步扩张。然而，为了从供应商那里获得更多的原料，那个进行扩张的机构必须向他们出较高的价钱；为了把更多的成品卖给对方，它必须接受较低的价钱。这样，随着越来越多的利润需要重新投资于贸易和生产，卖价和买价之间的差距往往渐渐缩小，贸易的扩张速度也渐渐放慢（Hicks 1969：45）。

在历史上，重大的贸易扩张之所以能够发生，只是因为某个机构或许多机构一起找到了阻止或抵消利润幅度减小的方法。这种减小是把越来越多的货币经过业已建立的贸易渠道投资于采购和销售商品之中的必然结果。一般说来，最重要的向来是这种或那种贸易的多样化。希克斯说："努力寻找新的贸易目标和新的贸易渠道是商人非常基本的特点。这种活动使他们成了创新者。"（Hicks 1969：45）贸易多样化可以预先防止利润幅度的减小，因为在把剩余资本重新投资到进一步扩张贸易的过程中，不会从同一些供应商那里增加对同一种原料的需要（因而不会产生促使采购价上涨的压力），也不会造成向同一批顾客供应更多数量的同一种产品的结果（因而不会产生促使销售价下跌的压力），或者不会出现其中的一种情况。相反，由于贸易体系里增加了新的原料和产品，或者新的供应商和顾客，或者两者兼有，扩张得以继续进行，因此越来越多的利润可以投资到贸易和生产扩张中去，而又不至于产生缩小利润空间的压力。

希克斯强调，多样化的贸易并不仅仅是几种简单贸易的结合。在贸易目标和贸易渠道方面的革新改变了贸易体系本身，因此把利润重新投资于进一步贸易扩张之中所获得的赢利很可能不是减少，而是增加。正如"在一个新的地区建立殖民地的时候，首先占领的绝不是最好的土地"，所以，"开辟的第一批贸易机会也绝不一定被证明是最有利可图的机会；前方可能还有更加有利可图的机会，但是要等探测到较近的机会之后才可能发现它们"（Hicks 1969：47）。

换句话说，只有把贸易体系的疆域不断在空间上往前推进，那些进行扩张的机构才能为发现前方更加有利可图的机会创造条件。在历史上，在空间上拓宽资本主义世界经济疆域的过程主要发生在热那亚体制和英国体制时期。由于资本主义世界经济在这两种松散型体制下扩张了地理空间，可以进行投资而又不会缩小利润空间的商品数量、范围和品种突然成倍增加，从而为16世纪初和19世纪中叶的商业大扩张创造了条件。

即使买卖价格之间的差距在缩小，贸易的赢利能力以及将利润用于扩大贸易的欲望仍然会增加。随着贸易额的不断增长，新的劳动分工在贸易中心之间和内部得到发展，结果就减少了它们经营活动的成本和风险。由于单位成本的减少，利润往往能够保持一个很高的水平，即使采购价和销售价之间的差距在不断缩小；由于风险的减少，这些贸易中心往往愿意把利润重新投资到贸易扩张中去，即使净利润在不断减少。在松散型体制之下，最重要的降低成本措施对于这些中心来说是"外部的"，那就是说，应当归因于它们属于一个较大的贸易团体而获得的有利条件；在密集型体制之下，这些降低成本措施对那些中心来说大多是"内部的"，那就是说，应当归因于它们自身变得更加强大而获得的有利条件。无论哪种情况，如果想在任何时间进行贸易大扩张，外部和内部的降低成本措施的某种结合是不可缺少的。（参见 Hicks 1969：第47~48页）

由此可见，资本主义世界经济的一切物质扩张都是由两种截然相反的趋势所塑造的。一方面，在有限的组织扩张能力的约束下，不断增长的利润在空间领域进行常规再投资的影响下，存在潜在的利润空间缩小的趋势。无论是否"可见"，这种趋势都对赢利能力产生了持续的下行拉力，从而对扩张的力量产生了负面影响。另一方面，由于贸易数量和密度的增加所产生的内部和外部的成本降低，有降低经营成本和风险的趋势。这一趋势推动了赢利能力的提高，从而推动了在空间和时间上的扩张。

希克斯说："人们不禁设想，必定有一个这种力量占主导地位的阶段，接着必定是一个那种力量占主导地位的阶段，即一个扩张阶段，接着是一个停滞阶段。"（Hicks 1969：56）希克斯不大情愿屈服于这种引诱，并且告诫我们不要"轻易以时间顺序来识别逻辑过程"。虽然一个扩张阶段之后确实可能会有一个停滞阶段，但是"也可能在短暂停顿之后新的机会出现，因此扩张得以恢复"。在他的格局中，停滞只是一种可能性。不可避免的倒是会出现"停顿"。

根据这种概念，世界经济的物质扩张可以用一条或几条 S 形的轨线（所谓的算术运算）来表示，每条轨线包括一个赢利不断增加的 A 阶段和一个赢利不断减少的 B 阶段，随着扩张接近上面那条渐近线 K，后者进入"停滞"时期（见图 10）。希克斯倾向于认为，贸易扩张包括一系列互相连接的 S 形曲线，中间隔着很长的"停顿"，在此期间，扩张放慢速度或者完全停止（见图 11）。这一系列互相连接的轨线本身上面是否也有一条渐近线，希克斯对这个问题不置可否，在图 11 中用带括号的问号表示。

希克斯的概念（Hicks 1969：56）涉及"体现在城邦国家制度中的那种最初形式的"世界经济（他所谓的商业经济）。鉴于这种经济在 14 世纪末 15 世纪初的金融扩张以后再也没有经历过一次全面的物质扩张，他不愿意以时间顺序来识别逻辑过程的态度是令人感到意外的。当资本主义世界经济在 15 世纪末 16 世纪初进入一个物质扩张的新阶段时，它不再体现在城邦国家制度之中，而是体现在不再是国家的"（金融）民族"和还不是民族国家的国家制度之

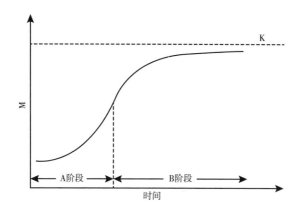

图 10　贸易扩张的典型轨迹

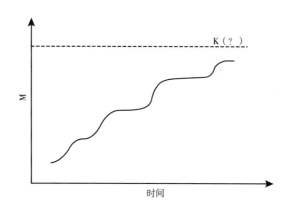

图 11　希克斯连续的贸易扩张的模型

中。而当物质扩张变成金融扩张的时候，这种制度本身又马上开始被一种新的组织结构取代。

　　总的来说，我们在分析体系积累周期的过程中已经表明，资本主义世界经济的每次物质扩张都是以一种特定的组织结构为基础的，而这种组织结构的生命力又渐渐遭到扩张本身的破坏。从下列事实可以看出这种倾向：这些扩张都在以这种或那种形式受到产生这些扩张的力量的限制，因此这些力量变得越强，扩张中止的倾向也就越强。说得更加具体一点，在不断增长的或很高水平的赢利的影响之下，越来越多的大资本想要重新投资到贸易中去，这时候，保持回报率上升或高企所需的经济空间被越来越多地缩小直至消231 失，借用大卫·哈维（David Harvey 1985；1989：205）的话来说，它"随着时间的过去而被消灭了"。而当贸易和积累中心试图通过业务多样化来对抗收益递减时，它们也消灭了地理上的和功能上的距离，而这种距离一直使它们在多少受到良好保护的市场里互相不受干扰。作为这种双重倾向的结果，中心之间的合作由日趋剧烈的竞争所取代，从而中心减少了利润，最后摧毁了作为前一次物质扩张的基础的组织结构。

　　一般说来，赢利增长和扩张加速的 A 阶段跟赢利减少和扩张放慢的 B 阶段之间的转折点出现，不是由于在马克思所谓的"生232 产过剩危机"中缺少想要投资于商品的资本，而是由于在马克思所谓的"积累过剩危机"中这类资本的过分丰富。已经投资或想要投资于商品买卖的资本已经过剩，或者超过了不会导致利率下降的投资水平。而只要有一部分这种剩余资本没有被排挤出去，总的利率率往往就会下降，地区之间和各行各业之间的竞争就会加剧：

　　　　一部分旧的资本无论如何都不得不闲置起来……竞争斗争会决定哪一部分资本受到特别影响。只要万事顺利，竞争影响着兄弟般合作的资产阶级……因此每个（资本家）都可以从共同的战利品中分享到与各自的投资规模相当的部分利润。但是，一旦不再是分享利润的问题，而是分担成本的问题，每个资本家都想把自己的部分减少到最小程度，并且把它转嫁给别人。这样的阶级是注定要失败的。各个资本家……究竟必须分担多少（成本），这个问题要靠实力和计谋来决定。接着，敌对兄弟之间的竞争变成打架。接着，各个资本家的利益和整个资产阶级的利益之间的冲突开始表面化，正如过去这些利益之间的一致实际上是通过竞争来实现的。（Marx 1962：248）

因此，马克思也像希克斯那么认为，这两种竞争之间有着根本的区别：一种是在总资本回报率正在增长的时候，或者即使正在下降的话也仍然是很高的时候存在于积累中心之间的竞争；另一种是在赢利正在跌到开始被认为是"合理的"或"可以承受的"水平以下的时候存在的竞争。实际上，第一种竞争根本算不上是竞争。相反，这是调节许多自治中心之间关系的一种方式；这些中心实际上在互相合作，以保持贸易扩张，因为它们在这种扩张中都能得到好处，每个中心能够获利是所有中心都能获利的一个条件。相反，第二种竞争是最具实质意义的竞争，因为资本的过分积累导致资本主义组织相互侵入对方的经营领域；先前作为互相合作的条件的劳动分工已经瓦解；一个组织的损失越来越成为另一个组织的利润的条件。总而言之，竞争已经从一场正和游戏变成零和游戏（或者甚至负和游戏）。它成了你死我活的竞争，其主要目的是要迫使别的组织停止经营，即使这意味着牺牲自己的利润，只要这样做能够达到目的。

这种自相残杀的竞争斗争绝不像马克思认为的或好像认为的那样是 19 世纪的新鲜事。恰恰相反，资本主义时代从一开始就以它为特点。按照希克斯和布罗代尔的思路，我们在"意大利的"百年战争期间找到了这种竞争的第一回合。在那场旷日持久的冲突中，当时那些主要资本主义组织——意大利城邦国家——由先前泛

233

欧亚商业扩张中的合作伙伴变成了敌对的兄弟，拼命要把在一个较大贸易体系的解体过程中蒙受的损失转嫁到对方身上，尽管它们在这个体系中曾经获得过大量财富。

之后，欧洲世界经济的每次物质扩张结束时期都以类似的斗争为特点。到 16 世纪初贸易扩张结束之时，城邦国家已经不再是体系资本积累过程的领导者。它们的位置已经由以安特卫普和里昂这样的市场城市作为经营基地的商人银行家组成的超越地域的"（金融）民族"取而代之。只要贸易扩张处于上升阶段，这些"（金融）民族"在管理泛欧金融和商品市场方面就合作得像兄弟一般。但是，一旦投资于贸易的资本回报率开始急剧减少，竞争就变成对抗，兄弟也就散伙了。

到 17 世纪末 18 世纪初贸易扩张快要结束的时候，这部资本主义戏剧里又换了主角。新主角是民族国家，跟特许公司关系密切。但是，这部剧本与前几个回合的资本家之间的斗争的剧本没有两样。在 18 世纪上半叶一直比较和谐的关系在 18 世纪下半叶迅速恶化。甚至在拿破仑战争结束之前，英国已经把转口贸易的控制权集中在自己手里，东印度公司已经迫使所有的竞争对手停止经营。

资本家之间的竞争升级标志着 19 世纪中叶的贸易扩张逐渐停止；这一过程中出现的唯一新鲜事物是，有大约 25 年时间，商业企业之间的你死我活的价格竞争占据了中心舞台，而政府待在幕后。然而，到了世纪之交的时候，企业之间的你死我活的价格竞争开始由政府之间的空前规模和范围的军备竞赛取而代之。而从第一次世界大战爆发到第二次世界大战结束期间，意大利百年战争的老剧本在一个短得多的时间之内再次上演，只是在规模上、手段的数量和可怕程度上，都是以前的主角所无法想象的。

布罗代尔所谓的金融扩张，是资本家之间所有这些竞争升级的

不可分割的方面。事实上，这是资本的自我扩张和世界经济的物质
扩张之间的矛盾不断加深的主要表现和一种因素。这种矛盾可以被 234
描述为贸易扩张逻辑中的一个分叉点（见图12）。在这张图中，假
定所有的贸易利润都反复投资到贸易的进一步扩张中去的话，分叉
点之前的曲线（M）和分叉点之后的上端分支（CC'）一起表示投
资于贸易的金融资本总量的扩张。在这种纯粹是商业或贸易扩张逻
辑的假设之下——按照这种逻辑，贸易扩张本身就是目的，因此利
润被重复投资于这种活动之中——资本总量对于时间的增长率
（$\triangle M/\triangle t$，那就是说，那个逻辑的斜率），也代表了投资于贸易的
资本总量的回报率，即亚当·斯密所谓的"利润率"。

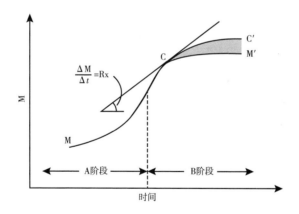

图12 贸易扩张轨迹的分支

下端逻辑符号（MM'）由分叉点之前的同一曲线（M）和分 235
叉点之后的下端分支（CM'）组成，它也表示投资于贸易的金融资
本总量的扩张。它所表示的扩张前提是，贸易利润的重新投资按照
一种严格的资本主义逻辑进行。那就是说，根据这种逻辑，金融资
本的扩张而不是贸易的扩张是利润再投资的目的。一个机构把贸易

的利润反复投资于贸易的进一步扩张，只要如此投资的资本能够赢利，那么无论怎样异想天开也不能把这种机构看作资本主义的。根据定义，一个资本主义机构，如果不是完全但也主要关心它的货币总量（M）的不停扩张；为了达到这个目的，它不断比较两种赢利：一种是把资本重新投资商品贸易以后，它有理由指望从中获得的赢利（那就是说，根据 MCM′ 公式从附加值中获得的赢利）；另一种是通过让剩余资金处于流动状态，准备将这些资金投资于某种金融交易的办法，它有理由指望从中获得的赢利（那就是说，根据简化的 MM′ 公式从附加值中获得的赢利）。

在这方面，马克思和韦伯的许多追随者认为，资本主义机构竟然被确定具有这样一种非理性和无理性的倾向的特点，即把利润重新投资于产生那些利润的企业，尤其在工厂、设备和工人工资等方面，不顾最基本的成本效益计算和功利的考虑，这是很奇怪的。这种奇怪的想法几乎不符合世界历史上任何时候或任何地方的成功的营利性企业的实际经历。它很可能源自马克思（Marx 1959:595）那句开玩笑的名言："积累啊，积累！那就是摩西和先知"，或者源自韦伯（Weber 1930:53）很严肃的论点：资本主义精神的实质就是"赚钱，赚钱……赚钱本身纯粹就是目的，因此从个人的快乐和对个人的实用价值的角度来看，这似乎是完全难以理解的，绝对缺乏理性的"。这些说法在表述其上下文中究竟是什么目的，这跟本书没有关系。然而，需要特别指出的是，熊彼特把受无理性和非理性倾向驱使的，用暴力进行不受具体的、实用的限度约束的扩张，看作资本主义之前领土主义统治机构的特点，那是错误的，而把上述这些说法看作具有世界历史意义的资本主义机构的实际表现的特点，同样是错误的。

马克思（Marx 1959:592）在说出"积累啊，积累"的名言之前不久曾经指出，"权力欲是致富欲的一个要素"。他还认为：

> 资本主义生产的进步不仅创立了一个享乐世界；随着投机和信用事业的发展，它还开辟了千百个突然致富的源泉。在一定的发展阶段上，已经习以为常的挥霍，作为炫耀富有从而取得信贷的手段，甚至成了"不幸的"资本家营业上的一种必要手段。购买奢侈品的费用被列入资本的交际费用。（Marx 1959:593 – 594）

15 世纪的佛罗伦萨资本是这样，今天的美国资本也是这样。资本积累机构是资本主义性质的，正是因为它将大量资金投资于贸易和生产，或投资于投机和信用制度——公式（MCM′或者 MM′）依靠这种办法赋予那种资金最大的再生能力——从中获取大量的、固定的利润。马克思本人指出，资本主义生产扩张本身，为把货币有利可图地投资于投机和信用制度创造了条件。

到了两种公式的再生能力被不断广泛地进行比较的程度——那就是说，到了贸易方面的投资受到一种资本主义逻辑支配的程度——贸易扩张势必以一次金融扩张宣告结束。当投资于商品贸易的资本虽然仍能赢利，但这种赢利已经降到某个关键性的比率（R_x）（即资本通过金融贸易也能获得的那种利率）以下的时候，那么越来越多的资本主义组织不再把利润重新投资于商品贸易的进一步扩张。不管它们有多少剩余资金，它们会把资金从商品贸易转向金融贸易。在这个时间点上，世界贸易扩张的路径"分成"两条概念不同的分支。上端的分支表示：假如受到严格意义上的重商主义逻辑的支配，商品贸易的扩张会是什么样子；下端的分支表示：假如受到严格意义上的资本主义逻辑的支配，贸易扩张会是什么样子。

因此，图 12 告诉我们，在商业扩张的 A 阶段，由于投资贸易的赢利不断增加，风险不断减少，资本主义组织和非资本主义组织都愿意把从贸易中获取的利润再次投资于贸易的进一步扩张。它还告诉我们，在 B 阶段，两种组织还继续把从贸易中获取的利润重新投资于贸易扩张，不过只是在赢利虽然正在下降但依然高企的情况之下。但是，随着赢利继续下降，那些更有能力或更倾向于按照纯粹的资本主义扩张逻辑办事的组织，开始从贸易中抽出剩余资本，改以货币形式进行持有——因此，它们投资于贸易的资本不再增加——而非资本主义组织继续把利润重新投资于贸易的进一步扩张，只要它们还能赢利。

按照斯密和希克斯对这种图的看法，分叉的发生主要是因为资本主义组织为了保护赢利能力，支持和实施旨在约束竞争的限制性安排。那就是说，分叉一方面表现了贸易扩张导致利润减少的趋势，另一方面表现了资本主义组织的相反趋势，通过限制进入和保持市场系统性供给不足来提高赢利能力。如果第一种倾向占了上风，贸易扩张就沿着上端的轨线（CC′）主动结束，因为利润已经降到勉强能够（忍受）的水平；但是，如果第二种倾向占了上风，贸易扩张沿着下端的轨线（CM′）被迫结束，因为资本主义组织努力使利润高出它们勉强能够（承受）的水平，并且获得成功，从而对贸易扩张施加了限制。后一种情况反映了希克斯的名言。对此，我们在分析历史的过程中已经反复提到，那就是：在贸易扩张的结束阶段，只有不把利润重新投资于贸易的进一步扩张，利润才能继续保持很高的水平。

也许有理由推测，在某个特定的政治辖区之内，"那些通常使用最大量的资本的和由于自己的财富而最受公众尊敬的人"——斯密（Smith 1961:1，278）将此看作当时大企业的特殊"阶层"，有足够的力量来建立和实施那种限制性安排，以使经济稳定在显示物质扩张停滞的下端轨线上（CM′）。但在一个由多个政治辖区组成的世界经济中，这样的假设是完全不可信的。历史上，没有一个资本主义集团有能力阻止在其他政治管辖下运作的资本主义和非资本主义组织通过增加世界对投入品的需求来提高购买价格，或通过增加世界对产出品的供应来抑制销售价格。

然而，按照韦伯首先使用的方法，我们的分析已经表明，正因为世界经济被分成许多为流动资本而进行竞争的政治辖区，资本主义机构才在世界经济的整体物质停滞时期，有了以在物质扩张时期同样的速度，甚至更快的速度继续扩大它们资本价值的最大机会。事实上，如果不是几个世纪以来对权力的追求促成了对流动资本的国际竞争，我们关于资本积累逻辑中的分叉现象的假设会是毫无意义的。因为在理论经济学的想象世界里，因买卖商品中的赢利不断减少而造成的金融资本的过量供应，也会驱使金融市场的赢利下滑，从而消除将现金流从商品转向货币交易的动机。但是，在资本主义的现实世界里，从美第奇家族时代直到今天，情况却完全不同。

在世界经济的每个金融扩张阶段，因赢利减少和把资本用于贸易和生产的风险增加而产生的金融资本的过量供应，一直跟有些组织对金融资本需求的大体上的同步增长互相适应，甚至被后者超过。对于这些组织来说，它们行动的指导原则是权力和地位，而不是利润。一般来说，面对赢利减少和把资本用于贸易和生产的风险增加，这些组织不会像资本主义组织那样灰心丧气。相反，它们通过尽可能借入资本并投资于强行征服市场、领土和人口来对冲收益的递减。

金融扩张过程中这种供需条件大致的和反复的一致性，反映出投资于贸易扩张的资本回报趋于下降，也反映出对资本主义和领土主义组织的竞争压力都在趋于加剧。这两种情况的结合最后导致有些（主要是资本主义的）机构把它们的流动资金从贸易系统转向信用系统，从而增加了可贷资金的供应量，有些（主要是领土主义统治的）机构通过借贷，寻求在一个竞争更加剧烈的环境里生存下来所需的别的金融来源，从而增加了可贷资金的需求量。因此，世界经济扩张的逻辑按照假设被分成的两条收入最大化和利润最大化的分支，但这两个分支并不描述实际的轨迹。相反，它们描述了一个由两种可供选择的、相互排斥的典型资本积累意识形态路径共存所定义的力量场，这两条路径所体现的资本积累意识形态的统一和对立是世界贸易和积累体系动荡和不稳定的根源。

单一路径意味着资本积累的利润最大化逻辑和贸易扩张的收入最大化逻辑正好重叠，互相配合。世界经济可以指望有日益增多的货币和其他支付手段想要投资贸易，从而获得发展。资本之所以能够自我扩张，是因为存在着数量不断增加、种类不断增多的专业市场可被开发。在这些市场中，越来越多的商品可以在不降低其价值的情况下买卖。沿着这条单一路径积累的资本与世界经济的物质扩张紧密相连，就像铁路的路堤扎在土里一样。在这种情况下，贸易额和资本价值两者的增长不仅迅速，而且稳定。

相反，当两条路径出现分叉时，贸易扩张逻辑和资本积累逻辑也就分道扬镳。资本积累不再嵌入世界经济的扩张之中。两种过程的增长不但放慢，而且变得很不稳定。分叉产生了极大的动荡，实际投资于贸易的资本受到几种互相冲突的力量的支配，有的要把它吸引到它原则上可以遵循的那两条可供选择的路径上来，有的要把它从那里排斥出去。一条是上端的路径，如果遵循这条路径，贸易的价值和收入将会达到最大限度；一条是下端的路径，如果遵循这条路径，利润数量和资本价值将会达到最大限度。非资本主义组织倾向于冲破因贸易扩张放慢而施加于它们谋求地位和权力的事业的限制，这种倾向往往不断把借来投资于购买商品的资本数量推往高处，接近或超出上端的路径，结果，投资于贸易和生产的资本的获利机会降到一种勉强能够"承受"的水平，或者低于这种水平，而投资于借贷和投机的资本的赢利则猛然增长。相反，面对利润下降和风险增加，资本主义组织倾向于把剩余资金撤出贸易和生产。这种趋势往往把投资于商品的大量资本不断拖到下面，接近或低于下端的路径，结果贸易和生产的利润上升，借贷和投机的利润下跌。

总之，当资本积累进入金融扩张（CM′）阶段的时候，它的路径是不稳定的，而且受到剧烈的上升和下降趋势的支配，这两种趋势反复地重新创造和摧毁投资于贸易的资本的赢利机会。资本积累过程的这种不稳定性可能是局部的、暂时的，但也可能是体系的、持久的。按照图13显示的格局，贸易资金量的下降和上升被限制在收益最大化和利润最大化扩张路径所限定的价值范围内，最终使世界经济回到稳定扩张的轨道上。按照图14显示的格局，世界经济的下行和上行并不局限于这两种典型路径所限定的数值范围，它们也不会使世界经济回到稳定扩张的轨道上来。在第二种模式中，不稳定性是自我增强的，使（始于那个特定时候的）世界经济的扩张永远停顿下来，即使稳定的扩张在原则上是可以得到恢复的，如图14中用虚线表示的那样。

这两种不稳定模式之间的区别，可以被认为是具体说明了希克斯所谓的世界经济扩张过程中的微小停顿和扩张的真正停止之间的差异。在此过程中，图13中的格局相当于一次停顿。动荡只是局

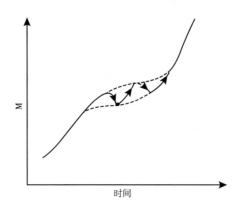

图 13　局部的动荡

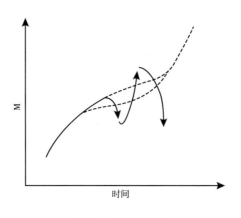

图 14　系统的动荡

部的；一旦挺得过去，稳定的扩张可以马上恢复。而图 14 中的格局相当于扩张的一次真正停止。动荡是"系统的"，始于当时的世界经济不可能重新回到稳定扩张的路径上去。

　　我们的研究一直限于后一种金融扩张。我们在这样限定论题的过程中，始终按照布罗代尔的做法，仅仅挑选几次金融扩张作为主

要资本主义发展阶段的"秋天来临的征兆"。布罗代尔在指出这种
反复出现的现象时，把注意力集中在几个非常具体的资本主义社会
形态的——"热那亚"、"荷兰"和"英国"社会的——从贸易向
金融的转移过程。有两条理由证明这种选择是正确的：第一，这些
国家在从贸易转向金融的时候，控制了最重要的远程贸易和大金融
资本体系。那就是说，在整个世界经济空间之内，那种体系在重新
安排商品和支付手段方面是最重要的；第二，这些国家在具有划时
代意义的商业扩张中一直起着带头作用，而这种扩张所能获得的赢
利已经开始减少。由于它们在各自时代的世界贸易和金融体系中的
支配和领导地位，这些国家（尤其是它们内部的集团）比任何别的
国家更加懂得应该在什么时候撤出贸易，以避免利润的灾难性下跌，
也懂得应该采取什么措施，以在接着出现的世界经济的动荡中得利，
而不是赔钱。这种高超的辨别能力——它源自它们的地位，而不是
熊彼特要我们相信的"超常的智力和意志"——使这些国家在各自
从贸易转向金融时的行动具有双重的体系性意义。

一方面，它们从贸易转向金融，可被看成是最明显的信号：停
止贸易扩张以防止扩张破坏获利机会的时候真的已经来到了。不仅
如此，这些有关国家比任何别的机构更能监测到资本主义世界经济
的总的动向，并且采取相应的行动，那就是说，在扩大金融资本的
供需过程中担任中间人和调节者。不管是否"及时"，当这些国家
开始专门从事大金融资本的时候，它们促使供需双方走到一起。因
此，它们同时加强了资本主义组织把流动资金从商品采购转向货币
借贷的趋向，以及非资本主义组织通过借贷获得它们谋求权力和地
位所需货币的趋向。

在这方面，在世界经济中占据制高点的商人银行家集团觉察到
并非它们创造的那些趋向，而只是为资本主义和非资本主义组织的

各自追求"提供服务"。同时，由于对世界市场的状况了如指掌，而且绝对控制着贸易体系的流动资产，这些集团能够把世界经济的不稳定局面变成获取大量而又稳当的投机性利润的源泉。因此，它们对缓和那种不稳定的局面毫无兴趣；实际上，它们有的还想加剧这种局面。

241　　　但无论它们是否这样做，金融扩张的主要机构从来都不是它们共同监管和利用的金融体系最终崩溃的主要原因。不稳定是结构性的，往往会产生一个自身的发展势头，并且不能为资本主义引擎的统治者所控制。随着时间的推移，这种势头变得超出了世界经济现有的组织结构所能承受的范围；当这些结构最终崩溃时，一个新的体系积累周期就开始了。

　　　因此，反复出现的体系积累周期可被看作一系列资本主义世界经济的稳定扩张阶段和动荡阶段交替更迭的过程；在此过程

242　中，依照一条业已确立的发展路径稳定扩张的条件已遭破坏，依照一条新的路径扩张的条件已经创造（见图 15）。就此而论，动荡阶段是世界规模的资本积累过程的缩小和逐渐解体的阶段，也是这种过程的调整和重组的阶段。信号危机（S_1，S_2，S_3）在宣告沿着老的发展路径的稳定扩张已经达到极限的同时，也表明一条新的发展路径已经产生，如图 15 中用一条较低的而又向上的虚线所显示的那样。

　　　一条比旧的路径更具增长潜力的新的发展路径的出现，是世界经济在金融扩张阶段所经历的日趋动荡局面的一个不可分割的方面。它相当于马克思关于金融资本从已经达到物质扩张极限的组织结构，向只是刚刚开始实现增长潜力的组织结构再循环的论点。我们已经在绪论中知道，马克思在讨论原始积累的时候，曾经暗示过这种再循环。他承认，国债作为资本家之间一种无形的合作方式，

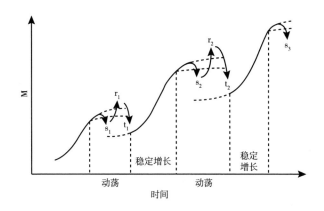

图15　体系积累周期的变形模式

具有持久的意义；这种合作一次又一次地跨越资本主义世界经济的时空开始资本积累，从早期现代的威尼斯，经过尼德兰联邦和联合王国，直到19世纪的美国。他在讨论资本不断集中——这总是积累过剩危机的结果和解决办法——的时候，再次暗示金融资本从一种组织结构到另一种组织结构的再循环：

　　　　资本越来越集中……因为超过某种限度之后，利润小的大资本比利润大的小资本积累起来更加快。到了某个时刻，这种不断集中又会导致利率再度降低。因此，大量分散的小资本被迫走上投机、信用诈骗、股票骗局和危机的冒险道路。所谓的资本过剩，基本上总是指利率的降低不能通过大量利润来弥补的那种资本过剩……或者一种将本身无法进行赢利活动的资本以信用的形式置于大企业经理支配之下的过剩。（Marx 1962：245－246）

马克思没有把他关于金融资本跨越资本主义世界经济时空再循环的看法，跟他关于从"本身无法进行赢利活动的"商业企业组织领域到更加强大的商业组织的领域这种类似的再循环的看法联系起来。假如他写完了在原先的提纲里被称为"论世界市场和危机之卷"的《资本论》第六卷，他或许会需要确切地建立这种联系。即使如此，马克思的这两种看法对我们还是很有用处的，如果我们将它们联系起来，把资本通过一次金融扩张而实现的集中，确认为是一次特定的世界规模的积累周期的结束转化为一次新的周期的开始的主要手段。

在把这种假设合并成概念的时候，我们不要忘记，在我们从历史的角度来研究体系积累周期的过程中，出现过不同种类的"资本集中"。跟我们的论述有关的动词"集中"有两个意思：(1)"趋于或朝向一个共同的中心聚集"；(2)"在力度、密度或强度方面增加" (*Webster's New World Dictionary of the American Language*, 2nd College Edition, 1970)。一种或两种意义上的各类资本集中发生在资本主义世界经济的所有金融扩张阶段。然而，只有几类成为一次新的体系积累周期的基础。

在 14 世纪末 15 世纪初的金融扩张中，资本积累开始集中在较少几个城邦国家里。通过把商品贸易或金融贸易领域里的交易从竞争对手那里转移出来，接管较弱的城邦国家的领土和人口，资本集中的力度和密度逐渐增加。这类资本集中发生在城邦国家体系的组织结构内部。它增加了体系内部幸存单位的规模和力量，至少在短期之内也增加了体系本身的规模和力量。然而，为第一体系积累周期奠定基础的，却不是这类集中。那个基础是通过第二类集中奠定的，是通过建立一种新的组织结构奠定的。这种结构把世界性积累体系（最令人瞩目的是热那亚体系）的力量和当时最强大的力量体系（即伊比利亚体系）合二为一。

同样，在16世纪末17世纪初的金融扩张中，把交易从里昂交易会转移出来，使安特卫普和塞维利亚从属于皮亚琴察交易体系，两者显然构成了一种以牺牲所有其他资本主义"（金融）民族"为代价，向热那亚"（金融）民族"及其组织范围内集中资本的形式。然而，成为第二体系积累周期的基础的，也不是这类先于上述周期存在的结构内部的资本集中，而是那类使荷兰商人精英掌握创建一个新型的国家（尼德兰联邦）、一种新的国际制度（威斯特伐利亚制度）和一种新的商业组织（股份特许公司和一个永不停业的股票市场）的手段的资本集中。

与发生在先前金融扩张时期的资本集中相比，发生在18世纪下半叶金融扩张时期的资本集中，由于成功地实现了资本主义内部化的领土主义统治组织的介入，是一个复杂得多的过程。然而，如果把注意力集中在荷兰周期的主要商业组织——股份特许公司——身上，我们可以发现一种类似的趋势。到那个世纪之末，投资于这类公司的资本差不多已经全部集中在其中一家公司——英国东印度公司——手里，大多数别的公司已经停止营业。虽然英国东印度公司征服的领土确实成为第三体系积累周期的一个极为重要的基础，但公司本身不是。英国的自由贸易帝国主义既靠对东印度公司的活动逐步"放手"和最终停业清理，也靠在印度建立一个大英附属帝国。

那么，总而言之，历史记载表明，在资本主义世界经济的金融扩张阶段，两类不同的资本集中同时发生。一类发生在那个行将结束的积累周期的组织结构内部。一般说来，这类集中跟在那类仍占支配地位而又日渐消亡的积累体制的复苏时期出现的最后的"美好时期"（图15中的 r_1、r_2）关系密切。但是，这种"美好时期"

244

绝不反映那类体制重新有能力产生新一轮的资本主义世界经济的物质扩张。相反，它总是反映将要引发那类体制的临终危机（见图15 中的 t_1、t_2）的不断升级的竞争和权力斗争。

在资本主义世界经济的金融扩张阶段中出现的另外那类资本集中，或许会对现存的那类积累体制的复苏做出贡献，或许不会。无论怎样，它的主要历史作用是通过产生地区积累结构来加深那种制度的危机；那些地区积累结构使旧体制更不稳定，预示着一种新体制即将出现。一旦旧体制在自身矛盾的作用之下垮台，就为新体制本身成为占支配地位的体制，为在新的组织基础上重组世界经济，以及为推动新一轮的资本主义世界经济的物质扩张铺平了道路。

245　　图15 中显示的一系列体系积累周期的上升曲线，代表了第二类资本集中。与第一类集中相比，第二类集中往往不那么显眼；但是，在似乎无限的自我扩张过程中，在把资本主义世界经济从每次体系危机的深渊中不断在空间和时间上往前推进的方面，它的意义是最深远的。讲述漫长的 20 世纪的故事，在很大程度上涉及这么一个问题：说明美国积累体制怎样以及为什么（1）从英国自由贸易帝国主义的限制、矛盾和危机中产生，并成为资本主义世界经济中占主导地位的地区结构；（2）在有可能产生新一轮的物质扩张的基础上重组世界经济；（3）达到自己的成熟期，也许还为一种新的占主导地位的体制的产生打好基础。

在第四章里，我们将首先把注意力集中在为美国积累体制的出现创造条件的英国体制的矛盾方面。然后，我们将接着分析美国体制的结构，以及由其产生的那个体系积累周期。在该章的最后部分，我们将审察美国积累周期的信号危机是怎样转变成一个在许多方面使人想起爱德华时代和"佩鲁齐假发时代"的新的

"美好时期"的。最后，在结束语部分，我们将转而简要地叙述在美国体制的危机过程中产生的，并且已经越来越在形成资本主义世界经济的今天和明天方面占支配地位的地区（东亚）积累结构。

246

第四章 漫长的 20 世纪

市场和计划的辩证关系

形成我们时代的资本积累的策略和结构最早出现于 19 世纪的最后 25 年。它们起源于资本主义企业的降低成本逻辑中成本的新的内部化。正像荷兰体制通过保护成本的内部化，而将世界规模的资本主义积累过程从热那亚体制向前推进了一步那样，也正像英国体制通过生产成本的内部化将这种过程从荷兰体制又向前推进了一步那样，美国体制通过交易成本内部化又从英国体制再向前迈进了一步。

交易成本内部化这个概念，作为第四（美国）体系积累周期的标志性特点，来自理查德·科斯（Richard Coase 1937）对纵向合并的企业组织的竞争优势所做的开创性理论研究，来自奥利弗·威廉姆森（Oliver Williamson 1970）对科斯分析的发展，也来自艾尔弗雷德·钱德勒（Alfred Chandler）对现代美国公司在 19 世纪末 20 世纪初的出现和迅速扩张的历史研究。钱德勒（Chandler 1977, 1978）指出，把原先由各个企业单位之间的活动和交易放在一个单一的组织内部，使纵向合并的多单位企业能够降低并更加精确地计算交易成本，即与通过联结最初生产和最终消费的组织机构的长链将降低相关的中间投入成本。这样实现的成本降低是"速度的成本降低"，而不是"规模的成本降低"：

> "成本降低"来自速度而不是规模。不是企业在工人数量 247
> 及生产设备数量和价值方面，而是在生产的速度及随之而来的
> 产量增加方面实现了成本降低，增加了每个工人和每台机器的
> 产量……实现速度的成本降低的关键是开发新机器和更好的原
> 料，以及充分使用能源，并创造出组织上的计划和程序，以协
> 调和控制通过几道生产过程的新的大容量流动。（Chandler
> 1977：244）

通过交易成本内部化获得的速度带来的成本降低并不局限于生产企业，事实上，这种成本降低也不来源于此。铁路公司已经率先进行了多数组织上的改革，使美国的积累结构发生革命性的变化；在这些改革的同时，随着大规模经销商（诸如大规模零售商、广告公司、邮购公司、连锁店等）的出现，大量的市场交易变成了单个企业内部的交易，销售也进行了彻底改组：

> 铁路和电报只是协调了从一个商业中心的火车站和快运公
> 司车站到另一个商业中心的货流，而新出现的大规模经销商所
> 经营的无数交易则将大容量货流从数千家生产商那里直接送到
> 了数十万名消费者的手中。（Chandler 1977：236）

大规模生产过程与大规模销售过程在单个组织内的联合产生了一种新的资本主义企业。在实现了从原始投入的采购到最终产出的销售全过程中各种生产和交换分过程的内部化以后，这种新的资本

主义企业就有条件使货物在全过程的流通中所涉及的成本、风险和不确定因素都遵循管理活动和公司长远计划的成本降低逻辑：

> 这种内部化给扩大了的企业提供许多优势。通过实现单位之间交易的常规化，交易成本降低了。把生产单位的管理与购买和销售单位联系起来，降低了有关市场和货源信息的成本。更重要的是，多个单位内部化以后，从一个单位到另一个单位的货流就可以使用行政手段来进行协调。由于货流调度更加有效，生产和销售过程中使用的设备和人员可以得到更加充分的使用，从而提高了生产力，降低了成本。此外，行政协调使现金流动更确定，使所提供的服务得到更快的偿还。（Chandler 1977:7）

248

这种企业活动的集中产生了大量而稳定的现金流。由于这些现金流被重新投入创建一个企业内部的垂直管理等级结构，该结构由专门从事监管和调节市场与劳动过程的高层和中层管理人员组成，纵向合并的企业相对于单个单位的企业或不太专业的多个单位的企业，开始享有决定性的竞争优势。这些优势转化成新的组织结构而令人瞩目地迅速成长和扩散。"这种联合企业在 19 世纪 70 年代末几乎还不存在，但在不到 30 年的时间里开始控制'美国'许多十分重要的工业。"（Chandler 1977:285）

增长并不局限于美国国内市场。"美国公司在完成了本土范围的联合以后就立即开始向国外进军……美国公司在成为全国性公司的过程中学会了如何成为国际公司。"（Hymer 1972:121）到 1902 年，欧洲人已经在谈论"美国入侵"了；到 1914 年，美国在海外的投资额已占美国国民生产总值的 7%。这与欧洲人再次感到

"美国挑战"的威胁的 1966 年的百分比相同（参见 Wilkins 1970：第 71 页和第 201～202 页）。

海外扩张进一步增强了美国管理阶层在国内外的组织能力。美国管理阶层能监控在自己的行业和部门里被列为目标市场或已经开展业务的市场和劳务过程，并将其调节到对他们有利的程度。即使在批量生产的技术对企业成功起决定性作用的行业里，组织，而不是技术，开始构成进入这一行业的真正障碍：

> 进入这些工业的最令人生畏的障碍，是开拓者已经建立起来的销售新近批量生产的产品的组织。一个掌握技术的竞争者，如果想要从一两个已经控制了主要销售渠道的企业手中抢走生意的话，就不得不建立一个全国性的，甚至往往是全球性的经理、买主和推销员的组织。更为重要的是，开拓者建立第一个这种组织的经费，可以从大量生产所产生的现金流中支付，而新来者却不得不在大量生产降低单位成本和创造出可观的现金流之前建立一个具有竞争力的网络。"而且他在不得不这么做的时候，还面对"一个竞争者；这个竞争者的速度优势允许他降低价格而仍然保持一定幅度的赢利。（Chandler 1977：299）

美国的多单位纵向合并企业的令人瞩目的国内和跨国扩张，及其所建立的防止他人进入的组织障碍，是与同样令人瞩目的管理阶层和官僚结构的发展紧密相连的。这些系统和结构一旦建立，本身也就"成了永久性的权力和继续发展的源泉"： 249

> 用松巴特的话来讲，这种现代企业有其"自身的生存周期"。传统的企业一般短命……而新的多单位企业的管理系统

却比在其中工作的任何个人或群体更加持久……人来了又走
了。而这种机构及其职位却永远存在。（Chandler 1977 : 8）

在钱德勒看来，管理系统的发展标志着"组织革命"已经达
到顶峰。这场革命始于 19 世纪 50 年代的铁路；到 20 世纪的头十
年，这场革命已经使管理资本主义企业的方法和构成经济活动的方
式完全改变。由于这场组织革命，"今天的企业家在 1910 年的企业
世界里也会如鱼得水；但是，1840 年的企业世界对他来说是一个
陌生、古老而又神秘的地方。同样，1840 年的美国企业家会觉得
对 15 世纪意大利的环境比对 70 年后他自己的国家的环境更加熟
悉"（Chandler 1977 : 455）。

我们还可以补充说，今天那些跨国公司的高层经理们会觉得在
17 世纪荷兰股份公司的老板中间比在构成 19 世纪英国资本主义中
坚的家庭企业中更能应付自如。同样，17 世纪末荷兰东印度公司
的中层经理会感到在今天的跨国公司中谋生和立业要比在 19 世纪
英国的企业世界中来得容易。这是因为股份、垂直整合、官僚管理
的资本主义企业作为资本积累的主要单位在世界范围内的出现，使
商业世界在不止一个方面回到了荷兰积累制度的战略和结构。

第一章已经强调指出，17 和 18 世纪的股份特许公司体制和 20
世纪的跨国公司体制之间的类比不应过分夸大。股份特许公司是部
分政府性质和部分企业性质的组织，在领土方面专门排斥其他类似
的组织。这类公司数量很少，而且与欧洲主权国家制度的领土排他
性的巩固和扩大密不可分。而在 19 世纪末 20 世纪初出现的跨国公
司却是严格的企业组织，它们在功能上超越多国领土和管辖范围，
专门从事一种特定的行业。这类公司的数量之多是任何时期的股份
特许公司所无法相比的；它们逐渐削弱了国际体系作为世界权力的

主要中心的地位。

作为衡量资本主义世界经济在过去 300 年里演变的一个尺度，上述差别固然重要，但也不容回避下列事实，即这种演变并不是线性的，而是经历了相互对立的组织结构的反复轮回。在此期间，企业的股份制形式时而被采用，时而被废弃，时而又被采用。历史资本主义作为世界制度的演变过程中的这种摆式运动，最先是由皮雷纳在 80 年前发现的。皮雷纳在概述资本主义社会史时——他的论述使我们产生灵感，将体系积累周期上升为理论——还注意到了"经济自由"和"经济调节"两个阶段反复轮回的"惊人的规律性"。流动商业的自由扩张让位于城市经济的典型特征——调节精神，而后者又被文艺复兴时期的个人主义热情所代替。当 16 世纪下半叶钟摆又一次开始向相反方向摆动时，这种热情达到了顶峰。正如城市经济的调节精神是 12 世纪自由的继续一样，"重商主义在十七八世纪又支配了商业和工业"（Pirenne 1953：515）。

经济调节的趋势注定只能持续到 18 世纪末 19 世纪初。此时，"机器的发明和蒸汽在生产上的使用彻底打乱了经济活动的条件"。16 世纪的现象重复出现，"但以十倍的强度"。人们又一次"只笃信个人主义和自由主义"。在"自由放任"的口号下，经济自由的后果达到了极端的程度，导致了钟摆又向相反方向摆动：

> 无限制的竞争使"资本家"互相争斗，很快激起了……受到他们剥削的无产阶级的反抗。而且，在那种反抗力量起来向资本挑战的同时，因自由而能产生的、深受滥用自由之苦的资本家也不得不规范自己的事务。生产者的卡特尔、托拉斯和辛迪加也就应运而生，而国家在意识到不可能让雇主和雇员在无政府状态下争斗以后也制定了社会法律。（Pirenne 1953：516）

251

通过百年一次的摆动，皮雷纳所谓的"经济自由"阶段和"经济调节"阶段的周而复始具体化了。这些摆动大致相当于我们所谓的一系列体系积累周期。热那亚体制使钟摆从 14 世纪末 15 世纪初资本主义城邦国家的高度调节精神（以威尼斯国的垄断资本主义最为典型），摆向资本主义"国家"制度的相对经济自由。这些"（金融）民族"在 16 世纪对扩大了的欧洲货币和贸易体系进行调整，使其走出了选定的市场——先是安特卫普和里昂，后是流动的贝桑松交易会，最后定点在皮亚琴察。而荷兰体制又使钟摆摆回政府直接参与促进和组织世界规模的资本积累过程，不是直接参与，就是通过组建股份公司，特许它们在欧洲以外的世界其他地方代行政府职能。

由英国体制——这一体制确实"以十倍的强度"再现了 16 世纪的现象——的崛起和充分发展引起的又一次钟摆摆动，对我们研究的主题产生了直接的影响，因为它创造了使美国的公司资本主义得以诞生并继而成为整个世界经济的主导积累结构的体系条件。与皮雷纳提出的看法相反，18 世纪末的"工业革命"只是给上述摆动增加了冲力，但是没有启动这一摆动。后来成为 19 世纪自由主义宣言的《国富论》，毕竟在"工业革命"还没有开始时已经出版。该书号召自由贸易对抗的主要目标，与其说是当时的大政府，不如说是大企业，即主要是股份特许公司。它告诉我们，"这些公司，虽然通过自有资金进行国家认为不一定慎重的尝试而可能在首先建立某些商业部门方面发挥过作用，但是从长远来看，它们普遍被证明不是成了包袱，就是毫无用处；不是在贸易中经营不善，就是限制了贸易的发展"。（Smith 1961：第二卷，第 255 页）

具有讽刺意味的是，19 世纪自由贸易运动最早发端，可以追溯到大西洋奴隶贸易，这对非洲民族来说是个悲剧。如前所述，西印度公司是后来把奴隶贸易推向历史新高度的三角贸易的先驱，却无法像荷兰东印度公司在东印度群岛的高档香料贸易中所做到的那样防止竞争对手的进入。到17世纪末，一家名为皇家非洲公司（1672年获得特许）的英国公司成了所有专门从事非洲贸易的欧洲公司中的最强大、最有效率的一家。但是，这家公司也无法与更精干、更灵活的商业企业进行有效的竞争。"到18世纪初，有明显的迹象表明：享有特权的股份公司不再是进行奴隶贸易的最好选择；在此后的30年里，各主要的有关国家都转向由私营商人和公司进行的竞争性贸易。"荷兰人让西印度公司保持最长时间的垄断（直到1734年），但也只是加剧了它们贸易份额萎缩的趋势（Davies 1957；1974：127）。

特许公司的主要问题是，在大西洋贸易中，特别是在非洲贸易中，很难实施垄断。采购奴隶要求在西非海岸建造和维护昂贵的堡垒。然而，这些堡垒在防止海岸不受竞争威胁方面是无效的；美洲殖民者——他们的企业精神是大西洋贸易发展的关键——经常抱怨货物的价格和数量，他们赊购奴隶时欠下的债务也被证明很难甚至无法收回；无照经营者不断行动起来争取获得政府的承认，法国和英国政府又十分愿意给予承认；公司的雇员们常常贪污货物，与无照经营者进行交易，忽视了公司的利益；而不同政府特许的公司之间的竞争又使这些问题对各个公司来说变得更加严重（Davies 1974：117 – 131）：

因此，自由贸易表现得比垄断更加有效……但是，垄断在培养英国奴隶贸易传统和积累这种贸易所需的知识方面发挥过一些作用，而这些贸易比绝大多数贸易更需要技术和经验。英国奴隶公司至少比法国公司效率要高，英国殖民者尽管有不少怨言，但没有遇到 17 世纪（法国人）在马提尼克岛和瓜德罗普岛上遇到的那种"可怕的"劳动力"短缺"问题。（Davies 1974：118）

大西洋自由贸易的初期胜利，只是后来造成股份特许公司制度解除控制和最终消亡的各种力量的先导。在英国，虽然不是在荷兰，股份特许公司总是在走钢丝，但它们的成功和其失败一样可以使它们从上面掉下来。如果开辟一个新的商业分支所花费的大量费用证明是无利可图的，它们就会倒闭，仅此而已。但是，如果证明投资可以赢利，由于它们的特权受到可能的或实际的侵犯或被收回，这些公司的日子也不会好过，它们甚至可能破产，因为那些特权对于作为部分政府性质、部分企业性质的公司的生存来说是至关重要的。

荷兰资产阶级的头重脚轻的寡头政治结构，使荷兰公司避免了上述两种垮台的危险。不管荷兰的小企业怎样强烈地抗议像荷兰东印度公司那样成功的公司的特权，这些特权也绝不存在真的被收回的可能性。但是，即使像西印度公司这样比较不成功的公司也还能指望政府在其需要的时候继续给予支持。

相反，英国资产阶级的基础更广和更加民主的结构，却使英国的股份公司一旦完成开辟一个新的商业分支的任务，就经常处于被剥夺特权的危险中。因此，一旦皇家非洲公司在大西洋三角贸易中占据了一席之地，1688 年的光荣革命就鼓励了大胆的无照经营者，他们便潮水般地毫无阻挡地拥入了该公司的贸易领域。更糟糕的是，1698 年，英国议会竟然承认他们的地位，并授权他们在支付占英国出口额 10% 的费用后使用该公司的堡垒。私人小企业在获得与大企业平等竞争的权利之后，轻而易举地大获全胜（Davies

1957:122 – 152；1974:117 – 118）。

在东印度群岛，自由贸易运动赶上公司并促使其破产所花的时间要长得多。东印度公司在伊丽莎白一世时期建立以后的很长一段时间里，一直处于摇摇欲坠的状态。该公司成立之初确实取得一些可观的成绩，诸如建立了不少工厂和堡垒，甚至从葡萄牙人手里夺得一些领土。但是，它差点在 17 世纪第二个 25 年里的不利关头翻船。当时，它的大多数股东开始怀疑，面临由于伦敦城流动资金的严重短缺而突然恶化的极度不利形势，公司到底还能不能继续它的贸易活动（Chaudhuri 1965：第二、三章）。

这首先是由于荷兰东印度公司先发制人地把最有利可图的东印度群岛贸易掌控在自己手中。由于不能从荷兰东印度公司的控制中夺取香料贸易，英国东印度公司被迫专门从事输入国内的或亚洲范围内的利润较小的布匹贸易。这一行业不仅比香料业利润小，而且接管难度大得多：

> 纺织业之所以难以接管，原因在于它不像在欧洲那样包含在单一的网络里。不同的部门和渠道控制了原料的生产和销售，棉纱的生产（这是一个很长的作业过程，如果目标是生产例如麦斯林纱那样既高档又牢固的纱的话尤其如此）、纺织、漂白和织物准备，以及印花。这些工序在欧洲（例如在 13 世纪的佛罗伦萨）是纵向联系的，被安排到互相分离的部门中进行……事实上，整个印度都在加工丝和棉，将数量大得令人难以置信的织物——从最普通的到最豪华的——送到世界各地……在英国工业革命之前，印度棉纺工业无论在产品的数量和质量，还是在出口规模上都毋庸置疑地名列世界第一。（Braudel 1984:508 – 509）

254

这种高度分化、分散和熟练的商业－工业机构可能是世界上所见过的最广泛和最复杂的"灵活专业化"范例。为了使这种机构变成自身的优势，东印度公司除了利用当地企业网络以外别无选择。这种适应印度纺织业分散结构的做法虽然是必要的，却使公司面临其他欧洲公司、欧洲的自由贸易商人、阿拉伯和土著贸易商、亚美尼亚和其他散居侨民商人的竞争。这种竞争给公司造成了不断下调布匹贸易的利润率的压力。这种利润下行的压力又导致公司的生存在整个 17 世纪和 18 世纪初处于岌岌可危的状况，也使公司不断努力通过扩张经营活动来补偿低利润（Arrighi, Barr and Hisaeda 1993）。

然而，随着时间的推移，这种扩张逐渐使欧洲在亚洲贸易的支柱点由香料转为布匹，由马来群岛转向印度次大陆，从而逆转了在东印度群岛英国人与荷兰人之间的命运。在这场命运逆转所涉及的艰难历程中，英国东印度公司几乎没有从国内得到什么帮助。1698 年将特许证授予一家与之竞争的公司显然于事无补，虽然这两家公司在 1709 年合并，为随后新公司崛起为欧洲资本主义和亚洲领土主义的主导机构奠定了基础，但是，在整个 18 世纪，为了保护仍然没有能力与印度制造商竞争的英国工业，不断加重对公司的进口贸易的关税，这种做法肯定是英国东印度公司为控制印度布匹供应所做的努力的主要阻力。

尽管如此，最后使英国东印度公司时来运转的并不是来自国内的帮助，而是在印度战场上的自助。为了应付莫卧儿帝国解体后的局面，英国东印度公司的武装力量在 18 世纪 40 年代开始扩大规模，并按欧洲方式进行改组。在普拉西战役前夕，公司组建了几个印度营，从而开始将欧洲在使用和控制军力方面高超的技术与广泛使用当地人力结合起来。正是这种结合，帮助公司在莫卧儿帝国继承权的斗争中成功地击败了所有本地的竞争力量（McNeill 1984：135；Wolf 1982：244－246；Bayly 1988：85）。

英国东印度公司成为强大的"公司国家"（Marshall 1987），不仅为大规模地调拨贡品和将其——用 D. K. 菲尔德豪斯（D. K. Fieldhouse 1967：159）的话来说——"通过无偿出口方式向欧洲股东"转移的道路扫清了，而且为公司加紧对印度纺织工业的控制扫清了道路。原先那种适应原有生产和交换的分散结构的策略，被一种强制那些结构从属于公司管理体系的集中控制的策略取而代之（Wolf 1982：245 - 246）。在此过程中，虽然印度的纺织工业失去了它的许多灵活性——随之也失去了它的部分竞争力——但直到扩张开始减弱的 1780 年前后，英国东印度公司从布匹贸易中所得的现金流一直稳定增加。

作为既具政府性质又具企业性质的组织，成功并未给东印度公司带来安慰。相反，在成功地取代莫卧儿王朝而成为南亚地区占主导地位的再分配组织和成功地迫使荷兰东印度公司停业以后，它随即陷入了财政危机，而且在国内还遇到要求取消公司的商业特权的强大运动。快要出事的第一个不祥之兆是，英国东印度公司尽管得到了大片土地，但在 1798 ~ 1806 年的债务增加了两倍（Bayly 1988：84）。几年之后，出现了另一个更加不祥的征兆：伯明翰和其他地方的生产商开始一场运动，要求取消公司对印度贸易的垄断权。这种垄断权果真在 1813 年被取消了（Moss 1976）。

在垄断权被取消之后的将近 20 年里，英国东印度公司继续垄断对华贸易，还更加有效地利用它来补偿那个损失。虽然与中国的茶叶贸易自 18 世纪初以来一直是非常有利可图的辅助活动，但由于欧洲货物在中国缺乏需求，因此需要运去黄金来购买茶叶，茶叶贸易的发展在开始的时候受到了极大的限制。英国东印度公司曾延续了东西方贸易中结构不平衡的老问题。如前所述，这种不平衡可以追溯到罗马时代。大发现和欧洲盗用美洲白银也没有纠正这种不

256 平衡；它们只是通过荷兰积累体制的方式使欧洲的贸易赤字更大，因此，用德尔米内的话来说，中国成了"美洲财宝的坟墓"（引自Woff 1982：第 255 页）。

当 1776 年"美国革命切断了英国的墨西哥银子的供应时……对公司金融情况祈祷的回答是印度产的鸦片"（Wolf 1982:257）。一旦英国东印度公司开始在中国推销鸦片和对孟加拉的鸦片生产实行垄断，对华贸易很快就比布匹贸易更加有利可图，更有活力。这种趋势在废除该公司对印度贸易的垄断权之前就已初露端倪。但是，一旦在印度的垄断权被废除，英国东印度公司就集中力量从事这种生意，结果交运的货物数量出现爆炸性的增长，扭转了对华贸易中的长期收支逆差（Wakeman 1975：第 126 页；Greenberg 1979：第五章和附录 I；Bagchi 1982：第 96－97 页）。埃里克·沃尔夫（Eric Wolf 1982:258）调侃地说，"欧洲人终于有东西卖给中国人了"。

这种爆炸性的增长虽然能够赢利，但不能长久地帮助英国东印度公司，因为它也遇到了一个世纪前毁了皇家非洲公司财运的同样矛盾。18 世纪初，在非洲奴隶贸易中形成的英国传统，使打先锋的特许公司遇到了大量不受监管的小企业的竞争，这些小企业成功地在大西洋市场上和英国议会里向公司的特权提出挑战。19 世纪初，在对中国的鸦片贸易中形成的英国传统，也使打先锋的特许公司遇到了同样的竞争和挑战。鸦片贸易是在中国皇帝的禁令下进行的，英国东印度公司只得用私营的欧洲和亚洲商人将毒品走私到中国，自己的精力集中在供给的垄断和价格的管制方面（Bagchi 1982:96）。但是，随着贸易的扩大，私营的欧洲商人的"非正式"活动很快就发展到英国东印度公司无法控制的程度；自由贸易在英国国内开始被认为是一种比垄断更加有效的富国之策。

1833 年废除了对华贸易的垄断权，这标志着英国东印度公司末日的开始。在被剥夺所有的商业特权以后，这家公司行使其扩大了的立国和进行战争的职能的能力实际上进一步下降，最后在朋友和敌人都看来已经完全没有能力统治它所征服的帝国。因此，当1857 年的大叛乱之后议会出面把那个帝国"国有化"的时候，已经很少有人关心英国东印度公司的命运。英国国内每个人所关心的，是应当为了国家的利益卓有成效地管理和利用在印度的帝国。

257

总之，股份特许公司是这样一种商业组织：它们由欧洲政府授权在欧洲以外的世界行使立国和进行战争的职能。这两种职能本身既是目的，又是商业扩张的手段。只要这些公司在履行这些职能方面比政府自己更加有效，它们就被给予与其服务的有用程度大体相当的贸易特权和保护。但是，一旦公司不能再履行那些职能时，它们的特权就被剥夺，它们的立国和进行战争的职能也就被宗主国政府自己接管。

通过这种办法，英国政府成了印度的帝国政府。因此，让贸易摆脱公司特权的束缚和在欧洲以外的世界缔造帝国，是取代股份特许公司制度这同一个过程的正反两个方面。不过，清算这些公司是一项严格务实的决定，一旦体系条件使人们觉得股份特许公司又有用处的时候，上述决定马上就被推翻。因此，接近 19 世纪末时，英国政府和英国企业界又建立了一种全新的股份制特许公司，它们被授权进一步扩大（主要在非洲）它们的贸易、权力和积累网络的空间范围。

虽然有几家这样的公司干得不错——最引人注目的是英国南非公司——这种恢复不可能也没有给特许公司的老公司制度带来使其成为资本主义世界经济中进行商业和领土扩张的主要机构的活力。蒸汽和机器生产的出现——即所谓的现代工业——彻底改组了世界规模的贸易、积累和权力网络。而当英国的自由贸易帝国主义的发展在 19 世纪末的大萧条过程中达到极限时，这种改组在欧洲大陆和北美洲产生了几种新的公司企业，它们战胜了股份特许公司而成为资本主义扩张的主要机构。

皮雷纳关于现代工业对"规范的"经济活动的影响的评论呼应了马克思的论点：蒸汽和机器生产在整个 19 世纪经济的空间和时间里引起了生产和交换方式的一系列似乎无穷无尽的、相互关联的革命：

258

> 一个工业部门生产方式的变革，必定引起其他部门生产方式的变革。这首先是指那些因社会分工而孤立起来以至生产独立的商品，但又作为总过程的阶段而联系在一起的工业部门。因此，有了机器纺纱，就必须有机器织布，而这两者又使漂白业、印花业和染色业必须进行力学和化学革命。同样……棉纺业的革命又引起分离棉花纤维和棉籽的轧花机的发明，由于这一发明，棉花生产才有可能按目前所需要的巨大规模进行。但是，工农业生产方式的革命尤其使社会生产过程的一般条件即交通运输工具的革命成为必要……工场手工业时期遗留下来的交通运输工具，很快又成为具有极高的生产速度和巨大的生产规模、经常把大量资本和工人由一个生产领域投入另一个生产领域，并具有新建立的世界市场的大工业所不能忍受的桎梏。因此……交通运输是逐渐地靠内河轮船、铁路、远洋轮船和电报的体系而适应了大工业的生产方式。但是，现在锻冶、锻接、切削、穿凿和铸造巨量的铁，又需要有庞大的机器，"这些机器只可能用别的机器来制造"。（Marx 1959:383 – 384）

这段话详细说明了这样一个过程：通过这个过程，如马克思在别处说的那样，"现代工业建立了世界市场，而美洲的发现为此铺平了道路"。"大发现"对东印度群岛和中国市场的渗透，美洲的殖民化和殖民地贸易，所有这些给了商业和工业"前所未有的冲力"，从而共同为现代工业的兴起创造了条件。但是，一旦蒸汽和机器使工业技术发生了革命性的变革，工业扩张本身就成了使全世界市场合并成单一的世界市场的主要因素（Marx and Engels 1967：80-81）。

单一世界市场的形成反过来又作用于工业扩张，赋予各国的生产和消费一种"世界特征"：

> "资产阶级"从工业脚下抽走了它立足的国家根基，这令反动分子们大为沮丧。一切原先建立的国家工业已经或正被日益摧毁。它们被这样的新工业赶下了舞台。这种新工业的发展成了关乎一切文明国家生死存亡的问题，这种工业所加工的不再是本国原料，而是来自最遥远地区的原料；这种工业的产品不仅在国内消费，而且也在地球的每个角落消费。我们发现，原先由本国产品来满足的老需求，被需要由遥远的国家和地区的产品来满足的新需求所代替。本地和国家过去那种与世隔绝和自给自足的状态，被各个方向上的交流和国家间普遍的相互依存所取代。（Marx and Engels 1967:83-84）

因此，全世界市场合并成单一的世界市场，给政府和企业提供了前所未有的机遇以及挑战。机遇主要来自世界范围的劳动社会分工的规模；政府和企业的活动在这一规模中正在得到统一，各类外部成本降低通过这一规模可以得到实现。任何政府和企业组织只要

259

在这个世界范围的劳动分工中找到可靠的市场，就可指望得到许多其他组织的自发合作，采购到各种各样买得起的货物。货物范围之广，品种之多，是通过与世隔绝和自给自足的国家所能采购到的所无法相比的。

然而，合作带来的机遇，与现金流转和物质资源的竞争产生的挑战是不可分割的。这种竞争不断迫使统一在世界市场里的每一个组织将资源从现有的投入－产出组合，转移到任何有望产生更高利润的其他组合，这就是马歇尔（Marshall 1949:284）所称的"替代原则"。任何组织只要在用比较经济的投入－产出组合替代不经济的投入－产出方面落后，就迟早会在与其他组织为获得关键的投入和收入的竞争中处于不利地位。但是，世界市场的参与者们在更多地替代不经济的投入－产出组合的过程中，也剥夺了彼此的基本收入或基本物质供应，或两者兼之，并打乱了彼此的生产和消费计划。这种剥夺和破坏反过来又会继续威胁到各国政府和企业的组织完整性，从而使它们对过于紧密地与世界市场的网络和渠道一体化的热情有所减弱。

世界市场形成过程中合作和竞争两种趋势之间的紧张状态，在现代工业兴起以前早就存在。事实上，我们的调查明确显示，这种紧张状态引起了自中世纪末以来资本主义世界经济的两种阶段的交替发生，即合作趋势占主导地位的物质扩张阶段和竞争趋势占主导地位的金融扩张阶段。但是，现代工业的兴起给这种紧张状态增添了全新的内容。许多政府和企业组织的资源差不多永久地投到了昂贵和专门的工业和基础设施之中，这些设施是分散拥有和分散管理的，却又被一系列复杂的、互相关联的技术过程连在一起：

没有哪个用某套特定设备来进行的机械加工过程是独立于

在别处进行的其他过程的。每个过程都带动其他许多具有类似机械特性的过程的正常运转，又都以此种正常运转为先决条件。没有哪个过程……可以自给自足。每个过程在一连串没有终结的过程中跟随某些过程而又领先于其他过程，而每个过程的运转又必须与那串过程相适应。整个工业运转的协调一致，应被看作由许多互相关联的细小过程组成的一个机械过程，而不是多种机械设备在单独进行各自的具体工作。这一综合性的工业过程，把一切与物质科学有关的知识部门纳入自己的范畴并为我所用；整个过程构成了一个大体上得到微妙平衡的、由许多分支过程组成的综合体系。（Veblen 1978：7 – 8）

总而言之，随着现代工业的兴起，把单个生产单位的命运相互连接起来的互补关系无可比拟地比以前大大加强，并迫使每一个单位寻求与其他单位的合作，以保证可靠的投入来源和可靠的产品出路。不过，互补性的这种加强，与减轻竞争压力没有关系。恰恰相反，正如维布伦（Veblen 1978：24 – 25）本人指出的那样，随着现代工业的发展，马歇尔"替代原则"的摆动比以前任何时候都强得多。正是由于工业体系的一体化和全面性，分支过程的所有者因工业平衡中的任何波动而经历的赢利或亏损得到放大。而且，波动往往是逐渐积累而成的，严重地破坏了一些工业部门，同时引发了其他工业部门的过度扩张。

在这种情况下，企业内部出现了一个很强的趋势，要通过敏捷地把投资从赢利少的业务项目再分配到赢利多的业务项目来控制上述局面。那些专门从事某一特定分支过程和没有条件或能力调动体系中其他单位拥有的剩余资本的公司，只能忍受这种局面。而控制并能随意使用充足现金流转的那些公司，就能够而且也确实控制了这种局面：

261　　　　构成工业体系的各种过程之间流畅和不间断的相互作用，
　　　　最有利于社区的经济福利……但是，不间断地保持工业平衡不
　　　　见得最有利于手中握有此事决策权的企业家的金钱利益。对利
　　　　益很广泛的大企业家尤其如此。这些人的金钱业务范围很广，
　　　　他们的财富通常也不长期与工业体系中的某个分支过程的平稳
　　　　运转联系在一起。相反，他们的财富与整个工业体系的更大的
　　　　局面——间隙调整——关系密切，或者与影响到体系重大的结
　　　　果的局面关系密切。（Veblen 1978:28）

　　如果这个"大企业家"阶级除了从体系波动中获利以外没有
任何不可告人的战略目的，那么这个阶级的成员就不会关心波动是
帮助还是阻碍了整个体系。但是，如果他们交易的目的是为了获得
对工业体系的大部分控制权，那么一旦获得控制权，他们对波动效
果的漠不关心的态度马上转变。

　　　　"投资者"获得这种控制权以后，创造和保持有助于已经
　　　　归其控制的工厂的顺畅和有效地运作的企业状况也许对他有
　　　　利……因为，在其他条件都平等的情况下，被他长久控制的工
　　　　厂的工业效率越高，越不间断，他从中获利也就越多。
　　　　（Veblen 1978:30）

　　遵循严格的金钱企业逻辑的企业不关心工业平衡中的波动；遵
循技术企业逻辑的企业对不间断的工业效率很有兴趣。两者之间的
明显差别，被广泛认为表明了英国和德国的企业界对 19 世纪以工

业为基础重建世界市场时所提出的挑战和机遇所做出的不同反应。因此，兰德斯曾把英国企业界的"金钱理性"与德国企业界的"技术理性"做了对比。英国企业界往往把技术当作追求资本的最大金钱利润的一种手段，而德国企业界则往往把手段当作目的：

> 只有把英国人的"金钱理性"与德国人的"技术理性"进行对比，它的意义才能理解透彻。这是一种不同的算术，它重视的不是利润而是技术效率。对于德国工程师和支持他们的制造商和银行家来说，新的就是可取的，倒不是因为它能获利，而是因为它性能更好。做事的方法有对有错，对的就是科学的、机械化的、资本密集的方法。手段就成了目的。（Landes 1969：354）

262

我们不必为了理解德国工程师、制造商和银行家与他们的英国同行在 19 世纪下半叶在企业观点方面的分歧，而对他们双方在心理上的差别做任何特别的假设。鉴于两个企业界和各自国家的政府对于正在进行的世界市场形成过程的不同处境，这种分歧是完全可以理解的。英国企业界的金钱理性主要反映出英国国家控制着世界市场的形成过程。相反，德国企业界的技术理性主要反映出同一过程向新建立的德国国家的完整性提出的严峻挑战。

具体说来，这两种观点是朝向既扩大又限制"自我调节"的市场机制的"双向运动"的正反两个方面，波兰尼将此定为 19 世纪末 20 世纪初这段历史中的"唯一综合性特点"。像维布伦一样，波兰尼也强调了在一个复杂、专门和昂贵的工业设施体系里从事生产的风险。这类设施的出现完全改变了商业与工业的关系。"工业生产不再是商人作为从事买卖的企业而组织起来的商业附属品；它

现在涉及长期的投资及相应的风险。除非继续生产有相当的保证，这种风险是无法承受的。"（Polanyi 1957：75）

　　只有当工业所需的所有投入在所需的数量、地点和时间都能随时获得时，这种风险才能够承受。在商业社会里，这就意味着一切工业发展所需的要素必须都能买到。在这些要素中，有三个最为重要：劳动力、土地和金钱。其中没有哪个是可以转化为商品的，因为它们不是生产出来为在市场上出售的。"劳动力"代表人类的活动，一个无法与生活本身分开的实体，它也不是生产出来为在市场上出售的，而完全是有其他目的；"土地"代表人类生活和活动的自然环境．它是地理和历史的一件礼物，因此是现代人继承下来的而不是生产出来的东西；"金钱"代表购买力（支付手段），它通常是通过银行和国家金融机制产生的，因此，也只能比喻地说成是"生产"出来的。总之，土地、劳动力和金钱的商品性质完全是虚构的。使这些虚构商品——人、他们的自然环境和支付手段——的命运受制于自我调节市场的不可预测的变化，会引发社会灾难：

　　　　因为称为商品的"劳动力"不能被随便推来推去与任意使用，或甚至留着不用，否则就会影响恰好拥有这一特殊商品的个人……一旦被剥夺了文化习俗的保护，人就会因社会暴露所引起的种种后果而毁灭；他们就会死亡，成为由堕落、变态、犯罪和饥饿产生的剧烈的社会混乱的牺牲品。自然环境会变得十分恶劣，居民区和风景区遭到污损，河流受到污染，军事安全受到威胁，食品和原料的生产力遭到破坏。最后，市场对购买力的管理将周期性地使企业破产，因为金钱的短缺或过剩给企业造成的灾难不亚于原始社会的洪水和干旱。毫无疑问，劳动力、土地和金钱对市场经济**确实**至关重要。但是，没有哪个社会能够承受这样一种原始的虚构体系造成的后果，即使最短的时间也不能，除非人和自然以及企业组织都受到保护，不受这种魔鬼磨坊的破坏。（Polanyi 1957：73）

它们确实受到了保护。一旦人们开始感受到自我调节市场的破坏性影响，一场旨在限制市场运作的强大反向运动就开始了。这样就启动了一种"双向运动"；于是，在真实商品的自我调节市场得到扩大的同时，出现了限制虚构商品的市场机制活动的保护社会的一场保卫社会的反向运动，这一反向运动限制了在虚拟商品方面市场机制的运行：

> 一方面，市场遍布全球，有关的货物数量增加到了令人难以置信的程度；另一方面，一整套措施和政策成了旨在限制市场对于劳动力、土地和金钱采取行动的强大机构的不可分割的组成部分。在金本位制的保护下组织起来的世界商品市场、世界资本市场和世界货币市场，给了市场机制无比强大的力量；与此同时，一场根深蒂固的运动诞生了，要抵制市场控制之下的经济的不良后果。（Polanyi 1957：76）

波兰尼追溯这种双向运动的渊源，一直追溯到在李嘉图影响下"通过自我调节的市场来拯救人类"这一乌托邦式的信念在英国的兴起。这一信念仅仅是在工业化时代以前形成的对非官僚的统治方法的偏爱，它假设英国工业革命开始以后会出现一种宗教式的狂热。在 19 世纪 20 年代的英国，它有三条典型的原则："劳动力应在市场上找到它的价值；金钱的创造应受到自动机制的约束；货物应毫无阻碍或毫无选择地在国与国之间自由流动；简言之，它强调劳动力市场、金本位和自由贸易。"（Polanyi 1957：135）

19 世纪 30 年代和 40 年代，主张自由市场的自由化运动导致了一系列旨在废除限制性规定的立法行为。主要措施有 1834 年颁布《济贫法修正案》，该法将国内劳动力供给置于市场定价机制之下；1844 年颁布《皮尔银行法》，该法将国内经济中的货币流通置于金本位的自我调节机制之下，比以往更为严格；1846 年颁布《反谷物法法案》（Anti-Corn Law Bill），该法向全世界的谷物供应打开了英国市场。这三项措施构成了以英国为中心的自我调节世界市场体系的核心。它们形成了一个互相协调的整体：

> 除非劳动力的价格取决于所能获得的最廉价的粮食，否则就无法保证不受保护的工业在黄金这个被人自愿接受的监工的控制下不会屈服。19 世纪市场体系的扩张，也就等于同时发生的国际自由贸易、富有竞争性的劳动力市场和金本位的扩张。它们同属一类。（Polanyi 1957：138 – 139）

在波兰尼看来，进行这样的组建世界市场的努力需要一种很强的信念。这是因为，国际自由贸易的含义"是非常丰富的"：

> 国际自由贸易……意味着英国的粮食供应将依靠海外货源；英国在必要时将牺牲自己的农业，采取一种新的生活方式，即它将成为未来某种构想模糊的世界统一体的密不可分的组成部分；这个星球大家庭应当是个和平的大家庭，否则不得不靠海军力量来确保英国的安全；英国国民在笃信其优越的发明和生产能力的同时，将会面临连续的工业混乱的前景。然而，

人们相信，只要全世界的粮食都能自由地流向英国，那么它的工厂就能够把售价定得比全世界都低。（Polanyi 1957：138）

就英国而言，它单方面采纳自由贸易制度时，事实上并没有坚持任何教条，更没有哗众取宠之意。作为托利党保护主义者的领袖，本杰明·迪斯累利（Benjamin Disraeli）在 1846 年宣称，即使科布登也知道，"不可能用抽象的教条来改变英国的法律"。英国需要比"科学地"证明了的真理更加实在的东西，才能使英国议会改信自由贸易原则（Semmel 1970：146）。

英国的对外贸易和殖民地贸易自由化的主要原因是，保护主义已经成为有效动员英国新获得的工业能力为其统治阶级的利益服务的一个障碍：

> 辉格党的大人物们非常清楚（虽然托利党的小乡绅们还不大清楚），国家的权力，以及他们自己的权力，依赖于随时准备用军事的或商业的手段去赚钱。而在 1750 年，工业恰恰还赚不到很多的钱。当它能赚到钱的时候，他们毫不费事就使自己适应了形势。（Hobsbawm 1968：18）

无论是辉格党的大人物们，还是托利党的小乡绅们，都从未在工业方面赚过大钱。但是，一旦出现把工业动员起来作为国家扩张手段的机会时，他们就立即抓住不放。在大多数情况下，这种做法没有偏离已经牢固建立的传统框架。因此，前面已经说过，19 世纪英镑的金本位制，只是几个世纪以前在伊丽莎白一世时代形成的做法通过其他方式的延续而已。波兰尼强调了这种相互依存的紧密关系；它在 19 世纪 40 年代开始把英国货币的固定的金本位制，与单边自由贸易和国内劳动力市场的自我调节联结起来。但是，在李嘉图的自由贸易三要素构成一个互相协调的整体以前的两个半世纪里，固定的金本位制已经跟某种东西构成一个互相协调的整体。这种东西在保证其顺畅运转方面比自由市场更加基本，那就是英国国家和英国资本在海外的成功扩张。

这种扩张越是成功，以利息、利润、进贡和汇款为形式的剩余资本的数量也就越大，越稳定。这些都来自英国在海外的臣民或侨民，他们可以被动员起来帮助维持英镑稳定的金本位制。反过来，这种金本位制维持得越长久，越成功，英国政府和商业机构也就越容易在世界金融市场上获得它们扩张海外积累和权力网络所需的信贷和流动性。拿破仑战争时期的英国工业扩张并未改变英国统治阶级在延续这种良性循环中所具有的根本利益：一方面，国家货币主动服从金本位；另一方面，英国权力和积累网络的海外扩张。相反，它加强了这种双向追求的动力，增加了这种追求的方式。

战争时期工业扩张的核心方面，是建立自主的生产资料工业。在此之前，英国的生产资料工业与别的国家一样，几乎没有从使用其产品的经济部门那里得到自主权。大部分企业生产或转包给别人生产它们在自己的活动中所使用的部件和设备。19 世纪英国生产资料工业的中心和支柱——钢和相关的贸易——实际上仍然只是英国陆军和海军的一个下属部门：

> 显然，战争使钢铁的消费量大大提高，像威尔金森、沃克和卡伦这类公司的企业规模，部分要归因于政府的大炮合同，而南威尔士的钢铁工业靠的是打仗……使钢铁制造业发生革命性变化的科特在 18 世纪 60 年代本是个海军代理商，急于改进"与供应海军钢铁有关的"英国产品的质量……机床的先驱莫

兹利的事业开始于伍尔维奇军工厂，他的财富一直与海军合同紧密相连（就像伟大的工程师、原属法国海军的布鲁内尔的财富一样）。(Hobsbawm 1968:34)

在拿破仑战争前夕和之间，随着政府支出的不断增加，钢铁工业的生产水平以及产品和工艺创新的速度明显加快，生产资料工业成了英国国内经济中的一个自主"部门"，其自主程度大大超过了以往任何时候，或大大超过了其他任何国家里那种工业当时仍然享有的自主程度。专门从事生产资料生产的企业的激增加快了这些生产资料的用户的创新步伐，刺激了英国生产商、商人和金融家去寻找从市场上可以获得的数量更大、范围更广、品种更多的生产资料中获取利润的方式方法（见第三章）。

> 对英国经济的军事需求，在形成工业革命之后的几个阶段方面起了很大的作用，促成了蒸汽机的改进，实现了铁路和铁船这样关键的发明，要是没有战时对钢铁生产的刺激，这些发明的时间和条件都不可能存在。(McNeill 1984:211-212)

自治的生产资料工业的发展，给统治阶级提出的问题与机遇一样多。原因之一是它们通过在跟其他国家统治阶级的竞争和权力斗争中的这种发展所赢得的优势并不容易保持。体现在新的生产资料中的革新，在技术上还是相当原始的。这些革新是一些实干家——阿戴尔在 1785 年为理查德·阿克赖特（Richard Arkwright）辩护时，把他们描述成"精通当时所使用的技术的心灵手巧的技工"（Mantoux 1961:206）——在特别有利的条件下，开动脑筋利用广泛传播的知识来解决实际问题的结果（Hobsbawm 1968:43-44;

267

Barrat Brown 1974:75 – 76)。

因此，一旦这些发明的用处表现出来以后，欧洲和其他地方的大量同样实干、同样有知识的人就可以把发明拿来使用，甚至对其进行改进。而且，当这些发明体现在生产资料中上市出售时，盗用起来就更加容易了。英国政府完全清楚，不让实际的或潜在的竞争者使用新技术是很困难的，因此从18世纪70年代中期开始到拿破仑战争时期，不断增加对工具和机器出口的限制以及对熟练工匠和技术员移居国外的限制。但是，这些限制措施更能阻止英国生产资料生产商充分利用外国需求，而不是达到制定这些限制措施的目的（Kindleberger 1975:28 –31）。

除了很难保持优势以外，英国新获得的工业能力的优势在国内和国际上都是有利有弊。在国内，机器制造业的发展引起了相当大的经济和社会动荡。生产资料工业越是独立于使用其产品的经济部门，它的能力往往越是发展到国内经济无法在利润上承受的程度。物价、收入和就业率大幅度上升之后，接着便是同样大幅度的下跌。这种经济动荡，加上新的生产资料的使用打乱了固有的生活和工作方式，导致了相当大的社会动荡和宪章派对业已确立的政治制度的挑战。

在国际上，机器制造业的发展使英国国内经济不仅空前依赖出口（从14世纪以来它一直完全依赖出口），而且依赖外国提供基本的供应。虽然主食供应还能自给自足，但英国历史上第一次出现了一个对出口和就业都是至关重要的行业要依赖外国货源来提供基本的投入，这个行业就是原棉业。拿破仑战争开始的时候，大部分 268 棉花进口来自英国的殖民地，尤其突出的是西印度群岛，但是到了1800年，绝大部分棉花进口来自一个外国——美国。而且，为了保持英国棉花工业的持续发展，降低单位成本也主要依赖不断向外国市场增加销售量，包括而且特别是欧洲大陆和美国的市场（Farnie 1979：83；Cain and Hopkins 1980：472 – 474）。

总之，18 世纪末英国"工业革命"的带头部门，从一开始就是一种全球性工业，它的竞争力和持续发展依赖于通过在外国市场上采购投入和销售产出所实现的外部成本降低。更重要的是，受战时支出的影响，英国生产资料工业的发展已经远远超出了国内贸易在正常情况下的承受力；当这些支出开始趋于平稳并进而紧缩时，生产资料工业只有扩大到世界范围才能保持其规模和专业性。在拿破仑战争的最后几年及战后价格和产量的狂跌时期，英国统治阶级因此面临这样一种形势：此前 30 年的工业扩张给英国国家的内外安全造成了威胁，除非能找到方式或方法来巩固棉花业的世界规模和扩大生产资料工业的市场。然而，如果能找到这种方式或方法，那么这两种工业就可避开社会和政治动乱的实际的或潜在的源头，转变成进一步扩展英国财富和权力的动力。

起初，统治阶级在考虑自身利益时最担心的是国内和国外的安全；正是这种担心，启动了贸易自由化的运动。因此，1813 年废除东印度公司在印度的贸易垄断权的首要目标，就是在勒德主义出现以后要扩大就业和维护"制造业人口的宁静"（Farnie 1979：97）。但是，国内安全的问题与国外安全的问题紧密地交织在一起。当 1806 年的《柏林敕令》和 1807 年的《米兰敕令》向英国的出口关闭大部分欧洲市场的时候，这一损失还可以通过更加协调一致地渗透拉丁美洲市场的办法来弥补。但是，当 1812 年跟美国——英国原棉的主要来源，也是英国棉制品的主要市场——的战争爆发以后，英国工业扩张的脆弱的国际基础就暴露无遗了。废除东印度公司在印度的垄断权，以及彻底分离公司的土地账和商业账——这为建立一个完全的帝国政府铺平了道路——必须被看作

269 同时为解决国内和国外安全问题而做的一种尝试。

印度贸易实行自由化之后不久，英国跟美国和法国战争结束，减轻了国外安全问题的紧迫性。但是，国内安全问题不仅依然存在，而且还因战后生产和就业的不景气而更加严重。更为糟糕的是，英国像棉纱这样的半成品出口，加上英国政府为阻止技术人员和机器外流而建立的禁运墙上缺口的扩大，推动了欧美政府及企业进口替代的进程，导致英国棉织和精纺工业普遍丧失国外市场（Jeremy 1977；Davis 1979：24 - 25；Crouzet 1982：66）。

正是在这种情况下，对广大被控制的、不受保护的经济空间的政治控制成为英国商业外部经济的主要来源。在这些被控制的、不受保护的经济空间中，拥有庞大的纺织工业和商业化农业的印度次大陆显然是最重要的。直到 1813 年，印度还只是英国棉织品无足轻重的市场，但是到了 1843 年，它已成为这类货物的最大市场，1850 年进口了 23% 这类货物，十年以后进口了 31% 这类货物（Chapman 1972：52）。

这一时期，英国的棉纺工业越来越依靠印度市场；从那时起，机器制造从纺纱向织布扩展。1813 年，棉纺工业拥有不到 3000 台动力织机和 20 万以上手工织机的织布工。但是到了 1860 年前后，已经有 40 万台以上动力织机在运转，而手工织机的织布工已不复存在（Wood 1910：593 - 599；Crouzet 1982：199）。

如果不从征服印度市场和尔后摧毁印度纺织工业来看，就很难想象英国纺织工业的机械化过程中的上述大发展会在国内外对其产品的需求都处于停滞状态的时候发生。正如 14 世纪下半叶英国毛纺工业的始建造成了佛兰德斯纺织工业企业的破产和佛罗伦萨工厂的自动关闭那样，19 世纪初期到中期英国棉纺工业机械化的最后辉煌造成了印度纺织工业企业类似的破产。在这两个例子中，英国工业的扩张都主要反映了企业在空间上的重大转移。主要的不同之处在于后一种转移的规模之大、速度之快和手段之先进都是前者无法相比的。

波兰尼（Polanyi 1957：159 - 160）强调，"'剥削'一词已经不能很好地描写一种形势；这种形势只是在废除东印度公司残酷的垄断权和将自由贸易引入印度之后才对'印度生产者'来说变得真正严峻起来"。该公司的垄断权曾是剥削印度纺织工业的一种工具，这种剥削又削弱了这一工业的活力，从而为后来它被兰开夏郡的廉价产品打垮做好准备。但是，在公司的垄断时期，"在乡村古老组织的帮助下，形势基本得到控制……而在自由贸易和平等交换时期，成百万印度人死亡"。兰开夏郡的做法很不一样，比剥削印度民众还要糟糕，它剥夺了对他们进行再生产来说至关重要的现金流转。"如果说这是由经济竞争的力量造成的——机制布匹一直以比手织粗布低的价格出售——那无疑是千真万确的；但是，它也证明了经济剥削的对立面，因为倾销意味着否定附加税。"

然而，破坏东印度公司对南亚劳动力、企业精神和自然资源进行剥削的基础，只是在新的和扩大了的基础上进行剥削的前奏。马克思在 1853 年说，"（英国的）工业利益越是依赖印度市场，它就越是感到在摧毁印度本国工业以后必须创造新的生产力"。铁路、蒸汽轮船和 1869 年苏伊士运河的通航，使印度变成了欧洲廉价食品和原料——茶叶、小麦、油籽、棉花、黄麻——的一个主要来源，以及一个受到行政措施保护的英国生产资料工业产品和英国企业的主要的有利可图的市场。而且，19 世纪末和 20 世纪初印度国际收支的大量剩余成了英国世界规模的资本积累过程中扩大再生产的关键和伦敦城控制世界金融的关键（Saul 1960：62，188 - 194；Barrat Brown 1974：133 - 136；Tomlinson 1975：340；Bairoch 1976a：83；Crouzet 1982：370；de Cecco 1984：29 - 38）。

英国财富和权力扩大再生产的另一个关键同样重要，即印度军事人员的过剩。他们被编进了英国的印度军队：

> 这不是一支以在印度执行国内防御和警察任务为主要目的的军队，而是一支正式和非正式的英帝国主义的军队。它在全世界活动，为工业革命的产品打开市场，使劳动力服从资本的控制，为"愚昧"的文明带来基督教和理性的文明价值。印度军队是戴着维多利亚扩张主义软手套的铁拳头……而且，因为大英帝国是这一时代世界体系赖以运转的主要国家，印度军队是真正意义上的工业资本主义国际化背后的主要强制力量。（Washbrook 1990：481）

271

鉴于印度的资金和剩余劳动力在英国统治和积累制度在全世界建立和扩张进程中处于中心地位，毫不奇怪，用霍布斯鲍姆（Hobsbawm 1968：123）的话来说，"即使自由贸易商人也不希望看到这个'金矿'脱离英国的控制；相当一部分的英国外交和军事或海军政策的主要宗旨就是为了维持这种控制"。对此我们还应补充一句，如果没有对这个"金矿"的政治控制，让英国统治阶级转向李嘉图自由贸易主义也只会是"十足的奢望"而已。但是，对印度的政治控制，使这一转向因为两个密切相关的原因而成为追求权力和利润过程中的一种相当合理的行动方针。第一，英国可以向印度转嫁自我调节市场的破坏性后果以缓和它们对英国的冲击。第二，在印度造成的混乱，解放了大批的剩余人力、自然和财力资源，给予英国在世界范围内获得生活、积累和保护手段方面一种特殊的选择自由。

世界各地的供应尽可能自由地流向英国国内市场，对削减国内生产成本和向外国顾客提供购买英国产品所需的手段都至关重要。咄咄逼人的地方工业利益和对宪章运动的恐惧，在把英国统治集团更远、更快地推上采取单边自由贸易之路方面起到了关键作用（Cain and Hopkins 1986:516）。但是，世界各地的商品自由地流向英国国内市场，不仅对维护工业利益和安抚下属阶级至关重要；它对英国统治阶级在越来越一体化的世界市场上有效行使其特殊的选择自由也必不可少。

这些就是单边自由贸易给英帝国带来的好处，保护主义的反抗运动没有任何机会主导统治阶级乃至下属阶级。英国是，直到最后也一直是自由贸易运动的中心。用霍布斯鲍姆（Hobsbawm 1968:207）的话来说，英国实际上从来没有抛弃过它所创造的自由贸易制度；相反，倒是世界抛弃了英国。

英国的自由贸易制度建立伊始，世界就开始抛弃它了：

272

> 国际贸易节奏的加快和数量的增加以及普遍的土地动员，这些都体现在粮食和农业原料以微不足道的价格从地球的这部分大规模地运往那部分……打乱了欧洲农村数千万人的生活……农业危机和 1873～1886 年的大萧条动摇了人们对经济自我恢复的信心。从那时起，市场经济的典型体制通常只有在伴有保护主义措施的情况下才可能被采用；自 19 世纪 70 年代末 80 年代初起，国家开始形成有组织的单位，它们容易因为适应外贸或外汇需要而做的突然调整所涉及的混乱而遭受严重损失。因此，上述情况就更突出了。（Polanyi 1957:213-214）

贸易保护主义反抗运动的中心是新建立的德意志帝国。当 1873～1879 年的萧条冲击德国时，俾斯麦宰相与他的同时代人一样坚信市场机制的自我调节能力。起先，他从世界规模的衰退中得到安慰，耐心地等待衰退触底。但是，当 1876～1877 年这种情况真的发生时，他认识到市场对德国国家和德国社会生存力的判断过于严苛；他还认识到，衰退也为用其他方式继续他的立国努力创造了独特的机会。

失业、劳工骚乱和社会主义骚动的蔓延，工业和商业的持续衰退，地价的暴跌，尤其是帝国的严重财政危机，所有这些促使俾斯麦通过干预来保护德国社会，防止自我调节市场的灾难摧毁他刚刚建立的帝国大厦。同时，农业和工业利益越来越一致需要政府保护，防止外国竞争，这也使他容易从自由贸易和自由放任突然转向高度保护主义和干涉主义的立场。通过这种转变，他不仅在向社会和经济压力屈服，也在巩固和加强德意志帝国的力量（Rosenberg 1943：67－68）。

俾斯麦从来不喜欢中央权威受制于联邦各州的制度：

> 1872 年，他对德国国会说，"一个依靠各州进贡的帝国，缺乏一种强大和共同的金融机构来维系"。1879 年，他宣称，如果中央权威要在各州之间传递讨饭碗来获得它所必需的财政收入，那是一种耻辱。（Henderson 1975：218－219）

273

与这些情绪一致的是，政府在保护德国社会方面的干预并没有屈服于特殊利益。相反，它被用来加强政府权威和德意志帝国的主权：

> 授予帝国行政部门的政治权力要用来帮助克服短期的经济萎缩和停滞；但是，作为对其帮助的交换条件，国家要进行持久的政治征服……庞大的计划呈现在俾斯麦的眼前；通过操纵

生产商对关税保护的要求和改革税制以降低间接成本，建立起了……不受国会控制的坚不可摧的独立帝国金融系统以及它的军事机器。德国在政治上利用经济和金融的失调，以获得帝国和各州之间新的权力平衡……将它和割不断的经济联系结合起来，以完成国家的统一。（Rosenberg 1943：68）

一种有机的"政治交换"关系就这样在德国政府和一些被挑选出来的工商企业之间建立起来了。德国政府在其权力范围之内尽力帮助这些企业扩张，后者尽其所能协助德国政府巩固德国国内经济的统一，并赋予德国强大的军事工业机器。在这一政治交换关系中，德国政府的主要伙伴是参与正在进行的"战争工业化"的关键性工业企业，尤其是六家大银行。

这些大银行是从个人和家庭之间的德国银行结构中产生的，主要由铁路公司和从事铁路建设的重工业企业发起和提供资金；它们在 19 世纪 50 年代仍占主导地位（Tilly 1967：174 - 175，179 - 180）。在 19 世纪 70 年代的衰退时期，它们对德国金融的控制进一步增强。而在 19 世纪 80 年代，当铁路国有化解放了它们一大部分企业管理和金钱资源时，它们很快采取行动，与少数几个强大的工业企业一起，接管、合并和改组了德国工业。"大康采恩和卡特尔跟大银行密切协作，这是 19 世纪最后 25 年里德国经济的两根支柱。"（Henderson 1975：178）

大萧条前夕，德国和英国一样，通常还都是家庭资本主义，而到了世纪之交，一个高度集中的公司结构已经将其取而代之。在之后的 20 年里，主要通过横向合并，集中得到进一步发展。尽管许多中小企业幸存了下来，但它们作为私人指令性经济的从属成员仍在继续生存，控制这种经济的是一群联系紧密的金融家和实业家，

他们通过日益广泛和复杂的管理官僚机构开展经营。用恩格斯
（Engels 1858）的话来说，德国国内经济确实开始像"一个大工
厂"了。

希法亭（Hilferding 1981），以及他之后的几代马克思主义思想
家，直到当今的关于"有组织"和"无组织"资本主义的理论家，
都把上述发展解释为马克思关于资本不断集中的预言正在实现的最
明显的迹象。他们接着将其理论化，认为这种迹象标志着一个资本
主义新阶段的开始。这个新阶段的特征是以集中的资本主义计划逐
步摆脱市场调控的"无政府状态"（Auerbach, Desai and
Shamsavari 1988）。通过鼓励组成涵盖所有工业部门的卡特尔，大
银行帮助自己已经开始控制的企业顺利而又高效地运转。随着这些
企业的赢利能力相对于仍受市场变化无常影响的企业有所提高，银
行就获得了新的手段来进一步扩大它们对工业体系的控制，如此反
复，直到一个最大的卡特尔控制了整个国民经济：

> 那时，全部资本主义生产就会被单个机构有意识地进行调
> 节；这个机构将决定所有工业部门的产量。定价将纯粹是一种
> 形式，只需把全部产品在卡特尔经理们和社会所有其他成员之
> 间分配一下。那时，价格将不再是人们建立的真实关系的结
> 果，而将变成物品在人们中进行分配的一种纯粹的记账手
> 段……因此，当这种形式达到完美的程度时，金融资本将被从
> 孕育它的土壤中彻底根除……资金的不停周转在经过调节的社
> 会中达到了自己的目的。（Hilferding 1981：234）

到了 20 世纪初，这一过程已经达到如此程度，足以使德国企
业能够以空前的和在许多方面是无与伦比的决心来追求技术效率。

这就是德国企业"技术理性"的根源，我们已经按照兰德斯的办法将这种"技术理性"与英国企业的"金钱理性"做了比较。同英国企业的金钱理性相比，德国企业的这种技术理性同高得多的工业增长率，以及更系统地把科学应用于工业密切相关——这两个特点使德国工业成了"世界奇迹"——因此西方马克思主义者很容易认为，更自觉、更集中地进行计划的德国企业制度已超过英国的制度而成了先进资本主义的典范。

事实上，德国制度只是在工业运行状况上超过英国制度。就附加值的产生和分配而言，德国制度几乎没有缩小在大萧条开始时期德国和英国之间存在的巨大差距。兰德斯（Landes 1969：329）说：

> "德国和英国"之间在总的增长率方面的差距，要比人们根据工业增长率方面的差距做出的估计小得多。虽然 1870～1913 年英国制造商品的产量只增长了 1 倍多一点，而同一时期德国制造产品的产量增长了近 6 倍，但是两国收入的增长率，无论是按总量还是按人均计算，都大体是 0.7 或 0.8 比 1。

换句话讲，德国企业界为了实现较小的附加值增长，不得不以比英国快差不多 3 倍的速度扩大其工业产量。从经济角度看，这种表现看起来更像是一个小小的失败，而不像许多人至今仍然认为的那样是一个伟大的成功。

有人可能会提出异议，附加值并不为评估德国企业制度的成就提供充分的根据，因为那个制度的主要目的是社会性的、政治性的。我们已经知道，这无疑是正确的。但是，恰恰基于政治和社会方面的理由，德国的表现相对于英国的来说是具灾难性的。德意志帝国越是强大，就越跟大英帝国的权力和利益发生冲突（见第一章）。当这两个大国在第一次世界大战中真的发生冲突时，德意志帝国在以前半个世纪中在增强世界权力方面逐步获得的全部成功，突然之间变成了一种巨大的损失。德意志帝国没有从战争的失败中幸存下来。强制解除武装和沉重的战争赔款，使其后的共和国不仅与英国相比，而且与法国相比变成了一个处于进贡地位的"准国家"。更加糟糕的是，工业化的努力在政治和经济上的失败所引发的空前的社会动荡，使德国统治阶级和企业界陷入一片混乱，促使它们在后来的 20 年里进行了更加灾难性的冒险。

276　　德国的公司资本主义远未取代英国的市场资本主义，这是个小小的经济失败，却是个巨大的政治和社会失败。不过，它的发展对促成英国积累体制的临终危机产生了影响，从而启动了向美国体制的过渡。德国的公司资本主义只是英国自由贸易帝国主义的对立面。最终超越两者的综合体制是一种公司资本主义，它既不同于英国积累体制，也不同于德国积累体制。

第四（美国）体系积累周期

爱德华时代的"美好时期"标志着英国自由贸易帝国主义的顶峰。不仅英国的而且整个西方世界的有产阶级的财富和权力达到了前所未有的高度。但是，英国积累体制的体系危机并没有得到解决，而且，在一代人的时间里，这种危机将导致整个 19 世纪文明大厦的倒塌。

英国体制面临的最严重的基本问题，仍然是资本家之间的激烈竞争。前面已经说到，19 世纪 90 年代中期价格的回升，扭转了此前 1/4 世纪对利润的挤压，治愈了欧洲资产阶级的痼疾。然而，随着时间的推移，治愈的结果被证明比疾病更加糟糕。因为价格上扬的主要基础是欧洲大国之间军备竞赛的进一步升级。它所反映的不是对 1873~1896 年大萧条时期资本家之间激烈竞争的抑制，而是主要场景从企业之间的关系向国家之间的关系的转变。

我们可以再次用韦伯的话来解释，起初，由于控制着流动资本的供应，欧洲的资产阶级，特别是英国的资产阶级，能够向与之竞争的国家强制规定在权力斗争中向它们提供援助的条件。这使欧洲资产阶级不仅能从大萧条中复苏，还能享有大约 20 年的辉煌时刻。然而，国家之间的斗争使包括英国在内的每个欧洲国家的保护成本超过了它们所获得的利益，同时削弱了绝大多数国家的资产阶级向外转嫁斗争负担的能力。当这种斗争在第一次世界大战中达到白热化的程度时，英国积累体系也就终结了：

> 1914 年前支撑国际贸易结构的多边支付框架有两个主要　277
> 的基础。第一个基础是印度对英国的国际收支的逆差以及可被
> 用来支付这种逆差的对其他国家的顺差；第二个基础是英国、
> 欧洲和北美之间的贸易平衡。这样逐步构建起来的那个支付框
> 架，在第一次世界大战中遭到严重破坏，在第二次世界大战中
> 被彻底摧毁。（Milward 1970:45）

在第一次世界大战之前的半个世纪里，英国的海外帝国，特别是印度，对英国资本世界规模的自我扩张变得比任何时候都更为重要。马塞洛·德切科（Marcello de Cecco 1984:37 – 38）指出，英国通过出口初级产品来支撑其帝国赚取外汇的能力。"英国不必改组'它的'工业就能设法生存下去，并能在'资本'获利最高的国家进行投资。"（同时参见 Saul 1960：第 62~63 页和第 88 页）

美国恰好是获得最大投资份额的国家，也正是美国为英国投资者提供了最大的外国资产和未来收入的索取权。因此，1850～1914年，对美国的投资和长期贷款总额达到 30 亿美元。但是，在同一时期，美国支付的利息和股息高达 58 亿美元，其中大部分都付给了英国。结果，美国的外债从 1843 年的 2 亿美元，增加到了1914 年的 37 亿美元（Knapp 1957：433）。

英国对美国资产和收入的所有权，在英国统治的经济中是至关重要的，因为美国能够及时和有效地为英国提供在全球战争中保卫其广阔的领土帝国所需的一切物资。因此，1905 年皇家战时食品和原料供应委员会报告说，有了足够的金钱和船只，战时供应便能够确保，金钱短缺也是最不可能发生的事。同样，第一次世界大战爆发的时候，英国财政大臣认为，英国对外投资的收益足以支付五年的战争。大量货币流向伦敦，英格兰银行的黄金储备在 1914 年8～11 月猛增将近 300%，这两件事似乎证实了上述乐观的估计（Milward 1970：44－46）。

然而，1915 年，英国对军火、机器和原料的需求已经远远超出了 1905 年皇家战时食品和原料供应委员会的估计。英国所需的大部分机器只能由美国提供；购买这些机器开始蚕食英国在美国的收入，同时开始增加美国对英国收入和资产的所有权。在战争的最初几年里，英国在美国的资产就以大打折扣的价格在纽约证券交易所换成现金。到美国参战并取消向英国贷款的限制时，"英国政府在美国的债务已高达数亿英镑，真是到了山穷水尽的地步。它根本无法偿还这些债务，从那时到停战，它'为负担生活和战争之绝对必需品'而向美国政府借款的总额已不少于 10 亿英镑"（R. H. Brand 引自 Milward 1970：第 46 页）。

因此，战争结束的时候，美国已经以极低的价格买回一些大宗投资，这些投资用于 19 世纪美国国内经济的基础设施建设；此外，它还积累了巨额战时信贷。而且，在战争的最初几年里，英国曾向它的更穷的盟国，最引人注目的是俄国，提供大量贷款，而仍处中立的美国腾出手来加速在拉丁美洲和部分亚洲地区取代英国成为主要的外国投资者和金融中介。到战争结束的时候，这一过程已经不可逆转。美国 90 亿美元的纯战时信贷绝大部分为比较具有偿债能力的英国和德国所欠；而英国 33 亿美元的纯战时信贷的 75% 为已经破产（和革命）的俄国所欠，很大程度上只得一笔勾销（Fishlow 1986：71；Eichengreen and Portes 1986；Frieden 1987：27－28）。

美、英两国在金融财富方面的第一次颠倒的程度固然是实质性的，但也不应夸大。伦敦的黄金储备在 20 世纪 20 年代还高于战前，这似乎可以解释为什么英镑在 1926 年能以战前的汇率恢复金本位。英国对外国收入的所有权虽然有所减少，但仍然相当可观。德国的战争赔款至少可以用来支付部分欠美国的战时债务的利息。最主要的是，英国的殖民地和半殖民地帝国进一步扩大，构成了一张安全网，必要的时候宗主国英国可以投入其怀抱，就像 20 世纪 30 年代那样。对美国而言，战争结束的时候，它的贸易顺差大致恢复到了 1914 年前的水平。与战前情况的主要区别在于，美国在国外资产／投资的收入，已经跟外国在美国投资／生产的收入持平，因此贸易顺差转变成了相当数量的纯往来账户顺差（见图 16）。

由于这一顺差和战时信贷，美国跟英国一起成了生产和调节世界货币的国家，而不是取代英国。美元和英镑一样成为正式的储备货币。但是，美元或英镑单独都未能超过各中央银行外汇持有额的一半（Eichengreen 1992：358）。

更为重要的是，美国管理世界货币体系的能力仍然明显地弱于英国尚存的能力。杰弗里·英厄姆（Geoffrey Ingham 1989：16－17；

279

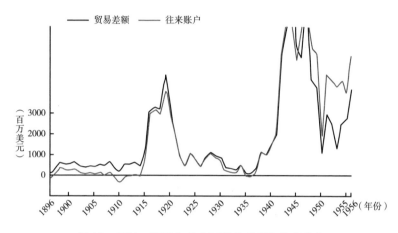

图 16　1896～1956 年的美国贸易差额和往来账户

资料来源：Williamson（1964：249）。

1984：203）指出，根据上述观点，必须对下面这种看法进行修正：两次世界大战期间世界货币体系的不稳定，是由于英国无能和美国不愿担负起使其稳定的责任所造成的（Kindleberger 1973：292）。因为控制大部分的世界资金流动性并没有赋予美国管理世界货币体系的能力。从组织角度来看，美国金融机构根本无法胜任此项任务。在 20 世纪 20 年代，刚建于 1913 年的联邦储备系统还只是一个松散而又没有经验的机构，甚至无法以最低限度的效率来行使其国内的职能。在与外国的交易中，12 个地区储备银行中只有纽约一家还有点经验。

纽约本身无论在组织上还是在思想上都还完全从属于伦敦。诚然，美国的世界流动资金的份额在战争时期的大幅上升，导致纽约金融界，特别是摩根财团，在以伦敦为基地的大金融资本领域之内的权力和影响同样有很大的增长。但是，这种权力和影响的再分配并没有改变世界货币体系的运作方式。华尔街和纽约联邦储备银行只是跟伦敦城和英格兰银行一起来维持和实行国际金本位制，而其主要的受益者以前是现在仍然是英国。雅克·鲁夫（Jacques Rueff）在 1932 年对 20 世纪 20 年代的货币管理特点所做的描写虽然带有派性，却不失准确。他写道：

> 采用金本位制非常有利于英国多年隐藏它的真正的立场。在整个战后时期，英国能够向中欧国家贷款，而这些贷款又不断地回流英国，因为这些钱一进入借款国就又被马上存回伦敦。因此，就像一场音乐喜剧中穿过舞台的士兵那样，它们可以无止境地重复出现，使款主能继续向海外贷款，而事实上，过去曾使这类贷款成为可能的外汇流入已经枯竭。（Rueff 1964：30）

通过支持国际金本位制，纽约金融界鼓励和支持了伦敦保持其世界金融中心地位的努力，尽管这种努力最终是徒劳的。不只是纽约支持伦敦恢复 1913 年的世界货币体系。在整个 20 世纪 20 年代，大多数西方政治家相信，只有"这次在牢固的基础上"重建 1914 年前的世界货币体系，和平和繁荣才能得以恢复。不管它们属于什么意识形态，国家政府都使它们的财政和货币政策有助于保卫货币。与此同时，从布鲁塞尔到斯帕和日内瓦，从伦敦到洛迦诺和洛桑，召开了无数个国际会议，想要为恢复金本位制创造政治条件（Polanyi 1957：26）。

然而，自相矛盾的是，这种一致努力非但没有恢复 1914 年前的世界货币体系，反而加速了它的临终危机。大家都认为，稳定的货币说到底有赖于贸易的自由化。但是，"自给自足的妖魔老是附在为了保护货币而采取的措施身上"。为了稳定货币，政府实行规定进口 281

配额、延期偿还和暂停付款协定、建立清算制度和签订双边贸易条约、易货贸易、禁止资本输出、控制外贸和外汇平准基金等措施。这些措施加在一起往往限制了对外贸易和国外支付。"虽然实行这些措施的初衷是实现贸易自由化,结果却破坏了贸易。"(Polanyi 1957:27)

在"资本外逃"压力下追求货币的稳定,最终使 20 世纪 20 年代世界贸易和生产的停滞发展成 30 年代初的衰退。整个 20 世纪 20 年代,美国的生产力继续以比其他任何债务国都高的速度增长,从而进一步提高了美国企业的竞争优势,增加了债务国支付利息(且不用说还债)的困难。随着世界支付体系对美元的依赖性的增加,美国获得外国资产的速度是现代任何一个主要债权国都未曾经历过的(Dobb 1963:332)。

到了 20 世纪 20 年代末,美国的对外贷款和直接投资在私人账户上积累的纯资产已逾 80 亿美元。然而,世界支付的结构性不平衡的加剧,最终必然阻碍这个过程继续下去,特别是由于各国政府都在努力恢复它们货币的金本位制。国与国之间的资本流动越来越呈现出短期化和投机性的特点:

> 这些"游资"……穿梭于世界金融中心之间,寻找暂时安全或投机性利润,还经常给这个或那个国家的黄金或外汇储备施加危险的压力。(Arndt 1963:14)

在这种情况下,美国国内的投机繁荣或萧条会中断其对外提供贷款,并导致恢复整个世界贸易所赖以存在的复杂结构的崩溃。这正是后来发生的情况。1928 年底,繁荣的华尔街开始把资金从对外贷款转向国内投机。当美国银行收回它们向欧洲的贷款时,美国的纯资本输出——这种输出曾经从 1926 年的不足 2 亿美元上升到

1928 年的 10 亿多美元——在 1929 年又一次暴跌到 2 亿美元
（Landes 1969：372）。

华尔街繁荣的崩溃，以及随之而来的美国经济衰退，使美国对外放贷和投资的停滞成为永久性现象。面对短期资金的突然回收或外逃，一个又一个国家被迫用货币贬值或外汇管制来保护其货币。1931 年 9 月，英镑和黄金中止互相兑换，导致作为伦敦城财富的基础的单一世界商业和金融交易网络的最后毁灭。保护主义到处蔓延，人们放弃了对稳定货币的追求，"世界资本主义退到了民族国家经济及其相关帝国的避难所里"（Hobsbawm 1991：132）。

这就是卡尔·波兰尼将其根源追溯到"金线崩断"（见第三章）的"世界革命"。它的主要标志是：大金融资本从世界政治中消失、国际联盟垮台并由独裁帝国代之、纳粹主义在德国兴起、苏联的五年计划，以及美国实施新政。"第一次世界大战结束时，19 世纪的理想占据主导地位，其影响还主宰了后来的十年，但是到了 1940 年，国际体系的遗迹已无处可见；除了几个地方以外，所有国家都生活在一个全新的国际环境中。"（Polanyi 1957：23，27）

事实上，1940 年的国际环境并不那么崭新，因为国际体系中的那些大国已处于又一轮的军事对抗之中。这一轮对抗，除了它的规模、残酷性和破坏性是空前的以外，也不过是重复了资本主义世界经济反复发生的模式。不过，这一对抗很快就变成建立一个以美国为中心的，并由它组织的一种新的世界秩序。这种新秩序在几个主要方面都不同于已经死亡的英国世界秩序，成为资本主义世界经济进行新的扩大再生产的基础。到第二次世界大战结束的时候，这个新的世界秩序的主要轮廓已经初显端倪；布雷顿森林体系建立了新的世界货币体系的基础；在广岛和长崎，新的武力手段显示了新的世界秩序的军事基础；在旧金山，联合国宪章规定了合法立国和

282

进行战争的新规范和新规定。

罗斯福的最初设想和后来杜鲁门在较小规模上将其变成的现实，反映了世界权力的空前集中，这是第二次世界大战的结果。"原来的大国——法国和意大利——已被削弱。德国称霸欧洲的努力失败了，日本在远东和太平洋的努力也以失败告终。尽管英国有丘吉尔，但它也在衰落。19 世纪和 20 世纪初经常被预言的两极世界终于来到了。用德波特的话来说，国际秩序现在'从一种体系转向另一种体系'。只有美国和苏联说了才算……而美国这个'超级大国'更胜一筹"（Kennedy 1987：357）。世界金融力量甚至更为集中。从图 16 中可以看出，第二次世界大战对美国贸易平衡的影响，只是在更大的规模上重复了第一次世界大战的影响。波峰更高、更长。这反映了美国在更大程度上起了盟军战争的工场以及战后欧洲重建的粮仓和工场的作用。而且，美国的海外资产的收入有史以来第一次以较大的幅度超过了外国资产在美国产生的收入，因此经常账户盈余远远大于贸易盈余。

由于贸易和经常账户盈余这种新的更大幅度的增长，美国开始享有世界流动性的实际垄断权。1947 年，美国的黄金储备占世界总量的 70%。此外，外国政府和企业对美元的过度需求意味着，美国对全球流动性的控制，远高于作为货币的黄金的这种异常集中所意味的程度。

生产能力和有效需求的集中也同样给人留下了深刻印象。1938年，美国的国民收入已经大约相当于英国、法国、德国、意大利和比利时、荷兰和卢森堡经济联盟的国民收入的总和，几乎是苏联的国民收入 3 倍。但是，到 1948 年，美国的国民收入是上述西欧国家集团的国民收入的 2 倍多，是苏联的国民收入的 6 倍多（根据Woytinsky and Woytinsky 1953：表 185 和表 186 算出）。

因此，以英国为中心的世界经济的最后崩溃对美国十分有利。1929 年大萧条后的不到 20 年里，世界还是一片废墟，而美国的国民财富和权力达到了前所未有的、无与伦比的高度。美国是世界经济一个不可分割的主要成员，但它不是第一个从世界经济的困难中大获其利的国家。它的经历以前曾经有过，先是 15 世纪的威尼斯，后是 17 世纪的尼德兰联邦，再是 18 世纪的英国。跟先前所有在日益加剧的体系混乱中获取巨大财富和权力的几个例子一样，美国在 1914～1945 年的财富和权力的大发展主要从它享有的保护利益体现出来，因为美国在资本主义世界经济的空间结构中处于独特的位置。世界体系越是动荡和混乱，由于美国的大陆规模、岛国位置，以及它可以直接进入世界经济的两个大洋的条件，美国获得的利益也就越大（见第一章）。

284

然而，那时与以往任何时候相比，一个具体国家的财富和权力能从体系混乱中受益的程度都更为有限。对它有利的再分配越多，能够用于再分配的就越少，全世界的混乱对它的外贸和投资产生的破坏性影响也就越大。更直接相关的事实是，战争的工业化已使全球战争成为运输、通信和破坏手段创新的强大引擎，并且使全球"萎缩"，甚至威胁到世界上最安全的国家的安全。

如果第二次世界大战表明美国可以在不断加剧的体系混乱中变富、变强，那么它同时也表明美国的政治孤立主义已经达到越来越无利可图的程度。孤立主义立场的依据是相信美国的安全不可侵犯。一旦轰炸珍珠港粉碎了那个信念，罗斯福总统精明地利用了自 1812 年以来外国对美国领土的第一次攻击所激起的民族主义情绪，把他的"一个世界"的梦想嫁接到了新政政策上来。"罗斯福关于新的世界秩序的梦想，是他新政哲学的延伸。那种哲学的核心是，只有仁慈和专业的大政府才能保证人民的秩序、安全和公正……正如新政给美国带来了'社会安全'那样，'一个世界'也将给全世界带来政治安全。"（Schurmann 1974:40 – 42）

> 新政的精髓在于，认为大政府为了获得安全和进步必须舍得花钱。因此，战后的安全需要美国资助，以终止战争造成的混乱……对穷国的……援助将产生跟美国国内社会福利项目同样的效果。它将给予穷国安全，以终止混乱，防止它们诉诸暴力革命。同时，它们将被牢牢地吸收进恢复了的世界市场体系之中。它们被带进这总的体系以后，就会变得有责任感，就像美国工会在战时那样。美国帮助英国和西欧其他地方，将重新刺激经济增长，这又将刺激跨大西洋贸易，因此从长远来看也有助于美国经济。美国为了支撑战争曾经花了巨款，出现了巨额赤字。而最后美国获得了令人惊奇的、出乎预料的经济增长。美国在战后的支出也会在世界范围内产生同样的效果。（Schurmann 1974:67）

确实如此，但只是在罗斯福关于"世界一体化"的思想被杜鲁门关于"两个不可调和地彼此对立的世界"的理论付诸实施以后。两个世界指的是一个共产主义世界和一个只有美国才能组织和授权进行自卫的自由世界。因为罗斯福的世界一体化是如此脱离现实，不足以赢得美国国会和企业的必要支持。世界是个太大、太混乱的地方，美国无法按照它的形象来重新组织一个与之相似的世界，特别是这种重组必须像罗斯福梦想的那样通过世界政府机构来实现。在这些机构中，美国还不得不与朋友和敌人的特殊主义观点不断妥协。美国国会和美国企业界在计算美国外交政策的经济成本和效益时是很"理智"的，不会使用必要的手段来执行这样一个不切实际的计划。

罗斯福知道，美国绝不会像英国在 19 世纪 40 年代那样单方面实行自由贸易，他也从未建议采取这一政策。他曾建议建立一个国际贸易组织，授权它重建一个与促进和保持全球经济扩张的目标相适应的多边贸易体系。但是，即使这个不太激进的建议也从未在国会获得通过。国会完全拒绝把贸易问题上的主权让渡给哪怕是一个在可预见的将来必然是被美国的人员、利益和思想控制的机构。如前所述，最后形成的组织——1948 年建立的关税及贸易总协定——只是一个就削减关税和对国际贸易的其他限制进行双边和多边谈判的论坛。它把贸易自由化的进程留给了各国政府。关贸总协定无疑帮助重建了一个多边贸易体系，但贸易自由化落在 20 世纪五六十年代世界经济扩张的后面，而不是走在前面。这与当初英国单方面实行自由贸易形成鲜明的对照。英国的自由贸易走在 19 世纪中期世界贸易和生产扩张的前面，并为此做出了决定性的贡献。

即使美国单方面实行自由贸易，或夭折了的国际贸易组织采取行动，从而加速了国际贸易的自由化进程，世界的资金流动性、生产能力和购买力在美国管辖范围之内的高度集中，仍然会对世界经济扩张构成比关税壁垒和政府强加的其他贸易限制严重得多的障碍。除非世界流动性得到更均匀的分配，否则其他国家和地区无法从美国购买生产资料，这些生产资料可以为美国消费者提供任何有价值的商品，而世界上大部分有效需求集中在美国消费者手中。但是，就在这个问题上，美国国会也同样极不愿意放弃它对世界流动资金的控制，把它作为达到刺激世界经济扩张这个目的的一种手段。

在这方面，还必须强调指出，在布雷顿森林建立的世界货币体系还不只是一套旨在稳定几种主要国家货币之间的对等地位，通过美元与黄金的固定汇率将这种对等地位的总体效果与生产成本捆在一起的技术性安排。如果这就是全部，那么新的货币体系只会恢复19 世纪末 20 世纪初的国际金本位制，由美元和联邦储备系统替代英镑和英格兰银行的角色。但是，那还不是全部。在这种旧的技术外表的下面，在世界货币的"生产"机构和模式方面发生了一场大革命（Cohen 1977：93，216f）。

在以前所有的世界货币体系中——包括英国的在内——大金融资本的渠道和网络一直牢牢地掌握在私人银行家和金融家手里，他们以营利为目的进行组织和管理。世界货币因此也只是赢利活动的副产品。相反，在布雷顿森林建立的世界货币体系里，世界货币的"生产"被一个主要考虑福利、安全和权力的政府组织网络所接管——原则上是国际货币基金组织和世界银行，实际上是与美国最紧密和最重要的盟国的中央银行协调行动的美国联邦储备系统。世界货币因此成了国家制造活动的副产品。小亨利·摩根索（Henry Morgenthau，Jr.）在 1945 年说，新的世界秩序的安全机构和货币机构，就像剪刀的两片刀刃那样互相补充（引自 Calleo and Rowland 1973：第 87 页）。

罗斯福和摩根索就像后者曾经吹嘘过的那样确实成功地把世界流动性的控制权从私人转到了国家手中，从伦敦和华尔街转到了华盛顿。在这方面，布雷顿森林组织通过别的方式继续了罗斯福早些时候与大金融资本的决裂。尽管罗斯福具有国际主义背景，包括曾在威尔逊政府中供职和支持国际联盟，但是他的新政的主要方向是要使旨在恢复国民经济的美国政策不再从属于伦敦和纽约所主张的稳定的货币原则。在他当总统之后做出的第一批决定中，其中有一个就是中止美元对黄金的可兑换性，这就彻底摧毁了国际金本位

制。接着，他动员他的政府推进和管理国民经济的恢复工作，彻底
改革了美国的银行系统。最重要的改革之一——1933 年的《格拉
斯－斯蒂戈尔法》——把商业银行和投资银行分开，从而致命地
打击了摩根财团对美国金融市场的控制（Frieden 1987:54－55）。　287

1933 年 7 月，罗斯福与大金融资本的决裂几乎已成定局，他
猛烈抨击了"所谓国际银行家的老迷信"，破坏了企图在调节世界
货币方面恢复部分秩序的伦敦经济会议。华尔街大为震惊，詹姆
斯·沃伯格（James Warburg）这位有影响的银行家和国务院顾问
也是如此，他递交了辞呈。几个月之后，罗斯福政府进一步违反可
靠货币原则和破坏国际金融合作，宣布美元对黄金贬值以支持美国
农产品价格，这一措施导致代理财政部长、杰出的华尔街律师艾奇
逊的辞职（Frieden 1987:55）。

随着美国经济问题的缓解和国际形势的进一步恶化，罗斯福的
国际主义倾向重新露头，他与华尔街重修旧好。但是，尽管第二次
世界大战期间华盛顿和华尔街合作密切，在布雷顿森林体系方面，
银行家和金融家却引人注目地缺席了。华盛顿而不是纽约被确定为
是世界货币"生产"的主要场所，安全仍然是形成战后货币世界
秩序的首要因素。

然而，世界流动资金如今集中在美国银行系统这一事实，使美
国的金融精英能够在华盛顿的经济民族主义者中，找到足够的支持
来把对稳定的货币，特别是对金本位制的优越性的坚定信念，强加
给布雷顿森林体系的机构（Van Dormael 1978:97－98，240－265）。
结果，凯恩斯和怀特的共识对美国货币政策的影响甚微（Gardner
1986:71－100，112－114）。他们曾经一致认为，必须消除国际金
本位制的通货紧缩倾向，创造一个与新政的社会和经济目标相一致
的世界扩张氛围。虽然旧的金本位制的自动性没有得到恢复，布雷

顿森林体系的机构被证明完全不能胜任将世界流动性循环使用于世界贸易和生产再扩张这一重任 (Walter 1991:152 – 154)。

唯一没有遇到国会反对的世界流动资金再分配的形式，是私人对外投资。事实上，许多措施支持更多的美国资本流向国外，如税收补贴、保险计划、兑换保证等。尽管采取了这些支持措施，美国资本还是没有任何打破限制其全球扩张的恶性循环的倾向。海外流动资金的短缺局面阻止了外国政府取消外汇管制；外汇管制妨碍了美国资本流向海外；少量的美国私人的对外投资又使国外的流动资金保持短缺局面。和贸易自由化一样，美国私人的对外投资滞后于而不是领先于 20 世纪五六十年代的世界经济扩张 (Block 1977: 114)。

一个以埃利奥特为主席的研究小组在 20 世纪 50 年代中期报告说，世界经济体系的一体化不可能再使用与 19 世纪使用的同样的方法来实现了。许多人声称，"像 19 世纪的英国一样，美国是个'成熟的债主'，必须实行进口自由，并且承诺每年向海外投资大量资本以平衡其高水平贸易中的货物和服务出口" (Elliott 1955: 43)。这一方法虽然听起来原则上颇有道理，但是研究小组认为，它忽略了联结英国与 19 世纪世界经济的关系和联结美国与 20 世纪世界经济的关系的根本区别。

> 英国扮演的是一种领导性经济的角色。它的经济完全与世界经济体系融为一体；由于英国依赖外贸、它的商业和金融机构的无所不在的影响以及它的国家经济政策与世界经济一体化所需的政策之间的基本一致，因而它的经济在很大程度上使其能成功运作。相反，美国是一种主导性经济。它只是部分地与世界经济体系融为一体，而部分地与其进行竞争，还往往周期

性地打乱其运作的习惯方式和节奏。根本不存在协调和管理世界贸易体系日常活动的美国商业和金融机构网络。不管某些进口是何等重要，外贸在总体上对美国经济不起关键作用（Elliott 1955:43）。选择上述提法是出于无奈，因为英国经济与 19 世纪世界经济的关系和美国经济与 20 世纪世界经济的关系均是既主导又领导的关系。但是，区别的主旨还是准确的。它相当于阿明为了完全不同的目的而提出的"外向性"国民经济和"自我中心性"国民经济之间的区别。根据阿明的格局，核心国家的经济是"自我中心性"的，它的组成部分（生产部门、生产者和消费者部门、资本和劳动力部门等）有机地统一在一个国家实体中。这与边缘经济组成部分的"外向性"形成鲜明对比。"在外向性经济中，其组成部分的统一不可能在国家范围内领会得到，这种统一被打破了，只能在世界范围内重新发现。"（Amin 1974:599）

在我们的格局里，外向性和自我中心性经济之间区别的最大用处就在于识别基本的结构差别，但不是核心经济和边缘经济之间的基本结构差别，而是 19 世纪英国积累体系和它的后继者美国积累体系之间的这种差别。在英国体系里，主导性兼领导性的国民经济（英国经济）的外向性，成为世界市场形成过程的基础。在此过程中，英国经济活动的最重要的部门与殖民地和外国经济之间的互补联系变得比部门之间的还要强。相反，在美国体系里，主导性兼领导性的国民经济（美国经济）的自我中心性，成为大企业公司组织领域里世界市场"内部化"过程的基础，而美国的经济活动有机地统一在一个国家实体中的程度大大超过了 19 世纪的英国。

　　两种体系间的这种不同是一个漫长的历史过程的结果；在此过程中，美国体系是作为主导性的英国体系的积累结构中一个不可分割的从属组成部分而产生的，尔后又在动摇和摧毁这种结构中起了作用，最后成为新的主导性体系。如前所述，美国内战后的半个世纪里，美国企业经历了一场组织革命，涌现出一大批纵向联合的、官僚机构管理的公司：那些公司在完成美国国内大陆范围的整合以后，立即开始跨国扩张。这一进展是对仍占主导地位的英国积累体系的主要趋势的一种重大逆转。

　　在临终危机之前，英国体系一直是一种中、小型企业的制度。大型股份特许公司一旦完成为英国企业开辟海外贸易和投资的新领域的任务就被停业清算。它们在 19 世纪末和 20 世纪初为开发非洲而恢复活动时，英国并没有发生与德国或美国企业所经历过的公司改组相应的英国企业的公司改组。用 P. L. 佩恩（P. L. Payne 1974：20）的话来说，"英国企业几乎没有朝着区分管理权和所有权方向的发展，也没有朝着扩大组织等级机构方向的发展"（同时参见Chandler 1990：第七、第九章）。

290　　特别突出的是，成为美国积累体系唯一最重要特点的生产和交换过程的纵向联合，在 19 世纪英国体系的形成和扩张中没有起到任何作用。相反，英国这种体系的主要趋向是朝着联结最初生产和最终消费的生产和交换连续分支过程的纵向扩散而不是合并。我们已经提到，生产资料的生产和使用的组织上的分离是英国"工业革命"的主要特点。这种分离也在原料的采购和最终产品的销售方面伴有类似的趋向。

　　从大约 1780 年到拿破仑战争结束，伦敦和外地的主要实业家们大胆从事海外贸易的时候，往往从美国和西印度群岛开始；英国纺织工业所需的原棉的绝大部分是从那里采购的。但是，在战后的经济萧条时期，由于海外贸易中日趋激烈的竞争和英国工业的日益专门化，上述现象变得无足轻重了。随着出口市场变得更加分散，以及英国工业的竞争力所依赖的关键原料开始可以通过批量现金购买方式更便宜地采购得到，英国制造商也就失去了在海外贸易中的竞争能力，事实上也失去了对竞争的兴趣。它们的能力和兴趣转而比以往任何时候都更加牢固地根植于国内市场的专业化生产，而原料的采购和产品的销售可以放心而又有利可图地留给同样专业化的承兑商行去办理。这就推动形成了遍布五大洲的经纪人和小百货商网络，并为它的发展提供资金（Chapman 1984：9 - 15）。

即使在机械化的大规模生产中，英国企业一般总是纵向扩散而不是联合。在 19 世纪的第二个 25 年里，机器生产迅速从纺纱扩散到织布，这与这些分支过程的某种纵向合并很有关系。但是，1850 年以后，这一趋势被扭转了。纺纱、织布、织物整理和销售越来越成为不同企业里互不相干的专业化领域；即使在各个部门里，这些领域也往往是高度地方化和专业化的。结果，在 19 世纪的最后 25 年里，英国的企业体系比以往任何时候都更是一个由高度专业化的中型企业组成的集合体。这些公司由一张复杂的商业交易的网络（一张以英国为中心而又涵盖全世界的网络）组合在一起（Copeland 1966：326 - 329，371；Hobsbawm 1968：47 - 48；Gattrell 1977：118 - 120；Crouzet 1982：204 - 205，212）。

英国企业这种高度外向、高度分散和高度分类的结构，构成了其按照德国或美国方式进行公司改组的主要障碍。它不仅使为限 291 制竞争而进行的横向联合变得困难，这一点希法亭（Hilferding 1981：408）已有论述，而且还使英国企业无法抓住机遇，通过对生产和交换过程所划分成的连续活动的进一步计划和联合来降低单位成本：

例如，在转包商的工厂里，新的装配技术可能要求制定出新的精确度标准，并要求使用新的设备；如果承运人不调整它们的方法以适应新的节奏，那么速度更快的装载设施就远远不能发挥其效能。在这些情况下，成本和风险的分配成了严重的障碍，不仅因为计算结果在客观上就是不同的，而且更是因为人在这种需要做出取舍的情况下通常疑心重重，固执己见。（Landes 1969：335）

在兰德斯看来，这些他所谓的"相互联系的包袱"对先成功地实行工业化的企业的压力很大，这也是 19 世纪末英国企业在采用更加有效的生产和管理技术方面落后于德国和美国的主要原因。具有讽刺意味的是，最近重新发现了灵活生产制度的许多优点，许多学者因此觉察到英国企业的分散和分类的结构是竞争优势的一个来源，而不是一个障碍。这里不可缺少的是恢复马歇尔关于"工业区"的观念，这种工业区由单一单位企业的空间群组成，它们在同一行业，而且互相合作，从本地的技术知识和企业联系宝库中获益，并且不断地充实这个宝库。由于有了这种共同的宝库，在某个工业区开展经营活动的企业成了地方化的外部成本降低的受益者，因而能够作为单一单位企业生存下来并生意兴隆，尽管更大范围里的国内和世界市场的供需条件在不断发生变化（Marshall 1919：283－288；Becattini 1979，1990；Sable and Zeitlin 1985）。

马歇尔认为，那种地方的工业区的有利条件可以解释为什么代表兰开夏郡纺织工业和谢菲尔德金属工业的中小型企业能够继续存在。我们的分析表明，在其国内、国外和殖民地分支里，整个英国积累体制事实上应该被看作构成了一个灵活的专业化的世界体系，这个体系是通过生产和交换过程的纵向扩散形成的，并且在不断降低其组成单位实现全球规模的外部成本。从这个更广的角度来看，灵活的、专业化的英国体系的形成和全面扩张，似乎一直是巩固英国的贸易中心和帝国功能过程的另一方面。

通过成为世界的主要商业和金融中心，英国为建在宗主国的企业创造了独一无二的机会。它们可以专门从事高附加值活动，可以在原材料价格最低的地方投资，同时可以向商品价格最高的国家和地区销售商品。如要充分利用这种机会，英国企业的专业化必须高度灵活，灵活到足以使专业化企业能在很短时间内从一种投入 – 产出组合转向另一种投入 – 产出组合，以应付经济活动的附加值等级结构的变化，以及应对世界经济不同地区作为投入来源和产出销路的相对优势的变化。这种灵活性当然使工业结构处于永远的变动状态，从而阻止了英国企业形成像德国和美国企业那种"技术理性"。但是，英国企业不可能两者兼而有之；它的严格的"金钱理性"是而且一直是一个有幸处于世界贸易和金融神经中枢位置的企业共同体的最好策略。

它也是一个处于涵盖全世界的领土帝国中心的企业共同体的最好策略。英国可以获得帝国供应、市场和流动资金的特权，因而具有高度的灵活性来将资本投资到世界上有望产生最高利润的地方。在世界范围内投资方面的灵活性反过来进一步巩固了英国作为世界贸易和金融中心的地位。当英国工业开始在世界市场上不仅输给德国和美国，而且输给许多其他国家（包括在大萧条时开始"再工业化"的印度）的时候，"它的金融业却赢了，作为托运人、交易员和世界支付体系的中间人的英国服务业变得更加不可缺少了。事实上，如果说伦敦曾是真正的世界经济中心，英镑曾是它的基础的话，那就是在 1870 ~ 1913 年"（Hobsbawm 1968：125）。

总之，英国市场资本主义的灵活专业化和金钱理性是英国这个国家作为世界中心和全球帝国的具体表现。这一体系的组成单位是否赢利，关键要靠全世界向它们供应，然后它们再供应全世界；还要靠对领土帝国的政治控制，这个帝国提供了使世界与英国对外贸易保持联系所需的手段（流动资金、市场，或原料供应）。只要世界商业和金融中介活动在帝国进贡支持下能赢得比工业生产更大或者相等的利润，出现新的工业中心本身在总体上不会对英国企业构成任何威胁。只要这些新的工业中心为了在投入来源和销售产出方面得到英国企业的服务而互相竞争——在世纪之交，它们中的大多数就是这么做的——它们的出现和扩张对英国企业来说是利多弊少。

1899 年，地缘政治学家哈尔福德·麦金德（Halford Mackinder）在银行家协会的一次讲话中，很好地总结了英国企业在不断变化的商业活动的空间结构里的地位优势：

> 随着工业活动和商业似乎趋于分散，应该有一个单一的票据交易所，这件事变得越来越重要……这不等于说，在分散化的同时，我们岛内的（工业）活动会减少，但相对减少看来是不可避免的。世界票据交易所往往保持垄断地位，这是由它的本质所决定的；而且，那家票据交易所总是在拥有资本最多的地方。这是我们的自由贸易政策和其他国家的保护贸易政策之间斗争的真正关键。我们当然是拥有资本的人，而拥有资本的人总是分享其他国家的脑力和体力活动。（Hugill 1993:305）

美国式的公司资本主义和德国式的一样，是以联合王国为中心的世界市场经济的充分扩张所引发的世界范围的竞争压力的加剧而发展起来的。两种形式的公司资本主义同时在 1873～1896 年的大萧条过程中出现，这绝不是历史的偶然。在德国跟在美国一样，竞争压力的加剧使商人、政治家和知识分子都相信，互相割裂的单位之间不加约束的竞争体制既不会带来社会稳定，也不会带来市场效率：

> 如果任由竞争性市场发展，产生的不是弗里德里克·巴斯蒂亚的和谐，不是让－巴伯蒂斯特·萨伊的均衡，不是稳定的资本积累和投资，也不是劳动力和资源在高水平使用上的供需平衡，而是市场解体、"竞争浪费"、企业倒闭、周期性萧条、罢工和封厂、社会骚动，以及政治动乱……到 19 世纪 90 年代中期，在连续 30 年里的第三次漫长的萧条中，对不加调节的市场的强烈不满在所有主要经济部门的资产阶级中蔓延。农民、制造商、银行家和商人，加上已经幻灭的铁路资本家，不管他们有什么实际的分歧，他们都认为不加调节的竞争性市场活动导致货物和服务生产超过了有效需求，所定的价格无法给具有正常效率的生产者带来合理的报酬。（Sklar 1988：53－54）

正如亚当·斯密在一个世纪之前预料的那样，市场形成过程中所固有的竞争压力的加剧，正迫使利润下降到仅仅能"忍受"的水平。这个结果是意料之中的；不过，这当然没有给美国商人带来安慰。米德在 1900 年写道，制造商"对为公众干活感到厌倦"。在萧条时期，即使是实力较强的企业也几乎无法获得可以忍受的利润率。在这种情况下，制造商也就很自然地企图"停止这种令人担忧的竞争；他们的利益几乎全部以低价让给了消费者……他们希望不通过这种拼死的竞争就能获得更多的利润"（Sklar 1988：56）。

最初，为制止竞争性斗争，美国企业仿照德国进行改组，即实行抑制竞争的横向联合，并加强控制一小批通过向铁路公司和相关工业企业的投资发展起来的私人金融机构的地位。不过，在美国，早在 1890 年被《谢尔曼反托拉斯法》认定为非法以前，这些全国性的制造商联合会就基本上没有达到目标；对金融机构的控制从来没有超出铁路系统建设和运行的范围（Chandler 1977：317，335，187）。

然后，在 19 世纪八九十年代，德国和美国企业不断变化的结构开始彻底分化。在这两个国家，出现了资本集中的势头。在德国，实行纵向联合——一个公司的经营活动与它的供应商和客户的经营活动的联合——的机会很快就丧失殆尽，资本集中的主要趋势变成横向联合（Landes 1966：109 – 110）——互相竞争的公司的联合。在美国，情况恰好相反，资本集中的主要趋势变成纵向联合。

295　如钱德勒（Chandler 1977，1978，1990）所强调的那样，不起作用、不得人心、最终成为非法的横向联合被抛弃。在一个接一个的美国国内经济部门，从烟草和肉罐头到办公用品和农业机械，出类拔萃的企业都着手把连接原始投入的采购和最终产品的销售的生产和交换的连续的分支过程，合并到自己的组织领域里。投入和产出在这些分支过程的顺序中转移所涉及的交易成本、风险和不确定因素也就在单一的多单位企业中实现了内部化，并受制于管理活动和公司长期计划的成本降低逻辑。

与广为传播的看法相反，1873 ～ 1896 年的大萧条时期在美国出现的公司资本主义的形式，相比差不多同一时期在德国出现的形式，是对占主导地位的英国市场资本主义体制的更明显和彻底的背离，且激进得多。这两种公司资本主义都是以联合王国为中心的世界市场形成过程的展开而产生的"过度"竞争和混乱局面发展起来的。但是，德国形式仅仅中止了这个过程，而美国形式真正取代了这个过程。

真正取代世界市场的形成过程和仅仅中止这个过程之间的不同之处，可以通过从世界体系的视角去看待约翰·K. 加尔布雷斯（John K. Galbraith）的论述来得到解释，加氏谈到了大规模的官僚机构管理的工业组织（即他所谓的"技术结构"）能够以各种方式保护自己不受定价市场混乱局面的影响。和维布伦一样，加尔布雷斯发现了跟自由调节市场中利润最大化相关的金钱理性同与使用昂贵和专门的工业设施和人员相关的技术理性之间的根本矛盾：

> 市场向企业发出的只有一条信息，那就是赚更多钱的可能性。如果企业不能影响它的价格……它对追求的目标就没有任何选择。它必须努力赚钱，实际上必须努力赚尽可能多的钱。所有企业都是这么做的。如果企业不按规矩办事，就会亏损、失败和被排挤出局。（Galbraith 1985:116）

然而，现代工业及其专门技术和相应的资本和时间的投入，都迫使企业从市场的不确定性中把自己解放出来。价格和按这些价格交易的商品数量必须以某种方式受到企业计划权威的制约。如果它们不受制约，企业"就有被不受控制的价格浮动影响而亏损的风险，并且没有成倍增长产品和投入单位的可靠数据来获得预期的收入和支出。如果没有这些可靠的数据，那么企业在决定生产什么、用什么生产和怎样生产时就有很大的随意性，因而结果——是赢利还是亏损，数量多大——也就完全无从知晓了"（Galbraith 1985:206）。

以权力来定价和决定按这种价格买卖的数量，对工业计划来说是绝对必要的，以此来代替市场定价可以有三种方法："控制"

市场、"中止"市场和"替代"市场。当计划单位的买卖对象的行动独立性被削弱或被取消时，市场就得到控制。在形式上，买卖过程完好无损，但一个特定单位或单位群体所占有的大的市场份额保证了供应商或客户或两者采取高度合作的态度。"选择取消市场的方法，是控制市场的一种重要权力来源。"（Galbraith 1985:29-30）

当计划单位签订合同、规定价格和长期的买卖数量时，市场即被中止。这样就出现了一个合同矩阵："通过这个矩阵，每个企业为其他企业消除市场的不确定性，又把自己的某些不确定性转嫁给它们。"虽然在所有时间和地点企业总是达成这类公开的或默认的协议，但中止市场的主要机构一直是从事采购、立国活动和发动战争的政府。"这里，国家确保一个足以支付成本的价格，并留有适当的余地。它还承诺购买生产的物品，或者在合同解除、技术失误或需求不足的情况下给予充分补偿。它就这样有效地中止了市场及其一切相关的不确定性。"（Galbraith 1985:31-32）

最后，市场由纵向联合取而代之。"计划单位接手货源或市场，因此，原来需要对价格和数量讨价还价的交易，现在被计划单位内部的转移所代替。"将原先在市场上进行的交易转化成在计划单位内部的交易并没有彻底消除市场的不确定性，因为计划单位仍然不得不进行竞争，以获得其不能生产的原始投入和消费者的最终购买力。然而，这种内部化毕竟还是以比较小的和比较容易处理的不确定性代替了大的和无法处理的不确定性，前者与采购原始投入和销售最终产品相关，后者与对连续的生产分支过程进行市场调节相关（Galbraith 1985:28-29）。

在加尔布雷斯的格局里，对市场的控制、中止和替代互相加强，为现代公司的技术结构提供保护，使其免受市场不确定性的影响。这种保护对它们的生存和扩大再生产都是必不可少的。实际上，这种互相加强是美国式的公司资本主义上升到世界主导地位的根源。不过，从世界体系的角度来看，美国公司资本主义的特征既不是控制也不是中止市场，而是替代市场。

控制世界市场是英国资本主义的特征。19 世纪的世界市场是英国建立的。从它在拿破仑战争及随后的时期诞生之时起，到它在第一次世界大战及随后的时期消亡之时止，英国企业和英国政府一直共同控制着它。归根结底，英国资本主义没有经历德国式或美国式的公司改组的主要原因是这种改组既不可行，也不可取。因为英国资本的自我扩张总是包含在世界市场的形成过程之中，这就使它所有最重要的部门都依赖外国和殖民地的供应或市场，或两者兼之。跟这种供应和市场割断联系，转而进行国内的横向或纵向联合，即使有这种可能，也会使英国企业失去它的主要利润来源，使英国政府失去它的主要权力来源。

用"控制"这个词来说明 19 世纪英国与世界市场的关系不算过分。事实上，如果我们把市场理解为供需相遇的地方，那么英国就是世界市场，因为它的政府和企业机构是世界生产商和消费者之间的主要中间人。世界生产商（消费者）为获得市场（供应）而竞争得越激烈，英国企业替换供应（市场）来源的选择余地就越大，因此它控制世界市场的权力也就越大。英国企业从来没有像美国制造商那样"讨厌为公众干活"，因为全世界都在为英国企业干活。

不用说，英国控制世界市场的权力并不是无限的。一些国家力图中止世界市场的运行，这种抵制力量就是它受到的最直接的限制。事实上，中止世界市场是德国式公司资本主义的特征。德国民族工业的横向联合和中央政府积极干预以支持由此产生的

298

技术结构的团结、现代化和扩张，把德意志帝国变成了中央计划（"组织"）资本主义的样板。但是，正如希法亭自己小心翼翼地指出的那样，这种德国企业的改组只是中止而没有替代市场竞争。

关税很快从"弱者的防御性武器"变成了"强者手中的进攻性武器"，成了在国内市场上获取额外利润以补贴海外倾销的手段，或者从实力地位进行谈判以打开外国市场的手段。在国内市场上，竞争似乎已被替代；在世界市场上，竞争不断加剧。这是一枚硬币的两面："资本……厌恶竞争的无政府状态而需要组织，虽然……只是在更高的层次上恢复了竞争。"（Hilferding 1981:310，334）

这种更高层次上的竞争往往把世界市场更深地划分为不同的领土范围，这样就增加了每个范围所包含的经济空间的大小在决定竞争结果中的重要性。

> 经济领土越大，人口越多，"如果其他条件都一样"，单个工厂的规模就越大，生产成本就越低，厂内专业化程度就越高，这也能降低生产成本。经济领土越大，工业就越容易建在自然条件最有利和生产力最高的地方。领土越广，生产就越多样化，生产的各个部门就越有可能实现互补，也就越有可能降低从海外进口的运输成本。（Hilferding 1981:311）

换句话说，在一个控制着幅员辽阔和多种多样领土的国家范围内运作的企业，比在一个领土相对较小和不大多样化的国家范围内运作的企业，有着更好的机会来降低内部成本。这种成本降低是企业内部的"技术性"劳动分工所带来的成本降低，或者有着更好的机会来用外部成本降低补偿较少的内部成本降低，这是企业之间的"社会性"劳动分工所带来的成本降低。这就是英国的市场资本主义最终不是被德国式而是被美国式公司资本主义所替代的唯一最重要的原因。无论德国资本多么集中和"有组织"，它都无法补偿英国资本凭借英国的正式和非正式的帝国所涵盖的幅员辽阔和多种多样的领土范围而享有的大得多的外部成本降低。

虽然德国变成"一个大工厂"没能补偿英国资本所享有的外部成本降低，却大大增加了作为这种成本降低的基础的那个世界帝国的防御成本。一旦德国动员其强大的军事－工业机构来寻求生存空间，英国积累体系的活力也就会遭到无法弥补的破坏。英国资本比以往任何时候都需要一个领土帝国，可是无法统治它，第一次世界大战尤其表明了这一点。

相反，美国资本没有这样一个帝国也能在不断升级的竞争中取得胜利。1803～1853 年，美国通过购买和征服，将领土翻了一番还多，成了横跨大陆的国家。此后不久，美国内战（1860～1865年）解决了南方诸州和北方诸州之间的争端。前者赞成继续在加勒比海地区扩张领土，希望美国更加紧密地统一在英国的世界市场体系之中；后者则赞成重新调整美国的战略考虑，从向外扩张领土转为将已获得的领土纳入一个具有凝聚力的国民经济。北方诸州的胜利导致国家朝后一方向迅速发展。政府的主要军事目标变为按照本杰明·富兰克林的一贯方针从土著印第安人手中夺取整个大陆；同时，美国还出现如下情况：在内战期间或在紧随其后的时期里通过的法律促进了银行业的集中、大幅度提高关税以保护国内工业、对土地的殖民和利用、建立横贯大陆的铁路和电报系统，以及欧洲移民的拥入（参见 Williams 1969：第 185～193 页）。

299

结果，在内战之后 30 年里被农场主、牧场主和投机商占领的
土地，比以前 300 年里占领的还要多。随之而来的初级生产迅速扩
张，又为形成一个互为补充的、更大和更多样化的民族工业体系创
造了供需条件。虽然为受到高度保护和迅速扩展的国内市场而进行
生产的工业在美国成了资本积累的主要中心，但是继续扩大这个市
场还极度有赖于向国外销售大量的、不断增加的剩余农产品：

> 到 1870 年，美国经济如此依赖外国市场对其剩余农产品
> 的需求，在此后的 30 年里，市场的上下起伏可以从能否销掉
> 每年的小麦和棉花方面找到原因。不管能够找到多少市场，美
> 国似乎总是需要更多的市场（LaFeber 1963：第 9～10 页；同
> 时参见 Williams 1969：第 201 页）。

因此，在 1873～1896 年大萧条前夕，美国国内经济跟英国
世界市场体系的关系，和德国国内经济跟那个体系的关系有些类
似，因为德国经济扩张到那个时候也极度依赖出口它的剩余农产
品。然而，大萧条时期，这两对关系开始背道而驰。因为美国包
含的经济空间比德意志帝国包含的经济空间不仅广阔得多，多样
得多，而且可塑性大得多；也就是说，美国的经济空间比起范围
小、人口密度大的德国经济空间来说，可以更容易地迁出或迁进
人口以适应高技术农业生产的需要。在大萧条的过程中，这一竞
争优势转化成美国的剩余农产品在世界市场上不断地取代德国的
剩余农产品，因此已经较大的美国国内市场增长得比德国国内市
场快得多。

在其他条件都相同的情况下，在大的、富有活力的市场里控制
和中止竞争，要比在较小的、不大有活力的市场里困难。但是，如

果大的、富有活力的市场拥有为满足消费者的需求所需的充分的自然资源，那么它就能为比较小的、不大有活力的、自然资源不那么丰富的市场提供更多通过纵向联合来替代竞争的机会。事实上，在美国某些工业部门里，在替代市场方面取得成功是克服了在控制和中止竞争过程中所遇到的困难的直接结果。一个通过合并三家地方公司而成立的公司（全国饼干公司）的年度报告中说：

> 本公司成立之初，人们认为我们必须控制竞争，而要做到这一点，我们要么跟其他公司竞争，要么收购其他公司。选择前者，我们要面对毁灭性的价格战和巨大的利润损失；选择后者，我们要不断地将更多的利润转化为资本。经验很快向我们证明，这两种做法不会给我们带来成功，只会带来灾难。这就引起我们反思，到底是否必须控制竞争……我们很快找到了令人满意的答案，我们必须在公司内部寻求成功。　（引自 Chandler 1977：第 335 页）

在公司内部寻求成功，首先意味着要从市场中，把对商品自然流动进行统一和协调的职能接管过来，这种自然流动来自原始投入的采购和最终产出的销售。这不仅适用于像全国饼干公司或强大的标准石油公司那样的产生于横向联合的公司，而且适用于许多在那些从来没有怎么实行横向联合的工业部门里从事经营的单个企业。在本章开头引用过的钱德勒的段落中，他强调，这种把连接特定的原始投入和特定的最终产出的一系列生产分支过程纳入单个组织范围之内的做法产生了可观的"速度经济"；而这种经济又给率先实行纵向联合的多单位企业带来了充足和稳定的现金流转。随着这些现金流转被重新用于建立专业化的中、高级管理阶层，在一个又一个美国国内经济部门里，相继建立起了防止新的竞争者进入的森严的组织壁垒。结果，在无利可图或根本不可能实行内部化的市场中，率先通过纵向联合来替代市场的企业也获得了在原始投入的采购和最终产出的销售方面控制和中止竞争的权力。

与希法亭的预言相反，在美国这类公司结构——而不是德国式的国家垄断资本主义——成为世界规模的资本主义一个新阶段的有效基础。诚然，美国的公司资本主义上升到世界统治地位，是希法亭理论中关于资本家之间竞争的转变过程中一个不可分割的方面。尤其突出的是，美国政府和企业从一开始就是保护主义运动的先锋，这一运动最终摧毁了英国的世界市场体系，并使世界资本主义退缩到民族经济和相关帝国的"避风港"中。内战期间通过的法案大幅度提高了美国关税，随后美国在 1883 年、1890 年、1894 年、1897 年又四次加税。虽然威尔逊总统在 1913 年曾经稍微减税，但只是在战争减轻了来自外国进口的竞争和促进了美国出口的前提下，国会才允许那样做的。但是，一旦战争结束，萧条初露端倪时，美国保护主义的传统马上卷土重来。20 世纪 20 年代初，美国通过了大幅度增加关税的法案以应对商业上的不利情况；这是后来将关税提高到天文数字的 1930 年《斯穆特－霍利关税法》的前奏曲。而且，正如希法亭的理论所指出的那样，这一时期的美国保护主义越来越成为利用国内额外利润来补偿对外倾销的手段，尤其成为从实力地位出发就外国市场——首先是拉美市场——向美国出口和投资开放的问题进行谈判的手段。

然而，与希法亭的理论相反，美国的金融资本在培植美国保护主义方面根本没起什么作用。特别是纽约金融界始终宣扬自由贸易的长处，并竭力劝说美国政府在阻止摧毁世界市场方面充当领导，负起责任。1929 年股市大暴跌的前夕，华尔街银行家和前副国务卿诺曼·戴维斯（Norman Davis）写道："世界在经济生活中的相互依存关系已经到了如此程度，一个国家所采取的措施影响到其他国家的繁荣。世界经济的各个单位必须合作，否则就各自衰落。"（引自 Frieden 1987：第 50 页）

因此，无论从理想的还是实际的角度来看，美国金融资本直到最后始终维护处于崩溃中的英国世界市场体系，根本没有像希法亭所设想的那样成为替代那个体系的力量。在那种替代中起领导和主导作用的力量不是任何形式的金融资本主义，而是通过组成纵向联合的、官僚机构管理的多单元企业，从而在美国出现的公司资本主义。这些企业一旦在美国所包含的广阔多样、自给自足、充满活力和受到很好保护的经济空间之内站稳脚跟，就开始在整个世界经济中比英国式的市场资本主义和德国式的公司资本主义具有更关键的竞争优势。

从全国整体角度来看，美国公司把广泛的"技术性"劳动分工的优势（内部成本降低）与广泛的"社会性"劳动分工的优势（外部成本降低）结合起来，结合到了比单一单元的英国企业或横向联合的德国企业大得多的程度。德意志帝国所包含的经济空间的范围、多样程度或活力都不足以使德国企业利用更多的内部成本降低来补偿英国企业所享有的更多的外部成本降低。但是，美国所包含的经济空间使美国企业能够实现计划优势和市场调节优势的高效结合。

而且，美国公司在完成国内横跨大陆的合并以后马上开始跨国扩张，这样它们就成了其他国家国内市场之内如此之多的"特洛伊木马"，可以动员外国资源和购买力来为自身的官僚机构的扩大服务。因此，美国公司资本就在两个互相关联和互相加强的方面从正在摧毁英国世界市场的保护主义运动中获得好处。它通过控制世界市场正被分割成许多民族经济中的那个最大、最充满活力、最受到保护的民族经济得到好处；它通过自身的高超能力得到好处，因为它能利用对外直接投资来抵消其他国家的保护主义，甚至使之变得对自己有利。

303

鉴于这一切，美国政府无视纽约金融界对改变美国保护主义传统的要求，这就不足为奇了。诺曼·戴维斯和其他华尔街的发言人当然表现出很强的预见能力，他们预见到，许多国家不愿意在处于崩溃中的世界市场内"合作"就意味着这些国家很快将会"各自衰落"。不过，也不能从上述论断中得出结论，美国有力量来逆转 19 世纪世界市场体系的最后崩溃和防止世界各国各自衰落，即使这样做有利于美国的国家利益。世界市场体系的崩溃是由于世界市场体系不堪自身矛盾的重负，包括伦敦和纽约金融界对金本位制的毫不动摇的支持。美国政府或其他政府是否能将这个体系从自我毁灭中解救出来，这一点令人高度怀疑。但是，即使美国政府可以做些什么，坚持旧的积累体系是否会导致像这个体系崩溃以后出现的美国财富和权力的巨大发展，这是令人怀疑的。

因此，美国公司资本主义曾经是而且仍然是摧毁英国市场资本主义的积累结构的力量，是把世界经济的流动资金、购买力和生产能力集中到美国的力量。但是，一旦摧毁和集中达到了可能达到的极限，美国公司就无力在一个混乱的世界里创造自我扩张的条件。无论是税收补贴、保险计划，还是外汇保证，都不足以克服美国国内市场的凝聚力和财富与外国市场的破碎和贫困之间的根本矛盾。

这些就是那种僵局在结构上的根源。第二次世界大战以后，那种僵局阻止了流动资金回流到扩张世界贸易和生产中去。那种僵局最终因冷战而被打破。成本 - 效益核算无法也没有做到的事，恐惧却做到了。只要剩余资本滞留在美国和它所在地区的腹地（加拿大和拉丁美洲），欧亚的混乱就继续升级，为革命力量接管国家权力创造了肥沃的土壤。杜鲁门及其幕僚们的天才之处就在于把体系环境所产生的结果归因于另一个军事超级大国苏联的所谓颠覆本性，而这种体系环境是没有特定机构创造或控制的。通过这样做，杜鲁门确实将罗斯福的全球新政的构想变成了一个非常糟糕的现实，但至少使其可行了。

把西欧和日本建设成自由世界的堡垒和窗口，是个远比按美国 304 形象重塑全世界更加具体的和更加容易达到的目标。而且，杜鲁门总统和艾奇逊副国务卿十分清楚，在促使以在财政上的谨慎而不是以对世界事务的兴趣著称的议员们采取行动时，对全球共产主义威胁的恐惧，比任何关于以国家利益为重或成本－效益核算的呼吁都要有效得多。

> 国务院的幕僚们在给杜鲁门起草的讲话的最初几稿中，坦率地强调经济因素。讲话的第一稿一开始就说，"两次大战以及其间的世界大萧条削弱了美国以外几乎一切地方的'资本主义'制度……如果我们由于疏忽而容忍自由企业在世界的其他国家消失，民主本身也将受到严重的威胁"。杜鲁门总统和艾奇逊副国务卿都说，草稿"整个听起来就像是一份投资建议书"。于是，他们对草稿做了修改，使其语气更加尖锐。当国务卿马歇尔收到讲话的最后一稿的电文时，连他也拿不准电文的内容是不是"有点过头"。总统在回答中说了许多关于国内战线上如何处理危机的话："很清楚，这是该项举措能获通过的唯一途径。"按照范登堡的著名建议，总统确实"把美国人民吓得够呛"。适用于杜鲁门主义的东西，

将被证明同样适用于马歇尔计划（the Marshall Plan）。
（McCormick 1989:77 - 78）

马歇尔计划启动了按照美国形象重塑西欧的过程，直接或间接地为 20 世纪五六十年代世界贸易和生产扩张的"腾飞"做出了决定性的贡献。它的目标是鼓励建立一个欧洲合众国；然而，这个目标在整个 20 世纪 40 年代末期由于持续的美元短缺而受到严重阻碍。国际收支困难，加上民族嫉妒情绪，妨碍了欧洲经济合作组织（OEEC）内部取得进展，特别是在欧洲国家之间的货币合作方面取得进展（Bullock 1983:532 - 541, 659 - 661, 705 - 709, 702 - 703）。

欧洲一体化和世界经济扩张需要一个比马歇尔计划和其他援助计划更全面的世界流动性再循环。这种更加全面的再循环最终通过有史以来和平时期规模最大的重整军备得以实现。这一努力的设计师、副国务卿艾奇逊和政策计划办公室主任保罗·尼采认识到，只有通过这种努力才能克服马歇尔计划的局限性：

> 艾奇逊和尼采认为，无论是欧洲一体化还是币值调整，都不足以维持相当的外贸顺差，也不足以在马歇尔计划结束以后继续保持美欧经济联系。他们提出的新政策——大规模重新武装美国和欧洲——为解决美国经济政策中的那些主要问题提出了一个极好的办法。国内的重新武装将会提供一种保持需求的新手段，因此经济不会再依赖维持出口顺差。对欧洲的军事援助将在马歇尔计划到期以后提供一种继续向欧洲提供援助的方式。欧洲和美国的军事力量的紧密结合也将提供一种方式来防止欧洲作为一个经济区向美国关上大门。（Bullock 1977:103 - 104）

1950 年初，有人向国家安全委员会提出这条新政策。杜鲁门总统在 4 月审阅并原则上批准了阐明其观点的文件（NSC - 68号）。文件不涉及所需费用的精确数据，但助手们估计每年的开支大约 3 倍于原来五角大楼要求的 1950 年的开支：

> 对政府而言，从财政上保守的国会那里要到这笔钱，即使是以反共的名义，也绝不是一件易事。这就要求在国际上发生不测事件，而艾奇逊自 1949 年 11 月以来就一直预言，在 1950 年的某个时候，在亚洲的边缘地带——朝鲜、越南、中国台湾地区的某个地方或所有这三个地方，会发生一起不可预测事件。在总统审阅 NSC - 68 号文件后两个月，那种危机发生了。艾奇逊后来说，"朝鲜战争爆发了，我们得救了"。（McCormick 1989：98）

朝鲜战争期间以及之后的大规模重新武装，一劳永逸地解决了战后世界经济的流动性问题。向外国政府提供的军事援助和美国在海外的直接军事开支——两者在 1950～1958 年以及 1964～1973 年都保持了持续增长——为世界经济提供了扩张所需的所有流动性。在美国政府扮演一种高度开放的世界中央银行角色的情况下，世界贸易和生产确实以空前的速度得到扩张（Calleo 1970：86 - 87；Gilpin 1987：133 - 134）。

根据麦考密克（McCormick 1989：99）的观点，从朝鲜战争到《巴黎和约》实际上结束越南战争的 1973 年初为止的 23 年，是"世界资本主义历史上最持久和最有利可图的经济增长时期"。这个时期也就是史蒂芬·马戈林和朱丽叶·肖尔（Stephen Marglin and Juliet Schor 1991）等人所称的"资本主义的黄金时代"：

毫无疑问，二战之后重建的 25 年是世界经济空前繁荣和扩张的时期。1950～1975 年，发展中国家的人均收入以年均3% 的速度增长，该增速从 50 年代的 2% 增长到 60 年代的3.4%。这个增长速度对这些国家来说是史无前例的，也超过了发达国家在工业化时期的增长速度……在发达国家本身……国内生产总值和人均国民生产总值增长的速度，比 1820 年以来任何一个时期都要快将近一倍。劳动生产率的增长也比以前快了一倍，股本的增长率也大大加快了。股本的增长标志着一个投资高潮，其时间之长和力度之大都是史无前例的。(Glyn et al. 1991:41 - 42)

毫无疑问，以历史标准衡量，当时资本主义世界经济整体的扩张速度是一个例外。但是，它是否也是历史资本主义的最好时期，因而称得上是资本主义唯一的黄金时代，那就要另当别论了。例如，我们现在根本不清楚，它是否比霍布斯鲍姆所谓的"资本时代"（Age of Capital, 1848 - 1875）更称得上是一个黄金时代。19世纪末的观察家曾认为，那个时代是自"大发现的时代"以来没有先例的（见第三章）。如果我们取 1950～1975 年这 25 年的国内生产总值的年均增长率，或者"股本"这个更加捉摸不定的实体的年均增长率，并与 1820～1870 年那 50 年的增长率相比，就像安德鲁·格林和他的合著者所做的那样，那么情况似乎确实如此。但是，这些数据偏向于狭义上的生产而不是贸易。如果我们选择相反倾向的数据，并把 1950～1975 年这个时期与 1848～1873 年那个同样长的时期做一比较，这两个"黄金时代"的表现也许看来就根本没有差别。

尽管如此，从本书的角度来看，20 世纪 50～60 年代，像 19

世纪 50～60 年代一样，构成了资本主义世界经济的又一个物质扩张阶段。那就是说，在此期间，剩余资本以巨大的规模回流到商品贸易和生产，足以在资本主义世界经济的各个政府和企业组织内部以及互相之间创造出重新合作和劳动分工的条件。毫无疑问，在美国周期中，剩余资本转化为商品的速度、规模和范围比以前任何一个周期都要大。不过，20 世纪五六十年代的物质扩张阶段，在一个主要方面与其他阶段十分相似：这一阶段的逐步展开导致资本主义世界经济中的每个政府和商业组织所受到的竞争压力大大增加，货币资本随后从贸易和生产中大批撤出。

307

　　这种转变发生在 1968～1973 年的关键年份。正是在那几年里，所谓的欧洲美元或欧洲货币市场上的存款突然激增，接着又是 20 年的爆炸性增长。依然是在那六年里，在整个物质扩张阶段一直使用的主要国家货币与美元以及美元与黄金之间的固定比价制度被废除，取代它的是灵活的或浮动的汇率制度。有些人（例如 Aglietta 1979b：第 831 页）根本不认为这是一种制度，只把它看作那种早已存在的制度在危机时刻采用的一种形式。

　　这些变化各不相同但又相辅相成。一方面，以存款形式积累的世界流动资金越来越多；由于这种积累不受任何政府的控制，它给政府施加越来越大的压力，迫使其操纵它们的货币的汇率和利率，以便吸引或排斥海外市场的流动资金来应对自己国内经济中的短缺或过剩问题。另一方面，主要国家货币之间的汇率和利率差额的不断变化也大大增加了海外货币市场所拥有的资本通过贸易和货币投机获得扩张的机会。

　　由于这些相辅相成的变化，到 20 世纪 70 年代中期，在海外货币市场上进行的纯货币交易量已超过了世界贸易总值的许多倍。从那时起，金融扩张势不可挡。根据一种估计，到 1979 年，外汇交易已达到 17.5 万亿美元，是世界贸易总值（1.5 万亿美元）的 11倍还多；5 年以后，外汇交易猛增到 35 万亿美元，几乎是世界贸易总值的 20 倍，虽然后者也有增长，但是仅仅增长了 20%（Gilpin 1987:144）。根据另一种估计，1979 年，仅伦敦欧洲美元市场的年交易额就是世界贸易总值的 6 倍，而 7 年以后大约是其 25 倍（Walter 1991:196 - 197）。

罗伯特·吉尔平（Robert Gilpin 1987:144）说，用"革命"这个词来描述世界经济状况的这一变化也许并不为过。安德鲁·沃尔特（Andrew Walter 1991:200）也毫不怀疑地认为这确实是最为贴切的描述。在他看来，"最近几十年来最突出的一点，就是主要国家之间资本流动的自由化和欧洲市场令人难以置信的增长。自 20世纪 60 年代以来，欧洲市场平均每年增长约 30%。这一增速远远超出了全球贸易和产量的增速，因此在数量方面，金融流动现在完全超出了国家之间的实物流动"。他把这些变化称为"全球金融革命"（the global financial revolution）。

全球危机的动力

这样，我们又回到自大约 1970 年以来世界资本主义所经历的似乎是革命性的变化。从本书采用的角度来重新审视的话，20 世纪七八十年代的金融扩张确实像是世界规模的资本积累过程中的一个显著趋势。但是，它似乎根本不是一种"革命性的"趋势。自 14 世纪以来，这种金融扩张作为资本对竞争压力加剧的典型反应而反复出现，竞争压力总是由世界贸易和生产都进行大扩张所产生的。当然，这次金融扩张的规模、范围和技术复杂程度都要远远超过以前的金融扩张。但是，这种超常的规模、范围和技术复杂程度，不过是历史资本主义在长期发展中一种已确立的趋势的延续，即建立作为世界规模的资本积累的领导机构的、越来越强大的政府和商业组织集团的趋势的延续。

建立这种越来越强大的集团始终是那个先前占主导地位的集团所遇到的危机和矛盾的不可分割的方面。因此，为了掌握世界资本主义正在发生的变化的逻辑，我们必须特别注意正在分崩离析的美国体制所遇到的危机和矛盾。这要比最近美国资本主义战胜苏联共产主义所可能包含的意义深刻得多。这些胜利时刻看起来越来越像又一个"美好时期"。一般说来，它们总是出现在占统治地位的积累体系的信号危机和临终危机之间。美国体制的美好时期——里根时代——比以前任何一个体制的美好时期都更加来去匆匆，加剧了而不是化解了引起此前信号危机的矛盾。

美国体制即将面临的危机已经在 1968～1973 年在三个不同而又紧密相连的领域里发出信号。在军事上，美国军队在越南陷入越来越严重的麻烦；在金融上，美国联邦储备委员会发现，要保持在布雷顿森林建立起来的世界货币生产和调节模式已经十分困难；在意识形态上，美国政府的反共运动开始在国内和国外失去其合法性。美国体制的危机迅速恶化。到 1973 年，美国政府已经在所有战线上撤退。

在 20 世纪 70 年代余下的时间里，美国的权力战略的特点是对世界政府职能的基本忽视。美国国内的统治集团似乎已经决定，既然世界再也不能由它们来控制，那么就应当让世界自己治理自己。结果，战后世界秩序的残余部分变得更不稳定，美国的实力和威望在经历伊朗革命和 1980 年的人质危机之后急剧下降。

以美国为中心的资本主义世界经济的金融扩张阶段的开始，是这次危机不可分割的最初方面。它始于 1968 年，当时以伦敦为中心的欧洲美元市场上的流动资金突然爆炸性地加速增长。由于这次爆炸性的增长，到 1971 年，美国政府被迫放弃黄金－美元汇兑本位制的神话。到 1973 年，美国联邦储备委员会和有关的中央银行不得不承认，它们在制止日益高涨的、针对固定汇率体制的投机风潮的斗争中失败了。这种体制曾在 20 世纪五六十年代物质扩张阶段的大金融资本领域中起过支配作用。从那时起，市场——主要是欧洲美元市场——主宰着确定各国货币之间的和它们对于黄金的兑换价格的过程。

欧洲美元或欧洲货币市场的形成，是美国积累体系扩张的意外结果。20 世纪 50 年代，"美元存款市场"的雏形作为冷战的直接结果第一次出现。共产主义国家在同西方的贸易中不得不保持美元余额，但是它们不能冒险把这些余额存在美国，以免美国政府冻结它们。因此，这些余额被存在欧洲银行里，主要存在伦敦的银行。开始的时候，那些银行把这种资金转存到美国银行里。但是，伦敦的银行不久就意识到，掌握这些以开始被称为欧洲货币——"在享有法定货币地位的国家以外被拥有和使用"的货币（Versluysen 1981：16，22）——的形式出现的基金很有好处。

共产主义国家的美元余额很少。如果不是因为在 20 世纪 50 年代末 60 年代初美国的公司资本向欧洲的大规模转移，欧洲货币市场绝不会成为世界金融的一个主导因素。大型美国跨国公司在纽约货币市场上属于最重要的储户之列。因此，一些最大的纽约银行会立即进入欧洲美元市场，不仅为了获取境外银行业务所带来的低成本和更大的行动自由，而且为了避免存款的大量流失。这是很自然的。它们确实这么做了，到 1961 年已经控制了 50% 的欧洲美元业务（de Cecco 1982：11）。

这样就形成了一种组织结构，这种组织结构实际上超出了按照布雷顿森林会议确立的固定汇率制度来调节世界货币供应的中央银行制度的控制范围。只要这种体制有大量的美国黄金储备和可观的美国国际收支顺差作为后盾，欧洲美元市场的发展就有助于而不是阻碍美国政府在国内外追求权力。它加强美元作为世界货币的地位，缓解美国的公司资本的全球扩张，并通过在欧洲借款使这种扩张实现财务上的自给自足。

310

　　但是，美国公司的海外活动和欧洲货币市场的共同扩张迟早会跟美国权力的国家基础发生矛盾：

　　　　美国国际银行业务的活力恢复，将破坏那些使其成为可能的政治协定。二战之后国内政界对国际经济一体化的反对态度已经通过两个途径得到缓解：第一，经济国际主义被描述成是对国家安全至关重要的；第二，经济国际主义被描述成是对国内繁荣同样至关重要的。20 世纪 60 年代初期，国际金融一体化开始同国家安全和国内繁荣发生冲突。（Frieden 1987:83）

　　这种冲突在 1963 年第一次出现，当时肯尼迪政府企图通过限制美国对外贷款和投资，来对付美国所欠外国公共和私人机构的债务对美国不断减少的黄金储备造成的压力。美国欠"外国人"的债务总额——其中不可忽视但又不得而知的一部分，毫无疑问是由美国公司在外国和海外银行中拥有的美元余额构成的——在 20 世纪 50 年代末已经开始超过美国的黄金储备。但是，到了 1963 年前后，如图 17 所显示的那样，美国的黄金储备竟然开始少于欠外国货币当局和外国政府的债务。这是个更为严重的问题，因为这直接损害了政府之间的权力关系。

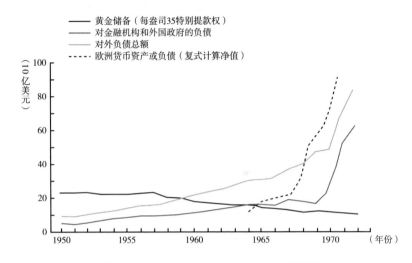

图 17　1950～1972 年美国的黄金储备和短期负债

资料来源：Walter（1991:167，182）。

311

肯尼迪政府加紧控制美国对外私人贷款和投资，试图解决这个问题，结果适得其反。大通曼哈顿银行的尤金·伯恩鲍姆解释道：

> 国际美元金融市场从纽约转移到了欧洲。先前受到美国政府机构的检查指导方针调节的外国美元贷款，现在完全超出了它们的管辖范围。结果，积聚了数额巨大的流动资金和市场——欧洲美元金融世界——它们不受**任何**国家或机构的调节。（Frieden 1987:85）

图 17 显示，流动资金在欧洲美元市场上的这种积聚，只是从 1968 年起才真正变得爆炸性了。这一突然的爆炸性积聚很快成为战后世界货币秩序不稳定和最终崩溃的唯一最重要的因素。随之而

来的问题是，什么引发了这种爆炸性积聚。既然这个时候美国跨国公司很可能是欧洲美元市场上最重要的储户，那么这一爆炸性积聚产生的原因必须从它们自我扩张的条件的某种变化中去寻找。

实际上，1968 年前后，这种条件确实发生了急剧的变化。在十多年里，美国的对外直接投资增长非常迅速，20 世纪 50 年代中期到 60 年代中期翻了一番多，欧洲的直接对外投资也与其同步增长，从较少的数额增加到可观的数额（见图 18）。这种快速增长显示，参照美国重建欧洲，以及同时发生的亚洲和非洲的非殖民化，已经为美国公司资本的跨国扩张开拓出新的疆域。但是，这也是这些新疆域渐渐消失的一个因素。

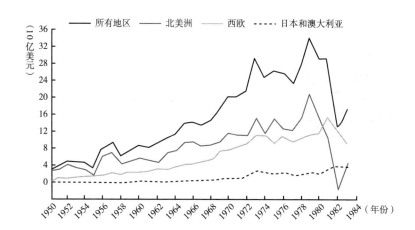

图 18　1950～1983 年从各市场经济发达的地区外流的直接投资
（以 1975 年美元兑换率计算）

资料来源：Dunning（1988：91）。

只要西欧国家及其前殖民地的贸易和生产仍然按照在 19 世纪世界市场经济瓦解过程中出现的家庭和国家资本主义的混合模式来组织，美国公司资本就拥有决定性的竞争优势，可以通过直接投资

312 以及生产和交换之间的分支过程的纵向联合来占领最终产出的市场和原始投入的来源。但是，随着欧洲及其前殖民地的贸易和生产被征服和重组，美国公司的进一步扩张受到了彼此之间设置的组织壁垒的限制。更加糟糕的是，在政府的积极支持下，欧洲企业按照美国方式重新经营，并以越来越大的规模进行对外直接投资，迫不及待地对第二次"美国入侵"（第一次"美国入侵"发生在半个世纪
313 以前）所提出的挑战做出反应。

与资本主义世界经济以前所有的物质扩张阶段相比，在生产和贸易领域投资指数的增长，更快地导致对率先扩张的商业机构的竞争压力的加剧。钱德勒（Chandler 1990:615 - 616）指出，到塞温 - 施赖伯（Servan-Schreiber）提出"美国挑战"的幽灵的时候——这种挑战既不是金融上的，也不是技术上的，而是组织上的，"一种对我们来说仍然是个谜的组织向欧洲扩展"（Servan-Schreiber 1968:10 - 11）——数量和种类越来越多的欧洲公司已经找到了有效的办法来应对这种挑战，自己也在美国国内市场上成为地位早已确立的美国公司的有实力的挑战者。欧洲在美国市场上对美国公司资本的挑战，暂时仍然主要以商品出口而不是直接投资为基础。但是，图 18 显示，1967～1974 年，美国在对外直接投资总额中的份额大幅度下降。

美国公司不可能袖手旁观，不允许欧洲公司通过直接投资为在世界范围内夺取资源和市场的竞争中胜过它们。"因此，我们可以预见，"史蒂芬·海默和罗伯特·罗桑（Stephen Hymer and Robert Rowthorn 1970:81）写道，"在以后的十年中，由于美国公司和非美国公司试图确立在世界市场上的地位，使自己不受彼此挑战的损害，一个剧烈的多国化时期（几乎达到资本外逃的程度）将会出现"。海默和罗桑的预见被 20 世纪 70 年代的实际趋向完全证明。

诚然，1979 年以后，对外直接投资的快速增长突然萎缩——我们将会知道，这是一个具有重要意义的事件；但是，这次萎缩只是在美国对外直接投资大幅度再增长以后才发生的；这次再增长暂时扭转了 20 世纪 60 年代末 70 年代初美国份额不断减少的势头（见图18）。从总体上说，1970～1978 年，美国对外直接投资的累计值翻了一番还多（从 780 亿美元增加到 1680 亿美元），而非美国的（大部分是欧洲的）对外直接投资也增长了两倍多（从 720 亿美元增加到 2220 亿美元），使非美国的份额在投资总额中由 48% 提高到 58%（根据 Kirby1983：第 23 页算出）。

这种美国和非美国资本的强烈跨国化，是在原始投入的购买价格受到强大上行压力的背景下发生的。1968～1973 年，这种提价压力主要表现为 E. H. 费尔普斯·布朗（E. H. Phelps Brown 1975）贴切地所称的"工资爆炸"。西欧和北美的实际工资在整个 20 世纪五六十年代持续增长。但是，在 1968 年以前，它慢于劳动生产率的增长速度（在西欧），或与劳动生产率同步增长（在美国），而在 1968～1973 年，工资的增长速度要快得多，因而导致投资于贸易和生产的资本的赢利大大减少（Itoh 1990:50-53; Armstrong, Glyn and Harrison 1984:269-276; Armstrong and Glyn 1986）。

1973 年底，当一种同样强大的、要求提高某些初级产品收购价格的压力在第一次"石油冲击"中形成时，工资开始暴涨。1970～1973 年，这种提价压力已经导致经济合作与发展组织国家所进口的原油价格的翻倍。但是，在 1974 年一年里，上述价格上涨了两倍，进一步加深了利润危机（Itoh 1990：第 53～54 页、第60～68 页，以及表 3.3）。

在调查了各种证据之后，伊藤真（Makoto Itoh 1990:116）得出结论，"与劳动人口和初级产品非弹性供应相关的资本过度积累……比宏观经济政策管理不善更是引发当前大萧条的根本原因"。实际上，毫无疑问，20 世纪 60 年代末 70 年代初美国积累体系出现信号危机，主要因为摄入过多的资本寻求投资大宗商品，而不是因为各国政府——特别是美国政府——没有用自己的开支来弥补私人投资的亏空。当危机爆发时，美国政府的军事和非军事的凯恩斯主义在国内外都处于全盛时期，创造了保持资本主义世界经济的物质扩张势头所需的一切有效需求。

即便如此，我们仍需着重指出，1968 年开始的世界经济中购买力的增长，并没有像在 20 世纪 50 年代和 60 年代初那样导致世界贸易和生产增长，而是导致世界范围的成本价格膨胀和资本向海外货币市场大量外逃。这种由政府引起的世界购买力的扩张所产生的"反常"效果，与其说是因为宏观经济政策的管理不善，不如说是因为在美国公司资本的跨国扩张和美国世界权力的国家基础之间出现了根本性的矛盾。

如前所述，美国企业资本并没有开启战后资本主义世界经济物质扩张的阶段；美国政府的全球军事凯恩斯主义做到了。然而，美国企业资本的跨国扩张既是美国政府追求世界权力的重要手段，也是美国政府追求世界权力的重要结果：

与美元的国际地位和核优势一起，多国公司成为美国霸权的基石之一。美国权力的这三个要素相互作用并相互加强……二战期间形成的美国政治和军事霸权是美国多国公司在世界经济中占据主导地位的一个必要的前提。但是这句话倒过来说也对：公司扩张主义反过来又成为美国的国际政治和军事地位的一根支柱。（Gilpin 1975：140）

这种把美国政府权力网的全球扩张和美国公司积累网的跨国扩张联系起来的互补关系，并不排除利益的冲突和矛盾。吉尔平（Gilpin 1975：145）说，最大的利益冲突存在于整个20世纪五六十年代美国政府的对日政策之中。为了国家安全的利益，美国政府鼓励日本对美国国内市场的出口，并且容忍日本对美国投资的排斥，这种排斥迫使寻求进入日本市场的美国公司把它们的技术转让给日本公司。只是在撤离越南和同中国实现和解以后，美国政府才对美国企业关于日本的贸易和投资政策的抱怨做出更积极回应。

但是，具有讽刺意味的是，美国政府的权力追求和美国企业的跨国扩张之间最严重的矛盾不是发生在它们的互补关系最脆弱的地方——东亚，而是在这种关系最稳固的地方——西欧。在这里，美国政府把马歇尔计划和重新武装用作将欧洲国家分散的国内经济联成一个单一市场的手段，并且坚持美国子公司在即将建立的共同市场里享受"欧洲"公司的待遇。由于这些政策，西欧很快就成了美国公司跨国扩张的最肥沃的土壤，而这种扩张反过来又进一步巩固了西欧在美国的统治与积累体系内的一体化。

在吉尔平（Gilpin 1975：141）看来，美国政府和商业机构之间这种互补关系"颇像在十七八世纪的世界经济中占主导地位的英国政府和重商主义企业之间的关系"。在评述这种相似性时，吉尔平很赞赏地引用了卡利·莱维特（Kari Levitt）的论点：

在获取原材料和组织产品供应方面，以美国为基地的大型多国公司的子公司和分厂已经取代了早先以欧洲为基地的重商主义冒险公司。在新的重商主义里，如同在旧的重商主义里一样，以宗主国为基地的公司直接行使企业的职能，并从它的投资中获取"风险利润"。它组织收集或获取宗主国所需

的原料，并且为内地提供在国内或东道国"现场"生产的产品。（Levitt 1970:23-24）

前面已经谈到，20 世纪的跨国公司和前几个世纪的特许股份公司之间的类比固然重要，但不应夸大。就本书而言，这两种商业组织之间的主要区别是：特许股份公司是扩张国家权力的非常驯服的工具，而 20 世纪的跨国公司不是。后者非但远不是国家权力的驯服工具，而且很快成为对那种权力的最根本的限制。

二战之后，西欧被纳入美国的权力网络；18 世纪末 19 世纪初，印度次大陆被纳入英国的权力网络。只要把这两者对比一下，上述区别就一清二楚了。后者是一家部分政府性质、部分商业性质的企业（东印度公司）的杰作。这家公司获得英国政府的特许，为英国的商业和领土扩张打开南亚的大门，换取贸易特权。这种特权是随时都可以收回的，只要英国政府认为合适。公司出色地完成了它的本职任务；但是，一旦任务完成，它的贸易特权马上被逐个收回，直到公司不复存在。就这样，英国政府继承了一个领土帝国和进贡来源。如果没有这些，伦敦根本不可能如此绝对、如此长久地保持它的世界金融霸权。

相反，二战以后西欧被纳入美国权力网络，是由美国政府自己完成的。一旦政府行动为美国公司有利可图的移植准备好了土壤，后者马上大量进入欧洲。但是，它们在巩固美国统治方面所起的作用，仅仅限于把欧洲市场和劳动力的关键成分纳入自己的技术结构之内。美国政府用美国贸易法来管理美国公司的外国子公司，并采取措施来调节美国资本的外流，试图在某种程度上保持对美国企业移植欧洲土壤的控制权。尽管如此，移植几乎马上就产生了自己的动力，无论是美国政府单独行动还是和欧洲政府联合行动都无法加以控制。更加糟糕的是，这种动力越是自行其是，华盛顿在调节和生产世界货币方面的中心地位就越是受到损害。

罗斯福总统和摩根索当政的时候，曾经实现对世界流动性的控制权从私人之手向国家之手的转移，从伦敦和纽约向华盛顿的转移，这种转移一直是后来全球凯恩斯主义实行的必要条件。美国政府通过凯恩斯主义把 20 世纪三四十年代的体系混乱转变成了五六十年代的美苏对世界权力的有序共管。但是，当美国的公司资本着手占领由这种转变开辟出来的新疆域时，对世界流动性的控制权开始从国家之手转回私人之手，从华盛顿转回伦敦和纽约。正如安德鲁·沃尔特（Andrew Walter 1991：182）所说，"伦敦重新获得了国际金融业务的中心地位，但是这种业务是以美元为中心的，主要的玩家都是美国银行和它们的客户"。

对私人大金融资本在世界货币生产和调节中的复活，美国政府迅速做出反应，强烈地重申了华盛顿在世界流动性供应方面的中心地位。由于美元以外没有别的货币可以作为主要国际储备货币和兑换手段，放弃黄金－美元汇兑本位制导致了纯美元本位制的确立。美元作为世界货币的重要性不仅没有削弱反而增强，先前非正式存在的地位如今得到正式确立（Cohen 1977：232－238）。

在 1973～1978 年这五年里，这种纯美元本位制似乎给了美国政府在世界货币生产方面前所未有的行动自由：

> 浮动汇率体系……使美国再也没有任何必要来控制其自身的国际收支逆差，不管逆差从何而来，因为现在美国可以使数量无限的不可兑换的美元进入国际流通渠道。因此，美国为了恢复货物生产方面的竞争力而继续让美元贬值时，再也不受产生往来账户盈余以支付资本账户赤字这个问题的困扰

了……实际上，美国国际收支结算这个问题完全消失了。
（Parboni 1981:89－90）

当然，欧洲美元市场的持续扩张创造了世界货币的另一个来
源；美国政府无法控制这个来源，而其他政府可以利用它。但是，
在欧洲美元市场上借款要受信用声誉的制约；而信用声誉条件一般
包括限制收支赤字和尽量遵守稳定货币原则。只有美国"能够实
际上毫无限制地利用世界其他地方的资源，只要通过发行自己的货
币就可以了"（Parboni 1981:47）。

我们马上会知道，美国在铸币收益方面的特权并不像 20 世纪
70 年代中期看起来那样没有限制。但是有几年时间，在资本家之
间为争夺世界市场和原始投入来源而进行的不断升级的斗争中，这
些特权确实给了美国政府和美国企业很大的竞争优势。宽松的美国
货币政策把外国能源转向美国市场，并且在损害欧洲和日本的竞争
对手利益的情况下为美国商品在国内和国外提供市场。另外，它也
为美国企业提供了通过直接投资和对外贷款保持跨国扩张的势头所
需的全部流动资金。

第一个优势是与对西欧和日本经济的外向特性而言的美国国内
经济的自我中心特性紧密相关的。以进出口总额除以国民收入来衡
量，西欧和日本对对外贸易的依赖程度是美国的 3 倍多。由于美国
自身是一个主要的石油生产国，而日本与西欧国家（后来，除挪
威和英国以外）不是，这些国家对外国能源的依赖程度的差别当然
很大。通过刺激美国净进口石油与石油制品的大增长，从 1960～
1969 年的日均 210 万桶，到 1973～1978 年的日均 690 万桶，宽松
的美国货币政策往往增加美国经济的产品供应量，因而增加了美国
对西欧和日本经济的竞争压力。这种趋势由于"双层价格"政策

而得到了加强。按照这种政策，美国政府对 1972 年已经投产的油井所生产的国内原油价格制定了一个上限。结果，到 1979 年上半年，美国石油的平均成本要比世界市场水平低整整 40 个百分点（Parboni 1981：34 - 35，53 - 54）。

这种成本优势，又因美国货币供应的自由扩张产生的美元不断贬值的收入优势而得到加强。这种贬值降低了美国产品在外国市场上的价格，使外国产品在美国市场上更加昂贵，从而增加了美国的出口和收入。在一个比美国更加外向型的经济中——例如 19 世纪的英国——蕴含在本国货币贬值中的进口价格的上涨，本会提高国内的生产成本，因而也会提高出口价格，从而抵消蕴含在货币贬值中的降价。但是，美国国内经济的自我中心特性保证了美元对于其他货币的贬值会给美国生产和附加值产生强大的即使是暂时的积极效果。结果，1973 ~ 1979 年，与西欧相比，在较小程度上与日本相比，美国经济的运行情况都大有改进（Parboni 1981：第三、第四章；Calleo 1982：第 139 页；Strange and Tooze 1982；Boltho 1993）。

这种改进了的运行状况跟美国积累网络在全球范围的收缩没有关系。相反，如前所述，1974 ~ 1979 年，美国扭转了它在对外直接投资总额中份额减少的局面。对此，我们还应补充一句，尽管美国银行这时向海外市场的扩张不可能量化，但是规模很可能更大了。1974 年 1 月，对外国资本流动的所有控制彻底消失；在这一措施的支持下，美国货币当局发行的过分充足的美元为美国资本不仅在国内，而且在国外的自我扩张提供了手段。

美国政府的行动自由不是无限的。向浮动汇率制的转换使美国政府从以前承诺固定汇率时所必然受到的平衡国际收支的限制中解放出来。但是，同时美国政府有了新的限制；如果它长期忽视这些限制，就不可能不严重削弱它在世界货币体系中的特权地位。

　　首先，固定汇率体制的解体增加了公司资本在商业－工业活动中的风险和不确定性，从而为金融扩张增加了新的动力。在固定汇率体制之下，公司资本用于货币交易和投机。"但是，大家公认，中央银行对保持汇率固定负有责任，这在极大程度上使公司的金融经理们无须为日常变化操心。"（Strange 1986：11）相反，在浮动汇率体制下，公司资本本身必须对付日常汇率的变化。公司银行账户上不同种类货币的进出，迫使公司从事远期货币交易，以避免预期收款和提前付款所用的货币汇率的变化导致账目上的亏空。而且，汇率波动成为决定公司现金流转状况、销售额、利润和资产在不同国家和不同货币中变化的一个主要因素。为了对冲这些汇率波动，企业别无选择，只能采取进一步的地缘政治多元化经营。这样就产生了一种循环，因此，"浮动和多变的汇率增加了跨国公司的风险，已经使它们在做出反应时变得更加'跨国化'了。但是，随之产生的长期战略反过来又'往往'增加它们防御汇率风险的短期需要，从而进一步增加了金融赌场上的交易量"（Strange 1986：12－13）。

　　尽管这种循环过程对推动欧洲货币市场的发展非常重要，但是在浮动汇率体制下，一个更强有力的马达开动了。多变的汇率不仅给跨国公司带来财源，而且给政府——特别是给那些管理着高度外向型的本国经济的政府——的财源增加了风险和不确定性。第三世界的政府所受到新的货币体制的影响比其他任何政府都要严重。苏珊·斯特兰奇（Strange 1986：13）说，多变的汇率给它们带来的风险和不确定性，"比带给流动跨国公司的还要多。后者至少有多种产品，在多个国家经营，还有一支收入丰厚、训练有素的税务顾问和金融经理队伍来处理这个问题"。

　　第三世界国家的出口收入、进口支出、国民收入以及政府财政收入的价值都随着美元（它们的出口大多用美元报价）、其他主要货币（它们的许多进口用这些货币报价）和它们本国货币之间的汇率变化而大幅度波动。实际上，自 20 世纪 70 年代初以来，这种汇率的变化一直是决定第三世界国家在资本主义世界经济的附加值等级体系中的位置的唯一最重要因素。但大多数这些国家根本没有足够的金融资源来对冲这些汇率波动。因此，它们对于欧洲货币市场的"金融赌场"的发展所做出的主要贡献是在方程式的需求一方，而不是供应一方；也就是说，它们通过对资金的需求来抵消金融危机的毁灭性后果，而不是通过旨在防止危机或利用这些危机的存款。

但是，20 世纪 70 年代资本家之间竞争的加剧，的确把少数第三世界国家不仅转变成为储户，而且转变成欧洲货币市场上的主要储户。随着对世界能源供应争夺的升级，剩余资本以越来越大的规模从美国、西欧以及日本的政府和商业机构转移到了那些恰好在它们的管辖范围内拥有大量的、经济的原油储量的国家。由于这种不断增长的巨额"石油租金"中只有一小部分可以被接受国立即拨给生产性或有用的事业，很大一部分"租金"被"存放"或投资于欧洲货币市场上。在那里，它享有相对较高的赢利回报和行动自由。这种趋势在 20 世纪 70 年代初开始发展，当时的原油价格在几年内翻了一番。但是，1973 年末的第一次石油危机在几个月内使原油价格涨了三倍。

321

> 这次危机不仅产生了 800 亿美元的"石油美元"盈余供银行再循环，从而增加了金融市场和那些在其中运作的机构的重要性，而且引入了一个某些时候是决定性的且通常是很难预测的新的因素。这个因素既影响到石油消费国的，最终也影响

到石油生产国的国际收支平衡状况。(Strange 1986:18)

在石油消费国当中，最大的当然还是主要资本主义国家自己。它们采取旨在产生国际贸易顺差的货币紧缩政策，或者在欧洲货币市场上借款，企图使其国内经济不受能源供应日渐增加的不确定性的影响，结果进一步加剧了资本家之间的竞争，并为正在进行的金融扩张增添了新的动力。而且，德切科（de Cecco 1982:12）指出，在欧洲货币储户的性质发生变化，即由主要资本主义国家的私人和公共机构变成石油输出国的私人和公共机构的同时，欧洲货币市场也进一步向外运动。一旦固定汇率体制被浮动汇率体制所取代，十国集团（十个最重要的资本主义国家）的政府和中央银行就试图对欧洲货币市场稍加控制，或者至少对其进行监督。为了达到这个目的，它们同意不像以前那样把官方货币储备中不需要的盈余"存放"到欧洲货币市场上，还委托英格兰银行在它们的支持下为参与欧洲美元市场的银行充当最后贷款银行。为了让英格兰银行担任这个角色，政府必须对私人银行业务实施某种监管。但是，20 世纪 60 年代，当肯尼迪政府企图调节纽约银行的对外业务的时候，那些银行随即做出反应，把这些业务移到以伦敦为中心的、不受监管的欧洲美元市场上；同十年之前一样，在 20 世纪 70 年代中期，当十国集团企图采取温和得多的调节措施的时候，以美国为首的、控制着扩大了的以伦敦为基地的欧洲美元市场的银行集团也做出反应，把业务移到了更远的真正的海外货币市场，其中许多位于英国的前殖民地。

换句话说，与浮动汇率体制取代固定汇率体制相连的，不是遏制而是加快了最强大的资本主义国家的政府对世界货币生产和监管失去控制的趋势。在这种情况下，美国政府试图利用新出现的纯美元本位制来支持美国资本在国内外的自我扩张，但是没能恢复华盛顿在大金融资本领域的主导地位。相反，它进一步削弱了各国国家中央银行的主导权力，而国家中央银行的权力正是建立在这种主导地位之上的。

因此，20 世纪 70 年代美国宽松的货币政策，加上美国国内市场上原油的双层价格体制，以及美国私人对外放贷和投资的完全自由化，加强了那种推动海外货币市场爆炸性增长的趋势。这种政策为美国企业提供了额外的金钱手段和优惠条件，让其在世界能源供应和跨国生产与交换过程中得以击败竞争对手，结果使石油租金和公司的现金流转膨胀起来，推动了欧洲货币业务的扩张。这种扩张反过来又成为世界通货膨胀的一个新的主要根源：

> 过去，美国以外的国家都不得不使它们的国际收支保持某种平衡。它们都不得不"挣到"它们想在国外花的钱。现在，它们借到了这些钱。有了似乎能够无限扩张的流动资金之后，被认为具有信用声誉的国家在国外花钱方面再也没有外部约束了……在这种情况下，国际收支逆差本身不再能自动制约国内的通货膨胀。有逆差的国家可以向神奇的流动资金机器无限地借款。许多国家……因此同美国一道避免真正调高油价。毫不奇怪，世界通货膨胀在这十年中一直在继续加速，对私人银行系统崩溃的担心日益明显。越来越多的债务被"重新安排"了偿还日期，而许多穷国变得臭名昭著地无力还债。（Calleo 1982：137 - 138）

在 20 世纪 70 年代不断加速的通货膨胀以及不断增加的货币混乱背后，我们可以觉察到导致先前所有体系积累周期的信号危机的

323　那种典型动力，只是这次以新的、更加复杂的形式出现。同所有这种周期的情况一样，世界贸易和生产的迅速扩张导致了各主要扩张机构面临的竞争压力的加剧，从而导致资本回报率的下降。跟以前所有赢利渐减的阶段一样，如希克斯的名言所述，恢复或保持高资本回报率的一个条件是，赢利不应重新投资到贸易和生产的进一步扩张中去。

　　然而，20世纪70年代的美国货币政策却试图诱使资本保持以美国为中心的资本主义世界经济的物质扩张势头，尽管这种扩张已经成为公司资本，特别是美国公司资本的成本、风险和不确定性不断增加的主要原因。因此，毫不奇怪，只有一小部分美国货币管理当局产生的流动资金进入新的贸易和生产设施中去。绝大部分流动资金变成了石油美元和欧洲美元，这些资金通过私人银行之间的货币创造机制多次自行重复生产，并且马上在世界经济中重新出现，成为美国政府发行的美元的"竞争者"。

　　最后，私人货币和公共货币之间这种不断加剧的竞争，既没有给美国政府也没有给美国企业带来任何好处。一方面，私人美元供应的扩张使越来越多的国家在为世界市场和资源的竞争中不再受国际收支平衡的制约，从而损害了美国政府在铸币收益方面的特权。另一方面，公共美元供应的扩张为海外货币市场提供了太多的流动资金，达到了无法使其安全地、有利可图地再循环的程度。这就迫使美国领导的、控制着欧洲货币业务的银行集团的成员相互展开激烈的竞争，以把资金推向被认为是具有信用声誉的国家，甚至还降低判断国家信用声誉的标准。如果这种竞争变得过分激烈，很容易导致美国政府和美国企业的共同财产破产。

　　到1978年，美国政府面临两种选择：要么坚持其宽松的货币政策，与控制着欧洲货币市场的世界金融界决一雌雄，从而结束对峙状态；要么通过更严格地遵循稳定的货币的原则和惯例求得和解。最后，资本主义理性占了上风。从卡特总统任期的最后一年开始，在里根总统的任期内以更大的决心，美国政府选择了第二条行动路线。当国家权力与资本之间铸成新的"值得纪念的同盟"时，作为整个冷战时代特征的宽松的美国货币政策让位于前所未有的严格的货币政策。

324

这就开启了里根时代的"美好时期"。在参考了布罗代尔（Braudel 1984）、霍布斯鲍姆（Hobsbawm 1968）以及一直作为我们自己的研究基础的其他材料以后，凯文·菲利普斯（Kevin Phillips 1993：第八章）强调，金融对 20 世纪 80 年代的美国、爱德华时代的英国、"佩鲁齐假发时代"的荷兰和热那亚人时代的西班牙的积累影响有着惊人的相似之处。"对金融的过度关注和对债务的容忍，显然是经济强国晚期的典型特征。它们预示着经济衰退的到来。"（Phillips 1993：194）

菲利普斯所关注的是，已经进入成熟阶段的经济强国的社会中下层要为"金融化"付出的代价：

> 金融不能培育一个"庞大的中产"阶级，因为在任何国家的人口中——无论荷兰的、英国的或美国的——都只有一小部分精英能够分享证券交易所、商业银行和会计事务所的利润。相反，制造业、运输业和贸易的优势却可以带来更加广泛的国家繁荣，于是，普通人可以操纵生产线、矿井、磨坊、方向盘、主帆和渔网。一旦这个经济发展阶段让位于下一个发展阶段，由于资本、技能和教育分得更加清楚，广大的中产阶级社会失去了某些重要的和独特的东西，这正是某些忧天之人认为正在 20 世纪末的美国发生的事情。（Phillips 1993：197）

菲利普斯指出，甚至在更早的哈布斯堡王朝时期的西班牙就可以观察到一种类似的趋势。在把西班牙的大量未来收入抵押给德国和热那亚的商业银行家的同时及以后，发生了西班牙社会自身的"金融化"。"有限的货币财富、不负责任的金融和一个好逸恶劳的食利阶层，是哥伦布航行 100～150 年之后西班牙衰落的重要原因。"（Phillips 1993：205）冈萨雷斯·德塞罗里戈在 17 世纪初哀叹道：

> （西班牙的）贫富差别已经开始变得悬殊，并且无法调
> 和。在这种环境里，有悠闲懒散的富人，也有到处乞讨的穷
> 人，但是没有两者之间的人，无论是财富还是贫困都不能阻止
> 他们去追求自然法则所责成的正当事业。（引自 Elliott 1970a：
> 第 310 页）

我们的研究显示，金融扩张的累积影响引起的社会两极分化现象，在历史上有比 16 世纪末的西班牙更早的先例。事实上，在所有先例中最明显不过的是文艺复兴时期的佛罗伦萨。在其他任何时间和地点，"金融化"导致社会两极分化的现象都没有这么明显（见第二章）。从这个观点来看，所有以后的金融扩张都不过是最先在这个托斯卡纳城邦国家上演过的脚本的变异而已。

但是，我们的研究还显示，金融扩张时期的国内社会的两极分化，是进行中的世界规模的资本集中过程的不可分割的方面；这种资本集中具有双重意义：一是向一个共同中心集中，二是在力量、密度或激烈程度方面不断增长。第三章已经谈到，在资本主义世界经济先前所有的金融扩张阶段里，都同时发生了两种不同的资本集中。一种发生在行将结束的积累周期的组织结构内部；另一种预示一种新的积累体制和积累周期的出现。

　　目前,第二种集中能否被觉察到?这个问题暂且搁置一边,我们将在结束语中回头加以阐述。第一种集中确实是里根时期最显著的特征之一。这是因为由保罗·沃尔克领导的美国联邦储备委员会,在卡特政府执政的最后一年从极端宽松的货币政策突然转向极端紧缩的货币政策,不过是一系列措施的前奏,这些措施不仅为了恢复对美元的信心,而且为了将私人控制的世界货币重新集中到美国国内。为了达到这个目的,在紧缩美国货币供应的同时,美国政府还采取了其他四项措施。

　　首先,美国政府把利率提到大大高于当前通货膨胀率的水平,开始在世界范围内咄咄逼人地争夺流动资本。图 19 显示,从 20 世纪 60 年代中晚期起,美国的名义长期利率一直在攀升。然而,在整个 20 世纪 70 年代,通货膨胀使实际利率一直较好地稳定在一个低水平上,在 70 年代中期甚至把实际利率降到 0 以下。相反,在 80 年代初期,名义高利率,加上紧缩的货币政策所产生的通货紧缩趋势,导致了一次实际利率的大幅度上涨。

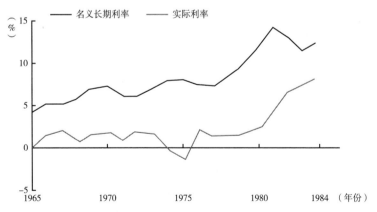

图 19　1965～1984 年美国的长期利率（每季的平均数据）

资料来源:World Bank (1985:5)。

其次，为了让流动资本重新集中在美国而采取的金钱优惠措施，跟一次大规模的"放松管制"运动互相补充。这次运动为美国和非美国的公司、金融机构提供了在美国实际上毫无限制的行动自由。在这方面，特别重要的是取消了对美国国内银行业务的监管。纽约金融精英们的经营活动在 20 世纪 60 年代从纽约"迁移"到伦敦，在 70 年代又从那里迁移到世界各地"真正的"海外货币市场，在 80 年代终于又可以重新集中在本国了。在这里，它们可以享受到任何其他地方可能提供的行动自由，还可以享受到其他地方不能提供的关键性优势，即在社会和政治上靠近仍然是世界权力最重要的中心。

再次，里根政府在许诺平衡预算而赢得选举以后，启动了世界历史上一次最引人注目的国债增长。里根在 1981 年入主白宫的时候，联邦预算赤字为 740 亿美元，国债总额为 1 万亿美元。到 1991 年，预算赤字已经是原来的 4 倍，每年超过 3000 亿美元，而国债也增至原来的 4 倍，达到将近 4 万亿美元。结果，1992 年的联邦净利息支出从 1973 年的每年 170 亿美元，占总预算的 7%，上升到每年 1950 亿美元，占总预算的 15%（Phillips 1993：210；Kennedy 1993：297）。"曾经是世界主要债权国的美国，已经从海外借了足够多的钱——这使人想起了 1914～1945 年的英国——成了世界主要的债务国。"（Phillips 1993：220）

最后，美国国债这种令人瞩目的增长与两个因素相关：同苏联冷战的升级——主要是，虽然不完全是通过战略防御计划；对第三世界一些不友好政府采取的一系列炫耀军事实力的惩罚性行动——1983 年在格林纳达，1986 年在利比亚，1989 年在巴拿马，1990～1991 年在伊拉克。与先前所有的金融扩张一样，动用那根能够赋予不会增值的货币以增值能力而又无须遇到与生产不可分割的麻烦

和风险的"巫师的魔杖",就是马克思所说的通过国债"将国家权
力让渡"(见绪论),就这样再一次与国家之间权力斗争的升级连
在一起;而且,正是最近这次国家之间权力斗争的升级所引发的对
流动资本的竞争,用韦伯的话来解释,再一次为西方资本主义创造
了享受又一次拥有空前财富和权力的"美好时期"的绝好机会。

贬低 20 世纪 80 年代资本主义胜利的人,总是强调它的局限和
矛盾,就像我们在结束语中将要做的那样。然而,要充分理解这种
局限和矛盾,首先需要理解那个胜利本身的性质和程度。而要做到
这点,只能从认清引起 20 世纪 70 年代末 80 年代初美国领导的资
本主义反扑的悲惨情况开始。

我们必须首先记住,20 世纪 70 年代的货币危机已经变得多么
严重。面对急剧减少的资本回报率,不断试图再用通货膨胀来刺激
以美国为中心的资本主义世界经济,这种做法大有引发对美元作为
有活力的世界货币的严重信任危机之势。到 1978 年,已经有清楚
的迹象表明,这样一种危机即将出现。假如这种危机发展得比后来
的实际情况更加严重的话,美国政府和美国企业从其铸币收益特权
中得来的任何竞争优势都会被抵消。更加糟糕的是,它有可能摧毁
整个美国信用结构和世界范围内的资本积累网络,而美国的财富和
权力比以往任何时候都更加依赖它们(Aglietta 1979b:813f;
Aglietta and Orléan 1982:310–312)。

不用说,西欧国家比美国更加无力承受一次严重的美元信任危
机所造成的破坏。由于它们国内经济的外向性较大、规模较小,以
及美元被用作国际交换和支付手段,因此西欧经济比美国更容易受
到汇率波动的伤害(Cohen 1977:182;Aglietta 1979b:833)。为了
限制这种脆弱性,欧洲共同体成员国的中央银行于 1972 年 4 月同
意限制它们货币之间的波动幅度,从而创立了所谓的"蛇形浮动

汇率制"。在其后的六年中，美元不断贬值。欧共体成员国确信，
有必要通过欧洲理事会 1978 年 12 月的决议来加强上述安排。该决
议创建了欧洲货币体系和欧洲货币单位，两者在次年 3 月开始运

328　行。欧洲货币单位主要是一种记账单位而不是真正的货币；但是，
如果美元信任危机进一步恶化，它有能力替代美元，成为一种有活
力的世界货币（参见 Parboni 1981：第四、五章）。

　　美元面临被停止作为世界货币的危险（不是因为美国国内和全
球信用体系灾难性的崩溃，就是因为像欧洲货币单位那种可以替代
美元的储备货币的崛起），这事本身就足以使美国政府有理由比 20
世纪 70 年代，实际上甚至比自从 F. D. 罗斯福（F. D. Roosevelt）狠
批"所谓的国际银行家的盲目崇拜"以来，更加尊重稳定的货币
的准则。然而，还有其他迫切的理由去寻求同美国领导的、控制着
欧洲货币市场的国际银行家集团实现和解。

　　理由之一，自 20 世纪 50 年代以来，发生了大规模的生产和
交换过程的跨国化。海默和罗桑曾经预言，20 世纪 70 年代是一
个美国和非美国的公司资本加紧跨国化的时期；他们接着指出，
这一趋势对上述过程迄今一直扎根其中的民族国家体系来说不是
个好兆头：

> 　　跨国公司使许多传统的政策手段失去作用，例如征税、限
> 制信贷和规划投资等能力，因为它们拥有**国际灵活性**……政治
> 单位的国家计划和公司的**国际计划**之间存在着根本的冲突；随
> 着直接投资的增加，公司的国际计划将占主要比例……跨国公
> 司到处扎根、到处建立关系的倾向赋予经济新的世界性质，管
> 理这种经济的政策也将不得不从那个基础上开始。（Hymer and
> Rowthorn 1970：88 - 91）

自 1968 年以来，欧洲货币市场的爆炸式增长是这种资本主义世界经济的世界性结构出现的一个不可或缺的方面。公司资本可以灵活地进入或移出一些政治辖区，以利用、巩固和进一步扩大其业务的全球影响力。上述发展既是这种灵活性的一种表现，又是这种灵活性的一个因素；但它也是国民经济政策不足以应付不断跨国化的企业体系的一种表现和一个因素。在这方面，美国货币政策的不足是最为重要的。

美国政府试图通过法律手段和宽松的货币政策来保持对国际化的美国资本的控制。这种企图说得好听一点是无效的，说得难听一点是起反作用的；同时，美国企业在跨国化资本的金融和非金融部门继续占据统治地位，这给了美国政府一个绝无仅有的机会，可以把"自我调节的"欧洲货币市场变为它在国内和全球追求权力的一件"看不见的"却威力巨大的武器。如果能够找到携手合作的方法，而不是与美国资本的跨国势力背道而驰，美国政府就没有什么可要求的了。

问题当然是，要找到这些方法还不只需要改变货币政策。自罗斯福与杜鲁门执政以来，美国忽视稳定的货币的原则是有社会目的的。美国先是为了在国内，后是为了在国际上推行新政。与私人大金融资本携手合作，意味着美国政府放弃几乎半个世纪以来不仅在货币问题上，而且在社会问题上的几乎全部主张。

与传统如此决裂，绝不是容易迈出的一步。这一步之所以在1978～1982 年如此迅速、如此坚定地迈出去，原因不仅在于马上就要发生严重的美元信任危机，而且在于同私人大金融资本的结盟有希望给美国的武器库增加一种谋求世界权力的新的、强有力的手段；最令人信服的理由很可能是，美国政府通过其他手段追求权力所获得的回报正在迅速减少。

1979 年 10 月 6 日，当保罗·沃尔克开始采取强有力的措施来限制美元供应和提高世界金融市场上的利率时，他主要是对美元信任危机做出反应：

> 问题的核心是，公司、银行（包括中央银行）和其他投资者在一年当中已经第二次……停止接受美元作为国际通货……沃尔克明白，美元的崩溃也许很可能导致一场金融危机，美国不得不重新启用黄金作为货币。在过去的十多年中，美国一直在同这种可能性做顽强的斗争。（Moffitt 1983：196）

但是，五个月以后，当他采取更加严厉的措施来阻止美国和世界货币供应的增长时，他主要是对在伊朗人质危机和苏联入侵阿富汗以后出现的"阿拉伯游资大量兑成黄金"做出反应。"在伊朗人质危机和苏联入侵阿富汗之后，黄金价格再次上涨……1 月 12 日，黄金价格达到了创纪录的 875 美元的高度……《商业周刊》直截了当地表示，这次价格上涨的背景是阿拉伯人对阿富汗和伊朗局势的担心。"（Moffitt 1983：178）

前面已经提到，战后的美国世界货币秩序危机，从一开始就跟军事和意识形态领域内的美国世界霸权危机同步发展。固定汇率体制崩溃的时候，恰好也是驻越美军从 1968 年初的新年攻势，到 1973 年《巴黎和约》之后开始撤出越南期间遇到越来越多的麻烦的时候。同时，为了打一场对美国国家安全没有明显的直接关系的必败之战争而消耗越来越多的人力和金钱，加速了严重的冷战意识合法性危机。按照 T. R. 戈尔（T. R. Gurr 1989：第 II 卷，第 109 页）的看法，20 世纪 60 年代是不是"美国历史上最动荡的时期"还很难说。它很可能不是美国历史上最动荡的时期。然而，自内战以来，美国政府还从未经历过比在 20 世纪 60 年代末 70 年代初逐步卷入越南战争的时期更为严重的合法性危机。

美国世界权力的军事危机和合法性危机不过是同一枚硬币的两面而已。在某种意义上，这两种危机恰好表示美国的重新武装和冷战意识成功地把 20 世纪三四十年代的体系混乱变成了一个以美苏共管世界权力为基础的新的世界秩序。在这种共管中，美国政府明显占有优势，正如古巴导弹危机所表明的那样。到 60 年代中期，这方面已经取得可能取得的完全成功。但是，正因为取得了如此程度的成功，美国政府更加难以用吓唬的手段让美国人民为反共十字军掏钱，更不用说流血了；美国也更加难以让外国盟友相信，巩固和进一步扩大美国的世界权力最符合它们的国家利益。

然而，在某种意义上，美国世界权力的军事和合法性双重危机表示美国的军事－工业机构未能处理好世界范围内去殖民化过程所带来的问题。把几十个新独立的国家纳入冷战世界秩序的严密的权力结构之中，从一开始就被证明出了问题。1955 年在万隆兴起的不结盟国家运动除了重申已经写入由美国倡导的联合国宪章中的自决权以外没有做任何事情。然而，美国政府觉得万隆精神是对冷战世界秩序的威胁，甚至更糟，不过是"共产主义烟幕"（Schurmann 1974：296；McCormick 1989：118－119）。

随着苏联解体，反共热情渐渐冷却，美国在处理形成一个第三世界的问题上所遇到的这种困难不是减少了，而是增加了。主要原因是，第三世界国家享有充分主权，对美国的世界权力构成了一种潜伏的，而且越来越强大的挑战。这种挑战是一种在潜在意义上比苏联权力还要严重得多的挑战。这种挑战既是经济上的也是政治上的。在经济上，按照美国模式重建西欧和日本——那就是说，主要是把罗斯托夫（Rostow 1960）的"大众高消费"或

331

者阿列塔（Aglietta 1979a）的"福特式消费模式"推广到这些国家的工人阶级中去——加上美苏持久的军备竞赛，对世界原始投入的供应施加了巨大的压力。这种结合也增加了第三世界国家的战略重要性，因为它是满足第一世界经济现在和未来所需的自然资源和人力资源的宝库。美国和西欧的跨国公司在第三世界国家活动的扩张和巩固在第三世界的原始投入和第一世界的购买力之间建立起了卓有成效的组织联系。但是，这种扩大和巩固也创造了另一种强大的既得利益（这些公司自己的利益），要在利用第三世界资源方面维护现在和将来的最大灵活性，以便为第一世界国家的利益服务。

第三世界国家行使充分的主权，势必会减少并最终完全消除这种灵活性。如果这些国家以自己认为合适的方式随意使用它们的自然和人力资源——包括储备或者动用这些资源来寻求国内、地区或者世界的权力，就像主权国家总是随意那么做的那样——那么由美国积累体制的扩张所产生的对供应的压力，将不可避免地以第一世界国家内部和之间的"过度"竞争的形式剧减。

这正是 20 世纪 70 年代发生的情况。越南战争表明，有史以来最为昂贵、技术上最为先进、最具有毁灭性的军事机器也无力征服地球上最贫穷的民族之一的意志。之后，美国政府一时之间失去了作为自由世界警察的大部分，如果不是全部的可信度。结果，出现了权力真空。当地的力量公开或暗中与苏联及其盟国联合，并立即以各种方式摆脱欧洲殖民主义的最后残余，完成民族解放（如在葡萄牙的非洲殖民地和在津巴布韦那样）；相互开战以图重新组织周边地区的政治空间（如在东非、南亚和印度支那那样）；把美国的附属国赶下权力宝座（如在尼加拉瓜和伊朗那样）。这股不断高涨的汹涌潮流既不是苏联统治集团制造的，也不受它控制，但苏联作为冷战秩序中特定的对手，却从中赢得了声望和权力。它忘了基本的权力格局，乘着这股潮流，出兵阿富汗去做更强大的美国军队在越南未能做到的事情。

世界体系的权力关系发生这种有利于第三和第二世界——"南方"和"东方"——的突然逆转，本身就对西方，特别是对于美国的资产阶级来说是个非常令人沮丧的经历。但是，同时发生的资本家之间竞争的突然升级，使资本的实际赢利降到了"不合理的"水平。由于这跟上述逆转关系很大，因此上述逆转更加令人沮丧。这种关系不是偶然的。原油价格在 1973 年"冲击"前已经开始上涨。但是，正是美国政府实际上承认在越南失败，以及紧接着以色列不可战胜的神话在赎罪日战争中破灭，才激发石油输出国组织有效保护它的成员国使其不受美元贬值的影响，并且向第一世界国家征收巨额石油租金。

第一世界的企业之间的竞争本来已经十分激烈。油价暴涨，加上先前的工资暴涨，迫使它们展开更加激烈的竞争，以便获得第三世界的劳动力和能源供应，以及正以原油和其他原料的更高实际价格的形式涓涓流入一些第三世界国家的购买力。随着石油美元以实际上是无限制的贷款形式不加调节地流回某些第三（和第二）世界国家，这一涓涓细流很快变成了滔滔洪水。有几年时间，资本似乎已经丰富到差不多成了一种免费物品。对世界购买力的控制权——这是资本主义资本积累的起点和终点——正从第一世界国家的手中滑走，直接或间接地有利于第三和第二世界国家对权力的追求。

美国政府试图通过操纵地区均势来应对这种局面，这种尝试也许在某些方面有些作用，而在最需要成功的地方——中东——却以惨败告终。为了把伊朗变为美国权力在这一地区的主要杠杆，美国投入了大量金钱和声望；然而，在国王的友好政权被阿亚图拉的不友好政权取代以后，这些投入就化为烟云了。美国世界权力所蒙受的这次新的挫折——随后又并非偶然地引起了美元信任危机、第二次石油危机和苏联入侵阿富汗——终于使美国政府相信：它应该放弃与私人大金融资本对抗的新政传统，转而使用一切可能手段来寻求后者的帮助，以便在全球权力斗争中重获优势。

333　　　转而形成的"联盟"所产生的赢利超过了美国最乐观的期望。购买力重新在美国集中，它几乎马上达到了美国军事力量单独行动所达不到的目标。美国的限制性货币政策、实际上的高利率和放弃监管，对第三世界国家产生了毁灭性的效果，很快使它们屈服了。

　　美国紧缩货币政策，大幅度减少了对第三世界供应的需求。结果，在 1980～1988 年，南方国家商品出口的实际价格下降了大约 40%，油价下降了大约 50%（United Nations 1990）。而且，由于伦敦同业拆借利率（LIBOR）从 1977 年的不足 11% 猛增到 1981 年初的 20% 多，债务的利息支出直线上升。例如，拉丁美洲的债务利息支出从 1977 年的不到出口总值的 1/3，上升到 1982 年的几乎 2/3。这导致一片事实上的破产景象，从而彻底逆转了第三世界国家在世界金融市场上的好运气（Frieden 1987：142 - 143）。

　　在叙述对一位墨西哥筹款经理的采访时，弗里登（Frieden 1987：143）为我们形象地描述了这一逆转的情况。"我 1982 年 9 月去拜访他的时候，他绝望地领着我看了他那空荡荡的接待室。'六个月之前，'他说道，'这儿坐着许多的银行家。现在他们连我的电话都不回了。'"

　　命运之轮魔术般地转动了。从那时起，再也不是第一世界的银行家们乞求第三世界国家借他们的过剩资本了；而是第三世界国家乞求第一世界的政府和银行家们给予它们必需的贷款，以便在一个越来越一体化的、竞争越来越激烈的、不断缩小的世界市场上生存下去。对南方国家更加不利而对于西方国家更加有利的是，第二世界国家很快跟第三世界国家一起残酷无情地争夺流动资本。

这些国家有的利用 20 世纪 70 年代的资本过剩，已经迅速采取行动，通过承担世界上最沉重的金融义务而与全球资本循环接轨（Zloch Christy 1987）。当资本再次变得短缺时，整个苏联集团突然感到竞争之寒风刮起来了。由于陷入了越南泥潭，又遇到了与美国军备竞赛的新的升级的挑战，已经衰退的苏维埃国家结构开始崩溃。

就这样，第三世界和第二世界的聚会宣告结束，西方资产阶级开始享受一个"美好时期"。这个时期在许多方面使人想起 80 年前欧洲资产阶级的"美好时期"。这两个"美好时期"最突出的相似之处在于：它们的受益者几乎完全没有意识到，他们开始享受到的突然的和空前的繁荣，并不是建立在解决了发生在这些美好时期之前的积累危机的基础之上的。相反，新出现的繁荣是建立在将危机从一套关系转移到另一套关系的基础之上的。危机将会以更加棘手的形式再度出现，这只是个时间问题。

334

335

结束语　资本主义成功了，但可持续吗？

大约 50 年之前，约瑟夫·熊彼特提出了一种两点论，即"资本主义制度实际取得的和将要取得的业绩是如此之大，否定了关于这一制度将在经济失败的压力下垮台的看法"；但是，"恰恰是它所取得的成功，破坏了保护它自身的社会制度，'不可避免地'创造了使自己无法存活的条件"（Schumpeter 1954：61）。今天看来，这种两点论好像不可思议，然而在提出这种理论的时候，两点当中的第一点，而不是第二点，似乎是最没有道理的。当时，资本主义作为一种世界制度，正经历着它历史上一次最严重的危机；最恰当的问题似乎不是资本主义能否存活下去，而是通过什么样的改革和革命，它才会死亡（Arrighi 1990b：72）。

不管怎样，当时很少有人愿意打赌，资本主义或许还剩下很强的生命力，足以再创造约半个世纪的它在 1928 年之前创造过的那种总的经济增长率——在熊彼特看来——这是一种显而易见的历史可能性。本书的基本论点是，历史可能不止一次而是两次证明熊彼特是正确的。他认为，再次成功运转完全在历史资本主义的能力范围之内；这种看法当然已经被证明是正确的。但是，情况很可能是，在接下来的半个世纪里，历史也会证明他的看法是正确的，即每次成功运转就为资本主义越来越难以存活创造了条件。

熊彼特这番话主要针对当时盛行的那种观点：大企业的"垄

断行为"取代"完全竞争"——或者用马克思主义者的话来说，
"垄断"资本主义取代"完全竞争的"资本主义——会从根本上削
弱早期资本主义克服经常性危机的能力，并在一段时间内使总收入
和人均收入大幅增加。针对这种看法，熊彼特认为，在历史上，
"完全竞争"几乎没有存在过；无论如何，它没有资格被确立为一
种促进长期经济增长的有效模式。相反，一种由许多强大的、占控 336
制地位的大企业组成的商业体系，具有所谓"完全竞争"所具有
的一切有利条件，而无它的不利条件。

一方面，对促进长期增长真正重要的竞争——源于"新的商品、
新的技术、新的供应来源和新的组织形式"的竞争——在有大企业
的情况下一直要比在没有大企业的情况下更加激烈。另一方面，大
企业比小企业能更加自如和更加经常地使用限制性措施，事实也是
如此。这些措施在性质上都是"为长远打算"获得"空间"和为保
护商业"免受临时性市场解体的损害"所必不可少的手段。这样，
"对贸易采取限制性措施，比完全任其向前发展……到头来可以使总
产值不但更加稳步地，而且更大幅度地增长；任其发展总是多灾多
难的"（Schumpeter 1954:84 - 95; 98 - 103）。

换句话说，在熊彼特看来，"竞争性"和"限制性"措施并不
是对立的市场结构的两个互相排斥的特点，而是同一创造性破坏过
程的两个方面。在他的理论中，创造性破坏是资本主义的基本事实：

> 这里没有什么自相矛盾之处，如同说汽车因为有了制动器
> 要比没有制动器跑得更快一样……引进新商品或新过程的……
> 或重组部分或整个工业的"企业"……本质上是入侵者，挥
> 舞着竞争这个真正有效的武器。除了在极少数情况下，它们的
> 入侵总能在质量和数量方面提高总产值，既通过新的方法本

身——即使这种方法根本得不到充分利用——又通过它对原先存在的公司施加压力。但是，这些入侵者处于这样的境地：为了防御和进攻，它们除了需要控制产品的价格和质量以外，还需要一些工具；而且，连价格和质量也必须始终从战略的角度加以操纵，这样它们在任何时候好像都只是在限制产量和保持价格高涨。（Schumpeter 1954:88 – 89）

熊彼特强调，增长潜力是大公司资本主义所固有的；但是，他不认为，这种潜力是必定能够实现的。"30 年代，"他在第二次世界大战期间写道，"很可能被证明是资本主义的最后时刻。"他认为，第二次世界大战极大地增加了这种可能性，上述可能，真的会在向社会主义的过渡中变成现实；或者，他认为，人类等不到"在社会主义的地狱（或天堂）里窒息（或享福）"，就会"在帝国主义战争的恐怖（或荣光）中化为灰烬"。熊彼特认为，"没有**单纯的经济**理由说明为什么资本主义不能再次成功运转"（Schumpeter 1954:163）。

无论我们是否同意熊彼特的所有观点，甚至主要观点，几乎可以肯定的是，在过去的 50 年里，尽管大公司资本主义有各种限制性的做法，但它的成功运行不亚于任何其他先前存在的资本主义形式。然而，跟熊彼特的预料相反，大企业资本主义之所以获得了一次充分展示它的发展潜力的机会，恰恰是因为第二次世界大战的恐怖和荣光。大企业抓住了这个机会，但这个机会本身是（美国）大政府创造的。这个政府通过战争、由于战争而变得强大，而且变得更强大，以应付欧亚大陆上的共产主义革命提出的挑战。

卡尔·波兰尼在跟熊彼特同一时期撰文时，更加注意政府而不是企业。他提出一种论点，恰好补充了熊彼特的论点。熊彼特是针

对资本主义神话般的竞争时代的所谓优越性的，而波兰尼是针对
19 世纪自我调节的市场理念的。他认为，这种观念暗示了"一种
纯粹的乌托邦"：

> 如果不消灭组成社会的人类和自然实体，这种制度不可能
> 长时间存在；它会从肉体上消灭人类，把其生存环境变成荒原。
> 社会势必会采取自我保护措施；但是，不管它采取什么措施，
> 都会损害市场的自我调节，打乱工业生活，从而从另一方面危
> 及社会。正是这种困境，迫使市场制度形成一种常规状态，最
> 后破坏作为它的基础的社会组织。(Polanyi 1957:3-4)

波兰尼（Polanyi 1957:22）在评论伴随 19 世纪的世界秩序在
20 世纪 30 年代最后瓦解所发生的社会灾难时，接着断言：

> 唯一可以避免这种灾难性局面的途径是建立拥有一种超越
> 国家主权的组织权力的国际秩序。然而，这样一种途径在当时
> 是完全不可能的。没有哪个欧洲国家，更不用说美国，会愿意
> 接受这种制度。

波兰尼在写下这段文字的时候，罗斯福政府已经在倡议建立预
示着这种秩序的国际组织。结果，无论是布雷顿森林会议，还是
20 世纪 40 年代中期建立的联合国组织，实际上都没有权力来行使
罗斯福想象中的战后世界秩序中应该行使的那种世界政府的职能。
不过，鉴于美国在第二次世界大战结束时的非凡世界权力，美国政
府能够行使那种职能达大约 20 年之久。

在整个这段时期，自我调节的市场理念在原则上和实际上遭到

338

美国政府的摈弃；相反，它开始把自己的权力战略建立在完全不同的前提之上。这种前提之一是，世界市场只有通过政府和大企业组织的有意识管理，才能得到重建和扩展。此外，美国采取行动的前提是清楚地认识到：世界市场的这种重建和扩展，以及美国的国家安全和繁荣，需要从美国国内经济向世界其他地区大规模重新分配流动性。在罗斯福的想象中，这种重新分配原先是他国内的新政政策在全世界的一种延伸。结果证明，这种观念在当时是不可能实现的。然而，在杜鲁门政府和之后的历届政府时期，通过发明和巧妙地驾驭冷战，把它当作一种高度有效的手段来赢得美国国会对在金融和军事领域行使世界政府职能的共识，这种重新分配终于成为现实。

从约 1950 至约 1970 年，资本主义世界经济在整体上经历了一次贸易和生产的大扩张。在此期间，杜鲁门的冷战世界秩序始终十分牢固。这次发展为熊彼特的论点提供了强有力的证据，即大公司资本主义的发展潜力是无与伦比的。但它也提供了强有力的反事实证据，支持波兰尼的论点，即世界市场只有在受到治理的情况下才能产生积极的结果，而不是灾难性的负面结果，而世界市场的存在本身，无论多长时间，都需要某种形式的世界治理。鉴于这种强有力的证据，19 世纪自我调节市场理念在 20 世纪 80 年代突然复苏，鼓吹"灵活专业化"和"非正规化"的理论家们重新发现小企业的优点，这好像是令人惊讶的。然而，这种倾向并不像乍看起来那样不可思议，或者那样不合时代。实际上，它完全符合皮雷纳最先注意到的那个早已确立的模式——"经济自由"阶段和"经济调控"阶段交替出现的模式（参见第四章）。

构成 20 世纪 80 年代特点的，是先前已被替代的对自由市场和个人主义信念的重新复苏，这完全可能是皮雷纳的钟摆朝着"经济自由"又一次长时间摆动的先兆。经过管理的市场在 20 世纪 50

年代和60年代成功地促进了经济发展。这一成功打乱了"经济调节"的条件，为16世纪和19世纪的那种"非正式"资本主义的扩大再生产创造了条件。跟以前所有的摆动一样，一种正方向的组织推力产生了一种反方向的组织推力。

拉里萨·龙尼茨（Larissa Lomnitz）在论证中提到国民经济，"一种社会制度越是拥有正式的官僚机构，越是受到调控和规划而又不能充分满足社会要求，就越是容易产生摆脱这种制度控制的非正式权力"。这些非正式权力"在正式制度的夹缝里成长，利用它的不足之处壮大，并通过弥补缺点和在制度内部产生派系或利益集团让那些不足之处存在下去"。正式经济创造了自己的非正式格局，这主要因为，用理查德·亚当斯（Richard Adams）的话来说，"我们越是组织社会，社会越是具有抗拒我们试图组织它的能力"（Lomnitz 1988：43，54）。

国民经济是这样，世界经济更是这样。按照定义，世界经济包括多种政治辖区，因此对官僚机构来说更难组织、调控和规划。然而，如此做法的企图，同朝着相反方向的"非正式化"倾向一样，对资本主义世界经济的形成和扩张起到了关键作用。正式组织和正式调控的威尼斯资本主义的成功发展，促使作为相反倾向的非正式组织和非正式调控的热那亚超越国境的资本主义的形成。而热那亚资本主义的充分扩张，又引起了正式组织和正式调控的资本主义通过组成强大的合资特许公司在荷兰东山再起。随着这些公司的扩张达到极限，非正式资本主义在英国的自由贸易帝国主义制度下再次取得胜利，但最终又被美国的大政府和大公司资本主义取而代之。

钟摆的每次摆动源自摆动之初恰好处于主导地位的那种组织推力——无论是正式的，还是非正式的——的机能失调。美国体制的"调控"推力，对英国体制的"反调控"推力的机能失调做出反应，得以发展。因此，今天的"反调控"推力很可能意味着资本主义世界经济一次朝着"经济自由"的新的摆动，就如 80 年前皮雷纳含蓄地预言的那样。

然而，这次朝着"经济自由"的新摆动，也有可能在开始之时就会被它的规模、强度和速度所引起的相反倾向加以阻止。我们的调查表明，皮雷纳提出的钟摆的每次摆动，并不使资本主义世界经济的组织结构回到摆动之前的位置。相反，历次摆动中形成的结构，比之原先的结构总是要大而复杂。每种结构都综合了被它替代的那些结构的特点和由它恢复的那些结构的特点。不仅如此，如果以每种体制从形成、占据主导地位到达到极限所需的时间来衡量，每次摆动的速度随着体系资本积累过程中主要机构的规模和范围的扩大而不断加快。

在第三章的结束部分，我们把这种模式归因于资本主义资本积累的一种倾向，即通过——用马克思的话来说——"在更大的规模上重新为自己设置这些障碍"的办法来克服它固有的组织障碍的倾向。在历史上，积累过剩危机标志着一种组织结构向另一种组织结构的过渡，这些危机也为更加强大的政府和商业机构的出现创造了条件。它们能够在更大、更广泛的基础上重建资本主义世界经济，从而解决这些危机。然而，我们已经在绪论中提到，这一过程势必受到时间的限制。它迟早会达到这样的阶段：积累过剩危机不可能再产生一个强大得足以能在更大、更广泛的基础上重建那种经济体系的机构。或者说，即使能够重建，那个产生于危机之中的机构也不可能强大得能够结束为流动资本而进行的国际竞争，而从 15 世纪起，用韦伯的话来说，流动资本"为现代西方资本主义创造了最大的机会"。

确实有迹象表明，我们或许已经进入这样的阶段。尽管自我调控的世界市场如今实际上只是得到部分恢复，它已经发布了许多难以忍受的判决。整个社区、国家，甚至大陆，如非洲的次撒哈拉地区，已经被宣布为"多余的"，对世界范围内的变化中的资本积累经济是多余的。加上苏联这个世界大国和领土帝国的垮台，这些"多余的"和地区跟世界供应体系的脱钩引发了无数次主要是关于"谁比谁更多余"的激烈争执。或者简而言之，这种脱钩导致的极其稀少的资源拨给问题引起无数纠纷，而且在多数情况下这些纠纷是以暴力形式出现的。一般来说，这些纠纷并没有被视为社会自我保护的表现，以防止既定的生活方式在日益加剧的世界市场竞争的影响下遭到破坏——这在很大程度上确实如此。然而，它们却被视为地方"霸主"之间的世代仇恨或权力斗争的表现，并照此进行处理——两者充其量只是起到一种次要作用。整个世界体系之内的暴力活动已经失去控制，但只要这种处理方法仍占上风，暴力活动还会更加失去控制，从而给世界范围内的资本积累造成无法驾驭的法律和秩序问题，就像阿明（Amin 1992）所谓的"混乱帝国"（empire of chaos）里出现的局面那样。

当今世界的暴力失控局面，跟现代领土国家制度渐渐失去作为世界权力的主要场所很有关系。第一章里已经谈到，在给予亚洲和非洲人民自决权的同时，又对民族国家的主权施加史无前例的限制，还对跟主权有关的国内外义务寄予同样史无前例的期望。加上世界规模的生产和交换过程在跨国公司的组织领域内的国际化，以及超国家的世界金融市场的东山再起，这些史无前例的限制和期望已经变成强大的压力，要求向上和向下重新安排民族国家的权力。

近些年来，要求向上重新安排权力的最重要的压力，来自那种以组建世界政府的进程来抵消不断升级的体系混乱的倾向。罗斯福政府在第二次世界大战的最后几年里所组建的那些超国家的组织，本来处于休眠状态，却以完全未经筹划的形式，在形势的压力之下被匆匆唤醒，以履行世界政府的最紧迫的职能，而这些职能美国既不可能置之不理，也不可能单独完成。在第二届里根政府时期，国际货币基金组织已被赋予担任"世界财政部长"的权力。在布什政府时期，这种角色得到巩固；更加重要的是，联合国安理会被赋予担任"世界警察部长"的权力。在这两个政府任期之内，七国集团经常开会，使这个组织看上去越来越像是一个管理世界资产阶级的共同事务的委员会。

随着这些管理世界的超国家组织恢复元气，布什政府以更加坚决的口气谈到建立一种世界新秩序来替代已经不复存在的战后美国秩序的必要性。然而，破坏世界秩序比建立世界秩序要容易。结果，由于布什政府似乎对自我调控的市场持有坚定信念，因此在面对持续衰退的情况下忽视了美国国内经济，该政府在 1992 年的总统选举中遭到失败。但是，曾经驱使布什政府寻找世界治理形式的问题依然存在。这些问题很可能还会继续迫使美国政府朝着同一方向努力，不管目前的和未来的政府遵循什么政治方向。

这种努力能否达到目的，那完全是另外一个问题。仅是当前积累过剩危机的程度和严重性，以及它飞快蔓延的速度，就很容易造成这样的局面：在这种局面下，这个创建最低有效程度的世界政府结构的任务，超出了美国和它的盟国的能力范围。由于这场危机伴随着体系资本积累过程的中心在空间上的一次大转移，这种结果是格外可能的。这种转移在标志着一个体系积累周期向另一个体系积累周期过渡的所有危机和金融扩张中都曾发生过。皮雷纳认为，每次向资本主义发展的新阶段的过渡，总是包括世界规模的资本积累过程的领导者的更迭。而布罗代尔认为，资本主义世界经济制高点上的每次换岗，都反映了一个"新的"地区对一个"老的"地区的"胜利"。我们还不清楚是否将目睹一次资本主义世界经济制高点上的换岗，以及目睹资本主义发展的一个新阶段的开始。但是，"新的"地区（东亚）取代"老的"地区（北美），成为全世界资本积累过程的最富活力的中心，这已经是个事实。

　　作为一种粗略估计，东亚在资本积累过程中的大发展程度，可以从图20中描绘的趋向来测定。该图显示了第二次世界大战以来最明显的"赶上"资本主义世界经济"组织核心"的人均收入水平的例子。我们在别处已经下过定义，组织核心涵盖所有这样的国家：在过去半个多世纪里，它们一直在全球附加值等级里占据高位；由于这种地位，它们（单个地和集体地）设定了它们的政府都想保持、同时别的政府都想达到的财富标准。从广义上说，在美国周期中，这个组织核心的成员包括北美、西欧和澳大利亚（Arrighi 1990a；Arrighi 1991:41－42）。

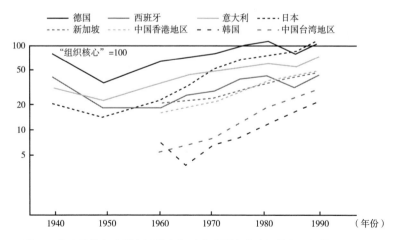

图20　从比较的角度看东亚的兴起（人均国民生产总值，组织核心＝100）

　　资料来源：Woytinsky and Woytinsky（1953）；World Bank（various years）；Economic Planning Council（1977，1982，1988）。

日本的"赶上"显然是最持久、最瞩目的例子。不错，日本在 20 世纪 40 年代和 50 年代的轨迹极像德国和意大利的轨迹——它们都在 50 年代挽回了在 40 年代的损失。然而，从 60 年代开始，日本的追赶速度要比它的前轴心国盟友快得多。到 1970 年，日本的人均国民生产总值已经超过意大利；到 1985 年，它已经超过德343 国；过不多久，它在总体上超过了那个组织核心。

图 20 同时显示，实际上，那个地区（东亚）的"经济奇迹"并不是 20 世纪 70 年代——美国积累体制的信号危机之后——才开始的。在 60 年代，韩国仍是个低收入国家中的"完全没有希望者"——在整个 60 年代中期，国际开发署的人是这样称呼韩国的（Cumings 1993:24）。在 60 年代的后五年里，韩国的人均国民生产总值增长很快，但它没有挽回前五年的损失（对组织核心而言）。中国香港地区和新加坡的情况好一点，但也不如西班牙这样大得多的非东亚的中等收入国家。60 年代，在未来的"亚洲四小龙"中，中国台湾地区的情况最好，但仍然远远没有超出世界经济中低收入阶层的范围。总之，在整个 20 世纪 60 年代，按照世界标准来看，只有日本的成就非同一般。如同小岛清人的"雁行"模型那样（Kojima 1977:150 – 151），日本的腾飞先于并带领地区腾飞。只是344 到了 20 世纪 70 年代，尤其是在 80 年代，随着世界其他地方发生发展危机，东亚的"例外论"才开始光芒万丈地出现（Arrighi 1991；Arrighi, Ikeda and Irwan 1993）。

卡明斯（Cumings 1987:46）强调，只有适当注意"这个世纪里地区努力的基本统一和一致"，才能理解日本、韩国和中国台湾地区所取得的经济奇迹。卡明斯把注意力集中在工业扩张方面，认为 1955 年以后日本工业增长的"长距离摆动"，只是比早先 20 世纪 30 年代的"长距离摆动"稍微成功一点。那次摆动第一次大规模地促进了日本的殖民地的工业化进程：

> 日本是为数不多的把现代重工业设在被占领国家和地区的帝国主义强国之一。日本把钢铁、化学工业和水力发电设备设在朝鲜和中国的东北，汽车生产一度设在中国的东北……到1940年，中国台湾地区工厂里的雇工，包括采矿工，达到8.1万人。在20世纪30年代，日本的制造业以平均每年大约8%的速度增长。工业发展在朝鲜要快得多……到1940年，21.3万朝鲜人在工业领域工作，还不包括矿工，也不包括前往日本本土和中国东北的工厂或矿山做工的成千上万的朝鲜人。1929~1941年，采矿业和制造业的净产值增加了266%。到1945年，朝鲜的工业基础设施在第三世界是发展得最为完善的，尽管极度偏向于日本的利益。(Cumings 1987:55-56)

我们在本书中一直认为，工业增长率或狭义上的生产率是衡量国家在资本主义世界经济中争夺竞争优势的成功或失败的高度不可靠的指标。从爱德华三世的英国，到俾斯麦的德国，或者甚至到斯大林的苏联，不管工业发展怎么迅速，都无法有效提升其在资本主义世界经济的附加值等级。在历史上，在缺少别的更加基本的因素的情况下，快速工业化不会以相应的程度缩小现存的附加值的差距。更加糟糕的是，它还不止一次成为十足的国家灾难。

我们已经说过，19世纪末20世纪初德意志帝国惊人的工业发展是这种情况。我们现在再补充一句，20世纪30年代日本的不大惊人而又相当巨大的工业发展也是这种情况。尽管它取得如此程度的工业化，但在第二次世界大战爆发的时候，它仍是个中等收入国

345　家，人均国民生产总值大约只有组织核心的 1/5，它的经济地位跟 30 年代努力实现工业化之前已经达到的地位没有太大差别。我们从所能获得的少量资料中得知，朝鲜和中国台湾地区的情况也不妙，可能更加糟糕。快速工业化和更加厉害的剥削，使它们的人均国民生产总值远远低于组织核心的 10%（此估计基于 Zimmerman 1962：Bairoch 1976b 以及 Maddison 1983 提供的资料）。

　　当然，快速工业化使日本变成了一个非常令人惊叹的军事强国。这是它努力实现工业化的真正目的。但是，又如德意志帝国和纳粹德国一样，日本通过快速工业化在扩张世界军事和政治权力方面取得的收获，一旦干扰了衰落中的（英国的）和崛起中的（美国的）霸权主义者追求权力的事业时，马上变成了巨大的损失。卡明斯（Cumings 1987:82）指出，日本在两次世界大战之间的那段时期里"为争取核心国家地位所做的努力像是扑火之飞蛾"。

　　跟战前和战时发展的灾难性失败形成鲜明对照的是，在过去二三十年里，使东亚的经济扩张成为一个真正的资本主义成就的，不是快速工业化本身。缩小高收入国家——即我们所谓的"组织核心"——和中低收入国家之间的工业化程度的差距，一直是 20 世纪 60 年代以来整个资本主义世界经济的一个特点。但是，正如图 21 所显示的那样，缩小工业化的差距——对中等收入国家来说是渐渐消灭这种差距——跟缩小收入的差距没有联系。相反，随着收入差距（尤其是中等收入群体）的急剧扩大，工业化竞赛在 20 世纪 80 年代初结束。

　　我们之所以谈论东亚的经济奇迹，正是因为这个地区有几个政治辖区避开了这一陷阱。在这少数几个国家和地区里，在实现快速工业发展的同时，资本主义经济的附加值的等级和剩余资本的等级也向上流动。从这两点来看，日本的成就要大大胜过东亚内外的所有其他国家和地区。日本在全球收入和流动性中占有更大份额的速度和程度，在当代世界经济中是无与伦比的。日本资产阶级因此自成一类，成为热那亚、荷兰、英国和美国资本家阶级的真正继承者，像它们在各自大发展时期那样是资本主义体系积累过程的新的领导者。

346

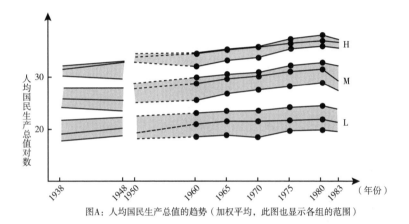

图A：人均国民生产总值的趋势（加权平均，此图也显示各组的范围）

（a）工业雇用的劳动人口百分比的简单平均

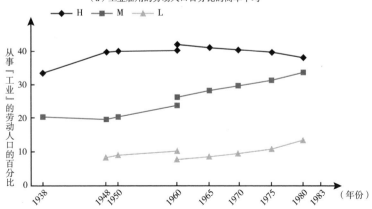

（b）国民生产总值中制造业所占部分的简单平均

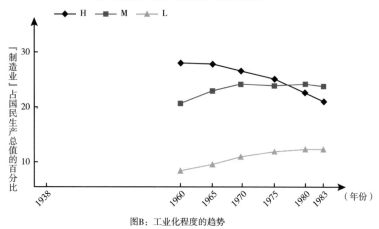

图B：工业化程度的趋势

图 21　收入的差距和工业化的差距

资料来源：Arrighi and Drangel（1986：50，54）。

注：H = 高收入国家

　　M = 中等收入国家

347　　　L = 低收入国家

　　正如我们将会发现的，现在还不清楚新崛起的日本能否真正带来第五体系积累周期。但是，无论能还是不能，日本自美国体制的信号危机以来在体系资本积累过程中的领先程度，比图 20 所描绘的轨迹所显示的要大得多。一方面，这些轨迹所显示的是人均数据。但是，如果按平均数计算，日本的人口大约是联邦德国或意大利的两倍，是西班牙或韩国的三到四倍，是中国台湾地区的大约十倍，或者是新加坡和中国香港地区的总和。因此，与其他向上流动的国家和地区相比，日本在世界附加值中所占份额的增长，比其相对人均收入的陡增已经表明的要大得多。

　　更加重要的是，一个数目巨大的人口在资本主义世界经济的多层结构中如此惊人升级的同时，它在大金融资本领域里也取得了同

样惊人的进展。只要说这样一个事实就够了：1970 年，《财富》
（*Fortune*）杂志所列的世界 50 家最大的银行中，已经有 11 家是日
本银行。到 1980 年，这个数字增加到 14 家；到 1990 年增加到 22
家。更加令人感到惊讶的是，日本银行在这 50 家最大银行的总资
产中所占份额的增长幅度，从 1970 年的 18%，增加到 1980 年的
27%，增加到 1990 年的 48%（Ikeda 1993：表 12 和表 13）。另外，
到 80 年代末期，四家最大的日本保险公司已经成为欧洲债券的最
大保险人，而日本的债券、外汇和股票市场在规模上都已开始比得
上它们的纽约同行（Helleiner 1992：426－427）。

　　韩国和中国台湾地区以及新加坡和中国香港地区的上升幅度，
虽然不像日本的增长那样巨大，但是按照当代世界经济的标准来看
实际上也是相当惊人的。韩国和中国台湾地区的人们不再是低收入
的群体，而成为中等收入的群体。而只有西班牙、新加坡和中国香
港地区的人们稳步进入中等偏上收入的群体（Arrighi，Ikeda and
Irwan 1993；见本书图 20）。

　　再重复一遍，这不是工业化本身的问题。在 20 世纪 80 年代，
这个地区的其他国家也经历了飞速工业化的过程，但是谁也没有在
资本主义世界经济的附加值等级中往上流动。东南亚国家制造业的
增长率在世界上是属于最高的。1980～1988 年，泰国的年平均增
长率为 6.8%，马来西亚为 7.3%，印度尼西亚为 13.1%，而所有
向世界银行报告的国家的年平均增长率为 3.8%；所有高收入国家
的年平均增长率为 3.2%（世界银行，1990 年，第 180～181 页）。
然而，世界银行的资料显示，在同一时期，跟组织核心（更不用
说日本和"亚洲四小龙"）相比，这三个国家的人均收入都减少
了，它们的人均国民生产总值跟组织核心的人均国民生产总值相
比，泰国下降了 7%，马来西亚下降了 23%，印度尼西亚下降了

348

34%（Arrighi, Ikeda and Irwan 1993：第 65 页的表 3.1）。

因此，就"亚洲四小龙"来说，它们自 1970 年以来的经济扩张给人印象最深的是，它们已经设法成为金融扩张的积极参与者和主要受益者。20 世纪 60 年代末期以来，新加坡已经密切参与创建亚洲金融市场，为欧洲货币银行系统提供了海外活动基地。过不多久，中国香港地区迎头赶上，就外国银行代表机构的数量而言，于 1982 年成为世界第三大金融中心，仅次于伦敦和纽约（Thrift 1986；Haggard and Cheng 1987：121 - 122），而中国台湾地区则"专门"积累外汇储备。到 1992 年 3 月，它的官方储备已达 825 亿美元，远远超过日本居世界第一位；后者的外汇储备是 709 亿美元，居世界第二位（《华盛顿邮报》，1992 年 6 月 29 日：A1 版）。韩国——"亚洲四小龙"中在 70 年代唯一成为债权国的国家——在 80 年代继续享有大量债权（Haggard and Cheng 1987：94）；它甚至在外国直接投资的流入方面经历了一次爆炸式的增长，从 70 年代的年均大约 1 亿美元，增加到 1984 年的 1.7 亿美元，1987 年的 6.25 亿美元（Ogle 1990：37）。不仅如此，像三只较小的"龙"一样，韩国自己也成为东亚和东南亚地区最大的外国直接投资者之一。到 20 世纪 80 年代末，"亚洲四小龙"作为一个整体，超过了美国和日本，成为东南亚国家的主要投资者，占 1988 年外国直接投资流入总量的 35.6%，占 1989 年流入总量的 26.3%（Ozawa 1993：130）。

总而言之，日本和东亚在美国积累体系的危机和金融扩张中的"例外性"，以该地区工业的持续扩张来衡量是不够的，或者是不可靠的。东亚渐渐崛起，成为体系资本积累过程的一个新的中心，其最重要的标志是：它的几个政治国家（地区）已经在资本主义世界经济的附加值和世界金融等级方面取得重大进展。东亚资本主

义"群岛"在附加值方面所占的份额仍然远远少于资本主义力量 349
的传统所在地（北美和西欧）；这些传统所在地的私营和国营金融
机构仍然控制着世界货币的生产和调节。七国集团中六比一的代表
制显示，北美和西欧国家作为一个整体依然称雄于资本主义世界经
济的制高点。

然而，就资本主义世界经济的物质扩张而论，东亚资本主义已
经占有领先位置。1980 年，太平洋地区的贸易总值开始超过大西
洋地区的贸易总值。到 80 年代末，前者超过后者 1.2 倍。与此同
时，太平洋边缘亚洲一侧的国家之间的贸易总值，快要超过越
（太平）洋贸易的总值（Ozawa 1993:129 – 130）。

资本的物质扩张的主要所在地从北美向东亚的这种转移，对美
国倡导的建立超国家的世界政府组织的倾向，又构成了一个强大的
促进因素。它构成了一个强大的促进因素，因为建立超国家的世界
政府组织，为美国和它的欧洲盟国提供了一个驾驭东亚资本主义活
力的机会，以达到延长西方在当今世界上的霸权主义的目的。但是，
它也构成了一个巨大的障碍，因为对美国霸主的摇摇欲坠的结构来说，
东亚资本主义的活力已经成为一个巨大的限制因素和不稳定因素。

一个新生的充满活力的资本主义机构，跟一种仍占统治地位的
资本主义秩序之间的矛盾关系，是一个体系积累周期向另一个体系
积累周期过渡的共同特点。在过去，这种矛盾是通过占统治地位的
秩序的垮台和资本主义世界经济制高点上的换岗来解决的。我们是
否又将目睹这一过程？为了估量这种可能性，我们必须简单调查一
下作为旧的（美国的）体系不可分割的组成部分的那个新生的资
本主义机构的活力的渊源。

日本资本主义凤凰在第二次世界大战以后从日本帝国主义的灰
烬中再生，原因在于美国政府和日本统治集团之间建立了政治交换

关系。多亏这种关系，日本资产阶级像四个世纪以前的热那亚资产
阶级一样，能够实现保护成本外部化，一门心思追求利润。舒尔曼
（Schurmann 1974：142）在社会民主党政权的全盛时期曾经说过，
"跟 20 世纪 20 年代柯立芝时期的美国一样，自由民主党控制下的
日本政府的公务就是做生意"。

　　在第二次世界大战中战败以及美国的占领给日本民族主义和军
国主义以致命的打击，这是战后资本主义在日本所取得的巨大胜利
的基本组成部分，正如以不同的形式在联邦德国出现的情况那样。
在第二次世界大战中战败这一事实本身，说明了日本帝国主义的垮
台；而美国的占领完成了摧毁民族主义和军国主义的组织结构的任
务。这些是建立战后新的日本政治制度的先决条件，"但是，这种
制度最后之所以能够取得全面胜利，是因为美国恢复了世界经济"
（Schurmann 1974：142 – 145）：

　　　　日本政府摆脱了保护成本的负担，把所有的财力和精力都
　　　用于扩张经济；这使日本变得富裕，把它的生意一直做到世界
　　　最遥远的地方。战争是个争论不休的问题，因为人民和保守政
　　　府拒绝卷入朝鲜战争和越南战争那样的外国战争。日本政府按
　　　照跟美国人签订的安全条约做出任何必要的让步，只是为了参
　　　与会给日本企业带来经济利润的行动。（Schurmann 1974：143）

　　开始的时候，美国的庇护本身就是日本企业的利润的主要源
泉。艾奇逊有句名言（见第四章）："朝鲜战争爆发了，我们得救
了。""这里的'我们'包括了日本。"（Cumings 1987：63）"朝鲜
战争划定了 20 世纪 80 年代之前太平洋资本主义的西北疆界；战争
物资的采办起着'日本的马歇尔计划'的作用……推动日本沿着

战胜世界的工业化道路前进。"（参见 Cumings 1993：第 31 页；同时参见 Cohen 1958：第 85－91 页；Itoh 1990：第 142 页）

冷战开始之前，美国在日本追求的主要目标是解除它的军事能力，不大关心恢复日本经济。重建既被看作日本的迫切需要，也是遭受日本侵略的那些国家的迫切需要。然而，美国在 1946 年提出的一份关于战争赔偿的报告中直截了当地说："比较这些需要，总的说来，日本应当排在最后。"（Calleo and Rowland 1973:198－199）然而，不到一年，冷战爆发以后，这种对抗锋芒完全改变了方向：

351

> 凯南的遏制政策总是十分有限和缺乏气度的。它基于这样的想法，即世界上存在四五个工业结构；苏联只有一个，美国拥有四个，这种局面应当保持下去。在亚洲，凯南只对日本怀有兴趣。其他政权都是靠不住的。怎么能让靠不住的政权跟遏制发生关系呢？凯南和他的决策人员在促成对日政策"改变方向"的过程中起了关键作用。（Cumings 1987:60）

随着"热"战在朝鲜爆发，冷战通过美国和西欧的重新武装而加快步伐，美国政权本身很快成了最"不节制的"政权。到1964 年，美国仅在日本就花费 72 亿美元，用于海外采办和其他军事开支。总而言之，在 1950～1970 年的 20 年，美国给予日本的援助平均每年高达 5 亿美元（Borden 1984:220）。美国对韩国的军事和经济援助加起来数目更大了。1946～1978 年，美国对韩国的援助达到 130 亿美元（平均每人 600 美元）（Cumings 1987:67）。

美国把支持日本的地区经济力量看作美国世界政治力量的一种手段。美国的"无节制"远非削弱，而是增强了美国在这方面的兴趣。早在 1949 年，美国政府似乎已经在某种程度上意识到美国、日本和东南亚之间的"三角"贸易的优点，它为"各种商品的生产成本提供某些有利条件"（国家安全委员会 48/1，第一草案；引自 Cumings 1987：第 62 页）。不过，在整个 50 年代，美国政府有比控制成本更加迫切的事情要做。这样的事情之一就是要恢复日本的工业生产能力，甚至不惜重建一个改良型的 30 年代那种中央集权的政府和商业结构，涵盖曾经占据制高点的那些大银行（Allen 1980:108–109；Johnson 1982:305–324）。另一件事情就是强迫它的不大愿意的欧洲伙伴，尤其是英国，接纳日本加入关税及贸易总协定（Calleo 1973:200–204）。

但是，一旦日本国内经济的恢复工作得到加强，美国的财政援助开始达到极限，控制成本确实成了美国考虑的一个问题，日本在东亚地区经济中的作用得到完全新的解释。沃尔特·W. 罗斯托夫（Walt W. Rostow）在 1961 年加入肯尼迪政府之后，他的第一批计划之一就是"让韩国实行出口领先政策，重新将它与蓬勃发展的日本经济结为一体。面对首次出现贸易赤字的形势，肯尼迪政府努力放弃艾森豪威尔年代那种代价高昂、损耗国力的安全计划，采取诱导有关地区自力发展经济的政策，以便结束 50 年代那种巨额援助，让韩国这样的盟友更加自给自足"（Cumings 1993:25）。

20 世纪 50 年代，美国已经促使日本和它以前的殖民地分别统一到自己的贸易、权力和保护体系以内。60 年代，在不断紧缩的财政压力之下，美国开始促使它们互相统一到以日本为中心的地区贸易体系之中。为了达到这一目的，美国政府积极鼓励韩国克服对日本殖民主义过去的民族主义不满情绪，向日本的贸易和投资敞开大门。这样，在美国的霸权之下，日本再次控制在 20 世纪上半叶曾经费尽力气通过领土扩张才获得的，最后又在灾难性的第二次世界大战中失去了的经济资源供应地区。

日本得到的，实际上还不只是一个东亚经济资源供应地区。通过美国政府的干预，它被接纳为关税及贸易总协定的成员国，获得了进入美国市场和利用美国海外军事支出的特权。不仅如此，美国政府还容忍日本经济不让外国私人企业知道它的管理制度。几乎任何别的政府假如采取这种做法，都会在冷战的讨伐运动中被定为自由世界的敌人。

毫无疑问，美国政府并不是出于慈悲为怀的动机。基于后勤和政治的需要，美国政府应当支持——必要的话，通过防范美国大企业的竞争——那几个外国工业生产和资本积累中心，因为自由世界对于共产主义世界的优势是以此为基础的。而日本恰好既是这些中心当中最弱的一个，又是战略价值最大的一个，因为它在美国跟亚洲的持续战争中——先是在朝鲜，后是在越南，以及在"遏制"中国的整个时期——临近战区。

日本恰好还是詹姆斯·奥康纳（James O'Connor）所谓的美国"战争-福利国家"的一个高度有效和胜任的"仆从"。当60年代财政压力不断增大，预示着美国快要爆发财政危机的时候，日本企业成为美国购买力和亚洲廉价劳动力相结合的中介，就像国家安全委员会48/1第一草案所预示的那样，其成本效益就变得特别有价值了。正是这场快要爆发的危机，而不是任何别的原因，造成了美国从日本的进口出现爆炸性增长，在1964～1970年增加了两倍，结果美国以前对日贸易的顺差变成了14亿美元的逆差。

日本对富裕的美国市场出口的这一爆炸性增长，以及它的贸易顺差，是日本同时在世界规模的资本积累过程中开始大发展的一个关键因素。然而，这根本不是因为日本摆出了气势汹汹的新重商主义姿态。相反，这是因为美国政府越来越需要降低对它在国内外追求权力来说是必不可少的物资供应的价格。假如不是能以比在美国或任何别处低得多的价钱从日本购得大量战争和生活资料，60 年代美国国内福利开支和国外战争开支的同时升级，本来会给财政造成比已经造成的还要严重得多的损害。日本的贸易顺差并不是美国政府财政困境的原因。真正的原因是美国这个战争－福利国家越来越厉害地挥霍财政收入。日本资产阶级旋即抓住机会，从美国在采购战争和生产资料方面需要降低成本的做法中得到好处。但是，这样做的结果是，它就像自由世界中的任何资产阶级那样，为美国政府谋求势力的事业提供了有效的服务。

总而言之，到美国积累体系出现信号危机之时，日本仍是那个全部由西方富强国家组成的俱乐部中一名受到美国邀请而来的客人。这是沃勒斯坦（Wallerstein 1979：第四章）所谓的"应邀发展"的一个极好例子。总的说来，日本也是一名小心翼翼的客人。它对美国出口的增长幅度，从一开始就受到政府的调控；因此，在1971 年，它跟美国的贸易大约有 34% 是以限制性的"自愿"协定做掩护的（Calleo and Rowland 1973：209－210）。同样重要的是，如图 18（本书）显示的那样，到 70 年代初，外国直接投资升级导致的日趋剧烈的竞争仍然完全是欧美国家之间的事情。

20 世纪 60 年代末 70 年代初的积累过剩危机改变了这一切。美国政府不再迫使它的欧洲伙伴和东亚"仆从"为日本的资本主义扩张腾出地方。它转而迫使日本政府重估日元的价值，向外国资本和贸易开放日本经济。随着与中国恢复关系，签订 1973 年的巴黎和约，从而跟亚洲的战争告一段落，美国进一步对日本施加压力，要求重新分配它的经济扩张带来的利益。美国政府转身想要关闭马厩的门，可是那马已经脱缰而去。或者更确切地说，大雁已经飞起来了。积累过剩危机促使日本资本走上跨国扩张的道路，很快使整个东亚地区经历一场革命，也许还预示着最终取代美国积累体系。

这次扩张的核心事实是，它主要在于日本的多层次转包合同企业制度的扩大再生产。正如"非正式化"和"灵活专业化"理论家所强调的，自大约 1970 年起，各种各样的转包合同制度在全世界兴盛起来。然而，有人（Arrighi，Ikeda and Irwan 1993）更加详细地论证说，在 70 年代和 80 年代得以跨国扩张的日本转包合同制度在以下主要方面不同于所有别的转包合同制度。

第一，与其他核心资本主义国家的大企业转包合同做法相比，日本转包合同制度依赖于一种更加分散的生产活动结构，而且倾向于繁殖那样的结构。它分成许多层次，包括主要转包合同商（他们直接从最高层次转包合同）、第二转包合同商（他们从主要转包合同商那里转包合同）、第三转包合同商等，直到这根链条到达底层。底层是由一大批家庭组成的，它们转包简单的作业。假如没有所有这些由形式上独立的转包合同商组成的次要层次的帮忙——日本对外贸易组织认为——"日本的大企业就会摇摇晃晃，坍塌下来"（Okimoto and Rohlen 1988：83 - 88）。跟它的美国和西欧同行相比，日本大企业在大得多的程度上接受这类外部配件。比如在 1973 年，在大型汽车制造商当中，成品汽车的附加总值在日本是 18%，在美国的"三大汽车公司"是 43%，在德国大众和奔驰公司是 44%（Odaka 1985：391）。然而，1981 年，丰田汽车公司能够在仅有 4.8 万名雇员的情况下，生产 322 万辆四轮汽车，在较大程度上依赖外部配件是最重要的因素；而通用汽车公司需要 75.8 万名雇员才能生产 462 万辆汽车（Aoki 1984：27）。

第二，与美国和西欧的转包合同制度相比，日本的转包合同制度是企业之间纵向和横向合作的稳定和有效得多的手段。在美国和西欧，转包合同商不得不比日本的转包合同商更经常地重新进行协商，承受来自其他转包合同商的竞争压力。结果，那些纳入转包合同体系的企业的组织辖区之间的，旨在达到一个共同目标——比如转包合同体系的成品的高质量或低价格——的合作，比在日本更加困难。在日本体系中，大公司和小公司之间的合作关系被理想化地看作"母公司"和"子转包合同商"之间的"家庭关系"，因此达到比较紧密的程度，以致"公司之间的严格界线变得非常模糊。我们发现有些原材料供应公司就设在母公司的工厂之内，较小公司由较大公司的前雇员担任经理，或者小公司的大部分机器是从主要买家手里以处理价接过来的"。母公司和转包合同商的这种合作关系，是以母公司本身的半永久性贸易协议和集团之间互相控股为形式的合作关系为基础的。这种高层的横向合作使每个转包合同体系内部的原料采购和产品销售变得非常顺畅。它防止不必要地接收出价。它让管理人员着眼长期成就而不是短期利润。"这种长远目光是日本企业的一个特点；成员集团内部的主要银行在这方面起了很大作用，它们确保享用贷款的机会，即使在银行贷款十分有限的时候。"（Eccleston 1989：第 31~34 页；同时参见 Smitka 1991）

强大的贸易公司的活动，进一步加强了大、中、小企业之间的长期合作关系。在为钢铁、化学、石化和合成纤维这类连续生产的工业所制造出来的越来越多的产品开辟销路的过程中，贸易公司建立了自己的中小型公司体系。它们向这些公司为后阶段的加工和销售提供原料，也向这些公司提供财政、管理和销售方面的援助。像大制造商控制的前阶段体系一样，这些后阶段体系把大企业的市场和金融力量，跟中小企业的灵活性、专门知识和低工资结合起来（Yoshino and Lifson 1986：29）。

第三，这点跟上面一点密切相关，日本的多层转包合同制度使日本大企业具有较大的能力来利用和再现工资和其他级差，以奖励劳动力的不同部分和不同层次之间的努力。从这个角度来看，日本的多层转包合同制度只是企业之间合作的一种更加普遍的管理战略的一个方面，那种战略旨在将大小企业在劳动力市场上的竞争减小到最低程度。另一个密切相关的方面是转包合同制度的高层歧视性地反对雇用妇女的做法，这种做法对于重新出现大批女工起着很大作用，她们可被用来充分利用这一制度的较低层次。当然，这种做法在北美和西欧也是相当普遍的。但是，在转包合同、限制从别的公司拉走雇员和歧视妇女方面，哪里也没有像日本那样做得井然有序、有条不紊。用希尔（Hill 1989：466）的话来说，"附加值等级越高，公司就越大，企业利润就越多，工作和工资条件就越是享有特权，劳动力中就越是男性占支配地位"，这几乎成了一种规律。

　　最后也是对我们的研究来说最重要的一点是，日本的多层转包合同制度在国内产生，在国外扩张，这跟东亚和东南亚地区充足的、竞争激烈的劳动力市场有着密切的、共生的关系。假如没有这种共生关系，很难想象日本的资本积累能够取得 60 年代以来如此迅速的进展，同时又没有破坏以及最终打乱企业之间的合作关系，而日本的多层转包合同制度在国内的生命力和在世界上的竞争力，正是以这种合作关系为基础的。如果把与日俱增的巨大利润用来重新投资于日本本国经济的贸易和生产扩张的话，各个企业或家庭企业势必会被迫侵犯彼此的体系和市场，以抵消降低销售价的压力，或抵消提高采购价的压力，或两者兼之。这种彼此侵犯反过来又会使日本企业的合作公会变成由许多激烈竞争的派别组成的杂乱无章的合唱团。

　　实际上，在 60 年代中期，这种倾向似乎正以一般所谓的"过度竞争"再度发生的形式出现。很有意思的是，在世纪之交，那个表现形式在美国实业界也很流行（参见 Veblen 1978：第 216页）。过度竞争的再度出现，跟土地和劳动力的日益短缺很有关系。土地和劳动力的价格——尤其是工厂的青年工人的工资——无论在绝对意义上，还是对于参与竞争的工业集团的销售价格的相对意义上，都开始上涨。起初，利润幅度的下滑可以通过大幅度提高生产力得到弥补。然而，到了 60 年代末，生产力的增长已经不足以抵消利润率下降的趋势（Ozawa 1979：66 – 67）。

尽管如此，竞争压力加大导致的利润危机，并没有打乱作为多层转包合同制度基础的合作关系。它也没有中止日本经济的扩张。恰恰相反，多层转包合同制度扩散到了东亚的精华地区，继续增大它的规模和范围。这一扩散对该地区开始出现的经济奇迹做出了决定性的贡献。但是，它不仅对日本多层转包合同制度克服积累过剩危机的倾向，而且对它将周围地区的劳动力资源和企业家纳入自己的体系，从而加强它在整个世界经济中的竞争力的倾向，做出了更具决定性的贡献（Arrighi, Ikeda and Irwan 1993：55ff）。

从 60 年代中期起，日本的直接对外投资的累积数开始迅速增长。但是，1967 年以后，尤其是在 1971 年调整日元的价值以后，出现了真正的爆炸性增长（见图 22）。这一爆炸性增长的主要原因是，多层转包合同制度为了弥补由于日本劳动力市场紧缩和日元升值而损失的成本效益，实现了跨国扩张。这是一场日本将生产组织中附加值较低的一端大规模转移到国外的运动。这种转移主要涉及纺织、金属制品和电器这类劳动力密集型产业；它由大小企业一起完成；转移的目标集中在亚洲，而在亚洲，目标集中在正在形成中的"亚洲四小龙"（Yoshihara 1978：第 18 页；Woronoff 1984：第 56 ~ 58 页；Ozawa 1985：第 166 ~ 167 页；Steven 1990：表Ⅲ3）。

至少有些转包合同"家庭"的成员跟着它们大的"母"制造公司来到国外。而贸易公司在带领小的日本企业踏出国门方面起到了最关键的作用。它们提前支付一些所需的资金，跟当地伙伴安排

357

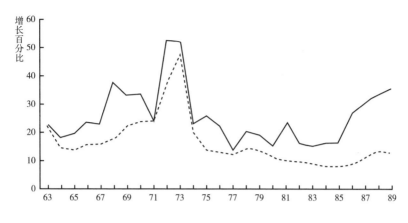

图 22　日本直接对外投资的累计增长率

资料来源：Arrighi, Ikeda, and Irwan（1993：58）。

注：实线为以美元计算的价值，虚线为投资宗数。

合资项目，并且为进口原料和机器以及出口成品充当代理人。它们经常在合资企业中拥有少量股份，确保自己继续发挥作用（Woronoff 1984：56－58）。一般说来，日本企业的向外扩张远不像美国或西欧的企业那样坚持和依靠掌握半数以上的股权。因此，在1971年，掌握半数以下股权的公司以及合资企业占了日本公司的海外制造子公司的大约80%，而对法国的公司来说只占47%，对意大利的公司来说只占35%，对比利时和德国的公司来说只占大约30%，对美国、联合王国、荷兰、瑞典和瑞士的公司来说只占大约20%（Franko 1976：121）。

　　换言之，对外直接投资的数据完全不足以衡量日本贸易和生产体系对外扩张的程度，因为日本企业在国外接管或者建立设备的过程中，所投入的资本远远少于美国或西欧的企业。然而，正是日本资本在周围低收入地区的跨国扩张的这种"非正式性"和"灵活性"，在世界整体上处于成本增加型通货膨胀的时刻提高了它的竞

358

争力。在整个 70 年代中期，这些资本积累的战略和结构的竞争优势，在不断上升的美国和西欧直接对外投资面前相形见绌。在所谓发达的市场经济国家的直接对外投资中，日本的份额从 1970~1971 年的不足 3%，一下上升到 1973~1974 年的 8% 还多，然后跌到 1979~1980 年的不足 6%（根据联合国跨国公司中心 1983 年的资料计算）。不仅如此，由于石油和其他原料供应的价格不断攀升，前景日趋不明，获得这方面的供应成了日本企业对外扩张的头等大事。为了达到这一目的，日本资本把赌注下在多种来源上，作为弥补与产油国家联系不畅的权宜之计。这种战略使日本度过了石油危机。但是，在这方面，日本企业较为松散的纵向联合显示了它的竞争劣势多于竞争优势（参见 Hill and Johns 1985：第 377~378页；Bunker and O'Hearn 1993）。

在这种情况下，日本直接对外投资的组织和地理特征看来是——在很大程度上就是——"弱者的武器"，而不是一种根本性的竞争优势的源泉。因此，在概述它所谓的"日本型的跨国公司经营体制"的特点的时候，小泽辉智指出了为什么在海外投资的大多数日本制造商按照西方的标准来看是"不成熟的"；为什么日本企业的向外扩张是需要而不是选择的结果——是为了避开在狭窄的国内空间里迅速实现工业化的陷阱而斗争的结果；为什么日本跨国公司愿意与东道主国家的要求达成妥协（比如接受低于半数的股权）——是因为在某种程度上，无论是对东道主国家，还是对北美和西欧的竞争对手而言，日本缺少强有力的讨价还价的本钱。

然而，在 20 世纪 80 年代，在为控制世界资源和市场而进行的斗争中，这些弱者的武器被证明是一种根本性的竞争优势的基本源泉。日本在世界经济附加值和剩余资本的等级中的攀升势头不减。但是，在 1979~1980 年和 1987~1988 年，连日本在对外直接投资中的份额——这一份额完全不足以衡量日本商业体系跨国扩张的程度——也增加了两倍多（Arrighi, Ikeda and Irwan 1993：62）。到1989年，这种非同寻常的扩张最后使日本在国际对外直接投资者的行列当中名列前茅，就投资量（441亿美元）而言以很大的幅度超过了美国（317亿美元）（Ozawa 1993：130）。

前面已经提到，到80年代末，接受第一轮日本对外工业扩张的国家和地区——"亚洲四小龙"——作为一个整体，本身也成为东南亚的主要直接投资者。由于不断上涨的工资破坏了"亚洲四小龙"在工业生产的较低附加值那端的相对优势，这些国家和地区的企业加入了日本企业的行列，利用许多较穷和人口较多的邻国的——主要是东盟国家的——仍然丰富和廉价的劳动力资源。结果就出现了第二轮对外地区经济扩张，将更大量的廉价劳动力组合进来。这种扩大了的廉价劳动力组合维持了东亚资本主义群岛的活力；但它也破坏了作为其基础的劳动力资源的竞争力。一旦发生这种情况——不久以前已经发生了——第三轮扩张马上开始。接受第二轮地区工业扩张的国家（尤其令人注目的是泰国）的企业，加入日本和"亚洲四小龙"的行列，将比较低级的、劳动力密集型的活动移植到更贫困、人口更多的国家（尤其令人注目的是中国和越南），后者仍然拥有大量有竞争力的廉价劳动力储备（Ozawa 1993：142－143）。

小泽辉智用图表（重新复制见图23，文字略有变动）归纳了发生在东亚和东南亚地区投资潮流中的连续几轮寻觅劳动力的"滚雪球"现象。以本书采用的世界历史角度来看，图23描述的流动空间可被解释为构成了一种新兴的积累体系。像所有最终会产生一次新的资本主义世界经济物质扩张的新兴积累体系一样，最近出现的这种体系是前一种体系的产物。

小泽辉智（Ozawa 1993：130－1）指出，东亚流动空间的劳动力寻觅型投资和劳动力密集型出口，源自"战后早期……美国强权之下的世界和平的'宽宏大量的'……贸易体制"。这种"宽宏大量的"体制使"自第二次世界大战结束以来……日本经济奇迹般的结构改革和升级"成为可能。而日本经济这一奇迹般的升级360   成了整个东亚地区工业扩张和经济一体化的主要因素。

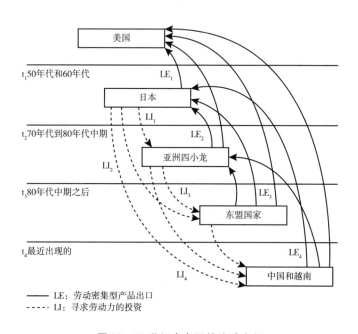

图23 20 世纪末东亚的流动空间

资料来源：Ozawa（1993：143）。

东亚资本主义群岛继续依赖于旧的美国体系，这一点从图23中所示的劳动力密集型产品出口流量的"上升"看得出来。这类出口把连续出现几轮地区工业扩张的地方，跟组织核心的——尤其是美国的——市场联结起来。日本在资本主义世界经济的附加值等级中的升级，已经使日本本身成为地区工业扩张的产品的一个重要的核心市场。"亚洲四小龙"较小程度上的升级也已经使自己成为一个有利可图的、不如日本那么重要的市场。然而，地区工业扩张的整个过程，以及该地区资本主义"群岛"的繁荣，仍然是以享用"旧"核心的富裕市场的购买力为基础的。日本"国民"经济扩张在20世纪50年代和60年代所建立的那种模式，在70年代和80年代在扩大了的（地区）范围内得以重现。新兴体系的主要结构特点仍是为富裕市场提供体现穷国廉价劳动力的产品。

然而，正是这种结构特征构成了对旧体系的否定。新兴体系在旧体系的缝隙里形成，并且利用它的无能成长壮大。新兴体系的这一方面，从图23中的寻觅劳动力的投资流量的"下降"看得出来；这类投资将每轮地区工业扩张的地方和随后出现几轮扩张的地方联结起来。当然，寻觅劳动力的投资从较为富裕的转向较为贫穷的国家的现象并不新鲜，它也是美国和西欧对外直接投资的一个特点，尤其自美国体系出现信号危机以来。然而，日本多层转包合同制度的"非正式性"和"灵活性"，加上东亚地区丰富的勤劳节俭的劳动力，在全球不断升级的削减劳动力成本的竞赛中赋予了日本和东亚资本一个明显的有利条件。正是在这种意义上，新兴的东亚积累体系是对旧的美国体系的否定。

这是因为，通过提高美国劳动力的"消费标准"和将世界购买力纳入美国政府和企业组织的组织范畴之内，美国体系成为主导体系。通过把这种购买力重新分配给一批精英盟国和附庸国，以及这些国家采用美国提高了的消费标准，美国体系引起了一次世界范围的贸易扩张。通过跨国公司把第三世界国家的物资（尤其是石油）加速转移到第一世界国家，美国体系维持了这一扩张。这一体系在60年代末70年代初保护成本和生产成本飞涨的时期达到极限。

东亚资本主义群岛就是在这个时候崛起的，寻觅劳力的投资浪潮就是在这个时候扩散的。该浪潮将群岛的主"岛"跟那些小"岛"联结起来，将所有的"岛"跟整个地区"没入水下的"劳动大众联结起来。这些劳动大众本来是，在很大程度上现在还是，被排斥在美国体系的奢侈的消费标准之外的。一旦这种标准推广到10%～15%的世界劳动力的时候，它马上无法维持下去。这些勤劳节俭的劳动大众构成了新兴的东亚积累体系最重要的基础。美国体系通过从根本上提高再生产成本而上升到显著地位，而东亚体系通过从根本上降低同一成本而形成。

在美国体系之下，保护成本一直是再生产成本的主要组成部分。这是东亚体系的又一种力量所在。我们已经说过，在历史上，日本经济在资本主义世界经济的附加值等级中的上升能力，是以一种政治交换关系为基础的。由于这种关系，日本资产阶级能够实现国内的保护成本外部化，通过为美国这个战争－福利国家提供廉价产品而专门谋求利润。只要美国跟亚洲的战争继续下去，美国提出的能使日本实现国内保护成本外部化和享用美国购买力的特权的条件，依然是"优厚的"。一旦美国决定撤离越南，寻求同中国的关系正常化，美国为保护日本而付出的供方"代价"马上开始上扬，而且逐步升级。

在里根时代的大部分时间里，日本总的来说是按照美国的要求办事的。因此，在 20 世纪 80 年代初期和中期的"第二次冷战"时期，它调动了巨额资本来支撑美国的国外支出赤字和国内财政不平衡。另外，它还把日益增加的双边援助中的很大部分给了像土耳其、巴基斯坦、苏丹和埃及这些被认为是对美国战略需要很重要的国家。与此同时，日本没有打乱美国在大金融资本领域的统治地位。当美国在世界金融市场上为可贷资金的竞争弄得几个拉丁美洲国家濒临破产的时候，用 B. 斯托林斯 （B. Stallings 1990：19） 的话来说，日本银行"比美国银行还要严格地"执行了美国关于处理随后发生的债务危机的方针。而当美国政府决定支持国际货币基金组织和世界银行来处理危机的时候，日本马上同意增加对这两个组织缴纳的会费，而又不根本地改变它们的表决结构 （Helleiner 1992：425，432 – 434）。

日本如此服从美国，这是完全可以理解的，因为从根本上说它仍然依赖美国——与其说是依赖美国的军事保护 （美国的军事保护已经在越南充分显示出它的局限性），不如说是依赖美国和其他核心市场，以使它的企业有利可图。假如旧体系因缺少日本的财政支援而垮台，第一个遭殃的可能就是日本企业，吉野寿寿木在一篇发表于 1987 年危机前夕的文章中充分表达了这种担心。文中流露出的情感在许多方面使人想起了 1929 年危机前夕诺曼·戴维斯的国际主义告诫 （参见第四章）：

> 历史教导我们，每当一个新兴的、资产丰富的国家拒绝向别国开放它的市场，或者不能有效地把它的财政资源输送到发展世界经济之中去，旧秩序和新秩序之间就会发生越来越大的冲突。在过去，这种冲突已经导致战争，导致世界经济分成许多界线分明的保护主义集团。今天，日趋激烈的国际经济摩擦，以及美国日渐增长的保护主义都是警告的标志：世界又一次面临这样一种危机。（引自 Johnson 1988：第 90 页）

然而，对于引发一场具有历史意义的危机的担心，只是达到了确保日本支持美国体制的程度。我们在绪论中已经提到，1987 年，在十月危机之前和之后，美元大幅度的贬值使日本资本蒙受巨大损失，扭转了日本对美投资的潮流。随后，在 1988 年，美国和日本就第三世界债务问题发生了越来越尖锐的争吵。更加重要的是，1989 年，日本银行的新行长三重野靖改变了自 1985 年以来一直执行的宽松的货币政策，通过直接和间接的办法强化了当时存在的把日本资本撤出美国的趋势。直接的办法是提高日本国内利率；间接的办法是捅破日本自己的金融泡沫，从而迫使日本金融机构掩盖它们国内的储备状况。翌年，日本成功地阻止了美国起先反对将它在国际货币基金组织的选举股份提高到第二位。日本在 80 年代初曾经屈服于美国的压力，将它的双边援助输送给那些被认为是对美国战略需要很重要的国家，而在 1991 年，它公开采取强硬立场，反对美国提出的关于减免波兰和埃及这些国家的债务的战略性建议（Helleiner 1992：435 – 437）。

对于日本的批评，美国的反应先是愤愤不平地取消了上述建议，然后向日本提出越来越高的要求，让它提供收拾"美好的"里根时代留下的全球混乱局面所需要的资金。在里根时代，美国政府是通过借钱以及转让美国资产和未来收入来为自己追求权力的事业谋取日本资本的支援的；而在布什时代，则是通过纯粹的捐款（真正意义上的"保护成本"）来谋取这种支援的，比如在海湾战争期间和之后。同时，布什政府不再满足于日本"主动"限制对美出口，开始逼迫日本政府使用行政手段减少它对美贸易的顺差，这跟美国政府向世界别国所宣扬的自由贸易论是完全矛盾的。

然而，即使在对美友好的自由民主党执政时期，日本越来越觉得没有理由顺从美国。即使日本顺从美国，1987 年以后日本投资渐渐从美国转向亚洲。在美国损失巨额钱财以后，日本最后发现通过徒劳无益地接受美国技术和文化，或者通过资助美国越来越不负责任的军事凯恩斯主义，并不能获取最大的利润。相反，这种利润要通过更加彻底、更加广泛地利用亚洲的劳动力资源才能获得。日元对美元的升值是七国集团在 1985 年的普拉扎会议上强加给日本的，曾给投资于美元的日本资本造成很大损失。然而，这也无意之中提高了日本资本的权力，使它更深、更广地扎根于东亚和东南亚。正如图 22 和图 23 所显示的那样，1985 年以后，日本对外直接投资经历了一次新的飞跃，第二轮地区工业扩张开始了。

日本资本越是往这个方向移动，就越是摆脱对美国保护和购买力的依赖。前面已经提到，在整个世界经济处于很不景气、日益萧条的情况下，东亚市场成了扩张的最富活力的地区。更加重要的是，由于日本资本从跨国扩张转向靠近本国的地区而产生的新的两轮地区工业扩张，将冷战时代的宿敌编织成了一个互相依赖的、密集而又广泛的商业网络。结果，这一地区的保护成本大幅度下降，东亚作为世界经济新的"车间"的竞争优势相应增加了。

如要说出新兴的东亚积累体系在摆脱旧的（美国）体系的过程中最后将会产生什么结果，现在还为时太早。日本撤回对美国赤字开支的金融支持，已经强化了 20 世纪 70 年代的积累过剩危机变成生产过剩危机的倾向。在 70 年代，主要由于与日俱增的大量剩余资本想要重新投资于贸易和生产，因而驱使利润下降。在 80 年代，世界各国都在削减政府和企业支出，因而驱使利润下降。这一削减使越来越多的、各种各样的贸易和生产设备对于周转中的购买力来说成为多余，从而引起新的几轮支出削减，形成"无限制的"螺旋形下降。到 1993 年，这种螺旋形下降似乎也把日本卷入其中。然而，还没有大国冲突升级的迹象，也没有 1987 年危机前夕铃木义雄设想的那种世界经济分成保护主义集团的迹象。

1987 年以来，热战确实增加了。但是，大多数热战是围绕原料和资金日渐短缺的问题，而且是以地方纠纷的形式出现的。不仅如此，这类暴力升级往往使主要资本主义国家在军事上联手采取警察行动或惩罚行动，而不是将它们分成互相对抗的集团。至于保护主义情感，它在美国和西欧都有增长势头，但显然无力阻止各国政府朝着进一步实现对外贸易自由化前进的步伐。美国国会批准北美自由贸易协定和成功结束关税及贸易总协定乌拉圭回合的谈判，都证明了这一点。

为什么吉野寿寿木设想的情景没有成为现实，很可能将来也不会成为现实？这主要是因为，他所提到的历史教训是从英国积累体系向美国积累体系过渡中的教训，是从一种主要基于资产丰富的国家（联合王国）开放国内市场的体制，向一种主要基于新兴的资产丰富的国家（美国）为提高精英民族经济等级而输送金融资源的体制过渡中的教训。然而，今天，将被超过的是美国体系本身。那个新兴的、资产丰富的国家（日本）和旧秩序的主导国家（美国）之间的关系，跟 20 世纪上半叶的美英关系截然不同。弗雷德·伯格斯坦（Fred Bergsten 1987:771）问道："难道世界上最大的债权国仍然还能是世界上的头号大国？难道一个如今在军事上无足轻重的、远离传统势力中心的小岛国，还能提供起码一点儿所需的全球领导作用？"

这两个问题指的是美国体系积累周期末期出现的世界力量的独特格局。一方面，美国保留着在世界范围内合法使用暴力的近乎垄断的权力。1987 年以来，随着苏联解体，这种近乎垄断的权力加强了。但是，它在财政上是如此负债累累，只有得到控制着世界流动资金的组织的同意才能继续拥有这种权力。另一方面，日本和东亚资本主义群岛中的一些小"岛"已经在世界流动资金方面获得近乎垄断的权力。1987 年以来，随着联邦德国在接管民主德国以后财力衰退，这种近乎垄断的权力也得到加强。但是，它们在军事上是如此缺少防御能力，只有得到掌握着在世界范围内合法使用暴力权力的组织的同意，才能继续行使那种几乎垄断的权力。

15 世纪下半叶以来，枪炮力量和金钱力量结成的"难忘的"联盟，一直推动着资本主义世界经济在空间和时间上向前扩张。如今世界力量的这种独特结构好像特别适合再一次组成这样一个联盟。除了第一个热那亚－伊比利亚联盟以外，所有这些难忘的联盟都是属于同一个国家——尼德兰联邦、联合王国和美国——的政府和企业集团之间的联盟。前面已经谈到，在整个美国积累周期中，把追求利润的日本和追求权力的美国联结起来的那种政治交换关系，已经很像 16 世纪的热那亚－伊比利亚关系。既然美国体系正在接近或者已经进入临终危机，为了促进和组织一次新的资本主义世界经济的物质扩张，有什么力量能够阻止重新建立这种关系呢？

这个问题的答案取决于我们在多大程度上重视伯格斯坦的看法：日本是"远离传统势力中心"的。这确实是如今世界力量的格局跟前几次过渡中——不仅是英国体系向美国体系过渡中，而且是热那亚体系向荷兰体系过渡中，荷兰体系向英国体系过渡中——通常存在的格局之间的另一个根本区别。自资本主义世界经济起源以来，金钱的力量好像第一次正在从或者已经从西方手里滑落。

不错，长期以来，日本只是西方的一名"名誉成员"。但是，这种名誉成员资格总是以在"真正的"西方国家追求权力的事业中充当次要角色为条件的。卡明斯说，在 20 世纪到来之时，日本对于英国人来说是"神童"，但对于德国人来说是"黄祸"；在 30 年代，它对于德国人和意大利人来说是一名"神童"，但对于英国人来说是一头工业怪兽；到了 20 世纪 80 年代，它对于美国国际主义者来说成了一名"神童"，对于美国保护主义者来说成了一头怪兽。总的说来，西方人一直要求日本取得成功，但是不能成功到对他们造成威胁的地步，"因为到了那种地步，你就从奇迹变成威胁了"（Cumings 1993：32）。

当今的力量格局有一点新意，那就是通过在东亚地区专门牟取利润，而让美国（在跟第二次世界大战中"恰巧"是胜方的其他国家的合作和竞争过程中）专门谋求世界权力，日本已经取得如此巨大的成功，能够从西方手里夺走它在过去 500 年里获取财富的两个最重要的因素之一：对剩余资本的控制权。这是因为，在西方获取财富的历次体系积累周期当中，每一次都是以建立越来越强大的领土主义－资本家集团为前提的；这些集团由政府和企业组织组成，拥有比先前的集团更大的能力，能够扩大或加深资本主义世界经济的空间和职能范围。今天的形势看来也是这样的，这种进化过程已经达到或者即将达到它的极限。

一方面，资本主义西方的传统权力中心的立国和战争能力已经达到如此高度，只有通过建立一个真正意义上的世界帝国才能进一步提高。随着苏联的垮台，以及联合国安全理事会为了应付日趋严重的体系混乱状态而重新成为合法使用暴力的全球"垄断者"，在此后的半个世纪里有可能真的建立一个世界帝国。这个世界帝国的实质将是什么？是使这个星球在生态方面免于自我毁灭，还是管理世界上的穷人，让他们老老实实，还是为更加合理地使用世界上的资源创造条件，还是别的什么？这个问题不在本书的研究计划之内，因此本书无法给予任何有意义的答案。但是，不管这个世界帝国的实质将是什么，它的实现要求控制世界上最丰富的剩余资本来源，这种来源现在位于东亚。

另一方面，西方传统的权力中心究竟使用什么手段才能获得和保持这种控制地位？我们现在无法回答这个问题。当然，它们可以走东亚的资本主义发展道路，努力重新确立对剩余资本的控制地位。它们已经这么做了。它们加快了自己在东亚的投资活动，并且努力更加彻底、更加广泛地收纳邻近本土的廉价劳动力储备，比如美国和加拿大正试图通过北美自由贸易协定来达到这一目的。然而，在绝对意义上，尤其在对于东亚的相对意义上，西方先前的得天独厚的地理和历史条件都已经变成不利条件。在这种时刻，那种努力只会促使全球资产阶级之间的斗争进一步升级。最好的结果是，全球竞争压力的进一步升级将破坏东亚资本的获利机会和流动程度，但又不会增加北美的（更不用说西欧的）资本的获利机会和提升流动程度。最糟的结果是，它很可能破坏作为西方传统权力中心的立国和战争能力基础的社会内聚力，从而摧毁这些中心最大的也是最后的力量来源。

368

在整个冷战时代，政治交换关系把东亚资本主义和美国的全球军事凯恩斯主义联结起来。为什么不能通过重新谈判这一关系的条件，设法摆脱这种自我毁灭的竞争呢？体系资本积累过程的中心已经移向东亚，限制了西方的立国和战争能力，不管这些能力看来是或者的确是多么史无前例、多么无与伦比。为什么不承认这种基本限制呢？换句话说，为什么不让东亚资本强制规定它愿意帮助西方强大的条件呢？这类交易难道不是历史资本主义一直在做的吗？

同前面的问题一样，由于本书的研究计划有限，我们只能提出这些问题，但是无法给予有意义的答案。这些答案主要应当从市场经济和物质生活的基本结构方面去寻找，这始终不在本书的研究范围以内。然而，美国积累体系正处于危机之中，有可能产生三种结果。我们可以指明这些结果对于作为一种世界制度的资本主义的含义，并以此作为本书的结束语。

第一，旧的中心有可能成功地终止资本主义历史的进程。在过去 500 多年里，资本主义历史的进程是一系列金融扩张。在此进程中，发生了资本主义世界经济制高点上卫士换岗的现象。在当今的金融扩张中，也存在着产生这种结果的趋势。但是，这种趋势被老卫士强大的立国和战争能力抵消了。它们很可能有能力通过武力、计谋或劝说占用积累在新的中心的剩余资本，从而通过组建一个真正全球意义上的世界帝国来结束资本主义历史。

第二，老卫士有可能无力终止资本主义历史的进程，东亚资本有可能渐渐占据体系资本积累过程中的一个制高点。那样的话，资本主义历史将会继续下去，但是情况会跟自建立现代国际制度以来的情况截然不同。资本主义世界经济制高点上的新卫士可能缺少立国和战争能力，在历史上，这种能力始终跟世界经济的市场表层上面的资本主义表层的扩大再生产很有联系。亚当·斯密和布罗代尔认为，一旦失去这种联系，资本主义就不能存活。如果他们的看法是正确的，那么资本主义历史不会像第一种结果那样由于某个机构的有意识行动而被迫终止，而会由于世界市场形成过程的无意识结果而自动终止。资本主义［那个"反市场"（anti-market）］会跟发迹于当代的国家权力一起消亡，市场经济的底层会回到某种无政府主义状态。

最后，用熊彼特的话来说，人类在地狱般的（或天堂般的）后资本主义的世界帝国或后资本主义的世界市场社会里窒息（或享福）之前，很可能会在伴随冷战世界秩序的瓦解而出现的不断升级的暴力恐怖（或荣光）中化为灰烬。如果出现这种情况的话，资本主义历史也会自动终止，不过是以永远回到体系混乱状态的方式来实现的。600 年以前，资本主义历史就从这里开始，并且随着每次过渡而在越来越大的范围里获得新生。这将意味着什么？仅仅是资本主义历史的结束？还是整个人类历史的结束？我们无法回答这些问题。

第二版后记

1994 年出版的《漫长的 20 世纪》第一版提出了三个主要命题。这篇后记之目的在于阐明这三个命题的含义，并评估这些命题在追踪自其被首次提出以来的十五年中全球政治经济演变情况时的有用性。

第一个命题是，作为 20 世纪最后几十年全球经济特点的金融扩张不是一个新现象，而是历史资本主义从开始就有的一种反复出现的趋势。如果过去的趋势对现在和未来有任何指导意义，我们可以预期，金融扩张有望暂时恢复这个时代主要资本主义代理机构——美国的财富，但最终将导致世界范围内资本积累中心领导地位的变化。借用格哈德·门什（Mensch 1979:73）的表述，我把每次金融扩张的开始和结束分别称为占主导地位的积累体制的"信号危机"和"临终危机"。按照我使用这些表述的方式，信号危机——即从贸易和生产向金融中介和投机的转变——是一个迹象，表明继续从资本再投资中获利以实质性发展世界经济的可能性已经达到极限。虽然金融化使其促进者和组织者能够延长他们在世界经济中的领导地位，但从历史上看，它一直是占主导地位的积累体制出现临终危机的前奏，也就是说，它遭遇崩溃并被一个新体制所取代。 371

第二个命题是，金融扩张不仅仅是反复出现的（周期性）现象，也是对积累体制进行根本性重组的时刻。通过这种连续的重组，资本主义走向全球统治地位，并逐步获得了影响力和渗透力。换言之，伴随着金融扩张而来的是资本积累机构在世界范围内的出现，其规模之大，无论是在金融还是军事上，都超越了其之前的资本积累机构。

第三个命题是，世界资本主义的动力不仅随着时间的推移而改变，而且在关键方面使 20 世纪末的金融扩张变得异常。一个重要的反常现象是金融和军事力量的空前分化，我认为，这种分化可能朝着三个方向之一发展：一个世界帝国的形成；非资本主义世界经济的形成；或者是无休止的体系混乱局面。

金融扩张的逻辑

在《漫长的 20 世纪》提出的金融扩张概念化过程中，物质扩张最终导致资本的过度积累，这反过来又导致资本主义组织侵犯彼此的经营范围。曾经定义双方合作条件的分工瓦解了，而竞争也越来越从正和变成零和（甚至负和）游戏。激烈的竞争通过加剧贸易和生产利润率下降的总体趋势，强化了资本主义代理机构保持更高比例的收益现金流的流动性倾向，进而巩固了我们所称的金融扩张的"供给"条件。因此，正如格蕾塔·克里普纳（Greta Krippner 2005）所表明的那样，20 世纪 80 年代金融企业、保险企业和房地产企业的利润在美国企业利润总额中所占的份额不仅几乎赶上，而且在 20 世纪 90 年代超过了制造业所占的份额；更重要的是，相对于厂房和设备投资，非金融企业自身大幅增加了对金融资产的投资。

只有当资本主义代理机构对更大流动性的偏好与充足的"需求"条件相匹配时，持续的金融扩张才会实现。从历史上看，创造金融扩张需求条件的关键因素是国家间对流动资本的竞争日益激烈，这种竞争被马克斯·韦伯（Weber 1978：第 354 页；同时参见 1961：第 249 页）称之为"现代的世界历史独特性"。在国家间对流动资本的竞争特别激烈的时期出现金融扩张并非历史的偶然。相反，这可以追溯到领土主义组织倾向于通过相互激烈地争夺金融市场所积累的资本来应对贸易和生产扩张放缓带来的更严格的预算限制。这一趋势引起了大规模的、系统性的从各种社群到流动资本控制机构的收入和财富再分配，从而扩大和维持了与贸易和生产基本分离的金融交易的赢利能力。从文艺复兴时期的佛罗伦萨到里根和克林顿时代，金融资本主义的所有"美好时期"都以这种再分配为特征（参见本书第 15～16 页，第 404～406 页；同时参见 Arrighi and Silver 1999：特别是第三章；Silver 2003，第四章）。

　　《漫长的 20 世纪》一书中提出的金融扩张概念，是建立在布罗代尔的观察基础之上——即金融扩张是资本主义发展某个特定阶段的成熟标志。在讨论荷兰人于 1740 年前后退出商业成为"欧洲的银行家"时，布罗代尔认为，这种退出是一种反复出现的世界体系性趋势。同样的趋势在 15 世纪的意大利已经显而易见，大约在 1560 年再度重现，当时热那亚商业散居者的主要团体逐渐退出商业，对欧洲金融实行了长达 70 年的统治，"这种统治是如此谨慎和精妙，以至于历史学家们很长一段时间都没有注意到它。"在荷兰之后，英国人在 1873～1896 年大萧条期间和之后复制了这一趋势，当时"工业革命的奇妙冒险"的结束创造了过剩的货币资本（Braudel 1984：157，164，242–243，246）。我认为，20 世纪后期金融资本的"重生"——紧随所谓福特主义－凯恩斯主义同样"奇妙的冒险"——是向"折中主义"反复逆转的又一个例子。在过去，"折中主义"一直是与资本主义的某个重大发展的成熟性有关。

372

　　我将布罗代尔对金融扩张的观察与马克思对金融扩张的观察相结合。马克思认为，信用体系一直是剩余资本从资本主义贸易和生产的衰落中心转移到兴起中心的关键工具。因为马克思在《资本论》中的核心论点是从国家在资本积累过程中的作用抽象而来，所以国债以及国家的资产和未来岁入的异化是在"原始积累"标题下讨论的——所谓"原始积累"，即"不是资本主义生产方式的结果，而是其起点"（Marx 1959：713，754－755）。这种概念化阻止了马克思像韦伯一样认识到国债在资本主义体系中持续的重要性，资本主义体系植根于不断相互争夺流动资本的国家之中。然而，马克思意识到，从世界资本主义诞生到他自己所处的时代，在世界资本主义时空中，国债在一次又一次地"开始"资本积累方面扮演着反复出现的角色。因此，马克思观察到了一组始于威尼斯的历史插曲："处于颓废"的威尼斯借给荷兰大量的钱；接着是荷兰借出了"巨量的资本，特别是给其伟大的对手英国"，当时荷兰"不再是商业和工业优势国家"；最后是英国，在马克思所处那个时代，英国对美国也是如出一辙（Marx 1959：755－756）。

　　马克思从未阐明过这一历史观察的理论含义。尽管《资本论》第三卷为"货币交易资本"留出了相当大的篇幅，但他从未将国债和国家异化从"不是资本主义生产方式的结果，而是其起点"的积累机制的约束中解救出来。然而，在他自己的历史观察中，一个看上去是"起点"的中心（荷兰、英国、美国），同时也是先前建立的中心（威尼斯、荷兰、英国）长期资本积累的"终点"。借用布罗代尔的比喻来说，每一次金融扩张都是一个具有世界历史意义的资本主义发展的"秋天"，它在一个地方达到极限，同时在另一个地方开始了一个具有更大意义的发展的"春天"。

　　在过去 15 年间，类似趋势也很明显。然而，正如我在引言中提到的那样，引用乔尔·科金和岸本顺子（Joel Kotkin and Yoriko Kishimoto 1988：123）的原话，"与马克思的格言大相径庭的是，美国并没有遵循其他资本输出帝国（威尼斯、荷兰、英国）的模式，而是正在吸引新一轮的海外投资。"一旦中国在 20 世纪 90 年代和 21 世纪初取代日本成为东亚经济扩张的领导者，这种反转就没有那么明显了，因为美国企业在中国的投资规模远远超过了它们在日本的投资规模。尽管如此，从新兴资本积累中心（东亚）流向衰退资本积累中心（美国）的资本流量继续超过流向相反的资本流量。这是最新金融扩张的一个异常现象，我们将在接下来的几页中讨论这个问题。

历史资本主义的循环和演化模式

系统性积累周期之间的相似性——即每个周期都包括新体制和旧体制的金融扩张过程——导致一些读者将《漫长的 20 世纪》归结为一场严格的周期争论。在这场争论中，用迈克尔·哈尔特和安东尼奥·内格里（Michael Hardt and Antonio Negri 2000：239）的话来说，"不可能识别出制度的破裂、范式的转变和结局的出现。取而代之的是，一切都势必要回归，资本主义的历史也就成了相同事物的永恒回归"（同时参见 Detti 2003：第 551~552 页）。事实上，本书对金融扩张重现的强调，既没有阻止我们识别出制度破裂和范式转变，也无意将资本主义的历史描绘成相同事物的永恒回归。相反，它旨在表明，当"相同事物"（以经常性金融扩张的形式）看似回归时，系统就会发生根本重组。

事实上，本书对相继出现的系统性积累周期的比较表明，那些相继出现的系统性积累周期的代理机构、策略和结构是不同的；此外，它们的顺序勾勒出了一种规模、范围和复杂性都在不断增加的体制演变模式。图 24 总结了这一历史演化模式，重点体现出那些相继出现的体制的主要资本主义代理机构"总部"所在的"权力容器"：热那亚共和国、联合省、联合王国和美国。

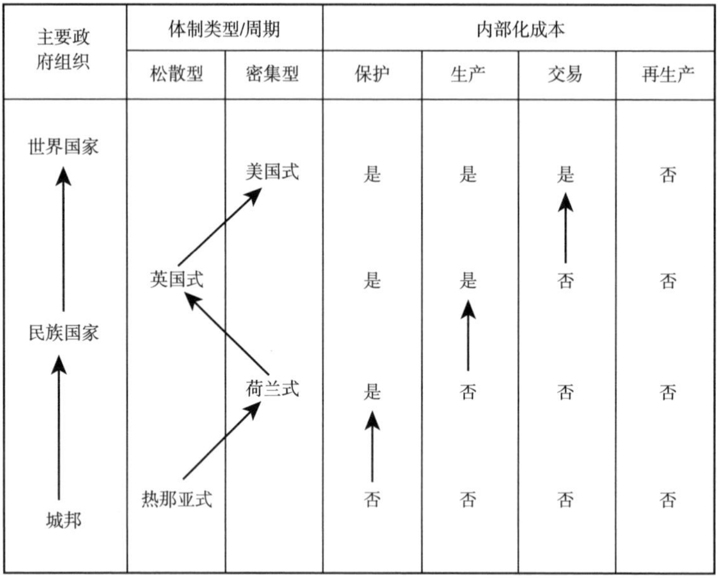

主要政府组织	体制类型/周期		内部化成本			
	松散型	密集型	保护	生产	交易	再生产
世界国家		美国式	是	是	是	否
	英国式		是	是	否	否
民族国家		荷兰式	是	否	否	否
城邦	热那亚式		否	否	否	否

图 24 世界资本主义的演化类型

在热那亚体制崛起和全面扩张的时候，热那亚共和国是一个城邦。它规模小，组织简单，社会分裂严重，军事上毫无防备，较之当时的所有大国，依据大多数标准来看，它只是一个弱国而已（参见本书第 140～161、185～194、281 页）。相比之下，尼德兰联邦则是一个比热那亚共和国规模更大、更加复杂得多的组织。在荷兰积累体制崛起和全面扩张的时候，它非常强大，足以从西班牙帝国那里赢得独立，开拓出一个利润丰厚的商业前哨帝国，并抵御来自英国和法国的军事挑战。荷兰的资产阶级，如同他们之前的热那亚人一样，能够将国家间对流动资本的争夺转化为自身资本扩张的引擎。但荷兰人能够做到这一点不必像热那亚人通过与伊比利亚统治者的政治交流关系所做的那样，从领土主义国家那里"购买"保护。换言之，如图25所示，荷兰体制将热那亚人"外部化"的保护成本予以"内部化"（参见本书第45~60页、第161~203页、第280~281页）。

在英国积累体制崛起和全面扩张之时，联合王国是一个完全发达的民族国家，拥有一个涵盖世界的商业和领土帝国，使其统治集团和资产阶级对世界人力和自然资源拥有前所未有的控制权。和荷兰人一样，英国资产阶级不需要依靠外国力量的保护，也不需要依赖他人来获取商业利润所依托的大多数农业产业生产。相对于热那亚人的荷兰体制保护成本的内部化，相对于荷兰人的英国体制则实现了生产成本内部化（参见本书第60~75页、第225~275页和第280~295页）。

最后，美国是一个大陆军事工业复合体，有能力为自己及其盟友提供有效保护，并对其敌人发出可信的经济扼杀或军事歼灭威胁。这种力量加上美国的规模、与世隔绝和自然财富，使美国的资产阶级不仅内部化了保护和生产成本——就像英国资产阶级已经做到的那样——而且还内部化了交易成本，也就是说，内部化了其资本自我扩张所依赖的市场（参见本书第75~94页、第281~282页和第四章）。

这种在世界范围内相继出现的资本积累体制的规模、范围和复杂性的稳步增加，在某种程度上被由这些体制书写的历史插曲具备的另一特征所掩盖。如图24所示，在"松散型"和"密集型"积累制度之间有一个钟摆式的来回摆动，在"世界－帝国"组织和"公司－国家"组织的结构之间有一个相应的交替。新的积累体制在成本内部化过程中向前迈出的每一步，都涉及政府和商业策略与结构的复兴，而这些策略与结构曾被此前的体制所废弃（参见本书第 72 ~ 75、88 ~ 91、281 ~ 284、314 ~ 347、419 ~ 423 页）。

因此，与热那亚体制相比，荷兰体制通过复兴被热那亚体制废弃的威尼斯国家垄断资本主义的策略与结构，实现了保护成本的内部化。同样，与荷兰体制相比，英国体制生产成本的内部化是通过以新的、更复杂的形式复兴热那亚世界资本主义和伊比利亚全球领土主义的策略和结构而实现的。随着美国体制的崛起和全面扩张，同样的模式再次出现。美国体制通过以新的、更复杂的形式复兴荷兰公司资本主义的策略和结构，实现了交易成本内部化。

《漫长的 20 世纪》所确定的演化模式的第三个要素是每个系统性积累周期的持续时间相继缩短。虽然主导每个周期的政府和商业组织变得越发强大和复杂，积累体制的生命周期却变得越来越短。无论是相对于热那亚人的英国体制，还是相对于荷兰人的美国体制（参见本书第 282 ~ 322 页），每一个体制从前一个占主导地位的体制的危机中浮现出来、自己占据主导地位并达到其极限（如新一次金融扩张开始出现所表明的那样）所需时间不及一半。

资本主义发展的这种模式，即积累体制的力量的增加与持续时间的减少相伴随，使人想起马克思的观点，即"资本主义生产的真正障碍是**资本本身**"，资本主义生产"只有通过将这些障碍再次置于更大的规模上"才能不断克服其内在障碍（Marx 1962：244 - 245）。我认为这个矛盾应该用更笼统的术语进行表述，因为马克思只是将其作为一种"生产方式"应用于资本主义——即伴随着英国发展阶段生产成本的内部化而发生的。然而，资本主义发展的真正障碍是资本本身这个观点显然早在热那亚和荷兰的发展阶段便已发挥了作用。

在热那亚和荷兰这两个阶段，世界贸易和生产扩张的起点和终点都是特定资本主义代理机构将利润作为目的本身进行追求。在第一阶段即"大发现"时代，在遥远的伊比利亚帝国内部和跨界的远程贸易组织，以及在安特卫普、里昂和塞维利亚的初期"世界市场"的创建，对热那亚资本来说仅仅是其自我扩张的手段。但当1560年前后这些手段不再管用时，热那亚资本迅速退出贸易，专注于高端金融。同样地，在互不相连且往往是相距甚远的政治辖区之间进行直接贸易的事业，转口贸易在阿姆斯特丹以及高附加值产业在荷兰的集中，世界范围内商业前哨和交流网络的建立，以及所有这些活动所需的任何保护的"生产"，对荷兰资本来说只是其自我扩张的手段。再一次地，当1740年前后这些手段不再服务于这一目的时，荷兰资本抛弃了它们，转向更彻底的高端金融专业化活动。

从这个角度来看，19世纪的英国资本只是简单地重复了一种模式，这种模式早在作为积累方式的历史资本主义也成为生产方式之前就已经确立了。唯一的区别是，除了直接贸易、转口贸易和其他种类的远程和短途贸易，以及相关的保护和生产活动外，在英国周期中，提取和制造活动——即我们狭义上所说的生产——已经成为资本自我扩张的重要手段。但在1870年前后，当生产和相关贸易活动不再满足这一目的时，英国资本便转向金融投机和中介的专业化，就像130年前荷兰资本和310年前热那亚资本以及100年后美国资本所做的那样迅捷（参见本书第282~286页）。

矛盾的本质是，在所有情况下，世界贸易和生产的扩大仅仅是旨在增加资本价值的努力的一种手段，然而，随着时间的推移，它往往会压低利润率从而削减资本价值。由于其在高端金融网络中持续的中心地位，那些已建立的组织中心最有能力将日益激烈的流动资本竞争转化为自身优势，从而以牺牲系统其他部分为代价恢复其利润和权力。从这个角度来看，20 世纪 90 年代美国利润和权力的恢复遵循了这个从一开始就带有世界资本主义典型特性的模式。仍然悬而未决的问题是，这种恢复是否会像过去一样，由另一个体制取代仍然占主导地位的（美国）体制。

金融和军事权力的分化

如果世界资本主义的未来完全铭刻在前面几页所总结的模式中，那么预测发生什么将只是个直截了当的任务。首先，在经历 20 世纪 70 年代初的信号危机后的约半个世纪，美国体制将经历其临终危机。其次，随着时间的推移（比如说，再过二三十年），这场危机会被一个能够支撑世界经济实现新的实质性扩张的新体制所取代。第三，这个新体制的主要政府组织将比美国更接近一个世界国家的特征。第四，与美国体制不同，新体制将具有松散型（即世界－帝国）而非密集型（即公司－国家）的属性。最后，也是最重要的一点，新体制将把人类生命和自然再生产的成本内部化，而美国体制则倾向于将这些成本外部化。

我们不能排除这些预期中的一部分会变成现实。事实上，在《亚当·斯密在北京》一书中，我曾指出，第一个已经实现，第二个可能正在实现。新保守主义的"新美国世纪计划"的瓦解实际上导致了美国霸权的临终危机——也就是说，它转变为纯粹的统治。与此同时，伊拉克战争最重要的意外后果是，全球经济重新聚焦东亚以及东亚内部的中国这一趋势得到了强化。虽然这种地理上的转变尚没有为世界经济新的实质性扩张创造条件，但我们不能排除它迟早会发生（Arrighi 2007：第 7 章）。

　　然而，从一个体制到另一体制的过渡并没有完全铭刻在以前建立的模式之中。既定的循环和演化模式表明，几个世纪以来推动世界资本主义扩张到目前包罗万象的全球维度的一系列发展道路不是一个随机过程。但在每一次转型过程中，新的发展道路的出现都取决于并完全受制于一系列历史和地理因素，这些因素本身也因金融扩张背后的竞争和斗争而发生了转变和重组。

　　换句话说，我们事后观察到的模式既是地理和历史偶然性的结果，也是历史必然性的结果。因此，在预先推测当前转型的未来结果时，我们必须对符合过去重现和演化模式的现象和不符合过去重现和演化模式的现象给予同等关注——也就是说，对可能导致未来结果偏离过去模式的重大异常现象给予同等关注。当前危机的一个重要异常是金融和军事力量的空前分化。

379

　　正如我在结束语中所说，尽管苏联解体使美国成为唯一的军事超级大国，但苏联力量的衰落伴随着布鲁斯·卡明斯（Bruce Cumings 1993：25–26）所说的东亚"资本主义群岛"的兴盛。日本是这个群岛中最大的"岛屿"。其他岛屿中最重要的是新加坡、中国香港地区、中国台湾地区和韩国。按照传统标准，这些国家（或地区——译者注）都不强大。中国香港地区和中国台湾地区甚至都不是主权国家，与此同时那两个更大的国家——日本和韩国——不仅在军事保护方面，而且在大部分能源和食品供应以及有利可图的制成品处置方面，都完全依赖美国。与一些评论家所认为的相反，我并没有暗示这些国家（或地区——译者注）中的任何一个（包括日本）准备取代美国成为霸权国。然而，这个群岛作为世界新的"车间"和"钱箱"的集体经济力量，正在迫使传统的资本主义力量中心——西欧和北美——重构和重组自己的工业、经济和生活方式。

　　当我写这本书第一版时，我并没有完全意识到中国在东亚政治经济中心复兴的程度和影响。我确实意识到，这种复兴削弱了但没有消除（美国）军事力量和（东亚）金融力量之间的分化。（事实上，这是我在 20 世纪 90 年代将研究重点从东亚的"资本主义群岛"转移到中国的主要原因（Arrighi et al. 2003，2007）。然而，我当时主张，今天仍然认为，我们自 20 世纪 80 年代以来观察到的（美国）军事力量和（东亚）经济力量之间的分化在资本主义历史上没有先例。它剥夺了过去五百年里西方财富的两大最重要的要素之一：对剩余资本的控制。

　　每一个连续的系统性积累周期都是以形成更强大的政府和商业组织集团为前提，这些集团比以前的集团更有能力扩大世界资本主义的空间和功能范围。正如我在结束语中所说，这一演化过程正臻于极限，因为"资本主义西方传统权力中心的国家构建和战争发动能力已经发展到只有通过形成一个真正的全球性世界帝国才能进一步提高的地步。"然而，"这样一个帝国需要控制最丰富的世界剩余资本来源——这些来源现在位于东亚。"当时我还不清楚（现在也不清楚）"西方的传统权力中心（将会）通过什么手段获得并保持这种控制。"

　　因此，我在本书第一版结尾处勾勒出了美国积累体制持续危机的三种截然不同而非一种可能的结果。美国及其欧洲盟友可能试图利用其军事优势从东亚新兴资本主义中心获取一笔"保护费"。如果这一尝试成功，世界历史上第一个真正的全球性帝国可能会出现。如果没有进行过这样的尝试，或者尝试过但没有成功，随着时间的推移，东亚可能会已成为世界市场社会的中心，其得到的支持不是像过去那样依靠优势的军事力量，而是依靠世界文化和文明间的相互尊重。尽管如此，这种分化也有可能导致世界范围内无休止的混乱。正如我当时转述约瑟夫·熊彼特的话时所指，在人类窒息（或沐浴）在以西方为中心的全球性帝国的地牢或以东亚为中心的世界市场社会的天堂之前，"人类很可能会在伴随冷战世界秩序结束而来的不断升级的暴力的恐怖（或荣耀）中燃烧。"

美国霸权危机与中国崛起

结束语中概括的所有三种情况都是美国霸权终极危机可能出现的选择性历史结果。全球军事和金融力量的分化以及东亚的经济崛起都在继续并驾齐驱。在 1999 年出版的一本名为《现代世界体系中的混沌与治理》的合著中，贝弗里·J. 西尔弗和我认为，日本经济无法从 1990～1992 年的崩溃和 1997～1998 年的东亚金融危机中复苏，但这本身并不支持东亚崛起是海市蜃楼的结论。我们注意到，在以往的霸权转型中，新兴的世界级资本积累中心经历了最严重的金融危机，因为它们的金融实力超过了其机构监管大量流动资本进出其管辖区的能力。18 世纪末的英国如此，20 世纪 30 年代的美国更是如此。没有人会用 1929～1931 年的华尔街崩盘和随后的大萧条来辩称，在 20 世纪上半叶全球资本积累过程的中心没有从英国转移到美国。从 20 世纪 90 年代的东亚金融危机中也不应该得出类似的结论（Arrighi and Silver 1999：特别是第一章和结论）。

当然，这并不意味着现有的金融中心本身不能经历金融危机。从这个角度来看，我们似乎不可能一概而论。在霸权从英国向美国的过渡中，英国没有经历过与美国相当的金融危机。相比之下，在当前的转型中，2000～2001 年和 2008～2009 年美国经历的危机至少与 20 世纪 90 年代的东亚危机一样严重。

在整个 20 世纪 90 年代和 21 世纪初的危机中，中国的经济扩

张速度之快，在人口规模相当的地区独一无二或前所未有。在
《亚当·斯密斯在北京》一书中，我认为中国的迅速崛起有着深刻
的根源，不仅在于冷战时期共产主义制度下中国的社会和政治重
建，还在于中华帝国在从属于以欧洲为中心的国家间体系之前，在
国家建构和国民经济建设方面取得的成就。更具体地说，我认为中
国及其海外侨胞在促进该地区的经济一体化和经济扩张方面发挥着
越来越重要的作用。在此过程中，中国依靠的是一个可以追溯到帝
国时代的长期东亚惯例，严重依赖贸易和市场来调节君主之间以及
君主与臣民之间的关系。到了 19 世纪中叶（伴随着鸦片战争），
这一悠久惯例显然不适用于防止以中国为中心的地区体系被迫臣服
于以欧洲为中心的体系。然而，在 20 世纪末，这种对贸易和市场
的历史性依赖成为在美国霸权下出现的高度一体化的全球市场中重
新获得竞争力的基础（参见 Arrighi 2007：第一和十二章；同时参见
Arrighi and Silver 1999：特别是第四章）。

　　中国在全球经济中的地位越来越重要，这对当前美国霸权危机
的预期结果有两个重要影响。一方面，鉴于这种日益增长的中心地
位植根于该地区的历史传统，可以预计，较之那些主要是可在其他
世界经济区域复制的政策和行为的结果，它将显得更强大、更具排
他性。另一方面，考虑到中国的人口规模，其经济扩张对全球财富
等级的颠覆性远超此前所有东亚经济"奇迹"的总和。因为所有
这些奇迹（包括日本奇迹）都是在一个基本稳定的等级体系中向
上流动的例子。这种等级体系能够而且确实容纳了少数东亚国家的
向上流动，它们约占世界人口的 1/20，但该体系容纳一个其本身
就占世界人口约 1/5 的国家的向上流动则是完全不同的事情。这意
味着对此等级体系金字塔结构的一次根本性颠覆。事实上，最近关
于世界收入不平等的研究发现，自 1980 年以来，国家间的不平等

有统计学上的下降趋势，这完全是由于中国的快速经济增长所致（Berry 2005）。

在《混乱与治理》（*Chaos and Governance*）一书中，我们提到了中国持续经济扩张的结构性和颠覆性，并指出向更公平的世界秩序的非灾难性过渡存在两大障碍。第一个障碍是美国对调整和适应的抵制。转述大卫·卡列奥（David Calleo 1987:142）的话，我们指出，以荷兰和英国为中心的世界体系早已在两种趋势的冲击下崩溃：咄咄逼人的新兴大国的出现，以及衰落霸权试图通过将其日渐式微的优势巩固为剥削性统治来避免调整和适应。在 1999 年出版的《现代世界体系的混沌与治理》中，我和西尔弗认为：

> 没有什么可信的咄咄逼人的新兴大国能够引起以美国为中心的世界体系的崩溃，但美国比一个世纪前的英国更有能力将其衰落的霸权转化为剥削性统治。如果该体系最终崩溃，这将主要是因为美国抵制调整和适应。相反，美国对东亚地区日益增长的经济权力的调整和适应，是向新的世界秩序进行非灾难性过渡的必要条件（Arrighi and Silver 1999:288 - 289）。

如下所述，巴拉克·奥巴马当选美国总统，以及随之而来的美国外交政策的转向，可能会降低非灾难性过渡的第一个障碍的严峻性。然而，不那么直接但同样重要的是第二个障碍：东亚经济扩张的代理机构仍未得到证实的能力，即"为自己和世界开辟一条新的与目前陷入死胡同的道路截然不同的发展道路"。这将要求从根本上告别在社会和生态上不可持续的西方发展道路，在这种道路上，人类和自然的再生产成本在很大程度上被"外部化"（见图 25），并且在很大程度上是将世界大多数人口排除在经济发展红利之外。这是一项艰巨的任务，其轨迹将在很大程度上由来自下层的抗议和自我保护运动的压力所塑造。

383

> 在过去的霸权转型中，只有在受到来自下层的抗议和自我保护运动的巨大压力后，占主导地位的集团才成功地承担起构建新世界秩序的任务。这种来自下层的压力在一次次过渡中不断扩大和加深，导致每个新霸权都扩大了社会集团。因此，我们可以预期，社会矛盾在塑造无论是正在展开的转型还是任何最终从迫在眉睫的系统性混乱中出现的新世界秩序方面，比以往任何时候都将发挥更有决定性的作用。（Arrighi and Silver 1999：289）

在这段文字发表一年后，以美国为中心的"新经济"泡沫破裂了。此后不久，2001 年 9 月 11 日发生了令人震惊的事件。有那么短暂一瞬间，美国似乎可以通过在"反恐战争"中动员大量政府和非政府力量来保持其霸权角色。然而，很快，美国发现自己在对伊拉克发动的战争中几乎完全孤立，这场战争被普遍认为与"反恐战争"没有什么关系，同时还无视普遍接受的国家间关系规则与规范。正如《漫长的 20 世纪》和《混乱与治理》都预见到的那样，美国的"美好时期"结束了，美国的世界霸权很可能进入其临终危机。尽管美国至今仍是世界上最强大的国家，但现在它与世界其他国家的关系最恰当的描述是"没有霸权的统治"（Arrighi 2007：第 150 ~ 151 页；参见 Guha 1992）。

这种转变的发生，不是因为咄咄逼人的新兴大国的出现，而是因为美国对调整和妥协的抵制。美国将萨达姆·侯赛因统治下的伊拉克描绘成一个侵略性新兴大国的企图从来都没有多少可信度，而布什政府为应对"9·11"事件而采取的国家安全战略是美国抵制调整和妥协的一种更极端的形式，远远超过了《漫长的20世纪》或《混乱与治理》中的任何设想。事实上，与以往的霸权转型相比，美国霸权的终极危机——如果像我认为的那样我们观察到的真是临终危机的话——在更大程度上是大国"自杀"的案例（Arrighi 2007:161 - 165, 178 - 210）。

　　甚至在2008年金融危机之前，我就将2000年至2001年"新经济"泡沫的破裂以及新保守主义应对"9.11"事件的失败解释为标志着美国霸权的临终危机。2008年的危机只是证实了这种解释的有效性。尚不清楚奥巴马政府能做些什么来缓解危机，就更不用说扭转危机了。尽管奥巴马可能是一位像富兰克林·罗斯福一样有能力的总统，但他们各自政府面临的情况有着根本的不同。在罗斯福执政下，美国已经成为世界上最大的债权国，而奥巴马继承的摊子则是美国成为世界上最大的债务国。这种差异限制了奥巴马政府在国内推行凯恩斯主义政策或在国外推行霸权主义政策的能力，这些政策远比罗斯福政府经历的任何政策都要严厉。

　　尽管存在这些情况，本书结束语中勾勒的三种后美国霸权情景仍然是历史的可能性。尽管布什政府采取的"新美国世纪计划"已彻底失败，但这并不是《漫长的20世纪》一书中所设想的世界帝国计划。根据《漫长的20世纪》的构想，作为一种可能的后美国霸权情景，这个世界帝国计划是一个西方集体计划。那种认为美国将独自着手一项世界帝国计划的想法被认为太过愚蠢，不值得考虑。当然，这一行动方针的失败并不排除重组后的西方联盟参与更现实的多边帝国计划的可能性。事实上，美国单边计划的失败本身可能会为西方集体计划的出现创造更有利的条件。

　　尽管西方主导的全球帝国的可能性仍然存在，但与15年前相比，今天以东亚为中心的世界市场社会似乎更有可能是当前全球政治经济转型的结果。正如我在《亚当·斯密在北京》一书中指出的那样，在东亚及其他地区，中国已成为美国领导地位越来越可信的替代者。在美国深陷伊拉克泥潭的同时，中国经济继续快速增长，中国获得金融储备和全世界的朋友，其速度就像美国失去他们一样快。尽管中国经济的关键领域仍严重依赖对美国市场的出口，但美国的财富和权力对进口廉价中国商品和中国购买美国国债的依赖程度，如果不是更大，也是一样大。更重要的是，中国已经开始取代美国成为东亚及其以外地区商业和经济扩张的主要驱动力（Arrighi 2007：特别是第七、十和十二章）。

中国在全球政治经济中日益增长的经济分量本身并不能保证在世界文化和文明相互尊重的基础上出现一个以东亚为中心的世界市场社会。如上所述，这一结果的前提是采用一种完全不同的发展模式，而这种模式除其他特性外，还具有社会和生态可持续性，并为385 南方国家提供了一种更公平的替代西方持续统治的方式。所有以前的霸权转型都以长期的系统性的混乱为特征，而这仍然是一种可能出现的结果。在《漫长的 20 世纪》一书提出的未来情景中，哪一个将成为现实，这仍然是一个悬而未决的问题，其答案将由我们全体人类机构来决定。

乔万尼·阿里吉

2009 年 3 月

参考书目

Abu-Lughod, Janet, *Before European Hegemony: The World System A.D. 1250–1350*, New York: Oxford University Press 1989.

Adams, Richard, "Harnessing Technological Development," in J. Poggie and R.N. Lynch, eds., *Rethinking Modernization: Anthropological Perspectives*, Westport, CT: Greenwood Press 1975, pp. 37–68.

Aglietta, Michel, *A Theory of Capitalist Regulation: The US Experience*, London: New Left Books 1979a.

—— "La notion de monnaie internationale et les problèmes monétaires européens dans une perspective historique," *Revue Economique*, 30, 5, 1979b, pp. 808–44.

Aglietta, Michel and André Orléan, *La Violence de la monnaie*, Paris: Presses Universitaires de France 1982.

Aguilar, Alonso, *Pan-Americanism from Monroe to the Present: A View from the Other Side*, New York: Monthly Review Press 1968.

Allen, G.C., *Japan's Economic Policy*, London: Macmillan 1980.

Amin, Samir, *The Accumulation of Capital on a World Scale*, New York: Monthly Review Press 1974.

—— *Empire of Chaos*, New York: Monthly Review Press 1992.

Anderson, Perry, *Lineages of the Absolutist State*, London: New Left Books 1974.

—— "The Figures of Descent," *New Left Review*, 161, 1987, pp. 20–77.

Aoki, Masahiko, "Aspects of the Japanese Firm," in M. Aoki, ed., *The Economic Analysis of the Japanese Firm*, Amsterdam: North-Holland 1984, pp. 3–43.

Armstrong, Philip and Andrew Glyn, *Accumulation, Profits, State Spending: Data for Advanced Capitalist Countries 1952–1983*, Oxford: Oxford Institute of Economics and Statistics 1986.

Armstrong, Philip, Andrew Glyn, and John Harrison, *Capitalism since World War II: The Making and Breakup of the Great Boom*, London: Fontana 1984.

Arndt, H.W., *The Economic Lessons of the Nineteen-Thirties*, London: Frank Cass 1963.

Arrighi, Giovanni, "Imperialismo," *Enciclopedia, VII*, Turin: Einaudi 1979, pp. 157–98.

—— "A Crisis of Hegemony," in S. Amin, G. Arrighi, A.G. Frank, and I. Wallerstein, *Dynamics of Global Crisis*, New York: Monthly Review Press 1982, pp. 55–108.

—— *The Geometry of Imperialism*, London: Verso 1983.
—— "The Developmentalist Illusion: A Reconceptualization of the Semi-periphery," in W.G. Martin, ed., *Semiperipheral States in the World-Economy*, Westport, CT: Greenwood Press 1990a, pp. 11–47.
—— "Marxist Century–American Century: The Making and Remaking of the World Labor Movement," in S. Amin, G. Arrighi, A.G. Frank, and I. Wallerstein, *Transforming the Revolution: Social Movements and the World System*, New York: Monthly Review Press 1990b, pp. 54–95.
—— "World Income Inequalities and the Future of Socialism," *New Left Review*, 189, 1991, pp. 39–64.
—— *Adam Smith in Beijing: Lineages of the Twenty-first Century*, London: Verso 2007.
Arrighi, Giovanni, Kenneth Barr, and Shuji Hisaeda, "The Transformation of Business Enterprise," Binghamton, NY: Fernand Braudel Center, State University of New York 1993.
Arrighi, Giovanni and Jessica Drangel, "The Stratification of the World-Economy: An Exploration of the Semiperipheral Zone," *Review*, 10, 1, 1986, pp. 9–74.
Arrighi, Giovanni, Satoshi Ikeda, and Alex Irwan, "The Rise of East Asia: One Miracle or Many?" in R.A. Palat, ed., *Pacific-Asia and the Future of the World-System*, Westport, CT: Greenwood Press 1993, pp. 41–65.
Arrighi, Giovanni, Takeshi Hamashita and Mark Selden (editors), The *Resurgence of East Asia: 500, 150, and 50 Year Perspectives*, London: Routledge 2003.
Arrighi, Giovanni and Beverly J. Silver, *Chaos and Governance in the Modern World System*, Minneapolis: University of Minnesota Press 1999.
Auerbach, Paul, Meghnad Desai, and Ali Shamsavari, "The Transition from Actually Existing Capitalism," *New Left Review*, 170, 1988, pp. 61–78.
Bagchi, Amiya Kumar, *The Political Economy of Underdevelopment*, Cambridge: Cambridge University Press 1982.
Bairoch, Paul, *Commerce extérieur et développement économique de l'Europe au XIXe siècle*, Paris and The Hague: Mouton 1976a.
—— "Europe's Gross National Product: 1800–1975," *Journal of Economic History*, 5, 2, 1976b, pp. 273–340.
Balibar, Étienne, "The Nation Form: History and Ideology," *Review*, 13, 3, 1990, pp. 329–61.
Barbour, Violet, *Capitalism in Amsterdam in the Seventeenth Century*, Baltimore, MD: Johns Hopkins University Press 1950.
Barfield, Thomas J., *The Perilous Frontier: Nomadic Empires and China*, Oxford: Oxford University Press 1989.
Barnet, Richard J. and Ronald E. Müller, *Global Reach: The Power of the Multinational Corporations*, New York: Simon & Schuster 1974.
Baron, H., *The Crisis of the Early Italian Renaissance*, Princeton, NJ: Princeton University Press 1955.
Barr, Kenneth, "Long Waves: A Selective Annotated Bibliography," *Review*, 2, 4, 1979, pp. 675–718.
—— "Business Enterprise in the World-Economy in the Late Eighteenth and Early Nineteenth Centuries," PhD dissertation, Department of Sociology, State University of New York at Binghamton forthcoming.
Barraclough, Geoffrey, *An Introduction to Contemporary History*, Harmondsworth: Penguin Books 1967.
Barrat Brown, Michael, *The Economics of Imperialism*, Harmondsworth: Penguin Books 1974.

—— "Away with all the Great Arches: Anderson's History of British Capitalism," *New Left Review*, 167, 1988, pp. 22–51.

Bayly, C.A., *Indian Society and the Making of the British Empire*, Cambridge: Cambridge University Press 1988.

Becattini, Giacomo, "Dal 'settore' industriale al 'distretto' industriale: alcune considerazioni sull'unità di indagine dell'economia industriale," *Rivista di economia e politica industriale*, 1, 1979, pp. 7–21.

—— "The Marshallian Industrial District as a Socio-Economic Notion," in F. Pyke, ed., *Industrial Districts and Inter-Firm Cooperation in Italy*, 1990, pp. 37–51.

Bergesen, Albert, "Modeling Long Waves of Crises in the World-System," in A. Bergesen, ed., *Crises in the World-System*, Beverly Hills, CA: Sage 1983, pp. 73–92.

Bergesen, Albert and Ronald Schoenberg, "Long Waves of Colonial Expansion and Contraction, 1415–1969," in A. Bergesen, ed., *Studies of the Modern World-System*, New York: Academic Press 1980.

Bergsten, Fred C., "Economic Imbalances and World Politics," *Foreign Affairs*, 65, 4, 1987, pp. 770–94.

Berry, Albert, "Methodological and Data Challenges to Identifying the Impacts of Globalization and Liberalization on Inequality," paper #5, United Nations Research Institute for Social Development Overarching Concerns Programme 2005.

Blackburn, Robin, *The Overthrow of Colonial Slavery, 1776–1848*, London: Verso 1988.

Bloch, Marc, *Esquisse d'une histoire monétaire de l'Europe*, Paris: Cahier des Annales, No. 9 1955.

Block, Fred, *The Origins of International Economic Disorder. A Study of United States Monetary Policy from World War II to the Present*, Berkeley, CA: University of California Press 1977.

Bluestone, Barry and Bennett Harrison, *The Deindustrialization of America: Plant Closings, Community Abandonment, and the Dismantling of Basic Industry*, New York: Basic Books 1982.

Boli, John, "Sovereignty from a World Polity Perspective," paper presented at the Annual Meeting of the American Sociological Association, Miami, FL 1993.

Boltho, Andrea, "Western Europe's Economic Stagnation," *New Left Review*, 201, 1993, pp. 60–75.

Borden, William S., *The Pacific Alliance: United States Foreign Economic Policy and Japanese Trade Recovery 1947–1955*, Madison, WI: University of Wisconsin Press 1984.

Bousquet, Nicole, "Esquisse d'une théorie de l'alternance de périodes de concurrence et d'hégémonie au centre de l'économie-monde capitaliste," *Review*, 2, 4, 1979, pp. 501–18.

—— "From Hegemony to Competition: Cycles of the Core?" in T.K. Hopkins and I. Wallerstein, eds., *Processes of the World-System*, Beverly Hills, CA: Sage, 1980, pp. 46–83.

Boxer, Charles R., *The Dutch in Brazil 1624–1654*, Oxford: Clarendon Press 1957.

—— *The Dutch Seaborne Empire 1600–1800*, New York: Knopf 1965.

—— *The Portuguese Seaborne Empire 1415–1825*, Harmondsworth: Penguin Books 1973.

Boyer, Robert, *The Regulation School: A Critical Introduction*, New York: Columbia University Press 1990.

Boyer-Xambeau, M.T., G. Deleplace, and L. Gillard, *Banchieri e Principi. Moneta e Credito nell'Europa del Cinquecento*, Turin: Einaudi 1991.

Braudel, Fernand, *The Mediterranean and the Mediterranean World in the Age of Philip II*, 2 vols, New York: Harper & Row 1976.

—— *Afterthoughts on Material Civilization and Capitalism*, Baltimore, MD: Johns Hopkins University Press 1977.

—— *The Structures of Everyday Life*, New York: Harper & Row 1981.

—— *The Wheels of Commerce*, New York: Harper & Row 1982.

—— *The Perspective of the World*, New York: Harper & Row 1984.

Braudel, Fernand and Frank Spooner, "Prices in Europe from 1450 to 1750," in E.E. Rich and C.H. Wilson, eds., *The Cambridge Economic History of Europe*, IV, London: Cambridge University Press, 1967, pp. 374–486.

Braudel, Fernand, Civilization and Capitalism, 15th–18th Century, vol. III: The Perspective of the World, New York: Harper and Row 1984.

Brewer, John, *The Sinews of Power: War, Money and the English State, 1688–1783*, London: Unwin 1989.

Bullock, Alan, *Ernst Bevin: Foreign Secretary*, Oxford: Oxford University Press 1983.

Bunker, Stephen G. and Denis O'Hearn, "Strategies of Economic Ascendants for Access to Raw Materials: A Comparison of the United States and Japan," in R.A. Palat, ed., *Pacific-Asia and the Future of the World-System*, Westport, CT: Greenwood Press 1993, pp. 83–102.

Burckhardt, Jacob, *The Civilization of the Renaissance in Italy*, Oxford: Phaidon Press 1945.

Burke, Peter, *The Italian Renaissance: Culture and Society in Italy*, Princeton, NJ: Princeton University Press 1986.

Cain, P.J. and A.G. Hopkins, "The Political Economy of British Expansion Overseas, 1750–1914," *Economic History Review*, 2nd ser., 33, 4, 1980, pp. 463–90.

—— "Gentlemanly Capitalism and British Expansion Overseas. I. The Old Colonial System, 1688–1850," *Economic History Review*, 2nd ser., 39, 4, 1986, pp. 501–25.

Calleo, David P., *The Atlantic Fantasy*, Baltimore, MD: Johns Hopkins University Press 1970.

—— *The Imperious Economy*, Cambridge, MA: Harvard University Press 1982.

Calleo, David, Beyond American Hegemony: The Future of the Western Alliance, New York: Basic Books 1987.

Calleo, David P. and Benjamin M. Rowland, *America and the World Political Economy. Atlantic Dreams and National Realities*, Bloomington and London: Indiana University Press 1973.

Cameron, Rondo, "England, 1750–1844," in R. Cameron, ed., *Banking in the Early Stage of Industrialization: A Study in Comparative Economic History*, New York: Oxford University Press 1967, pp. 15–59.

Carr, Edward, *Nationalism and After*, London: Macmillan 1945.

Carter, Alice C., *Getting, Spending, and Investing in Early Modern Times*, Assen: Van Gorcum 1975.

Chandler, Alfred, *The Visible Hand: The Managerial Revolution in American Business*, Cambridge, MA: The Belknap Press 1977.

—— "The United States: Evolution of Enterprise," in P. Mathias and M.M. Postan, eds., *The Cambridge Economic History of Europe*, vol. VII, part 2, Cambridge: Cambridge University Press 1978.

—— *Scale and Scope: The Dynamics of Industrial Capitalism*, Cambridge, MA: The Belknap Press 1990.

Chapman, Stanley, *The Cotton Industry in the Industrial Revolution*, London: Macmillan 1972.
—— *The Rise of Merchant Banking*, London: Unwin Hyman 1984.
Chase-Dunn, Christopher, *Global Formation: Structures of the World-Economy*, Oxford: Basil Blackwell 1989.
Chaudhuri, K.N., *The English East India Company: The Study of an Early Joint-Stock Company 1600–1640*, London: Frank Cass 1965.
Chaunu, Huguette and Pierre Chaunu, *Seville et l'Atlantique 1504–1650*, vol. 6, Paris: Armand Colin 1956.
Cipolla, Carlo M., "The Decline of Italy," *Economic History Review*, 5, 2, 1952, pp. 178–87.
—— *Guns and Sails in the Early Phase of European Expansion 1400–1700*, London: Collins 1965.
—— *Before the Industrial Revolution. European Society and Economy, 1000–1700*, New York: Norton 1980.
Coase, Richard, "The Nature of the Firm," *Economica* (n.s.) 4, 15, 1937, pp. 386–405.
Cohen, Benjamin J., *Organizing the World's Money*, New York: Basic Books 1977.
Cohen, Jerome B., *Japan's Postwar Economy*, Bloomington, IN: Indiana University Press 1958.
Copeland, Melvin Thomas, *The Cotton Manufacturing Industry of the United States*, New York: Augustus M. Kelley 1966.
Coplin, W.D., "International Law and Assumptions about the State System," in R.A. Falk and W.F. Henreider, eds., *International Law and Organization*, Philadelphia: Lippincott 1968.
Cox, Oliver, *Foundations of Capitalism*, New York: Philosophical Library 1959.
Cox, Robert, "Gramsci, Hegemony, and International Relations: An Essay in Method," *Millennium Journal of International Studies*, 12, 2, 1983, pp. 162–75.
—— *Production, Power, and World Order: Social Forces in the Making of History*, New York: Columbia University Press 1987.
Crouzet, François, *The Victorian Economy*, London: Methuen 1982.
Cumings, Bruce, "The Origins and Development of the Northeast Asian Political Economy: Industrial Sectors, Product Cycles, and Political Consequences," in F.C. Deyo, ed., *The Political Economy of New Asian Industrialism*, Ithaca, NY: Cornell University Press 1987, pp. 44–83.
—— "The Political Economy of the Pacific Rim," in R.A. Palat, ed., *Pacific-Asia and the Future of the World-System*, Westport, CT: Greenwood Press 1993, pp. 21–37.
Davies, K.G., *The Royal African Company*, London: Longmans 1957.
—— *The North Atlantic World in the Seventeenth Century*, Minneapolis: University of Minnesota Press 1974.
Davis, Ralph, "English Foreign Trade, 1660–1700," *Economic History Review*, 7, 2, 1954, pp. 150–66.
—— "English Foreign Trade, 1700–1774," *Economic History Review*, 15, 2, 1962, pp. 285–303.
—— *The Industrial Revolution and British Overseas Trade*, Leicester: Leicester University Press 1979.
de Cecco, Marcello, "Inflation and Structural Change in the Euro-dollar Market," *EUI Working Papers*, 23, Florence: European University Institute 1982.

—— *The International Gold Standard: Money and Empire*, New York: St Martin's Press 1984.

Dehio, Ludwig, *The Precarious Balance: Four Centuries of the European Power Struggle*, New York: Vintage 1962.

de Roover, Raymond, *The Rise and Decline of the Medici Bank, 1397–1494*, Cambridge, MA: Harvard University Press 1963.

Detti, Tommaso, "L' avventura di ripensare il passato," Contemporanea 6 (3) 2003, pp. 549–53.

De Vroey, Michel, "A Regulation Approach Interpretation of the Contemporary Crisis," *Capital and Class*, 23, 1984, pp. 45–66.

Dickson, P.G.M., *The Financial Revolution in England: A Study in the Development of Public Credit*, London: Macmillan 1967.

Dietz, F., *English Government Finance 1485–1558*, New York: Barnes & Noble 1964.

Dobb, Maurice, *Studies in the Development of Capitalism*, London: Routledge & Kegan Paul 1963.

Dockés, Pierre, *L'Espace dans la pensée économique du XVIe au XVIIIe siècle*, Paris: Flammarion 1969.

Drucker, Peter F., *Post-Capitalist Society*, New York: Harper & Row 1993.

Dunning, John H., "International Business, the Recession and Economic Restructuring," in N. Hood and J.-E. Vahlne, eds., *Strategies in Global Competition*, London: Croom Helm 1988, pp. 84–103.

Eccleston, Bernard, *State and Society in Post-War Japan*, Cambridge: Polity Press 1989.

Economic Planning Council, *Taiwan Statistical Yearbook*, Taipei: Economic Planning Council 1977; 1982; 1988.

Ehrenberg, Richard, *Capital & Finance in the Age of the Renaissance: A Study of the Fuggers and Their Connections*, Fairfield, NJ: Augustus M. Kelly 1985.

Eichengreen, Barry, "International Monetary Instability Between the Wars: Structural Flaws or Misguided Policies?" in B. Eichengreen, ed., *Monetary Regime Transformation*, Aldershot: Edward Elgar 1992, pp. 355–400.

Eichengreen, Barry and Richard Portes, "Debt and Default in the 1930s. Causes and Consequences," *European Economic Review*, 30, 1986, pp. 599–640.

Elliott, J.H., *Imperial Spain. 1469–1716*, Harmondsworth: Penguin Books 1970a.

—— *The Old World and the New 1492–1650*, Cambridge: Cambridge University Press 1970b.

Elliott, William Y., ed., *The Political Economy of American Foreign Policy. Its Concepts, Strategy, and Limits*, New York: Henry Holt & Co. 1955.

Emmer, P.C., "The West India Company, 1621–1791: Dutch or Atlantic?" in L. Blussé and F. Gastra, eds., *Companies and Trade*, Leiden: Leiden University Press 1981, pp. 71–95.

—— "The Two Expansion Systems in the Atlantic," *Itinerario*, 15, 1, 1991, pp. 21–7.

Emmott, Bill, *Japanophobia: The Myth of the Invincible Japanese*, New York: Random House 1993.

Engels, Frederic, *Socialism: Utopian and Scientific*, Moscow: Foreign Languages Publishing House 1958.

Evans-Pritchard, Edward, *The Nuer: A Description of the Modes of Livelihood and Political Institutions of the Nilotic People*, Oxford: Clarendon Press 1940.

Farnie, D.A., *The English Cotton Industry and the World Market, 1815–1896*, Oxford: Clarendon Press 1979.

Favier, Jean, *Les Finances pontificales à l'époque du grand schisme d'Occident, 1378–1409*, Paris: Boccard 1966.

Feige, Edgar, "Defining and Estimating Underground and Informal Economies: The New Institutional Economic Approach," *World Development*, 18, 7, 1990, pp. 989–1002.

Fieldhouse, D.K., *The Colonial Empires: A Comparative Survey from the Eighteenth Century*, New York: Delacorte 1967.

Fishlow, Albert, "Lessons from the Past: Capital Markets During the 19th Century and the Interwar Period," in M. Kahler, ed., *The Politics of International Debt*, Ithaca NY: Cornell University Press 1986, pp. 37–93.

Franko, Lawrence, G., *The European Multinationals*, New York: Harper & Row 1976.

Frieden, Jeffry A., *Banking on the World: The Politics of American International Finance*, New York: Harper & Row 1987.

Fröbel, Folker, Jürgen Heinrichs, and Otto Kreye, *The New International Division of Labour: Structural Unemployment in Industrialized Countries and Industrialization in Developing Countries*, Cambridge: Cambridge University Press 1980.

Galbraith, John, *The New Industrial State*, Boston, MA: Houghton Mifflin 1985.

Gallagher, John and Ronald Robinson, "The Imperialism of Free Trade," *Economic History Review*, 6, 1, 1953, pp. 1–15.

Gardner, Edmund G., *Florence and its History*, London: Dent & Sons 1953.

Gardner, Richard, *Sterling-Dollar Diplomacy in Current Perspective*, New York: Columbia University Press 1986.

Gattrell, V.A.C., "Labour, Power, and The Size of Firms in Lancashire Cotton in the Second Quarter of the Nineteenth Century," *Economic History Review*, 2nd ser., 30, 1, 1977, pp. 95–139.

Giddens, Anthony, *The Nation-State and Violence*, Berkeley, CA: California University Press 1987.

Gilbert, Felix, *The Pope, his Bankers, and Venice*, Cambridge, MA: Harvard University Press 1980.

Gill, Stephen, "Hegemony, Consensus and Trilateralism," *Review of International Studies*, 12, 1986, pp. 205–21.

——, ed., *Gramsci, Historical Materialism and International Relations*, Cambridge: University Press 1993.

Gill, Stephen and David Law, *The Global Political Economy: Perspectives, Problems and Policies*, Baltimore, MD: The Johns Hopkins University Press 1988.

Gills, Barry and André G. Frank, "World System Cycles, Crises, and Hegemonic Shifts, 1700 BC to 1700 AD," *Review*, 15, 4, 1992, pp. 621–87.

Gilpin, Robert, *U.S. Power and the Multinational Corporation*, New York: Basic Books 1975.

—— *The Political Economy of International Relations*, Princeton, NJ: Princeton University Press 1987.

Gluckman, Max, *Custom and Conflict in Africa*, Oxford: Basil Blackwell 1963.

Glyn, Andrew, Alan Hughes, Alain Lipietz, and Ajit Singh, "The Rise and Fall of the Golden Age," in S.A. Marglin and J.B. Schor, eds., *The Golden Age of Capitalism: Reinterpreting the Postwar Experience*, Oxford: Clarendon Press 1991, pp. 39–125.

Goldstein, Joshua S., *Long Cycles: Prosperity and War in the Modern Age*, New Haven, CT: Yale University Press 1988.

Goldstein, Joshua S. and David P. Rapkin, "After Insularity. Hegemony and the Future World Order," *Futures*, 23, 1991, pp. 935–59.

Goldstone, Jack A., *Revolution and Rebellion in the Early Modern World*, Berkeley, CA: University of California Press 1991.

Gordon, David, "Stages of Accumulation and Long Economic Swings," in T. Hopkins and I. Wallerstein, eds., *Processes of the World System*, Beverly Hills, CA: Sage 1980, pp. 9–45.

—— "The Global Economy: New Edifice or Crumbling Foundations?" *New Left Review*, 168, 1988, pp. 24–64.

Gramsci, Antonio, *Selections from the Prison Notebooks*, New York: International Publishers 1971.

Greenberg, Michael, *British Trade and the Opening of China 1800–1842*, New York: Monthly Review Press 1979.

Gross, Leo, "The Peace of Westphalia, 1648–1948," in R.A. Falk and W.H. Hanrieder, eds., *International Law and Organization*, Philadelphia: Lippincott 1968, pp. 45–67.

Guha, Ranajit, "Dominance Without Hegemony and Its Historiography," in R. Gupta, ed., Subaltern Studies IV, New York: Oxford University Press, 1992, pp. 210–305.

Gurr, T.R., "Historical Trends in Violent Crime: Europe and the United States," in T.R. Gurr, ed., *Violence in America*, vol. II, Beverly Hills, CA: Sage 1989, pp. 21–54.

Gush, G., *Renaissance Armies 1480–1650*, Cambridge: Stephens 1975.

Haggard, Stephan and Tun-jen Cheng, "State and Foreign Capital in the East Asian NICs," in F.C. Deyo, ed., *The Political Economy of New Asian Industrialism*, Ithaca, NY: Cornell University Press 1987, pp. 84–135.

Halliday, Fred, *The Making of the Second Cold War*, London: Verso 1986.

Hardt, Michael and Antonio Negri, Empire, Cambridge, MA: Harvard University Press 2000.

Harrod, Roy, *Money*, London: Macmillan 1969.

Hartwell, R.M., "Demographic, Political and Social Transformations of China 750–1550," *Harvard Journal of Asiatic Studies*, 42, 2, 1982, pp. 365–422.

Harvey, David, "The Geopolitics of Capitalism," in D. Gregory and J. Urry, eds., *Social Relations and Spatial Structures*, New York: St Martin's Press 1985.

—— *The Condition of Postmodernity: An Enquiry into the Origins of Cultural Change*, Oxford: Basil Blackwell 1989.

Heers, Jacques, *Gênes au XVe Siècle*, Paris: SEVPEN, 1961.

—— *Société et économie à Gênes (XIVe–XVe siècles)*, London: Variorum Reprints 1979.

Helleiner, Eric, "Japan and the Changing Global Financial Order," *International Journal*, 47, 1992, pp. 420–44.

Henderson, W.O., *The Rise of German Industrial Power 1834–1914*, Berkeley, CA: California University Press 1975.

Herz, J.H., *International Politics in the Atomic Age*, New York: Columbia University Press 1959.

Hicks, John, *A Theory of Economic History*, Oxford: Clarendon Press 1969.

Hilferding, Rudolf, *Finance Capital. A Study of the Latest Phase of Capitalist Development*, London: Routledge & Kegan Paul 1981.

Hill, Christopher, *Puritanism and Revolution*, New York: Schocken Books 1958.

—— *Reformation to Industrial Revolution: A Social and Economic History of Britain, 1530–1780*, London: Weidenfeld & Nicolson 1967.

Hill, Hal and Brian Johns, "The Role of Direct Foreign Investment in Developing East Asian Countries," *Weltwirtshaftliches Archiv*, 129, 1985, pp. 355–81.

Hill, Richard C., "Comparing Transnational Production Systems: The Automobile Industry in the USA and Japan," *International Journal of Urban and Regional Research*, 13, 2, 1989, pp. 462–80.

Hirschman, Albert, *The Strategy of Economic Development*, New Haven, CT: Yale University Press 1958.

Hirst, Paul and Jonathan Zeitlin, "Flexible Specialization versus Post-Fordism: Theory, Evidence and Policy Implications," *Economy and Society*, 20, 1, 1991, pp. 1–56.

Hobsbawm, Eric, *The Age of Revolution 1789–1848*, New York: New American Library 1962.

—— *Industry and Empire: An Economic History of Britain since 1750*, London: Weidenfeld & Nicolson 1968.

—— *The Age of Capital 1848–1875*, New York: New American Library 1979.

—— *The Age of Empire 1875–1914*, New York: Pantheon Books 1987.

—— *Nations and Nationalism since 1780: Programme, Myth, Reality*, Cambridge: Cambridge University Press 1991.

Hobson, John, *Imperialism. A Study*, London: George Allen & Unwin 1938.

Hopkins, Terence K., "Note on the Concept of Hegemony," *Review*, 13, 3, 1990, pp. 409–11.

Hopkins, Terence and Immanuel Wallerstein (with the Research Working Group on Cyclical Rhythms and Secular Trends), "Cyclical Rhythms and Secular Trends of the Capitalist World-Economy: Some Premises, Hypotheses and Questions," *Review*, 2, 4, 1979, pp. 483–500.

Hugill, Peter J., *World Trade since 1431: Geography, Technology, and Capitalism*, Baltimore, MD: The Johns Hopkins University Press 1993.

Hymer, Stephen, "The Multinational Corporation and the Law of Uneven Development," in J.N. Bhagwati, ed., *Economics and World Order*, New York: Macmillan 1972, pp. 113–40.

Hymer, Stephen and Robert Rowthorn, "Multinational Corporations and International Oligopoly: The Non-American Challenge," in C.P. Kindelberger, ed., *The International Corporation: A Symposium*, Cambridge, MA: The MIT Press 1970, pp. 57–91.

Ikeda, Satoshi, "Structure of the World-Economy 1945–1990," Binghamton, NY: Fernand Braudel Center, State University of New York 1993.

Ikenberry, John G., "Rethinking the Origins of American Hegemony," *Political Science Quarterly*, 104, 3, 1989, pp. 375–400.

Ingham, Geoffrey, *Capitalism Divided? The City and Industry in British Social Development*, London: Macmillan 1984.

—— "Commercial Capital and British Development," *New Left Review*, 172, 1988, pp. 45–65.

—— "The Production of World Money: A Comparison of Sterling and the Dollar," paper presented at the Second ESRC Conference on Structural Change in the West, Emmanuel College, Cambridge 1989.

Israel, Jonathan, *Dutch Primacy in World Trade, 1585–1740*, Oxford: Clarendon Press 1989.

Itoh, Makoto, *The World Economic Crisis and Japanese Capitalism*, New York: St Martin's Press 1990.

Jackson, Robert, *Quasi-States: Sovereignty, International Relations and the Third World*, Cambridge: Cambridge University Press 1990.

Jameson, Fredric, "Postmodernism, or the Cultural Logic of Late Capitalism," *New Left Review*, 146, 1984, pp. 53–92.

Jenkins, Brian, *New Modes of Conflict*, Santa Monica, CA: RAND Corporation 1983.

Jenks, Leland H., *The Migration of British Capital to 1875*, New York and London: Knopf 1938.

Jeremy, David J., "Damming the Flood: British Government Efforts to Check the Outflow of Technicians and Machinery, 1780–1843," *Business History Review*, 51, 1, 1977, pp. 1–34.

Jessop, Bob, "Regulation Theories in Retrospect and Prospect," *Economy and Society*, 19, 2, 1990, pp. 153–216.

Johnson, Chalmers, *MITI and the Japanese Miracle*, Stanford, CA: Stanford University Press 1982.

—— "The Japanese Political Economy: A Crisis in Theory," *Ethics and International Affairs*, 2, 1988, pp. 79–97.

Kasaba, Reşat, "'By Compass and Sword!' The Meaning of 1492," *Middle East Report*, Sept.–Oct. 1992, pp. 6–10.

Kennedy, Paul, *The Rise and Fall of British Naval Mastery*, London: Scribner 1976.

—— *The Rise and Fall of the Great Powers: Economic Change and Military Conflict from 1500 to 2000*, New York: Random House 1987.

—— *Preparing for the Twenty-First Century*, New York: Random House 1993.

Keohane, Robert, *After Hegemony: Cooperation and Discord in the World Political Economy*, Princeton, NJ: Princeton University Press 1984a.

—— "The World Political Economy and the Crisis of Political Liberalism," in J.H. Goldthorpe, ed., *Order and Conflict in Contemporary Capitalism*, New York: Oxford University Press 1984b, pp. 15–38.

Keynes, John Maynard, *A Treatise on Money*, vol. II, London: Macmillan 1930.

Kindleberger, Charles, *The World in Depression 1929–1939*, Berkeley, CA: University of California Press 1973.

—— "The Rise of Free Trade in Western Europe, 1820 to 1875," *Journal of Economic History*, 35, 1, 1975, pp. 20–55.

—— *Economic Response: Comparative Studies in Trade, Finance, and Growth*, Cambridge: Cambridge University Press 1978.

Kirby, S., *Towards the Pacific Century. Economic Development in the Pacific Basin*, Economist Intelligence Unit Special Report 137, London: The Economist Intelligence Unit 1983.

Knapp, J.A., "Capital Exports and Growth," *Economic Journal*, 67, 267, 1957, pp. 432–44.

Knowles, L.C.A., *Economic Development of the Overseas Empire*, vol. I, London: Routledge & Kegan Paul 1928.

Kojima, Kiyoshi, *Japan and a New World Economic Order*, Boulder, CO: Westview 1977.

Kotkin, Joel and Yoriko Kishimoto, *The Third Century. America's Resurgence in the Asian Era*, New York: Ivy Books 1988.

Krasner, Stephen, "The Tokyo Round: Particularistic Interests and Prospects for Stability in the Global Trading System," *International Studies Quarterly*, 23, 4, 1979, pp. 491–531.

—— "A Trade Strategy for the United States," *Ethics and International Affairs*, 2, 1988, pp. 17–35.

Kriedte, Peter, *Peasants, Landlords, and Merchant Capitalists: Europe and the World Economy, 1500–1800*, Cambridge: Cambridge University Press 1983.

Krippner, Greta R. "The financialization of the American Economy," Socio-Economic Review 3, 2005, pp. 173–208.

LaFeber, Walter, *The New Empire: An Interpretation of American Expansion, 1860–1898*, Ithaca, NY: Cornell University Press 1963.

Landes, David S., "The Structure of Enterprise in the Ninenteenth Century," in D. Landes, ed., *The Rise of Capitalism*, New York: Macmillan 1966.

—— *The Unbound Prometheus: Technological Change and Industrial Development in Western Europe from 1750 to the Present*, Cambridge: Cambridge University Press 1969.

Lane, Frederic, *Venice and History*, Baltimore, MD: The Johns Hopkins University Press 1966.

—— *Profits from Power: Readings in Protection Rent and Violence-Controlling Enterprises*, Albany, NY: State University of New York Press 1979.

Lash, Scott, and John Urry, *The End of Organized Capitalism*, Madison: University of Wisconsin Press 1987.

Lenin, Vladimir, "Imperialism, the Highest Stage of Capitalism," in *Selected Works*, vol. I, Moscow: Foreign Languages Publishing House 1952.

Levitt, Kari, *Silent Surrender: The American Economic Empire in Canada*, New York: Liveright Press 1970.

Lewis, M., *The Spanish Armada*, London: Batsford 1960.

Lichteim, George, *Imperialism*, Harmondsworth: Penguin Books 1974.

Lipietz, Alain, *Mirages and Miracles: The Crisis of Global Fordism*, London: Verso 1987.

—— "Reflection on a Tale: The Marxist Foundations of the Concepts of Regulation and Accumulation," *Studies in Political Economy*, 26, 1988, pp. 7–36.

Lipson, Charles, "The Transformation of Trade," *International Organization*, 36, 2, 1982, pp. 417–55.

Lomnitz, Larissa Adler, "Informal Exchange Networks in Formal Systems: A Theoretical Model," *American Anthropologist*, 90, 1, 1988, pp. 42–55.

Lopez, Robert S., "Hard Times and Investment in Culture," in W.K. Ferguson, et al., *The Renaissance*, New York: Harper & Row 1962, pp. 29–54.

—— "Quattrocento genovese," *Rivista Storica Italiana*, 75, 1963, pp. 709–27.

—— *The Commercial Revolution of the Middle Ages, 950–1350*, Cambridge: Cambridge University Press 1976.

Lopez, Robert S. and Irving Raymond, eds., *Medieval Trade in the Mediterranean World: Illustrative Documents*, New York: Columbia University Press 1955.

Luzzatto, Gino, *An Economic History of Italy; from the Fall of the Roman Empire to the Beginning of the Sixteenth Century*, New York: Barnes & Noble 1961.

McCormick, Thomas J., *America's Half Century. United States Foreign Policy in the Cold War*, Baltimore, MD: Johns Hopkins University Press 1989.

McIver, R.M., *The Modern State*, London: Oxford University Press 1932.

McMichael, Philip, "Incorporating Comparison within a World-Historical Perspective: An Alternative Comparative Method," *American Sociological Review*, 55, 1990, pp. 385–97.

McNeill, William, *The Pursuit of Power: Technology, Armed Force, and Society since A.D. 1000*, Chicago: University of Chicago Press 1984.

Maddison, Angus, "A Comparison of the Levels of GDP per capita in Developed and Developing Countries," *Journal of Economic History*, 43, 1, 1983, pp. 277–41.

Magdoff, Harry, *Imperialism. From the Colonial Age to the Present*, New York: Monthly Review 1978.

Maland, D., *Europe in the Seventeenth Century*, London: Macmillan 1966.

Mann, Michael, *The Sources of Social Power*. Vol. I. *A History of Power from the Beginning to A.D. 1760*, Cambridge: Cambridge University Press 1986.

Mantoux, Paul, *The Industrial Revolution in the Eighteenth Century*, London: Methuen 1961.

Marcus, G.J., *A Naval History of England*. Vol. I. *The Formative Centuries*, Boston: Little Brown 1961.

Marglin, Stephen A. and Juliet B. Schor, eds., *The Golden Age of Capitalism. Reinterpreting the Postwar Experience*, Oxford: Clarendon Press 1991.

Marshall, Alfred, *Industry and Trade*, London: Macmillan 1919.

—— *Principles of Economics*, London: Macmillan 1949.

Marshall, P.J., *Bengal: The British Bridgehead, Eastern India 1740–1828*, Cambridge: Cambridge University Press 1987.

Martines, Lauro, *Power and Imagination, City-States in Renaissance Italy*, Baltimore, MD: The Johns Hopkins University Press 1988.

Marx, Karl, *Capital*, Vol.I, Moscow: Foreign Languages Publishing House 1959.

—— *Capital*, Vol.III, Moscow: Foreign Languages Publishing House 1962.

Marx, Karl and Friedrich Engels, *The Communist Manifesto*, Harmondsworth: Penguin Books 1967.

Massey, Doreen, *Spatial Divisions of Labour: Social Structures and the Geography of Production*, London: Macmillan 1984.

Mathias, Peter, *The First Industrial Nation: An Economic History of Britain 1700–1914*, London: Methuen 1969.

Mattingly, Garrett, *The Armada*, Boston, MA: Houghton Mifflin 1959.

—— *Renaissance Diplomacy*, New York: Dover 1988.

Mayer, Arno, *Political Origins of the New Diplomacy, 1917–1918*, New Haven, CT: Yale University Press 1959.

—— *Dynamics of Counterrevolution in Europe, 1870–1956. An Analytic Framework*, New York: Harper & Row 1971.

—— *The Persistence of the Old Regime: Europe to the Great War*, New York: Pantheon 1981.

Mensch, Gerhard, *Stalemate in Technology*, Cambridge, MA: Ballinger 1979.

Milward, Alan S., *The Economic Effects of the Two World Wars on Britain*, London: Macmillan 1970.

Miskimin, Harry A., *The Economy of Early Renaissance Europe 1300–1460*, Englewood Cliffs, NJ: Prentice-Hall 1969.

Mitchell, B.R., "Statistical Appendix 1700–1914," in C.M. Cipolla, ed., *The Fontana Economic History of Europe*. Vol. IV, Part 2. *The Emergence of Industrial Societies*, London: Collins/Fontana 1973, pp. 738–820.

—— *European Historical Statistics 1750–1975*, London: Macmillan 1980.

Mjoset, Lars, "The Turn of Two Centuries: A Comparison of British and US Hegemonies," in D.P. Rapkin, ed., *World Leadership and Hegemony*, Boulder, CO: Lynne Reiner 1990, pp. 21–47.

Modelski, George, "The Long Cycle of Global Politics and the Nation-State," *Comparative Studies in Society and History*, 20, 2, 1978, pp. 214–38.

—— "Long Cycles, Kondratieffs and Alternating Innovations: Implications for U.S. Foreign Policy," in C.W. Kegley and P. McGowan, eds., *The Political Economy of Foreign Policy Behavior*, Beverly Hills, CA: Sage 1981, pp. 63–83.

—— *Long Cycles in World Politics*, Seattle, WA: University of Washington Press 1987.

Modelski, George and Sylvia Modelski, eds., *Documenting Global Leadership*, Seattle, WA: University of Washington Press 1988.

Modelski, George and William R. Thompson, *Seapower and Global Politics, 1494–1993*, Seattle, WA: University of Washington Press 1988.

Moffitt, Michael, *The World's Money: International Banking from Bretton Woods to the Brink of Insolvency*, New York: Simon & Schuster 1983.

Moore, Barrington, *Social Origins of Dictatorhip and Democracy: Lord and Peasant in the Making of the Modern World*, Boston: Beacon Press 1966.

Moss, D.J., "Birmingham and the Campaigns against the Orders-in-Council and East India Company Charter, 1812–13," *Canadian Journal of History: Annales Canadiennes d'Histoire*, 11, 2, 1976, pp. 173–88.

Nadel, George and Perry Curtis, eds., *Imperialism and Colonialism*, New York: Macmillan 1964.

Nef, John U., "The Progress of Technology and the Growth of Large-Scale Industry in Great Britain, 1540–1640," *The Economic History Review*, 5, 1, 1934, pp. 3–24.

—— *War and Human Progress*, New York: Norton 1968.

Neumann, Franz, *Behemoth: The Structure and Practice of National Socialism*, London: Gollancz 1942.

Nussbaum, Arthur, *A Concise History of the Law of Nations*, New York: Macmillan 1950.

O'Connor, James, *The Fiscal Crisis of the State*, New York: St Martin's Press 1973.

Odaka, Konosuke, "Is the Division of Labor Limited by the Extent of the Market? A Study of Automobile Parts Production in East and Southeast Asia," in K. Ohkawa, G. Ranis, and L. Meissner, eds., *Japan and the Developing Countries: A Comparative Analysis*, Oxford: Basil Blackwell 1985, pp. 389–425.

Offe, Claus, *Disorganized Capitalism: Contemporary Transformations of Work and Politics*, Cambridge, MA: MIT University Press 1985.

Ogle, George E., *South Korea: Dissent within the Economic Miracle*, London: Zed Books 1990.

Okimoto, Daniel I. and Thomas P. Rohlen, *Inside the Japanese System: Readings on Contemporary Society and Political Economy*, Stanford, CA: Stanford University Press 1988.

Ozawa, Terutomo, *Multinationalism, Japanese Style: The Political Economy of Outward Dependency*, Princeton, NJ: Princeton University Press 1979.

—— "Japan," in J.H. Dunning, ed., *Multinational Enterprises, Economic Structure and International Competitiveness*, Chichester: John Wiley 1985, pp. 155–85.

—— "Foreign Direct Investment and Structural Transformation: Japan as a Recycler of Market and Industry," *Business & the Contemporary World*, 5, 2, 1993, pp. 129–50.

Palat, Ravi, *From World-Empire to World-Economy: Southeastern India and the Emergence of the Indian Ocean World-Economy, 1350–1650*, Ann Arbor, MI: UMI 1988.

Pannikar, Kavalam M., *Asia and Western Dominance: A Survey of the Vasco Da Gama Epoch of Asian History 1498–1945*, London: Allen & Unwin 1953.

Parboni, Riccardo, *The Dollar and its Rivals*, London: Verso 1981.

Parker, Geoffrey, *The Dutch Revolt*, Ithaca, NY: Cornell University Press 1977.

Parker, Geoffrey and Lesley Smith, eds., *The General Crisis of the Seventeenth Century*, London: Routledge & Kegan Paul 1985.

Parry, J.H., *The Age of Reconnaissance: Discovery, Exploration and Settlement*, Berkeley, CA: California University Press 1981.

Payne, P.L., *British Entrepreneurship in the Nineteenth Century*, London: Macmillan 1974.

Perez, Carlota, "Structural Change and the Assimilation of New Technologies in the Economic and Social Systems," *Futures*, 15, 5, 1983, pp. 357–75.

Phelps Brown, E.H., "A Non-Monetarist View of the Pay Explosion," *Three Banks Review*, 105, 1975, pp. 3–24.

Phillips, Kevin, *Boiling Point: Republicans, Democrats, and the Decline of Middle-class Prosperity*, New York: Random House 1993.

Piore, Michael J. and Charles F. Sable, *The Second Industrial Divide: Possibilities for Prosperity*, New York: Basic Books 1984.

Pirenne, Henri, "Stages in the Social History of Capitalism," in R. Bendix and S. Lipset, eds., *Class, Status and Power: A Reader in Social Stratification*, Glencoe, IL: The Free Press 1953, pp. 501–17.

Platt, D.C.M., "British Portfolio Investment Overseas before 1820: Some Doubts," *Economic History Review*, 33, 1, 1980, pp. 1–16.

Polanyi, Karl, *The Great Transformation: The Political and Economic Origins of Our Time*, Boston, MA: Beacon Press 1957.

Pollard, Sidney, "Fixed Capital and the Industrial Revolution in Britain," *Journal of Economic History*, 24, 1964, pp. 299–314.

—— "Capital Exports, 1870–1914: Harmful or Beneficial?" *Economic History Review*, 2nd ser., 38, 1985, pp. 489–514.

Portes, Alejandro, "Paradoxes of the Informal Economy: The Social Basis of Unregulated Entrepreneurship," in N.J. Smelser and R. Swedberg, eds., *Handbook of Economic Sociology*, Princeton, NJ: Princeton University Press 1994, in press.

Portes, Alejandro, Manuel Castells, and Lauren A. Benton, eds., *The Informal Economy, Studies in Advanced and Less Developed Countries*, Baltimore, MD: The Johns Hopkins University Press 1989.

Postma, Johannes Menne, *The Dutch in the Atlantic Slave Trade, 1600–1815*, Cambridge: Cambridge University Press 1990.

Rapkin, David P., "The Contested Concept of Hegemonic Leadership," in D.P. Rapkin, ed., *World Leadership and Hegemony*, Boulder, CO: Lynne Reiner 1990, pp. 1–19.

Reich, Robert, *The Work of Nations. Preparing Ourselves for 21st-Century Capitalism*, New York: Random House 1992.

Riley, James C., *International Government Finance and the Amsterdam Capital Market 1740–1815*, Cambridge: Cambridge University Press 1980.

Romano, Ruggiero, "Between the Sixteenth and the Seventeenth Centuries: The Economic Crisis of 1619–22," in G. Parker and L.M. Smith, eds., *The General Crisis of the Seventeenth Century*, London: Routledge & Kegan Paul 1985, pp. 165–225.

Rosenau, James N., *Turbulence in World Politics: A Theory of Change and Continuity*, Princeton, NJ: Princeton University Press 1990.

Rosenberg, Hans, "Political and Social Consequences of the Great Depression of 1873–1896 in Central Europe," *Economic History Review*, 13, 1943, pp. 58–73.

Rostow, Walt W., *The Stages of Economic Growth, A Non-Communist Manifesto*, Cambridge: Cambridge University Press 1960.

Rubinstein, W.D., "Wealth, Elites, and the Class Structure of Modern Britain," *Past and Present*, 76, 1977, pp. 99–126.

Rueff, Jacques, *The Age of Inflation*, Chicago: Regenery 1964.

Ruggie, John G., "International Regimes, Transactions, and Change: Embedded Liberalism in the Postwar Economic Order," *International Organization*, 36, 2, 1982, pp. 379–415.

—— "Continuity and Transformation in the World Polity: Toward a Neorealist Synthesis," *World Politics*, 35, 2, 1983, pp. 261–85.

—— "Territoriality and Beyond: Problematizing Modernity in International Relations," *International Organization*, 47, 1, 1993, pp. 139–74.

Sable, Charles and Jonathan Zeitlin, "Historical Alternatives to Mass Production: Politics, Markets and Technology in Nineteenth-Century Industrialization," *Past and Present*, 108, 1985, pp. 133–76.

Said, Edward W., *Orientalism*, New York: Pantheon 1978.

—— *Culture and Imperialism*, New York: Knopf 1993.

Sassen, Saskia, *The Mobility of Labor and Capital: A Study in International Investment and Labor Flow*, Cambridge: Cambridge University Press 1988.

Saul, S.B., *Studies in British Overseas Trade, 1870–1914*, Liverpool: Liverpool University Press 1960.

—— "The Engineering Industry," in D.H. Aldcroft, ed., *The Development of British Industry and Foreign Competition, 1875–1914: Studies in Industrial Enterprise*, London: Allen & Unwin 1968, pp. 186–237.

—— *The Myth of the Great Depression, 1873–1896*, London: Macmillan 1969.

Sayers, R.S., *Lloyds Bank in the History of English Banking*, Oxford: Clarendon Press 1957.

Schama, Simon, *The Embarrassment of Riches. An Interpretation of Dutch Culture in the Golden Age*, Berkeley, CA: University of California Press 1988.

—— *Citizens: A Chronicle of the French Revolution*, New York: Knopf 1989.

Schevill, Ferdinand, *History of Florence: from the Founding of the City through the Renaissance*, New York: Harcourt, Brace & Co. 1936.

Schumpeter, Joseph, *Capitalism, Socialism, and Democracy*, London: George Allen & Unwin 1954.

—— *Imperialism – Social Classes*, New York: Meridian 1955.

—— *The Theory of Economic Development*, New York: Oxford University Press 1963.

Schumpeter, Joseph, Capitalism, Socialism, and Democracy, London: George Allen & Unwin 1954.

Schurmann, Franz, *The Logic of World Power: An Inquiry into the Origins, Currents, and Contradictions of World Politics*, New York: Pantheon 1974.

Scott, A.J., *New Industrial Spaces: Flexible Production Organization and Regional Development in North America and Western Europe*, London: Pion 1988.

Semmel, Bernard, *The Rise of Free Trade Imperialism*, Cambridge: Cambridge University Press 1970.

Sereni, A.P., *The Italian Conception of International Law*, New York: Columbia University Press 1943.

Servan-Schreiber, J.-J., *The American Challenge*, New York: Athaeneum 1968.

Shaw, W.A., *The History of Currency 1252 to 1894*, New York: Putnam's 1896.

Silver, Beverly J., "Class Struggle and Kondratieff Waves, 1870 to the Present," in A. Kleinknecht, E. Mandel, and I. Wallerstein, eds., *New Findings in Long Wave Research*, New York: St Martin's Press 1992, pp. 279–96.

—— "World-Scale Patterns of Labor-Capital Conflict: Labor Unrest, Long Waves and Cycles of Hegemony," *Review*, 18, 1, 1995.

—— *Forces of Labor: Workers' Movements and Globalization since 1870*, Cambridge: Cambridge University Press 2003.

Skinner, W.G., "The Structure of Chinese History," *Journal of Asian Studies*, 44, 2, 1985, pp. 271–92.

Sklar, Martin J., *The Corporate Reconstruction of American Capitalism, 1890–1916: The Market, the Law, and Politics*, Cambridge: Cambridge University Press 1988.

Smith, Adam, *An Inquiry into the Nature and Causes of the Wealth of Nations*, 2 vols, London: Methuen 1961.

Smitka, Michael J., *Competitive Ties: Subcontracting in the Japanese Automotive Industry*, New York: Columbia University Press 1991.

Stallings, B., "The Reluctant Giant: Japan and the Latin American Debt Crisis," *Journal of Latin American Studies*, 22, 1990, pp. 1–30.

Stedman Jones, Gareth, "The History of US Imperialism," in R. Blackburn, ed., *Ideology in Social Science*, New York: Vintage 1972, pp. 207–37.

Steensgaard, Niels, *The Asian Trade Revolution of the Seventeenth Century, The East Indian Companies and the Decline of the Caravan Trade*, Chicago: The University of Chicago Press 1974.

—— "Violence and the Rise of Capitalism: Frederic C. Lane's Theory of Protection and Tribute," *Review*, 5, 2, 1981, pp. 247–73.

—— "The Seventeenth-century Crisis," in G. Parker and L.M. Smith, eds., *The General Crisis of the Seventeenth Century*, London: Routledge & Kegan Paul, 1985, pp. 26–56.

Steven, Rob, *Japan's New Imperialism*, Armonk, NY: Sharpe 1990.

Stopford, John M. and John H. Dunning, *Multinationals: Company Performance and Global Trends*, London: Macmillan 1983.

Storper, Michael and Richard Walker, *The Capitalist Imperative: Territory, Technology, and Industrial Growth*, Oxford: Basil Blackwell 1989.

Strange, Susan, "The Management of Surplus Capacity: How Does Theory Stand up to Protectionism 1970s Style?" *International Organization*, 33, 3, 1979, pp. 303–34.

—— *Casino Capitalism*, Oxford: Basil Blackwell 1986.

Strange, Susan and R. Tooze, eds., *The International Management of Surplus Capacity*, London: Allen & Unwin 1982.

Supple, Barry E., *Commercial Crisis and Change in England 1600–1642*, Cambridge: Cambridge University Press 1959.

Sylos-Labini, Paolo, "Competition: The Product Markets," in T. Wilson and A.S. Skinner, eds., *The Market and the State: Essays in Honor of Adam Smith*, Oxford: Clarendon Press 1976, pp. 200–32.

Taylor, Peter, "Territoriality and Hegemony, Spatiality and the Modern World-System," Newcastle upon Tyne: Department of Geography, University of Newcastle upon Tyne 1991.

—— " 'Ten Years That Shook the World'? The United Provinces as the First Hegemonic State," Newcastle upon Tyne: Department of Geography, University of Newcastle upon Tyne 1992.

Thompson, William R., *On Global War: Historical-Structural Approaches to World Politics*, Columbia, SC: University of South Carolina Press 1988.

—— "Dehio, Long Cycles, and the Geohistorical Context of Structural Transition," *World Politics*, 45, 1992, pp. 127–52.

Thrift, Nigel, "The Internationalization of Producer Services and the Integration of the Pacific Basin Property Market," in M. Taylor and N. Thrift, eds., *Multinationals and the Restructuring of the World Economy: The Geography of Multinationals*, Vol. 2, London: Croom Helm 1986, pp. 142–92.

Tickell, Adam and Jamie A. Peck, "Accumulation, Regulation and the Geographies of Post-Fordism: Missing Links in Regulationist Research," *Progress in Human Geography*, 16, 2, 1992, pp. 190–218.

Tilly, Charles, "Reflections on the History of European State Making," in C. Tilly, ed., *The Formation of National States in Western Europe*, Princeton, NJ: Princeton University Press 1975, pp. 3–83.

—— *Big Structures, Large Processes, Huge Comparisons*, New York: Russell Sage 1984.

—— *Coercion, Capital, and European States, AD 990–1990*, Oxford: Basil Blackwell 1990.

Tilly, Richard, "Germany, 1815–1870," in R. Cameron, ed., *Banking in the Early Stages of Industrialization: A Study in Comparative Economic History*, New York: Oxford University Press 1967, pp. 151–82.

Tomlinson, B.R., "India and the British Empire, 1880–1935," *The Indian Economic and Social History Review*, 12, 4, 1975, pp. 337–80.

Tracy, James D., *A Financial Revolution in the Habsburg Netherlands: Renten and Rentiers in the Country of Holland*, Berkeley, CA: University of California Press 1985.

Trevor-Roper, H.R., "The General Crisis of the Seventeenth Century," in T. Aston, ed., *Crisis in Europe, 1560–1660*, Garden City, NY: Doubleday Anchor 1967.

United Nations, *World Economic Survey*, New York: United Nations 1990.

United Nations Center on Transnational Corporations, *Transnational Corporations in World Development, Third Survey*, New York: United Nations 1983.

Van Alstyne, Richard W., *The Rising American Empire*, New York: Norton 1960.

—— "Woodrow Wilson and the Idea of the Nation State," *International Affairs*, 37, 1961, pp. 293–308.

van Doorn, Jacques, ed., *Armed Forces and Society*, The Hague: Mouton 1975.

Van Dormael, Armand, *Bretton Woods: Birth of a Monetary System*, London: Macmillan 1978.

van Leur, Jacob C., *Indonesian Trade and Society: Essays in Asian Social and Economic History*, The Hague and Bandung: W. van Hoewe 1955.

Veblen, Thorstein, *The Theory of Business Enterprise*, New Brunswick, NJ: Transaction Books 1978.

Versluysen, Eugène L., *The Political Economy of International Finance*, New York: St Martin's Press 1981.

Vilar, Pierre, *A History of Gold and Money 1450–1920*, London: Verso 1976.

Wakeman, Frederic, *The Fall of Imperial China*, New York: Free Press 1975.

Wallerstein, Immanuel, *The Modern World System I: Capitalist Agriculture and the Origins of the European World-Economy in the Sixteenth Century*, New York: Academic Press 1974a.

—— "The Rise and Future Demise of the World Capitalist System: Concepts for Comparative Analysis," *Comparative Studies in Society and History*, 16, 4, 1974b, pp. 387–415.

—— *The Capitalist World-Economy*, Cambridge: Cambridge University Press 1979.

—— *The Modern World System II: Mercantilism and the Consolidation of the European World-Economy, 1600–1750*, New York: Academic Press 1980.

—— *Historical Capitalism*, London: Verso 1983.

—— "The Three Instances of Hegemony in the History of the Capitalist World-Economy," *International Journal of Comparative Sociology*, 24, 1–2, 1984, pp. 100–8.

—— *The Modern World-System III: The Second Era of Great Expansion of the Capitalist World-Economy, 1730–1840s*, New York: Academic Press 1988.

—— *Unthinking Social Science: The Limits of Nineteenth-Century Paradigms*, Cambridge: Polity Press 1991.

Walter, Andrew, *World Power and World Money: The Role of Hegemony and International Monetary Order*, New York: St Martin's Press 1991.

Walton, John, "The Third 'New' International Division of Labor," in J. Walton, ed., *Capital and Labor in the Urbanized World*, Beverly Hills, CA: Sage 1985, pp. 3–16.

Waltz, Kenneth N., *The Theory of International Politics*, Reading, MA: Addison-Wesley 1979.

Washbrook, David, "South Asia, the World System, and World Capitalism," *The Journal of Asian Studies*, 49, 3, 1990, pp. 479–508.

Weber, Max, *The Protestant Ethic and the Spirit of Capitalism*, London: Unwin 1930.

—— *General Economic History*, New York: Collier 1961.

—— *Economy and Society*, Berkeley, CA: California University Press 1978.

Wilkins, Mira, *The Emergence of Multinational Enterprise*, Cambridge: Cambridge University Press 1970.

Williams, Eric, *Capitalism and Slavery*, London: André Deutsch 1964.

Williams, William A., *The Roots of the Modern American Empire: A Study of the Growth and Shaping of Social Consciousness in a Marketplace Society*, New York: Random House 1969.

Williamson, Jeffrey G., *American Growth and the Balance of Payments 1820–1913: A Study of the Long Swing*, Chapel Hill, NC: The University of North Carolina Press 1964.

Williamson, Oliver, *Corporate Control and Business Behavior*, Englewood Cliffs, NJ: Prentice Hall 1970.

Wilson, Charles, *Mercantilism*, London: Routledge & Kegan Paul 1958.

—— *Anglo-Dutch Commerce and Finance in the Eighteenth Century*, Cambridge: Cambridge University Press 1966.

—— *The Dutch Republic and the Civilization of the Seventeenth Century*, New York: McGraw-Hill 1968.

Wolf, Eric, *Europe and the People without History*, Berkeley, CA: University of California Press 1982.

Wood, George Henry, "The Statistics of Wages in the Nineteenth Century. Part XIX. The Cotton Industry," *Journal of the Royal Statistical Society*, n.s., 73, part 6, 1910, pp. 585–626.

World Bank, *World Development Report*, New York: Oxford University Press, various years.

Woronoff, Jon, *Japan's Commercial Empire*, Armonk, NY: M.E. Sharp 1984.

Woytinsky, W.S. and E.S. Woytinsky, *World Population and Production. Trends and Outlook*, New York: The Twentieth Century Fund 1953.

Yoshihara, Kunio, *Japanese Investment in Southeast Asia*, Honolulu: University of Hawaii Press 1978.

Yoshino, M.Y. and Thomas B. Lifson, *The Invisible Link: Sogo Shosha and the Organization of Trade*, Cambridge, MA: MIT Press 1986.

Zimmerman, L.J., "The Distribution of World Income 1860–1960," in E. de Vries, ed., *Essays in Unbalanced Growth*, The Hague: Mouton 1962, pp. 28–55.

Zloch-Christy, Iliana, *Debt Problems of Eastern Europe*, New York: Cambridge University Press 1987.

索 引

（索引页码为原著页码，即本书边码）

图书在版编目（CIP）数据

漫长的 20 世纪：金钱、权力与我们时代的起源/
（意）乔万尼·阿里吉（Giovanni Arrighi）著；姚乃强，
严维明，吴承义译. -- 北京：社会科学文献出版社，
2022.4
（思想会）
书名原文：The Long Twentieth Century：Money，
Power and the Origins of Our Times
ISBN 978 - 7 - 5201 - 8068 - 9

Ⅰ.①漫…　Ⅱ.①乔…　②姚…　③严…　④吴…　Ⅲ.
①资本主义社会 - 研究 ②资本主义经济 - 研究　Ⅳ.
①D033.3 ②F112.7

中国版本图书馆 CIP 数据核字（2021）第 042035 号

·思想会·

漫长的 20 世纪

金钱、权力与我们时代的起源

著　　者／〔意〕乔万尼·阿里吉（Giovanni Arrighi）
译　　者／姚乃强　严维明　吴承义
审　　校／魏南枝

出 版 人／王利民
组稿编辑／祝得彬
责任编辑／吕　剑
责任印制／王京美

出　　版／社会科学文献出版社·当代世界出版分社（010）59367004
　　　　　地址：北京市北三环中路甲 29 号院华龙大厦　邮编：100029
　　　　　网址：www.ssap.com.cn
发　　行／社会科学文献出版社（010）59367028
印　　装／北京盛通印刷股份有限公司

规　　格／开　本：880mm × 1230mm　1/32
　　　　　印　张：16.375　字　数：407 千字
版　　次／2022 年 4 月第 1 版　2022 年 4 月第 1 次印刷
书　　号／ISBN 978 - 7 - 5201 - 8068 - 9
著作权合同
登 记 号／图字 01 - 2021 - 5116 号
定　　价／89.00 元

读者服务电话：4008918866